기독교세계관에 기초한

유아교육과정

문 순 애

창지사

머리말

'기독교세계관에 기초한 유아교육과정' 이 책은 저자의 박사학위 논문으로서 "마땅히 행할 길을 아이에게 가르치라 그리하면 늙어도 그것을 떠나지 아니하리라"(잠22:6)의 성경말씀에 기초한 교육과정입니다.

참다운 교육은 사람의 근본을 가르쳐 주는 교육으로 사람이 어디서 왔고 어디를 향해서 가며, 진정으로 가치 있는 것은 무엇이며 무엇을 위해 살 것인가를 알려주는 교육이어야 할 것입니다.

저자는 유아교육 현장에서 30여 년을 유아들과 함께 하면서 유아들이 배우고 행하는 측면에서 하나님께서 창조하신 모든 창조물들을 인식하며, 그것들을 다스리고 소중히 여기게 하고, 다치고 깨지고 망가진 것들을 회복시키는 교육과정이 필요함을 인식했습니다.

우리나라는 1969년에 처음으로 국가 수준의 유치원 교육과정이 제정된 이후 2009년 3월부터 제7차 유치원 교육과정이 시행되고 있습니다. 교과부는 국가 수준의 교육과정을 결정·고시하고, 시·도 교육청에서는 교육과정 편성·운영 지침을 마련하여, 실제 교육이 이루어지는 현장에서는 국가 수준의 교육과정에 근거하여 이를 지역 수준에 맞게 편성·운영할 수 있게 하고 있습니다.

이렇게 실시되고 있는 현재 우리 교육 풍토는 어떠합니까? 입시 위주의 획일적 교육이 실시되고 있으며, 진정으로 배워야 할 것들이 경시되고 지식적인 면만 강조되는 교육이 행해지고 있습니다. 학부모들의 자녀에 대한 과도한 욕심은 유아의 적성에 맞지 않는 교육과 지나치게 많은 학습을 강요하며, 예능과 학습 모든 방면에서 뛰어난 아이를 만들려고 합니다. 다시 말해, 수단과 목적이 바뀐 교육, 전인적 발달을 무시한 교육이 실시되고 있는 셈입니다.

교사나 부모는 교육의 회복을 위하여 성경말씀으로 돌아가야 합니다. 잃어버린 하나님의 형상을 회복하기 위한 방법과 그 근거는 성경, 즉 하나님의 말씀입니다. 하나님께서 자녀들의 경건한 삶을 위한 훈련을 어렸을 때부터 시작하길 원하고 계시며, 따라서 성경에 기초를 둔 교육을 통해 하나님과의 관계를 올바로 정립시키기 위한 과정이 필요합니다.

그러나 실제 유아교육 현장에서는 오랜 전통을 가진 기독교유치원이나 어린이집조차도 기독교 유아교육이 부재합니다. 시대의 흐름에 따라 풍부하게 연구되고 쏟아져 나오는 일반 유아교육과정에 비해 기독교 유아교육과정은 터무니없이 부족합니다. 실제 유아교육 현장에서는 교육과 신앙이 통합된 기독교 유아교육과정이 부족하여 교사들이 기독교세계관에 기초한 교육 내용을 실행하기 쉽지 않은 실정입니다.

그래서 저자는 기독교세계관에 기초한 유아교육과정에 대한 박사논문을 쓰게 되었습니다. 책으로 출판되어 각 현장에서 필요한 기초를 제공해 줄 수 있기를 기대합니다.

기독교세계관에 기초한 유아교육과정은 총 8장으로 구성되었습니다.

제1부 1장은 기독교세계관에 대한 이론적 배경을 다루었습니다. 2장은 유치원 교육과정, 3장은 통합 교육과정, 4장은 기독교 유아 통합 교육과정 고찰, 5장은 기독교세계관으로 통합한 단원개발 모형, 6장은 기독교 유아교육과정의 절차, 제2부는 실제편으로 7장에서 기독교세계관에 기초한 유아교육과정의 구성, 8장은 주제별 5개 성경적 영역 활동을 다루었습니다.

이렇게 형성된 내용들이 유아교육 현장에서 기독교세계관으로 통합된 유아교육을 실시하는 데 도움이 되기를 기대합니다.

이 책이 나오기까지 전적으로 개입하신 하나님께 모든 영광을 돌려드립니다. 또한 박사논문을 어렵게 지도해주신 유명복 교수님께 깊은 감사를 드립니다. 그리고 이 프로그램을 실제에 적용했던 원일유치원, 원일어린이집의 전, 현 원감선생님들, 특히 이영주 원감님, 전, 현직교사들께 진정으로 사랑을 전합니다.

끝으로 이 책의 출판을 기꺼이 허락해주신 창지사 출판사 김기섭 사장님과 어진용 부장님을 비롯하여 최창숙 편집장님과 편집과 표지를 위해 애써 주신 박소정, 이상은 선생님께 감사를 드립니다.

이 책을 통하여 기독교세계관으로 통합된 유아교육을 하시는 분들에게 도움이 되었으면 좋겠습니다.

2010년 8월

저자 문 순 애

차 례

Chapter 06 기독교 유아교육과정의 절차 • 60

PART 2 실 제 편

PART 1

이 론 편

Chapter 01

기독교세계관

1. 기독교세계관

모든 교육과정은 하나의 특정한 세계관에 기초한 가치와 신념을 반영한다(Van Brummelen, 2002/2006, p. 13). 교육과정과 관련된 모든 결정들, 즉 무엇을 어떻게 가르치며 어떻게 평가하는 것이 바람직한가 하는 것이 우리의 전체적 신념들로서 세계관에 기초하고 있기 때문이다. 기독교 유아교육과정의 기초가 되는 기독교세계관에 대해 먼저 알아보면 다음과 같다.

1) 세계관 및 기독교세계관의 정의

사람은 누구나 자기 자신과 세계에 대한 나름대로 견해를 가지고 살아가는데, 자신을 포함한 주변 세계에 대한 인식 또는 판단의 기본이 되는 틀을 세계관이라 할 수 있다. 세계관이 다르면 똑같은 사물이나 상황을 다르게 보거나 다르게 해석하게 되며 이에 따라 서로 다른 행동까지 하게 된다. 그러므로 근본적으로 우리의 모든 결정은 어떤 특정한 세계관에 의해 지배되고 있다고 말할 수 있다.

세계관이란 용어는 어원적으로 독일어 Weltanschauung에서 온 말이다. Weltanschauung는 세계를 바라보는 우리의 직관이라는 의미를 담고 있다(전광식, 1992,

p. 10). 월쉬와 미들톤(Walsh & Middleton, 1984/1987, p. 37)은 세계관을 "인식의 틀이며 사물을 인식하는 방식으로서, 하나의 세계관은 그 세계관을 가진 사람이 세상에서 지향해 나갈 세계의 모델(model of the world)"이라고 했다.

또한, 사이어(Sire, 1976/1995, pp. 19-23)는 세계관이란 "우리가 사는 세계를 기본적으로 구성하고 있는 것에 대해 우리가 의식적으로든 무의식적으로든 견지하고 있는 일련의 전제들로서 어떤 자료가 들어오면 그것을 해석해 주는 틀"이라고 했다. 이와 같은 맥락에서 월터스(Albert Wolters)는 "세계관은 삶을 인도하는 나침반과 같다"고 정의하였다(Wolters & Goheen, 1985/2007, p. 28).

이들의 말을 종합해보면, 세계관은 인식의 틀로서 세상이 어떠하고, 어떠해야 한다는 것을 규명할 뿐 아니라, 세상을 살아가는 데에 지향해 나가야 할 방향을 제시하는 나침반과 같다. 이처럼 세계관이 이 세상을 바라보는 틀을 제공하고 우리가 나아갈 바를 가르쳐주기 때문에 우리의 영성이나 종교적 뿌리와 밀접한 관계가 있다. 넛슨(Knudsen)은 "기독교세계관이란 하나님의 계시에 중심한 진리의 반성으로 심오해진 체계화된 지혜"로 정의하고 있다(양승훈, 2006, p. 46). 그러므로 기독교세계관은 기독교적 관점으로 세계를 바라보는 것이다.

2) 기독교세계관의 형성 과정

기독교세계관 특히 개혁주의 세계관을 언급하는데 빼놓을 수 없는 사람이 아브라함 카이퍼(Abrahm Kuyper)이다. 그는 기독교세계관이란 용어를 처음으로 사용한 사람으로(신국원, 2004, p. 140), 프린스톤 대학의 스톤 렉처(Stone Lecture)에서 세계관을 삶과 세계에 대한 관점으로 정의하면서 총체적 삶의 체계로서의 기독교세계관의 필요성을 역설하였다(Kuyper, 1943/2006, pp. 17-54). 그는 당시 네덜란드와 유럽전역이 불신앙에 뿌리를 둔 혁명사상의 소용돌이 속에 있음을 인식하고 이에 대처하기 위해 칼빈이 주장했던 역사적인 기독교신앙의 성경적 진리를 삶의 원리로 구체화할 필요성을 느꼈다. 개혁주의 세계관이 시대와 지역을 넘어 광범위하게 적용될 수 있기 위해서는 이론적 정리가 필요했는데 헤르만 도예베르트(Herman Dooyeweerd)가 그 작업을 담당했다. 그는 기독교세계관을 창조, 타락, 구속의 구조로 체계화시킨 사람이며 서구 문화에 대한 역사적 분석을 통해 네 개의 다른 세계관(희랍의 세계관, 기독교세계관, 이성주의적 세계관, 인본주의 세계관)이 있음을 밝히고 그 중 기독교세계관이 다른 세계관에 비해 독특하고 우월함을 역설하였다(신국원, 2004, p. 141).

한국에서 기독교세계관 연구가 최초로 소개된 것은 기독교학문연구소의 전신인 학부와 대학원생들의 스터디 그룹을 통해서였다. 이들은 군사독재와 민주화 투쟁을 하면서 기독교적으로 참여의 방식을 찾고자 몸부림쳤다. 1980년대 기독교학문연구회를 출범시킨 이후 성경적 세계관, 현대의 세계관, 기독교사회과학 입문 등 세미나를 개최하였고, 철학 관련과, 문학, 정치학 등 여러 전공별로 기독교적 관점을 정립하기 위한 노력을 했다. 삶의 전 영역에서 하나님의 주권을 확립한다는 원칙 아래서, 일반학문 틀 내에서 기독교적 학문을 연구하는 데 주력하였다. 1980년대 태동된 기독교학문운동은 최근 10여 년 전부터 일고 있는 기독교학교운동을 통해 기독교세계관에 대한 관심이 높아지고 있다(김윤권, 2009, pp. 1-2). 특히 유아교육의 경우 총신대학교 유아교육과를 중심으로 기독교세계관으로 통합한 교육에 관심을 갖고 연구하는 사람이 많아지고 있으나 전체 기독교유아교육계에 큰 영향을 끼치고 있지는 못한 상태이다. 지금은 한국 기독교 유아교육학회에서 꾸준히 연구하고 있는 실정이다. 우리나라의 경우는 기독교세계관 운동의 초창기에 있다고 말할 수 있다. 기독교세계관에 기초한 교육을 논하기 전에 기독교세계관은 일반적으로 무엇인지 그 내용은 다음과 같다.

2. 기독교세계관의 내용

기독교세계관은 성경에 근거하고 있으며 성경은 하나님의 창조와 인간의 타락, 그리고 죄와 허물로 죽은 인간을 구원하시는 하나님의 구속사역에 대해 기록하고 있다. 그러므로 기독교세계관은 창조, 타락, 구속이라는 뼈대 위에서 발전되어 왔다. 이 세 요소는 기독교적 세계관이 포함해야 할 필수 요건이며, 창조, 타락, 구속에 대한 균형 있는 이해가 필요하다(양승훈, 2006, pp. 47-48). 창조, 타락, 구속의 도식은 기독교세계관의 필수요소인 동시에 또한 세속적 세계관을 성경적 입장에서 평가하는 척도로도 기능한다.

1) 창조

창조는 성경 서두에 언급되어 있고 기독교 신앙의 시작점이며 기독교세계관의 기초가 된다. 창조를 생각지 않고는 그 후에 일어난 사건들을 바르게 해석할 수 없다. 만물이 어디서 어떻게 시작되었는지를 알 때에 만물의 존재 이유와 목적도 알 수 있기 때문이다. 이것이 기독교세계관에서 창조의 개념을 중요하게 생각하는 이유이다.

성경에는 이 세상은 스스로 생기거나 우연히 존재한 것이 아니라 하나님이 창조했기에 존재한다고 주장하며, 이 세상이 하나님의 말씀에 의해 창조되었고 매 순간 유지된다는 사실이 기록되어 있다(창 1장, 요 1:1-3, 히 1:1-3, 골 1:16-20). 하나님께서는 말씀을 통해 무에서 유를 창조하여 모든 것을 있게 하셨고 창조하신 모든 만물을 다스리시며 보존하고 계신다. 성경적 창조를 의심하거나 부정하는 것은 기독교의 존재와 기초를 흔드는 것이다. 창조가 의미하는 것에 관해 중요한 사항 몇 가지를 정리해 보면 다음과 같다.

첫째, 창조주와 피조물은 본질적으로 다르다. 기독교와 비기독교적 세계관의 가장 큰 차이점은 창조주와 피조물을 다르게 보고 있다는 점이다. 기독교세계관에서는 창조주 하나님은 피조 세계의 일부가 아니고 피조물과는 양적으로 질적으로 다르게 본다(Holmes, 1983/1989, p. 88).

둘째, 만물은 의존적이다. 이 세계에는 자존적 창조주가 있으며 그 외의 모든 존재는 의존적 존재들로 피조된 것이다. 하나님의 은총으로 인해 만물이 유지되고 있으므로 모든 피조물은 전적으로 의존적 특성을 가진다. 인간이 타락한 후에도 만물은 하나님의 주권 아래 있다. 하나님은 여전히 피조물에 생명을 부여하시고, 새로운 생명을 회복하신다. 인간이 하나님께 의지하기를 거부하였을 뿐이며 하나님께 의존하는 인간이 자존적인 존재로 바뀐 것이 아니다. 세속적 인본주의나 진화론에서는 만물이 스스로 존재하게 되었다며 인간의 자존성을 주장하지만 기독교세계관에서는 자존하는 존재는 하나님 한 분뿐이시다(양승훈, 2006, p. 65).

셋째, 창조에는 목적이 있다. 만물은 신들의 실수나 장난에 의해서 생겨난 것이 아니며, 물질의 우연적 조합에 의한 결과로 존재하는 것이 아니다. 이 세계는 창조주가 창세 전부터 세운 계획에 따라 창조하였기 때문에 귀중한 것이다. 끝없는 순

환이나 윤회로 역사를 보는 고대 희랍이나 불교의 역사관과는 다르다. 또한, 내재적이고 비인격적인 힘에 의해 주어진 과정만을 기계적으로 이루어가는 진화론적인 목적과 달리, 하나님의 목적은 역사 전체에 걸쳐 피조물을 통해 그분의 선하심과 영광을 나타내시는 것이다(이승구, 2003, pp. 120-121).

넷째, 인간을 하나님의 형상대로 창조하시고 창조에서 특히 인간에게 '문화명령(the cultural mandate)'을 주셨다. 성경에는 하나님께서 인간을 창조하실 때 하나님의 형상을 따라, 하나님의 모양대로 창조하셨다(창1:26-27)고 말하고 있다. 하나님의 형상으로 창조되었기 때문에 인간은 천사보다는 조금 못하지만 고귀한 존재이다(시 8:4-5). 하나님의 형상이란 무엇보다도 인간은 하나님을 반추하거나 반영할 수 있는 존재로 창조되었다는 의미이다(Greene, 2000, p. 138). 인간은 하나님의 형상으로 창조되었기 때문에 인격, 자기초월성, 도덕성, 창조성, 사교성 등을 가지고 있다. 좀 더 구체적으로 인간이 하나님의 형상대로 창조되었음에 대해 논의하면 다음과 같다. ① 하나님의 형상으로 창조되었다는 것은 인간이 인격적인 존재이며 인격적인 하나님과 교제하며 개인적인 관계를 가질 수 있는 존재임을 의미한다. 이 관계는 다른 피조물과 하나님과의 관계와는 질적으로 다르다. 그뿐 아니라 인간은 개별자로 있는 것이 아니라 다른 사람과 함께하며 더불어 산다. ② 인간이 하나님의 형상으로 지음 받았다는 것은 인간이 존귀한 존재임을 뜻한다. 성경에서 인간의 생명을 해하는 일을 가장 큰 죄악으로 보는 것도 이 때문일 것이다. ③ 하나님의 형상을 지닌 자로서 인간은 이성적, 도덕적, 정서적, 사회적 능력을 가진 존재라고 할 수 있다. ④ 문화 창조의 책임을 주셨다(창1:28; 2:15). 인간은 하나님의 형상으로 창조되었기 때문에 하나님의 대리 통치자이며 이 세상을 다스리는 데 필요한 모든 능력을 부여 받았다(이승구, 2003, p. 138). 온 땅을 정복하라는 말씀은 이 세상을 마구 파괴해도 된다는 말이 아니다. 하나님의 뜻을 따라 사람은 각자의 관할 하에 두신 피조물을 돌보고 사용하는 청지기직을 수행해야 함을 뜻한다. 성경은 또한 모든 사람들이 제 각기 독특한 은사를 가진 존재로 말하고 있다. 모든 사람은 특별하며 각기 다른 재능과 은사를 가진 존재로 여긴다. 또한, 창세기 2장 15절에서는 "여호와 하나님이 그 사람을 이끌어 에덴동산에 두사 그것을 다스리며 지키게 하시고"라고 하셨는데 이것은 선한 문화 활동이 하나님의 명령에 의한 것임을 알 수 있다. 여기에서 인간이 창조주로부터 문화적 피조물, 관리자, 청지기로 부름 받은 존재로 인정되고 있음이 나타나 있다. 땅을 개발하라는 부름은 인간이 땅을 정복하는 것이 아니라, 피조세계를 참되게 돌보고 귀중히 여기라는 의미이다. 즉, 땅에 대한 인간의 개발은 하나님의 언약적 통치가 그러하듯이 선하고, 지혜로운 것이어야 한다는 것이다(Walsh & Middleton, 1984/1987, p. 71). 이것은 피조세계를 소극적으로 보존하고 관리하는 것에 그치는 것이 아니라, 하나님의 영광과 이웃 사랑을 실현하기 위해 적극적으로 실천하라는 사명을 받았음을 알 수 있다. 또한 이 사명을 잘 감당하기 위해서는 하나님께서 선하고 충성된 삶을 살면서 하나님의 선하심이 반영되도록 해야 한다(양승훈, 2006, p. 68).

다섯째, 창조에는 하나님의 자기계시라는 의미가 있다. 그림이 화가를, 소설이 작가를, 도자기가 도예가의 품성을 나타내듯이 창조는 하나님을 계시한다(양승훈, 2006, p. 69). "하늘이 하나님의 영광을 선포하고 궁창이 그의 손으로 하신 일을 나타내는도다"(시 19:1). 로마서 1장 20절에는 "하나님의 보이지 아니하는 것들, 곧 그의 영원하신 능력과 신성이 그 만드신 만물에 의해 증거됨으로써 분명하게 보여진다"고 기록되어 있으며, 시 18:1, 사 6:3, 욥 42:5은 하나님이 창조로써 자신에 대하여 우리에게 말씀하고 계신다고 말한다.

2) 타락

타락은 하나님에 대한 인간의 반역으로 하나님과 인간, 인간과 인간, 인간과 피조물 사이의 관계를 훼손시켰다. 성경에 의하면 인류의 조상 아담과 하와는 하나님을 섬기도록 지음 받았다. 창조주이신 하나님을 섬기는 것은 인간의 책임이긴 하지만, 지성과 감정, 의지를 가지고 하나님께 불순종할 수도, 순종할 수도 있는 자유를 가지고 창조된 존재이기도 했다. 결국 사탄이 뱀을 통해 하와를 유혹하였고 하와가 아담에게 권하여서 아담도 선악과 열매를 먹었다. 하나님께서 먹지 말라고 한 열매를 인간이 순종하지 않고 "하나님과 같이 되어 선악을 알 줄" 기대하고 먹었다는 것은(창 3:5), 하나님께 의존되어 있는 인간이 하나님으로부터 독립하겠다고 선언한 것이다. 죄를 짓게 된 아담과 하와는 하나님에게서 분리되어 하나님을 피해 숨게 되었고(창 3:8), 그 죄는 창조 세계 전체에까지 영향을 미쳤다. 하나님과 인간, 인간과 인간, 인간과 피조 세계 간의 관계에 영향을 끼쳤다.

인간의 타락은 하나님과 인간관계뿐 아니라 인간과 인간 사이의 관계에서도 문제를 일으켰다. 인간은 이웃은 물론 자기 자신과도 소외되어 근심과 공포, 절망과 좌절, 고독과 소외감에 빠지게 되었다. 타락은 인간과 다른 피조세계와의 관계도 훼손시켰다. 그 결과로, 창조주께서 우리에게 잘 돌보라고 맡기신 창조물들이 인간의 행위와 욕심에 의해 오염되기 시작하였다. 인간과 피조세계의 관계 훼손은 창세기 3장 17절에도 잘 나타나 있다. 땅은 타락한 아담으로 인해 저주를 받아 인간에게 가시덤불과 엉겅퀴를 낼 것이라고 하였는데, 과연 땅은 인간의 죄로 인해 저주를 받아 잡초가 생기고 해충이 번식하면서 인간의 농사를 방해하게 되었다. 창조주 하나님께서 인간에게 청지기와 관리자로 명하시면서 피조세계를 잘 다스리고 책임을 다하라고 말씀하셨으나, 이제 인간은 피조세계를 돌보지 않는다. 피조세계를 보존하고 개발하는 대신에 그것을 파괴하고 착취한다(양승훈, 2006, pp. 84-86; Wolters & Goheen, 1985/2007, p. 97). 그러나 하나님은 이처럼 타락한 인간과 피조세계를 그냥 버려두지 않으시고 구원의 길을 주셨다.

3) 구속

구속은 다시 되돌리는 것, 원래 상태로의 회복, 그대로 돌아가는 것, 혹은 되찾는 화해를 의미한다. 이것은 '선한 상태'로의 회복을 뜻하며, 구속은 창조세계를 이전에 없었던 창조계의 삶에 영적·초자연적인 차원으로의 회복이 아니라 이전에 존재하던 것에 새로운 생명과 생동감을 불어넣는다는 의미이다(Wolters & Goheen, 1985/2007, p. 118).

창조는 모든 존재의 시작이라는 점에서 기독교세계관 논의의 출발점이 되며, 인간과 피조세계의 피폐를 가져온 인간의 타락은 창조세계의 현재 상태에 대한 진단근거가 된다. 구속은 인간의 타락 상태에서 회복되는 것, 하나님과 인간, 인간과 인간, 인간과 피조물, 인간 스스로와의 관계에 있어서의 훼손된 관계의 회복을 의미하는 것으로(사 11:6-9), 구속은 기독교세계관의 궁극적인 지향점을 제시해 주는 부분이라고 할 수 있다(양승훈, 2006, p. 93-94).

창세기에는 창조이야기가 나오고 창세기 3장에 인간이 타락한 것을 설명하고 있으며, 나머지 모든 성경은 인간의 구속을 다루고 있다. 성경은 악의 문제를 거론할 뿐 아니라, 하나님께서 타락을 역전시킴으로써 자신의 타락한 피조 세계를 회복하고 구속하시는 역사 속에서의 하나님의 크신 일들의 드라마-성육신-를 자세히 이야기하고 있다. 구약 성경에는 이스라엘을 애굽에서 구출한 것을 구속이라고 말하고 있으며(출 6:6), 이스라엘 백성이 바벨론 유수로부터 풀려나는 것도 구속이란 말로 표현되었다(렘 31:11). 신약 성경에서는 구속이란 말이 보다 영적인 의미로 확대되는데, 사도 바울은 그리스도께서 우리를 위해 죽으심으로 율법의 저주에서 구속하셨고(갈 3:13, 4:5), 속죄의 은혜를 입게 하였음을 지적한다. 바울에게 있어서의 구속은 예수님의 흘리신 피로 이미 우리가 죄를 용서받았다는 사실과(엡 1:7) 미래에 우리의 부패할 육체로부터 건짐을 받을 것이라는 의미를 포함하고 있다(롬 8:23). 회복이란 말은 화해를 전제로 하며, 타락한 인간의 구속을 위해 하나님께서 먼저 화해를 청하셨음이 성경에 나타나 있다. "이는 하나님께서 그리스도 안에 계시사 세상을 자기와 화목하게 하시며…… 화목하게 하는 말씀을 우리에게 부탁하셨느니라"(고후 5:19). 하나님과 인간의 화해를 통해 하나님께서는 진노를 푸셨으며, 예수님은 십자가에서 죽으심으로 죄로 인한 우리의 저주를 대신 받으셨다(갈 3:13, 신 21:23). 아담의 죄가 하나님의 창조세계의 타락을 야기했지만 예수님의 죽음은 죄로 물든 인류를 구원하였다(양승훈, 2006, p. 98).

창조 시의 하나님의 원래의 의도는, 아직 더렵혀지지 않은 땅에서 하나님과의 언약 속에서 살아갈, 온순하며 거룩한 백성을 위한 것이었다. 하지만 죄가 들어와서는 인간성에도 영향을 미치고 땅에도 영향을 미쳤다. 이제 하나님은 하나의 새로운 거룩한 백성을 창조하기로 계획하셨는데, 그 백성은 새로워진 땅에서 하나님 앞에서의 언약 관계 속에서 살 백성이다. 이 일을 이루기 위하여 메시야가 와야 했고, 그의 임무는 죄를 파괴하고, 피조 세계를 그 악한 자의 속박에서 해방시키는 것이었다(Walsh & Maddleton, 1984/1987, p. 93).

세상은 예수 그리스도 안에서 구속되었다. 그리스도는 영혼을 구원하실 뿐만 아니라 창조 전체를 구속하시기 위해 오셨다(롬 8:18-20). 구속의 일차적인 대상은 죄를 짓고 타락한 인간이지만, 타락한 피조 세계 또한 구속의 범주에 속한다. 예수님께서 "보라 내가 만물을 새롭게 하노라"(계 21:5)고 하신 것이나 "새 하늘과 새 땅"(계 21:1) 등은 피조 세계의 구속과 관련된 것이다. 피조 세계에 대한 구속은, 즉 인간의 범죄로 왜곡된 피조 세계를 원래 모습대로 회복시키는 것이다. 피조 세계는 영적 세계, 사회 구조, 논리의 세계와 같은 비가시적인 영역 또한 포함한다(양승훈, 2006, p. 102).

예수님께서 이 세상을 살다가 죽으셔서 사흘 만에 부활하시고 승천하셨다는 사실을 역사적으로 믿고, 이 삶과 죽음과 부활, 승천이 결국 구속을 이루는 메시아적 사역의 중요한 부분이라고 성경대로 믿는 것이 구속을 믿는 것이다. 이 구속을 통해 결국 죄 문제를 해결하는 믿는 자가 하나님 나라 백성으로 거듭날 수 있을 것이다(이승구, 2004, p. 29).

그리스도의 구속의 혜택은 이 세상에서 우리가 살아가는 방식에 영향을 미쳐야 하며, 구원받은 삶과 영원한 죽음에서 해방된 삶을 산다는 것이 무엇인지 실증해 보이는 것이 그리스도인의 임무라고 할 수 있다(기독교 학문 연구회, 1991, p. 4).

지금까지 기독교세계관의 내용인 창조, 타락, 구속에 관련하여 살펴보았다. 창조-타락-구속의 틀은 그리스도인들이 자신과 역사와 세상을 성경적으로 볼 수 있는 기준이다. 이러한 세계관의 내용은 우리의 삶을 바라보고 이해하며 인식된 세상을 과연 어떻게 살아갈 것인지에 관한 기본원리를 제시하여 주는 것이기에 매우 중요하며 기독교교육의 기초로서도 중요하다.

3. 기독교세계관과 교육

앞에서 논의된 기독교세계관은 기독교교육철학의 전제가 되는, 전 이론적 견해 또는 신념의 배경을 제공한다. 교육과 관련된 모든 결정들, 즉 무엇을, 어떤 방법으로 가르치며, 평가는 어떤 방식으로 해야 하는지 하는 것들은 세계관의 영향을 받기 때문이다. 이에 대해 피터슨(Peterson, 1986/1998)은 [그림 1-1]로 설명하고 있다. 기독교교육을 위한 목적과 방향을 제시해 줄 이론적 견해로서 성경적 인간관, 성경적 인식론, 성경적 가치론을 전술한 기독교세계관에 근거하여 탐구해 보았다.

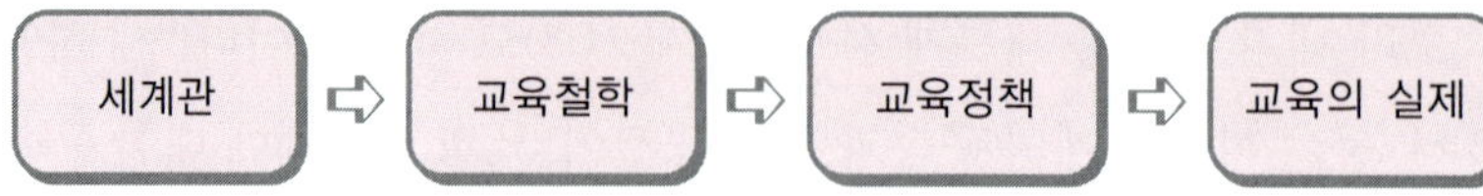

[그림 1-1] 세계관과 교육과의 관계(Peterson, 1998, p. 17)

1) 성경적 인간관

교육에서 인간을 어떻게 보는가는 중요한다. 왜냐하면 교육의 대상이 인간이기 때문이다. 많은 사람들이 인간에 대해 잘못 가지고 있는 오해들 중 하나는 인간을 동물로 혹은 정신적인 존재로 보는 점이다. 그러나 기독교의 인간관에 따르면 인간은 하나님의 형상을 따라 창조된 존재이다. 인간이 하나님의 형상대로 창조되었기 때문에 인간은 가능성을 가지며, 이성적 인식이 가능하고, 다른 사람과 상호작용할 수 있는 능력을 가지며, 도덕적·영적 존재이다. 장애아나 학습지진아조차도 하나님의 형상으로 창조되었기에 존엄성을 가지고 있고 그들을 하나의 인격으로 대우해야 할 것이다. 인간 개개인은 독특한 존재로서 각자 은사와 개성을 가지며 다른 사람과 비교하여 우열을 따질 대상이 아니다. 그뿐 아니라 식물처럼 물이나 비료를 주기만 하거나 동물처럼 먹이를 주는 것만으로는 불충분하며 관계 안에서 자라가야 하는 존재이다(박상진, 2006, p. 103). 또한 인간은 하나님의 형상으로 창조되었기 때문에 하나님의 대리 통치자로서 이 세상을 다스리는 데 필요한 모든 능력을 부여 받았다(이승구, 2003, p. 138). 그러므로 사람은 하나님의 뜻을 따라 각자의 관할 하에 두신 피조물을 돌보고 사용하는 청지기직을 수행해야 한다.

2) 성경적 인식론

인식론은 교육의 내용이 되는 지식의 원천과 본질을 규명하고 지식 획득과정에 관한 문제를 탐구하는 영역이다. 교육은 지식을 다루는 것이므로 인식론의 가정에 의해 교수법의 목적과 방법론이 결정된다(Peterson, 1986/1998, p. 20). 기독교인이든 비 기독교인이든 모두 교육의 근본적이고 필수적인 기능을 지식의 탐구 혹은 진리의 탐구로 받아들인다.

근대의 인식론은 합리주의와 경험주의 두 가지로 특징지을 수 있는데 전통적으로 합리주의자들은 지식의 객관성을 주장하며 인간만의 이성능력을 사용하여 지식이 획득된다고 보았다. 합리주의 교육철학은 지식은 추상적 객관적 실체로서 자연 질서 속에 있으므로 합리적 사유에 의해 지식을 얻을 수 있다는 것이다(정희영, 2004, p. 85). 이에 대해 경험주의자들은 지식은 가설적 주관적인 것이며 감각경험으로부터 나오는 것으로 보았다. 따라서 지식은 실험적인 경험을 통해서 얻을 수 있는 것으로 보고 교육은 학습자중심의 다양한 경험을 제공하는 모델로 이해하였다.

지식에 대한 이러한 관점과는 달리 기독교적 관점에서는 지식의 근원을 하나님이라고 본다. 기독교 철학자인 바이른이 "지식의 모든 방법들은 하나님으로부터 나오는데 하나님 자체가 진리이기 때문이다"(Byrne, 1979/1988, p. 63)라고 하였듯이, 진리와 지식의 근원은 하나님께 있고 이러한 진리와 지식은 성경에 계시되어 있다고 본다. 이처럼 하나님이 모든 지식의 근원인데 이 지식은 특별계시와 일반계시를 통해서 알 수 있다. 일반계시는 자연현상, 인간의 역사와 경험, 사회적 현상 등을 통해서 말씀하실 뿐만 아니라 전 창조 속에서, 자연현상 속에서, 이성과 양심의 소리를 통해서 그리고 세계와 개인 상황의 섭리적 통치를 통해서 말씀하신다. 그러나 문제는 인간의 타락 이후 삼라만상을 통해 하나님을 아는 눈을 상실하게 되었다. 죄가 인간의 시야를 가려서 진리를 볼 수 있는 눈을 가렸고 이로 인해 지식에 대한 오류와 왜곡이 생기게 되었다. 그러므로 특별계시를 통해 인간은 모든 현상의 궁극적인 실재를 볼 수 있다. 교과나 학문은 일반계시이다. 하나님 없는 교과나 학문은 진리의 전체성을 보도록 하지 못할 가능성이 많다. 특별계시에 의한 전체성의 파악, 바른 신앙적 전제의 기초 위에 각각의 지식은 올바른 위치에 자리 잡게 된다(박상진, 2006, pp. 111-112).

3) 성경적 가치론

가치론은 가치 있는 것이 무엇인가라고 질문하는 철학의 한 부분이다. 기독교적 가치론은 성경에서 말하는 가치의 본질과 인간의 삶에 미치는 영향이 무엇인지를 다룬다.

교육에서 무엇을 가르칠 것인가에 대한 물음은 가치 있는 것을 가르친다와 직결된다. 가치는 모든 세계관에 필수적인 부분이다. 가치란 삶을 위해서 중요하다고 여겨지는 이상 혹은 지침으로, 삶의 방향을 제시해 주고 또 그 의미와 목적을 제시해 준다.

가치에 대한 견해는 학설에 따라 차이가 있는데, 자연주의자, 합리주의자, 인본주의자들에 의한 가치란 인간에게 중심을 두고 있으며 가치의 기준은 인간의 본성과 이상을 실현하는 것과 인간에게 얼마나 유익을 주는가와 사회가 어떻게 보는가 하는 것에 둔다. 즉, 그 가치의 기준이 역사와 사회적인 맥락에 따라 바뀔 수 있음을 알 수 있다.

그러나 기독교적 관점에서의 가치는 하나님에 의해 창조되었으며 그것은 절대적인 것이다. 즉, 하나님이 가치 평가의 원천이시며, 최고의 선이라는 점에서부터 출발한다. 참된 가치의 궁극적 의미는 어떤 행동이나 어떤 사물에 대해서 하나님께서 옳다고 하시기 때문에 옳은 것이다(Greene, 1998/2001, p. 166). 이상의 내용을 전제로 기독교 가치론적 관점이 시사하는 교육적 암시를 살펴보자(한국기독교유아교육회, 1999, 29-30).

기독교가 추구하는 가치 판단의 원천은 최고의 선이신 하나님이시다. 기독교의 도덕은 유아에게는 최고의 가치를 실현할 가능성이 있음과 이것이 하나님으로부터 나온다는 것이다. 따라서 참된 가치는 하나님에 의해 창조되었으며 하나님께 속하므로 하나님의 의지와 관계가 있으며 하나님이 가치의 중심과 기준이 되신다.

지금까지 기독교세계관에 기초하여 기독교교육철학에 있어 중요한 요소인 성경적 인간론, 성경적 인식론, 성경적 가치론에 대한 논의해 보았다. 이러한 내용들은 기독교교육의 목적과 방향을 설정하는 데 중요한 본질 또는 근거가 되며, 따라서 기독교 유치원 통합 교육과정을 개발하는 데에도 매우 중요한 부분이 될 것이다. 단순한 성경적 지식과 교육을 통해서는 진정한 영적 변화와 이 세상에 대한 바른 세계관이 세워질 수 없다. 하나님에 의해 창조된 처음 것들의 온전함이 인간의 타락과 방종으로 실족되고 오염되고 파괴되었으며, 인간-세상-하나님 간의 올바른 관계 회복이 필요하다. 이러한 세계관을 바탕으로 한 교육이 파괴된 창조계를 회복하는 중요한 기제가 된다. 교육의 시작이라고 볼 수 있는 유아기에 삶의 근원에 대한 바른 통찰력을 제공해 주는 기독교세계관을 기초로 한 교육을 해야 하는 중요성이 더욱 강조되는 것이다.

Chapter 02

유치원 교육과정

1. 유아교육과정의 개념

유아교육과정은 교육과정의 한 분야이면서 유아교육 영역에 관계되는 교육과정이다. 그러므로 유아교육과정의 성격은 교육과정이라는 범주 내에서 유아교육 자체가 지닌 독특성을 고려하여 논의되어야 한다. 유아교육은 인접영역을 포괄하여 통합적으로 그 이론과 실제를 접목시키는 특성을 가지고 있기 때문이다. 예를 들면 교육과정은 교과목의 내용을 말하는 경우도 있는데 유아교육에서 교과목별로 내용을 구별할 수 없기 때문에 교육과정의 의미는 일반교육과정과 약간 다르다고 할 수 있다(이기숙, 2004, p. 12).

슈바르츠와 로빈슨(Schwarts & Robinson, 1982)은 『유아를 위한 교육과정설계』(Designing Curriculum for Early Childhood)에서 유아교육과정의 개념을 다섯 가지로 분류하였다. 이를 중심으로 유아교육과정의 개념에 대해 살펴보면 다음과 같다(이기숙, 2004, pp. 19-21).

1) 일어난 것으로서의 교육과정

이 입장은 교사가 미리 교육내용을 선별하기보다는 유아들이 활동선정의 주도

권을 가지고 있게 하는 교육과정을 말한다. 유아들의 흥미와 욕구에 바탕을 둔 아동중심의 개별화 교육과정을 지향한다. 교사는 유아의 요구와 흥미를 기초로 자연스럽게 활동할 수 있도록 분위기와 환경을 만들어 주고 그들의 활동을 관찰 평가하여 바람직한 방향으로 안내해 주는 역할을 해야 한다. 이 교육과정은 아동 중심적이고 개방적인 교육과정이라는 이점이 있으나 교육과정의 범위가 너무 모호하고 교육의 목표나 방향이 흐려질 가능성이 높다.

2) 학교에서 갖게 되는 경험의 총체로서의 교육과정

이 입장은 유아가 유아교육기관에서 갖게 되는 모든 경험을 교육과정으로 보는 입장으로서 교사가 의도한 경험뿐만 아니라 의도하지 않은, 즉 잠재적 교육경험까지를 포함한 교육과정이다. 이러한 교육과정은 유아들의 생활이나 경험이 교육과정의 핵심을 차지한다는 의미에서 경험중심교육과정이라고 표현한다. 교사는 학습이 일어나는 상황에 좀 더 세심하게 주의를 기울일 필요가 있다.

3) 교수계획으로서의 교육과정

교수계획으로서의 교육과정은 오래 전부터 교육과정의 개념으로 이해되고 있는 보편적인 정의라고 할 수 있다. 의도된 계획으로서의 교육과정은 매우 구체적일 수도 있고 포괄적일 수도 있으며, 단기적 계획일 수도 있고 장기적 계획일 수도 있다. 교육목표, 내용, 방법 등의 계획을 중심으로 하여 그 형태는 매일 매일의 교육내용을 진술하는 것에서부터 주제와 내용 영역에 따라 일련의 활동을 진술하는 것까지 다양하다. 교사는 미리 짜인 교수계획에 따라 유아들의 요구, 흥미, 발달 수준 등을 고려하고 교재교구를 준비하고 실내와 환경 등을 구성한다.

4) 교수요목으로서의 교육과정

이 입장은 매우 좁은 의미의 교육과정의 정의로 교사가 유아들에게 가르치고자 하는 목표와 내용의 순서를 일련의 문서로 작성한 것이다. 이는 수업 속에서 반영된 교육과정이나 유아들에게 실현된 교육과정이라기보다 국가나 사회수준의 의도된 교육과정이다.

5) 프로그램으로서의 교육과정

이 입장은 어떤 특정한 프로그램을 교육과정이라는 용어로 기술하는 것이다. 유아교육에서 찾아볼 수 있는 독특한 관점이라고 볼 수 있다. 몬테소리프로그램이라든지 미국의 헤드스타트 운동의 일환으로 개발된 다양한 프로그램들이 여기에 속한다.

상기의 유아교육과정 개념을 참고하여 본 논문에서 교육과정이란 위의 교수계획으로서의 교육과정의 정의를 취하여 "교육목표나 교육내용, 교육방법, 평가를 체계적으로 조직한 교육계획"으로 정의한다.

2. 교육과정이론

파이너(Pinar) 등은 현대의 교육과정을 교과의 효율적 운용과 같은 실천적 해답을 추구하는 '전통주의 입장', 교육과정을 하나의 학문분야로 연구하는 '개념-경험주의 입장', 기존의 교육과정 개념을 비판하면서 새로운 관점에서 교육과정을 재 개념화하려 시도하는 '재 개념 주의적 입장'으로 분류하였다. 이들은 교육과정이 역사적, 철학적, 사회적, 정치적 맥락 속에서 어떻게 이해되고 탐구될 것인가를 안내하고 제시하는 일종의 개념적 틀이다(진영은, 2006, p. 110).

1) 전통주의적 입장

보비트에 의해 교육과정의 연구 분야로 성장하기 시작한 전통주의 교육과정은 1949년 타일러에 의해 절정을 이루었다. 1950년대로 접어 들 무렵부터 그 후 10여 년 간 전통주의학파에 의해 시도된 몇 가지 교육과정 이론 제시의 단계가 바로 그것이다.

전통주의는 타일러(Ralph Tyler)와 타바 등의 이론을 들 수 있다. 목표중심 모형, 종합적 모형, 합리적 모형, 평가중심 모형 등으로 지칭되는 타일러의 교육과정개발 이론은 1949년 그가 저술한 『교육과정과 교수의 기본 원리』(*Basic Principles of Curriculum and Instruction*)에 담겨 있다. 타일러모형이 그 후 모든 교육과정개발에 있어서 모범적인 모형이 된 근본적인 이유는 합리성이다. 즉, 교육과정 개발에 있어

합리적인 틀을 세워 주었다. 이 합리적인 틀은 목표와 수단을 분리하여 수단에 대한 결정에 앞서 목표의 결정을 내세웠다(이성호, 1989, p. 106). 타일러는 이 책에서 교육과정을 어떻게 구성하고 어떻게 현장에 적용할 것인지 목표설정에서부터 학습경험의 선정과 조직을 통한 교수실제, 교육평가에 이르기까지 일련의 교육과정 개발과정을 기술하고 있다. 그에 의하면 교육프로그램은 교육목적이나 목표를 달성하기 위한 수단이며 이런 가정 하에 네 가지 문제를 제기하였다. 첫째, 학교는 어떤 교육목적을 달성할 것인가? 둘째, 교육목표달성을 위해 학습경험을 어떻게 선정할 것인가? 셋째, 효과적인 교수를 위해 학습경험은 어떻게 조직할 것인가? 넷째, 학습경험의 효과는 어떻게 평가할 것인가?(Tyler, 1949, p. 1).

[그림 2-1]에서 보여주는 것처럼 첫 번째 단계에서는 어떤 교육목적을 달성할 것인지를 분명히 밝히는 것이 필요한데, 체계적인 목표설정을 위해 학습자에 대한 연구 및 목표에 대한 교과전문가의 제안을 참고하여 목표를 설정한다. 선정된 목표는 학교가 가지고 있는 교육철학과 학습심리학에 의해 걸러내고 선별된다. 두 번째 단계에서는 진술된 목표를 달성하기 위해 어떻게 학습경험을 제공할 것인가를 결정한다. 교육과정 개발을 위한 세 번째 절차는 교육의 효과를 높을 수 있도록 학습경험을 잘 조직하는 것이다. 학습경험을 효과적으로 조직하기 위해서는 계속성, 계열성, 통합성의 세 가지 기준을 사용한다. 마지막으로 학습경험을 어떻게 평가할 것인가 인데 평가활동은 아동의 행동변화를 분석하는 것임과 동시에 교육과정이나 교육프로그램의 효과를 종합적으로 검증하고 교육과정과 교수자에게 개선된 결속성, 부분이 무엇인지에 대한 유용한 정보를 제공한다(양옥승, 2008). 전통주의자들 상호간에 다소 견해의 차이가 있으나 모두가 타일러의 전통적인 견해에 기초하고 있다고 보아도 무리는 아니다. 그들은 교육과정 개발의 모형과 전략을 창출시켰고 그것을 실천가들에게 제공함으로써 교육과정의 개혁적 변화를 가져오도록 하는 견인차적 역할을 수행하였다. 그러나 잠재적 교육과정이라든지 교육의 과정에서 찾아볼 수 있는 사회적 관계 등을 무시함으로써 교육과정은 고정적인 수준이나 절차에 따라 편성되는 기술적 합리성만을 추구하였다는 것이다(이성호, 1989, p. 110). 타일러 모형은 그 후에 타바(Taba), 세일러(Saylor) 및 알렉산더(Alexander) 등에 의하여 더욱 발전하였다.

우리나라의 현행 유치원 교육과정도 많은 부분이 전통주의자 이론을 따르고 있다(이기숙, 2004, p. 14).

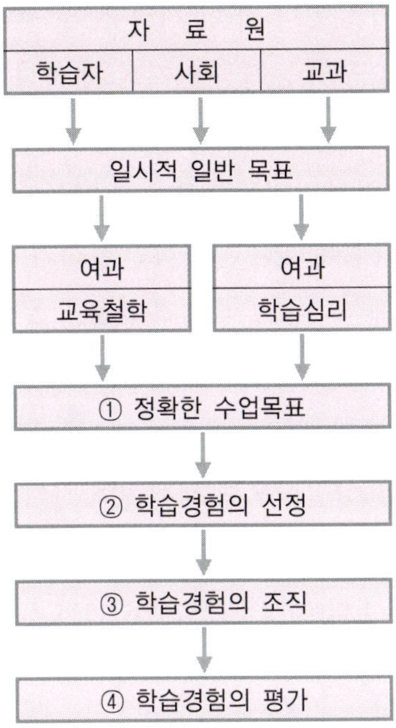

[그림 2-1] 타일러의 교육과정 개발 모형(이성호, 1989, p. 106)

2) 개념-경험주의적 입장

교육과정이란 전통적으로 학교에서 가르치는 교과내용과 동일시되어 왔다. 그러나 1960년대 접어들면서 교육과정에 대한 비판이 일기 시작했다. 이들은 자연과학에 기초한 논리와 탐구방법을 옹호하면서 확실성, 통제, 예언과 같은 경험론적 방법을 교육과정에 적용시키는 데 주력하였다. 사실과 가치를 명백히 구분하여야 하며 사실은 가설검증에서 시작하여 자료수집 검증과 해석으로 이어지는 단계를 통해 규명되고 재개념화되어야 한다는 입장이다(이성호, 1989, p. 112).

존슨(Maurits Johnson)과 슈왑(Joseph Schwab)과 같은 학자들은 교육과정이란 학습지도를 위한 문서화된 교수내용, 계획된 학습 경험, 구조화된 일련의 의도적 학습 결과 등으로 정의하였다. 교육과정을 학교가 설정하는 전반적인 계획, 시행, 평가의 프로그램으로 본다는 점에서는 전통주의와 유사하다. 그러나 학습자들에 의해 습득될 수 있는 학습결과를 먼저 설정하고 그 결과를 이끌어 낼 수 있는 효과적인 교육내용을 사회과학적 검증을 통해 선정, 조직하는 구체적 방법을 제시했다는 점에서 전통주의와 구별된다. 또한 개념-경험주의자들은 교육내용을 체계적으로 구성함에 있어 학습자의 능력을 인지적, 정서적, 운동기능적 능력으로 세분화하였다. 효율적인 교육과정이란 그 교육과정을 경험하는 학습자들로 하여금 인지적, 정서적, 행동적 차원의 가시적인 변화를 이끌어 내는 체제이다. 이처럼 개념-경험주의자들은 교육과정에 대한 체계적인 분석과 행동주의심리학을 위시한 경험과학적 검증과정에 의존하여 그 실제적 효율성을 측정할 수 있는 새로운 교육과정의 구성과 조직원리를 제시하였다(강희천, 1996). 개념-경험주의적 입장은 교육과정을 계획 시행 평가의 프로그램으로 본다는 점에서 전통주의적 입장과 유사하여 타일러의 입장을 실질적으로 크게 변화시키지는 못했다. 다만 실증적인 과학적 연구에 기초하여 개념을 체계적으로 정립시키고 있다는 점에서 전통적 이론과 다르다고 할 수 있다(이성호, 1989, p. 115).

3) 재개념주의적 입장

1970년대에 접어들면서 기존 교육과정에 대한 비판이 일기 시작했다. 이들은 유럽의 실존주의, 현상학, 그리고 심리분석 등과 같은 지적 전통에 바탕을 두고, 지난 50년 가량 발전되어 온 과학적 접근에 대한 비판을 하기 시작했다. 즉, 교육과정에 대한 재 개념의 필요성을 역설했다(이성호, 1989, p. 116). 교육과정분야를 재 개념화하려는 시도는 교육과정 분야를 정치, 경제, 사회적인 맥락에서 이해해야한다는 가정에서 출발한다. 즉, 학교는 보다 폭넓은 사회적 과정의 일부이기 때문에 교육과정은 보다 넓은 문화로부터의 부분적인 선택이다. 교육과정이란 전통적으로 학교에서 가르치는 교과내용과 동일시되어 왔다. Macdonald에 의하면 학교란 사회, 개인, 현실 간을 연결시켜 주는 존재이므로, 교육과정은 중립적이어서도 안 되며 분명한 입장을 가져야 한다는 것이다. 재 개념 주의자들은 교육과정, 학교, 사회 사이에서 형성되어온 상호관련성의 재조명을 통해 교육과정이란 무엇이며, 교육과정은 어떻게 기능해 왔으며 왜곡된 인간으로부터의 해방이라는 관점에서 볼 때, 교육과정은 어떻게 기능해야 하는가에 대한 근본적인 문제의 제기와 그에 관한 비판적 성찰을 통해 기존의 교육과정을 재구성해야 할 필요성을 역설하고 있다(양옥성, 2007). 이를 통해 개인차에 대한 무시, 사회계층에 대한 획일적인 전황을 탈피할 수 있다는 것이다. 재 개념론자들의 뜻은 결국 교육과정 이론화의 목적이 단순히 교육과정 개발 및 실천가들을 인도하는 데 있는 것이 아니고 교육경험의 내면적, 실존적 본질을 이해하려는 것이다. 앞의 개념적 경험론 자들이 자연과학적 사고에 기초하고 있다면 이들은 보다 폭넓은 인문과학의 탐구를 바탕에 깔고 있다.

재 개념주의 입장에서 교육내용의 선정은 [그림 2-2]에서 보는 바와 같이 1단계에서는 교육의 목적이라든지 지식의 가치 등에 대해 체계적인 재 사고를 한다. 2단계에서는 사회적인 질문, 즉 우리가 추구하는 사회는 어떠한 사회인가 그리고 그런 사회의 변동이 교육에 어떤 영향을 미치는가 등에 대해 질문한다. 이를 통해 우리의 목적이 무엇이고, 가치 있는 것은 무엇인가 등을 규명한다. 이런 과정을 거치면 제 3단계에서 폭넓은 문화로부터 교육과정 내용을 선정하는 데 훨씬 용이하다. 또한 4단계에서 학습, 수업, 발달 등등에 대한 심리학적 질문과 이론을 검토한다. 이러한 네 단계의 작업이 끝나면 비로소 교육과정을 조직할 수 있는 단계에 이르는 것이다(이성호, 1989, p. 117).

한국의 학교교육과정은 많은 부분이 전통주의자의 이론을 따르고 있기 때문에 전통주의적 입장에서 목적에 따라 선정되고 조직된 교육과정으로서 운영되고 있다. 그러나 경험주의자들의 이론들도 어느 정도 영향을 미치고 있음을 발견할 수 있는데, 즉 타일러의 전통주의적 입장을 틀로 하여 진보주의적인 입장을 취한다고 할 수 있다.

한편 지난 30~40년 동안 발표된 기독교교육과정 연구는 대부분의 경우 전통주의적 입장에 머물러 있으며 몇몇의 진보주의적 학자에 의해서만 개념-경험주의적 입장이 표출되고 단지 극소수의 학자에 의해서면 재개념주의적 입장이 지지되고 있다. 기독교교육과정의 연구는 어느 한 학파의 입장만을 지나치게 강조하기 보다는 각 학파의 연구방법에서 발견할 수 있는 긍정적 차원의 개선방안을 다양하게 고려하는 것이 바람직하다고 할 수 있다(강희천, 1996).

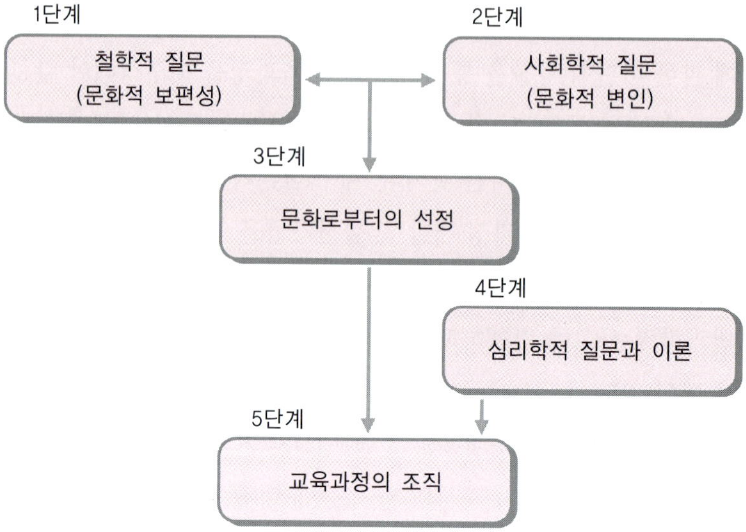

[그림 2-2] 재개념주의자들의 교육과정 계획-내용선택의 단계(이성호, 1989)

3. 제7차 유치원교육과정

1) 교육과정의 성격

유치원 교육과정은 유아교육법 제13조 제2항에 의거하여 고시한 국가 수준의 교육과정으로 유치원의 교육 목적과 목표를 달성하기 위하여 유치원에서 편성·운영하여야 할 학교 교육과정의 공통적, 일반적인 기준을 제시한 것이다. 이 교육과정의 성격은 다음과 같다.

① 국가 수준의 공통성과 지역, 유치원, 개인 수준의 다양성을 동시에 추구하는 교육 과정이다.
② 유아의 전인적인 성장 발달과 행복을 추구하기 위한 교육과정이다.
③ 유아의 자율성과 창의성을 신장하기 위한 유아 중심의 교육과정이다.
④ 유아의 일상생활과 놀이 속에서 통합적으로 실현해 가는 교육과정이다.
⑤ 교육청과 지역 사회, 유치원, 교원, 유아, 학부모가 함께 실현해 가는 교육과정이다.
⑥ 유치원 교육의 질적 수준을 유지, 관리하기 위한 교육과정이다.

2) 교육목표 및 내용체계

유치원 교육과정의 교육목표와 5개 영역의 내용체계를 정리해 보면 다음과 같다.

(1) 목표

유치원 교육은 유아에게 알맞은 교육 환경을 제공하여 유아를 교육하고 심신의 조화로운 발달을 돕는 것을 목적으로 한다. 이를 실현하기 위하여 다음과 같은 교육 목표를 둔다.

① 몸과 마음을 건강하게 하며 기본 생활 습관을 기른다.
② 더불어 사는 태도와 우리 전통문화를 사랑하는 마음을 가진다.
③ 자신의 생각과 느낌을 자유롭고 창의적으로 표현하는 경험을 가진다.
④ 의사소통을 위한 언어 능력을 기르며, 바른 언어 사용 습관을 기른다.
⑤ 호기심을 가지고 주변 세계를 탐구하며 자연을 존중하는 태도를 가진다.

(2) 내용체계

유치원 교육과정의 건강생활, 사회생활, 표현생활, 언어생활, 탐구생활의 내용체계는 표와 같다.

〈표 2-1〉 제7차 유치원 교육과정의 내용체계

영역	내용	하위내용
건강생활	나의 몸 인식하기	• 감각 기관을 활용하기 • 나의 몸을 인식하고 움직이기
	나의 몸 움직이기	• 이동하며 움직이기 • 제자리에서 움직이기 • 도구 및 놀이 시설을 활용하기 • 바깥에서 신체활동하기
	건강하게 생활하기	• 몸과 주변을 깨끗이 하기 • 바른 식생활하기 • 질병 예방하기 • 즐겁게 생활하기
	안전하게 생활하기	• 나와 다른 사람의 몸을 소중히 하기 • 안전하게 놀이하기 • 교통안전 규칙 지키기 • 위험한 상황을 알고 대처하기 • 환경오염이나 재난을 대비하기

영역	내용	하위내용
사회생활	나를 알고 사랑하기	• 나를 소중하게 여기기 • 나의 일 스스로 하기 • 나의 감정 알고 조절하기
	가족과 함께 생활하기	• 가족과 화목하게 지내기 • 가족과 협력하기
	이웃과 더불어 생활하기	• 예절바르게 생활하기 • 다른 사람을 이해하고 존중하기 • 질서와 규칙 지키기 • 두레의 소중함을 알고 협력하기
	사회 현상에 관심 가지기	• 주변지역에 관심 가지기 • 경제생활에 관심 가지기 • 우리나라와 우리전통문화에 관심 가지기 • 다양한 문화에 관심 가지기
표현생활	자연과 생활에서 아름다움 찾아보기	• 소리·움직임·조형물에 관심 가지기 • 예술적 요소 찾아보기
	예술적 표현 즐기기	• 음악으로 표현하기 • 움직임과 춤으로 표현하기 • 조형 활동으로 표현하기 • 극 놀이로 표현하기 • 통합적으로 표현하기 • 창의적인 표현과정 즐기기
	감상하기	• 아름다움 느끼기 • 예술적 표현 존중하기 • 우리 전통예술 감상하기
언어생활	듣기	• 낱말과 문장 듣고 이해하기 • 이야기 듣고 이해하기 • 문학 작품 즐겨 듣기 • 바른 태도로 듣기
	말하기	• 낱말과 문장으로 말하기 • 생각과 느낌 말하기 • 이야기 지어 말하기 • 바른 태도로 말하기
	읽기	• 읽기에 관심 가지기 • 책에 관심 가지기
	쓰기	• 쓰기에 관심 가지기 • 쓰기 도구 사용하기
탐구생활	탐구하는 태도 기르기	• 사물과 현상에 지속적인 관심 가지기 • 탐구 과정 즐기기
	과학적 기초 능력 기르기	• 물체와 물질에 대해 알아보기 • 생명체와 자연환경 소중하게 여기기 • 자연현상에 대해 알아보기 • 간단한 도구와 기계 활용하기
	수학적 기초 능력 기르기	• 수 감각 기르기 • 공간 및 도형에 대해 알아보기 • 기초적인 측정해 보기 • 규칙성 이해하기 • 자료정리 및 결과 나타내기

3) 교수·학습 방법 및 평가

유치원의 교육 활동에서 교사는 다음 사항에 유의하여 교수·학습 및 교육 평가를 하도록 한다.

(1) 교수·학습 방법

① 유아의 발달과 흥미를 고려하여 놀이 중심의 통합적인 교육 활동을 전개한다.

② 하루의 교육 활동 운영은 동적인 활동과 정적인 활동, 실내 활동과 실외 활동, 개별 활동과 소집단·대집단 활동, 유아 주도 활동과 교사 주도 활동 등이 균형 있게 이루어지도록 한다.

③ 유아가 또래와 교사 및 주변 환경과 다양한 상호작용을 할 수 있도록 한다.

④ 긍정적이고 수용적이며 사랑과 정성이 담긴 언어와 태도로 유아를 대한다.

⑤ 교육 활동별 특성에 따라 다양한 질문을 하여 창의적 사고를 유도한다.

⑥ 개별 유아의 잠재력이 최대한 발현될 수 있도록 유아를 지속적으로 관찰하고 적절한 지원을 한다.

⑦ 주변의 다양한 자료와 자연물을 적극 활용하여 유아들이 직접적이고 구체적인 경험을 할 수 있도록 한다.

⑧ 흥미 영역은 계절, 주제, 행사 및 유아의 요구 등에 따라 재구성한다.

⑨ 시간 연장제 및 종일제의 오후 일과는 오전의 교육 활동을 그대로 반복하거나 지식 및 기능 위주 교육을 하기보다는, 편안한 휴식과 함께 바깥 놀이와 개별 유아의 특성을 충분히 고려한 놀이 중심의 활동으로 구성한다.

(2) 교육 평가

① 교육과정 목표와 내용을 준거로 유아의 특성과 변화 정도를 평가한다.

② 유아의 태도, 지식, 기능 등이 종합적으로 포함되도록 평가한다.

③ 유치원 일과 속에서 생활과 교육 활동 전반에 걸쳐 포괄적으로 평가가 이루어지도록 한다.

④ 관찰, 활동 결과물 분석, 면담 등 다양한 방법을 사용하여 종합적으로 평가하고, 그 결과를 기록한다.

⑤ 평가 결과는 유아에 대한 이해와 유아 지원을 위한 의사결정, 교수·학습 방법 개선, 교육과정의 편성과 운영, 부모 면담, 생활 기록부 작성 등을 위한 기초 자료로 활용한다.

Chapter 03

통합 교육과정

1. 통합 교육과정의 필요성

교육과정을 통합한다는 것은 무엇을 뜻하는 것일까? 흔히 21세기는 정보사회, 지식기반사회라고들 말한다. 이러한 사회에서는 지식과 정보를 실제의 삶에 효율적으로 활용함과 동시에 새로운 지식과 정보를 창의적으로 만들어내는 일이 가장 중요하다. 이러한 문제의식은 학교교육의 내용을 무엇으로 삼을 것인가와 그것을 어떻게 조직하고 가르칠 것인가 하는 교육과정 연구·개발의 근본적인 질문으로 시작한다. 지식이나 정보를 창출하고 활용능력을 강조하는 교육과정의 형태로 등장한 것이 통합 교육과정이다. 우리의 일상 생활할 때의 내용과 문제들은 어느 한 영역으로 뚜렷하게 구분되어질 수 없다. 생활과 문제들은 서로 밀접하게 관련되고 복합되어 있다. 이러한 것들을 통합하는 것으로 통합 교육과정은 전인교육을 실현하려는 목적으로 교육과정 개발에서 적극적으로 모색한다(한국 교육과정학회 편, 2002, p. 393). 이렇듯이 통합 교육과정이 필요하게 된 데에는 교육과정의 사회적 적절성문제와 전인교육의 문제가 작용한 것이라고 하겠다. 또한 통합 교육과정은 학습자의 인성을 전인적 방향으로 이끌고자 하는 필요에서 개발된 교육과정이다. 우리가 일반적으로 통합교육이라고 말할 때 통합교육은 다음의 경우에 사용된다. 첫째, 통합교육이란 각 영역 간의 교과목을 통합시키는 것을 의미한다. 즉, 전통적 교과 간의 경계를 구분하지 않고 각 교과의 지식을 재구성하여 학습자의 흥미 중심, 문제 중심, 주제 중심으로 교육과정을 구성하는 교육을 말한다. 이는 문제해결을 위하여 학습활동에 대한 학습자의 자발적인 참여를 강조함으로써 학습경험이 보다 유의하게 통합되도록 촉구하는 데 있다. 이것은 학문자체와 기술습득에 우선권을 두는 학문중심교육과정이나 사회화와 놀이중심의 전통적인 교육과정과는 구별된다(한국유아교육학회 편, 1996, p. 620). 둘째, 통합 교육이라 함은 장애를 가진 유아들이 장애를 가지지 않은 일반아이들과 함께 유아교육기관에서 교육을 받는 것을 말한다. 셋째, 기독교교육에서 말하는 통합은 각 과목의 수평적 의미뿐만 아니라 수직적 의미의 통합을 말한다. 수직적 의미의 통합은 모든 내용을 기독교적인 세계관을 조명하여 가르치는 것을 말한다. 기독교 유아교육의 내용은 성경이 중심이 되며 그 성경을 기초로 한 기독교교리인 세계관에 의해 여러 영역들이 조명되어져야 하고 이것에 의해 서로 통합되어야 한다(정희영, 2004, p. 281). 본래 유아교육과정에서는(1984년부터 우리나라 유치원에서는 통합 교육을 시행하고 있다) 통합 교육과정을 운용하는데, 본 논문에서 다루려는 것은 기독교세계관으로 통합된 유아교육과정이기 때문에 통합적 유아교육과정이 또한 기독교세계관으로 통합되어야 하므로 이중통합이 되는 셈이다. 이처럼 일반 교육과정에서 말하는 통합과 기독교적세계관에서 말하는 통합이 의미가 다르므로 일반교육에서의 통합과 기독교세계관으로의 통합에 대해 각각 논의하면 다음과 같다.

2. 일반교육에서의 통합 교육과정

일반 교육과정에서 통합이 중요시 된 것은, 고대로부터 19세기에 이르기까지 인간의 정신은 몇 가지의 다른 영역으로 이루어져 있다고 여기는 형식도야이론에 근거하여 각 교과를 구분해 온 전통에 대한 회의를 가지면서부터이다. 서양에서는 7자유과인 문법, 수사학, 논리학, 대수, 기하, 음악, 천문학 등으로 나누었다. 그러나 루소, 페스탈로치, 로크 등으로 이어지는 자연주의 사조에 따라 교육에서 아동 중심사상이 대두되고, 특히 1920년대부터 1950년대까지 활발하게 진행된 미국의 진보주의 교육운동은 학습경험의 통합, 교과 영역의 통합을 교육의 중요 과제로 제기하였다. 진보주의 교육학자들에 따르면 학습자의 성장은 경험의 재구성에 의해 일어나며 경험의 누적적 재구성은 바로 학습자의 내부에서 일어나는 통합을 의미한다고 보았으며, 이를 위해 학습자의 흥미, 관심 등을 통해 경험의 재구성이 일어날 수 있도록 교육과정을 구성하는 것이 중요하다고 하였다(이기숙, 2004, p. 317). 즉, 통합 교육과정이란 유아들의 흥미, 요구, 학습내용, 활동, 경험들이 분리 독립적으로 나열되지 않고 상호 연관되어 그것들이 서로 결합하여 하나의 유의미한 전체가 될 수 있도록 고안된 교육과정이라고 할 수 있다(이영석, 임명희, 이정화, 2003, p. 121).

특히 통합 교육과정의 가치는 두뇌발달에 관한 연구가 강력한 이론적 지지가 되고 있다. 캐인과 캐인(Caine & Caine, 1990)은 인간의 뇌의 작용에 대한 연구에서 인간의 뇌는 선천적으로 대상간의 공통패턴이나 관련성을 찾으며 같은 내용이라도 여러 방법으로 적용되면 그 내용에 대해 더 잘 이해할 수 있다고 주장하였다(이기숙, 2004, p. 322에서 재인용). 특히 유아들의 경우, 의미가 있는 상황 속에서 개념들을 제시하지 않고 분리된 각각의 내용으로 제시할 때 성인들과는 달리 개념에 대해 이해하기가 어렵다는 것이다. 즉, 인식론적 측면에서는 단편적 지식습득에 그치기 쉬운 분과별 교육과정의 한계를 극복하고 각 교과의 내용을 의미 있는 개인적, 사회적 주제 혹은 문제의 맥락 속에 재위치시킴으로써 지식의 구성 및 발전과정에서 인식의 주체인 학습자 개개인에 의해 구성되는 주체적이고 통합적인 의미가 강조된다(양미경, 1997).

교육과정을 통합하는 방식에 대해서는 학자들 간의 관점이 다양하다. 그러나 유치원교육과정은 논리적인 면에서 뿐만 아니라 학습자의 심리적 면에서 비추어 고도로 통합될 것을 요구하고 있고 통합을 잘 하기 위해서는 교사의 자질, 풍부한 환경, 적절한 교사 대 아동의 비율 등 제반 교육환경이 갖추어져야 진정한 통합의 실현이 가능하다.

3. 기독교교육에서의 통합

기독교교육과정에서 통합의 기초가 되는 것은 하나님 말씀으로 인한 통합이다. 이 우주는 살아계신 하나님의 창조물임을 믿으며 또한 인간의 타락과 속죄, 믿음에 의한 의인, 부활의 확실성 등과 같은 것을 중심되는 진리로 삼는다(Gaebelein, 1963/1991, p. 46). 과거에 많은 기독교교육기관의 교육은 단순히 일반 교육과정에 성경과정을 첨가하여 실시하는 것이나 혹은 성경만을 중심으로 가르치는 교육으로 오해하였다. 그것은 세속교육에 기독교를 하나 첨가하는 정도에 불과하다. 기독교교육은 성경을 중심으로 이루어지는 교육이지만 그렇다고 성경만을 가르치는 것도 아니고, 성경을 단순히 주변을 설명하기 위해 사용하는 것도 아니다. 소위 통합적 접근이 이루어져야 한다(그림 3-1 참조). 기독교교육에서 말하는 통합이 무엇인지에 대해 구체적으로 알아보려 한다.

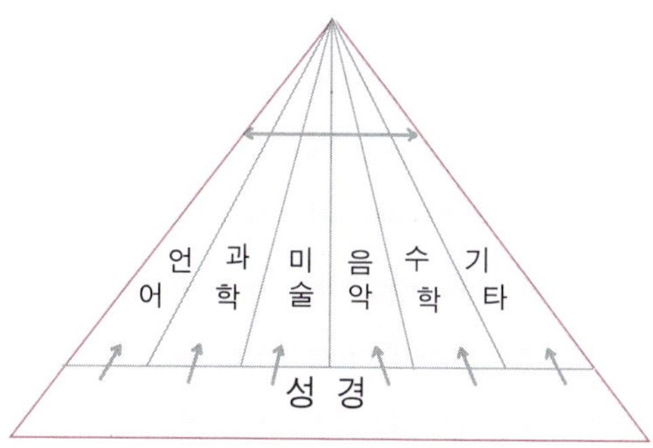

[그림 3-1] 일반교육내용이 성경적 관점에로 통합(정갑순, 2002, p. 44)

게블린은 '통합'이란 단어는 "서로 떨어져 있는 별개의 조각들을 온전한 하나로 만드는 것"을 의미한다고 하였다. 그에 따르면 모든 개념은 내적인 의미와 외적인 의미를 가지고 있다. 이런 원리가 기독교교육에도 적용된다. 기독교교육에서의 외적인 의미는 피상적이라는 의미가 아니라, 우리 밖에 그리고 우리를 초월하여 존재하는 어떤 것이라는 뜻으로 사용되어 하나님의 진리를 뜻한다. 즉, 게블린이 외적인 의미라고 언급한 하나님의 진리는 우리가 이것을 이해하든지 혹은 이해하지 못하든지, 믿든지 믿지 않든지, 가르치든지 혹은 가르치지 않든지 그것에 영향을 받지 않는 독립적인 진리이다. 통합이 진전됨에 따라 내적인 의미는 외적인 의미에 합병된다. 이 외적인 의미는 항상 내적인 의미를 초월한 상태로 존재하지만, 내적인 의미와 유기적인 연합을 이루기도 하는데, 이것이 바로 게블린이 주장하는 통합의 핵심이다 (Gaebelein, 1963/1991, pp. 42-43).

즉, 게블린은 모든 진리는 하나님께 속하였으며, 하나님의 진리는 창조 세계의 모든 일과 영역에 미치지 않는 곳이 없다. 전술한 바와 같이 기독교교육에서 통합된 구심점은 하나님과 그 말씀에 대한 믿음을 말하며, 통합은 교과, 교육방법, 교육행정, 교직원들이 하나님의 진리와 유기적 연합체를 이루어 가는 과정이다(Gaebelein, 1991, pp. 43-44). 게블린의 말을 좀 더 쉽게 풀어서 설명하면, 교육은 기독교교육의 외적인 의미인 하나님의 진리인 성경에 기초한 교육이 되어야 함을 말한다. 성경을 중심으로 한 교육은 성경만을 가르치는 것이 아니고 성경이 단순히 주변을 설명하기 위해 사용되는 거의 아니며, 성경에 기초한 기독교세계관 위에서 가르쳐야 함을 말한다. 다시 말해 통합은 모든 교과목의 가르침이 하나님의 온전한 진리의 한 부분이 되게 함을 일컬으며 그리하여 학습자들로 하여금 자연과 특별계시의 통합을 보게 하는 것이다. 특히 통합이란 성경이나 성경본문의 해석에서 오는 기독교의 지식과 학문적 지식을 연결시키는 것이다(Gangel, 1977; 유명복, 2007년에서 재인용). 간단한 교육된 개념의 예를 제시하면 과학, 역사, 수학, 예술, 문학에서 발견되는 진리도 종교에서의 진리만큼 하나님에게 속한 것이다. 진리에는 불연속이 있을 수 없고 모든 영역에서의 진리는 모든 진리의 하나님 안에서 통일성을 가져야 한다. 진리가 기독교교육의 단서이고 기독교교육의 심장이고 중심이라면, 진리를 통합시키는 것이 기독교교육의 역할인 것이다(Gaebelein, 1963/1991, p. 57).

유아를 위한 기독교교육의 통합적 접근도 당연히 하나님의 말씀에 기초를 두어야 함을 원칙으로 한다. 일반교육의 교육과정이 교과목의 각 영역들 간의 통합을 의미하는 통합이었다면 기독교 유아교육에서 통합이란 수평적 의미의 통합뿐만 아니라 진리의 근원인 하나님의 말씀에 기초를 둔 수직적 통합도 포함한다. 일반교육에서 유아들의 발달을 돕고자 나눈 영역이 언어생활, 건강생활, 표현생활, 탐구생활, 사회생활이다. 이것은 공교육의 교육과정 영역인데 이는 일반계시의

한 영역이라고 할 수 있다. 이러한 영역은 유아가 한 인간으로 성장해 가는 데 포함된 기본 요소이다. 인간은 다차원적인 존재이며 특별히 영적인 존재이기 때문에 이러한 수평적 교육 외에 기독교 유아교육에서 하나님과의 관계인 수직적인 면에서의 통합이 이루어져야 한다. 다시 말하면, 일반 교육과정에서는 인간을 영적인 존재로서 하나님과의 관계를 가져야 한다고 보지 않기 때문에 수평적인 면에서만의 통합이 이루어지지만 기독교 유아교육에서는 인간이란 영적인 존재로서 하나님의 창조의 목적과 계획을 이루어 드려야 하는 존재이므로 하나님과의 관계가 매우 중요하게 취급되어야 하므로 수직적 통합이 이루어져야 한다. 즉, 기독교 유아교육에서의 통합은 일반교육에서 각 영역들 간의 통합을 의미하는 수평적 통합뿐만 아니라 하나님에 대한 지식과 연결하는 수직적 통합이 함께 이루어져야 한다. 그리고 유아교육의 통합적 접근을 위해서는 학습자인 유아, 교사, 학습에 대한 일반적 개념은 물론 기독교적인 과정에서의 이해가 요구된다(정희영, 2004, p. 282).

기독교 유아교육의 과제는 모든 지식의 통일성을 찾아내고 유아들로 하여금 성숙한 그리스도인이 되도록 인격통합까지 이루어지도록 해야 한다. 채드윅(Ronald Chadwick)은 기독교적인 것과 일반적인 것과의 통합에 대한 예를 다음과 같이 설명한다. '나'라는 주제를 가지고 유아들과 수업을 한다고 가정하면 심리학적 개념으로 '나'라는 개인은 독특하며 가치와 존엄성을 가진 존재이며 성경적 개념으로서 '나'는 하나님의 형상을 따라 지음 받았다고 가르칠 수 있다. 이러한 사실을 성경적으로 통합된 개념으로는 하나님께서 각 사람을 하나님의 형상을 따라 독특하게 만드셨으며 각 사람은 영원한 가치와 존엄성을 지닌 존재라고 가르칠 수 있다(정희영, 2004, pp. 282-283).

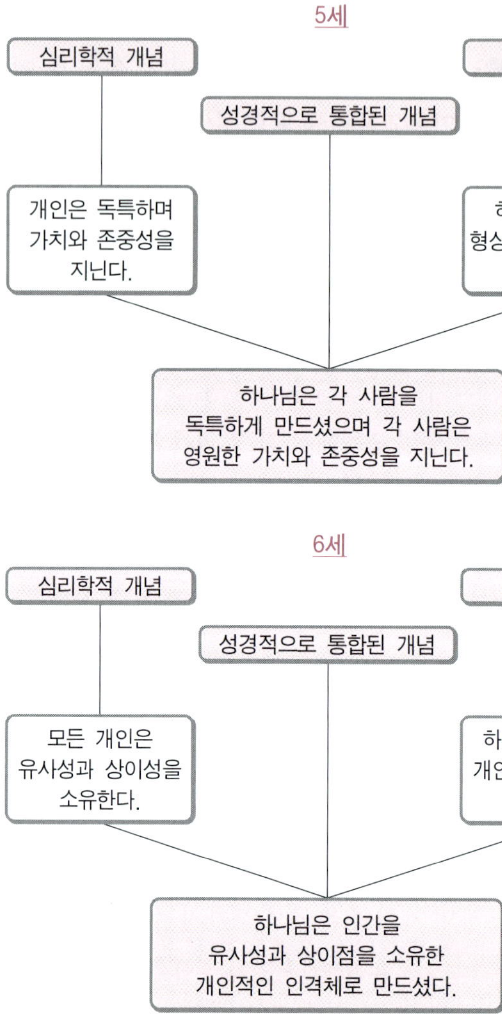

[그림 3-2] 일반적인 내용과기독교적인 내용의 통합(정희영, 2004, p. 283)

Chapter 04

기독교 유아 통합 교육과정 고찰

현재 기독교세계관에 기초하여 만들어진 유아교육과정은 많지 않다. 기독교세계관에 입각하여 구성된 유아교육과정 중 대표적인 실례로 알타비스타(Alta vista)와 열방대학교(Nations University) 교육과정을 들 수 있다. 이들을 살펴봄으로 기독교세계관으로 통합한 교육과정 구성에 도움을 얻고자 한다. 알타비스타는 일반적인 주제를 기독교적으로 전개한 교육과정이고 열방대학교 교육과정은 성경을 중심으로 한 기독교적 주제를 일반적 내용과 통합시킨 교육과정이다.

1. 알타비스타(Alta Vista) 교육과정

1) 철학적 기초

알타비스타교육과정은 1991년에 미국 시애틀 시의 알타비스타대학(Alta Vista College)에서 개발한 기독교교육과정이다. 알타비스타 교육과정의 개발에 참여한 대표적인 인물은 그린인데 그는 자신의 교육철학을 화란의 철학자이자 신학자인 아브라함 카이퍼의 견해에 근거를 두었다. 특히 카이퍼에게 영향을 받은 화란의 기독교 철학자 도예베르트(Dooyeweerd)가 분류한 15가지 인간의 경험적 측면을

15개 학문명으로 대치시켜 개발한 것이다.

단원 중심 교육과정을 운영할 때 15개 영역 지식이 고루 가르쳐지도록 교육과정 내용을 조직하였다(기독교 학문연구회, 1991, p. 74).

2) 교육목적

알타비스타 교육과정은 학생들이 교육과정을 통해 하나님을 알고 하나님에게 사랑스런 예배로 반응하도록, 사람들에 대한 봉사를 통해 피조물에 대한 섬김과 창조 안에서 사는 것을 배우는 것을 목적으로 하고 있다. 또한, 학생들을 그리스도의 책임 있는 제자가 되도록 준비시키는 것과 순전한 이해력(새로운 문제와 상황에 개념과 기능들을 적용할 수 있을 만큼 충분히 개념과 기능을 습득하는 것)을 갖도록 교육한다.

3) 교육내용

초교파적인 교육 과정으로서 단원들이 단계별로 구성되어 있다. 우리나라의 전통적인 학년 수준으로 나누어 보면, A단계는 '유치원-1학년' 수준, B단계는 '1학년-3학년' 수준, C단계는 '4학년-6학년' 수준, D단계는 '중학교 1학년-3학년' 수준이라고 할 수 있다.

알타비스타 교육과정의 내용을 각 학문영역별로 다음 〈표 4-1〉과 같이 제시하였다(정희영, 2000).

〈표 4-1〉 알타비스타 교육과정 내용(정희영, 2004, pp.288-290)

학문 영역	단원명/과	지구와 공간	개인으로서의 사람들
논리학	1과	하나님께서 무생물을 창조하셨어요.	개인의 정체성
물리학	2과	무생물의 특징	개인의 신체: 인간의 감각
수학	3과	시간 측정	개인의 수치, 나이, 무게, 신장
기하학	4과	위치, 지역, 방향, 거리	개인의 형태, 크기, 공간 사용
생물학	5과	태양계: 지구가 살 수 있는 행성	좋은 음식, 휴식, 청결, 불에 대한 욕구
역학	6과	밀기와 당기기	개인의 움직임: 운동
심리학	7과	하나님의 세계에 대한 느낌	개인의 감성과 자아개념

학문 영역	단원명 /과	지구와 공간	개인으로서의 사람들
미학	8과	무생물을 주신 하나님을 찬양하기 위해 미술과 음악을 사용한다.	시각 예술에서의 미학
언어학	9과	하나님과 이야기하는 방법	개인의 의사소통: 말하기와 듣기 배우기
사회학	10과	가족의 휴가	개인적 관계: 집단 내에서의 개인들
경제학	11과	물, 열, 힘의 경제학	개인의 소유물 : 하나님의 것과 나의 것 : 소년이 점심을 나누는 성경이야기
역사학	12과	A: 북서부 연안의 본토박이 미국인 B: 개척자(대장장이, 양철공)	개인의 역사: 성장과 발달
윤리학	13과	공기, 물, 토양의 오염: 원인과 예방	개인의 봉사 : 사랑, 적절한 접촉과 부적절한 접촉
법학	14과	중력과 마찰	개인적 규칙: 권위
신학	15과	무생물을 주신 하나님께 찬양	개인적 믿음: 하나님과의 관계
학문 영역	**단원명 /과**	**식물**	**집단 속의 사람들 (세계 여러 인종)**
논리학	1과	생물과 무생물: 식물의 종류	여러 종류의 인종들
물리학	2과	식물의 각 부분들	물리적 지형: 여러 대륙과 해양
수학	3과	식물의 부분 세기: 식물의 수	인구 밀도
기하학	4과	식물의 크기 변화: 씨앗에서 성장한 식물	여러 가지 집의 종류
생물학	5과	햇빛, 물, 토양, 공기를 필요로 하는 식물	여러 가지 음식의 종류
역학	6과	식물의 운동-빛을 향하여 자라고 바람에 의해 휘어짐	여러 가지 여행의 종류
심리학	7과	식물에 대한 감정: 인간의 감각	감정을 표현하는 여러 가지 인사의 종류
미학	8과		여러 가지 미술과 음악의 종류
언어학	9과		여러 가지 언어의 종류
사회학	10과	꽃과 벌: 다른 사람과 더불어 살기	여러 가지 가족의 종류
경제학	11과	식물로부터 얻을 수 있는 것들: 음식, 옷	여러 가지 직업의 종류
역사학	12과	A: 북서부연안의 미국인 B: 식물을 사용하는 현대와 과거의 방식 비교	북서부의 미국 본토박이와 순례자
윤리학	13과	식물 돌보기	나와 다른 사람과의 차이점 받아들이기

학문 영역	단원명 /과	식물	집단속의 사람들 (세계 여러 인종)
법학	14과	들과 숲속의 식물에 대해 유아가 지켜야 할 규칙: 아담과 이브	여러 가지 정부의 형태
신학	15과	하나님에 대한 우리의 사랑을 보이는 한 가지 방법은 식물을 잘 돌보는 것	바울의 선교하기

학문 영역	단원명 /과	동물
논리학	1과	하나님께서 많은 종류의 동물을 창조하셨다.
물리학	2과	동물의 몸과 몸의 겉표면(깃털, 비늘, 모피, 피부)
수학	3과	동물의 수와 동물의 신체 부위를 셀 수 있다.
기하학	4과	동물들의 생활방식에 적당한 신체크기와 서식지
생물학	5과	동물은 살아가기 위해 음식, 물, 공기가 필요하다.
역학	6과	동물은 서로 다른 방식으로 움직인다.
심리학	7과	동물의 감정
미학	8과	하나님은 동물들의 아름다움을 통해 자신의 영광을 드러내신다(새와 나비).
언어학	9과	유아문학에서의 동물: 신화, 우화
사회학	10과	우리 사회에서의 동물: 애완견, 경찰견, 맹인견, 사냥견, 서커스동물
경제학	11과	사람에게 옷, 노동, 즐거움을 제공하는 동물
역사학	12과	A: 말, 속달, 우편 B: 넓은 평원의 미국 원주민: 교통수단으로서의 말과 들소
윤리학	13과	멸종위기에 빠진 동물
법학	14과	애완동물을 돌보는 규칙
신학	15과	노아와 방주

알타비스타 교육과정의 외형적인 모습은 사회과학과 자연과학의 주제들을 포함하고 있는 6개의 단원으로 이루어져 있다. 식물들, 정치적 집단으로서의 사람들, 지구와 우주, 개인인 사람들, 동물들, 윤리적 집단으로서의 사람들이다. 각각의 단원은 15개의 교과목으로 구성되는데 수학과 과학에서 6과, 사회과에서 5과, 언어와 예술에 3과, 그리고 1과는 요약으로서 나머지를 성경적 체제에 함께 맞추었다. 각 단원은 15주에서 18주 동안의 교육 과정으로 운영이 가능하며, 동시적으로 가르쳐지는 것이 아니라 개별적으로 가르쳐진다. 각 단원들은 순서에 따라 가르쳐질 수도 있고, 학생들의 이해력과 교육적 경험에 따라 적당한 수준에서 가르

쳐질 수도 있다(기독교 학문연구회, 1991, p. 76).

알타비스타 교육과정은 성경을 분리된 과목으로 가르치는 것이 아니라 자연스럽게 각 과의 도입부분에 성경적 관점에서 교수에 대한 지침을 제공한다. 단원의 각 과는 '도입하기, 제시하기, 실행하기, 반응하기'의 4단계로 나누어져 있으며 구체적인 내용은 다음 단원개발 모형에서 설명하고자 한다.

알타비스타 교육과정은 학문별 분류법을 사용하기 때문에 구분이 비교적 쉽다. 또한, 알타비스타 교육과정은 각 과에서 4개 학습 유형 모두를 사용하도록 짜여 있어서 다양한 학습유형에 맞추어 준비되어있으므로, 학생들은 각자에게 알맞은 유형을 사용할 수 있다. 학생들이 교사로부터 배우는 만큼 학생들로부터 배우게 된다는 것을 전제로 하고 있기 때문에, 교사가 학생들과 함께 학습하기를 강조하여 토론과 협력학습을 권장한다. 그러나 알타비스타 교육과정에서 강조하는 토론과 협동학습의 교수학습과정이 교사와 학생 간의 쌍방적인 과정이 되지 못한다면, 학습은 지겹거나 따분할 수 있다.

2. 열방대학교(Nations University) 교육과정

열방대학교의 교육과정은 성경을 중심으로 한 기독교적 주제를 유아의 발달단계에 적합한 일반적 내용과 연결시켜 통합시킨 교육과정이라고 할 수 있다. 예수 전도단(Youth With A Mission)의 사역자인 잔 존스(Jan Johnes)와 교사들이 함께 모여 성경적 유아교육과정 개발을 위해 기도하여 만든 교육과정으로 교육내용은 하나님, 예수, 성령 등으로 구성되어 있다(정희영, 2004, pp. 350-358).

1) 교육목표 및 교육내용

기독교세계관에 기초한 열방대학교 교육과정의 목적은 다음의 네 가지이며, 이러한 목적 위에 성경적 세계관이 세워지고 유아들이 하나님을 알도록 하여 제자화하는 것을 목적으로 하고 있다.

첫째, 유아는 하나님을 창조자로 알고 하나님의 형상에 따라 하나님의 특별하신 목적에 의해 이 땅에 태어났음을 알게 한다.

둘째, 유아가 하나님을 아버지로 알고 자신이 중요하며 가치 있는 존재임을 알도록 하여 자기정체성과 가치감, 존중감을 갖도록 한다.

셋째, 하나님을 예수님의 아버지로 알고, 유아들을 향한 하나님의 섭리를 예수님을 통해서 알 수 있도록 한다.

넷째, 성경을 통해 유아들이 무엇이 진리이며 옳고 절대적인가를 배울 수 있도록 한다.

열방대학 유아교육과정은 복음주의기독교철학과 세계관에 입각한 기초 위에 기독교적 주제를 유아의 발달단계에 적합한 일반적인 내용과 연결하여 통합시켰다. 교육과정을 운영하는 데 철저히 하나님 중심과 성경중심으로 교육의 목표, 내용과 원리, 교수학습법 등 성경적 세계관에 기초하며 예배와 기도, 찬양들이 생활의 일부가 되는 것이 아니라 생활 속에서 말씀을 실천하고 적용하여 살아가도록 구성하였다.

이 교육과정은 하나님, 예수, 성령 등으로 그 내용이 구성되어 있으며, 각 책들은 교사묵상과 성경이야기, 기도, 실제적 적용, 창조 등의 다섯 부분으로 나눠진다.

먼저, '교사 묵상'은 성경 주제와 창조 주제로 나누어지며, 성경 주제는 제목과 관련된 성경 구절들이 소개되어져 있어 교사가 주제에 관한 내용을 성경적으로 잘 이해할 수 있게 돕는다. 교사묵상의 창조 주제는 성경적 제목과 관련된 일반적 내용에 대한 성경 구절들이 소개됨으로써 교사들이 앞으로 다루게 될 성경 주제와 관련된 일반적인 내용을 보다 성경적으로 이해하고 유아들을 이끌어갈 수 있게 돕는다.

'성경이야기' 부분은 주제에 따른 성경의 내용을 찾아 유아들에게 이야기로 들려주는 부분이며, 기도 부분은 주제를 하나님과의 관계 속에서 해석하고 이해하도록 돕는 부분이다. 실제적 적용 부분은 주제와 관련되어 배운 내용을 실제적으로 적용해 보는 부분이다.

성경적 기초에 의하여 하나님의 성격, 성품, 방법에 대한 관점에서 유아의 흥미를 돕고 기독교적 가치들을 수용할 수 있는 내용과 하나님의 제자로서의 삶을 살아갈 수 있는 내용들을 제시하고 있다. 전체 과는 성경, 기도, 실천적 적용, 창조의 네 영역으로 나누어 활동하도록 나뉘어 있다. 성경은 성경적 원칙들을 설명하고,

'기도'는 유아들과 하나님과의 관계가 잘 자라게 하며, '실천적 적용'은 유아들에게 적합한 성경적 원칙들을 담고 있고, '창조'는 창조물을 통해 하나님의 창조의 특정한 관점을 탐구하도록 한다.

전체 42개의 과로 구성되어 있으며, 각 과를 잘 활용하기 위해서 교사 묵상과 노트란, 게시판 아이디어, 창조의 아이디어, 과제물 아이디어, 연구과제의 목록이 있으며, 이를 활용하는 방법이 함께 제시되어 있다.

교육과정 내용은 하나님, 예수님, 성령님 등 삼위일체를 중심으로 구성이 되어 있다.

2) 교수 학습방법

열방대학교 교육과정에서는 교수학습방법에서 교사의 사명과 역할을 강조한다. 하나님이 사용하시는 교사들이 되기 위한 교사의 삶과 역할을 다음과 같이 언급한다.

첫째, 유아들에게 본보기가 되는 교사의 위치와 역할이 중요함을 강조하며, 교사가 유아들에게 어떤 삶을 보여주는가에 의해 유아들의 인격과 삶이 형성된다는 것에 대한 책임을 져야 한다.

둘째, 교사는 유아들을 가르치기 전에 성경적 진리를 먼저 이해하여 자신의 삶에 적용한 것을 가르쳐야 하며, 유아들에게 맞는 수업을 준비하도록 기도와 중보를 통해 가르쳐야한다. 교사 자신이 하나님의 진리를 자신의 삶에 적용하고, 어린 아이의 마음으로 하나님을 신뢰하고 하나님의 자녀라는 진리를 받아들일 때, 교사는 유아들을 감동시킬 수 있으며 삶에 영향을 줄 수 있다.

셋째, 하나님이 사용하시는 교사가 되기 위해 하나님이 사용하는 본을 따라야 할 필요가 있으며, 유아들을 위한 영적, 물리적 환경, 건강한 정서와 지적인 성장을 위한 환경, 사회적 및 도덕적 발달을 위한 환경을 준비해야 한다.

넷째, 협동하는 교사가 되어 교사 서로 서로 상호의존적인 팀 사역자가 되어야 한다. 교사 자신을 낮추고 헌신하여 공동목표를 위해 일하는 조화로운 태도를 강조하고 있으며, 이를 유아들이 관찰함으로써 다른 친구들과의 관계도 긍정적 영향으로 발전된다고 할 수 있다.

다섯째, 교사는 스스로 자신을 살펴보아야 하며, 교육과정에서 제시되는 점검표를 통해 성경적 원칙을 매일의 삶에서 적용하고 하나님의 부르심에 합당한 사람인지 점검해야 함을 말하고 있다. 주제별 수업 전개를 위한 준비를 위해, 교사들은 단원에 따른 주제를 선정하고, 관련 환경들을 조성하며, 주제에 따른 하위주제를 결정한다. 성경, 기도, 실천적 적용, 창조의 영역활동을 전환하고 단원 목표를 달성하기 위해 유아와 교사는 활동에 능동적으로 참여한다.

3) 열방대학교 교육과정에 대한 평가

모델링 주체로서의 교사를 중요시하므로 올바른 기독교적 자질과 성경에 대한 지식이 없는 교사는 교육과정의 의도에 맞는 수업을 하거나 내용을 전달하는 데 어려움이 있으며, CD나 포스터, 과제물과 연구과제 목록의 작성내용과 방법은 제시되어 있으나, 교사의 업무 및 교육과정 진도 외에 매체 제작 및 연구 등의 추가 업무가 주어지면 교사가 부담을 가지고 교육과정 내용을 이끌어 가는 데 성실하게 임하지 못할 수 있으므로, 교육과정 적용 시 교사의 자질과 역할을 신중히 고려해야 할 것이다. 통합교육에 있어 교사의 중요성을 강조하며 교사의 역할에 대해 구체적으로 언급한 것은 기독교교육을 실시하는 교사가 숙지하여야 할 사항이라 여겨진다.

Chapter 05

기독교세계관으로 통합한 단원개발 모형

기독교교육기관의 교육과정개발은 교사가 수업을 염두에 두고 한 단원개발 또는 재구성의 형태로 이루어지는 것이 일반적이고 효과적이다. 타일러모형 등의 교육과정개발 모형은 개발과정의 일차적 절차를 제시해 주고는 있으나, 학습의 상황과 관련하여 실제적인 단원중심의 교육과정개발에는 구체적이지 못하다(이정미, 2008, p. 65).

그동안 기독교세계관으로 가르치는 것의 당위성을 강조한 책은 많았지만 구체적으로 기독교세계관을 교과의 단원과 연결시켜 가르칠 수 있도록 돕는 책은 거의 없었다. 그러나 최근 들어 기독교학교 교육과정을 기독교세계관에 기초하여 개발하도록 돕는 교사수준의 교육과정 개발모형이 반 브루멜른(Van Brummelen), 오버만과 존슨(Overman & Johnson), 그린(Albert Green)의 알타비스타 모형 등이 제시되었다. 이들 교육과정이 모두 기독교세계관의 통합을 다루고 있지만 통합의 방식은 약간 다르다.

1. 반 브루멜른의 단원개발 모형

단원을 설계하고 개정하는 것이 교육과정 기획에서 가장 중요한 요소이다. 단원이란 어떤 특정 주제에 초점을 둔 교육과정의 한 부분으로 그 주제는 한 가지 논제와 관련개념들, 혹은 바람직한 해결을 찾기 위해 탐구를 요하는 어떤 이슈나 문제에 초점을 둘 수 있다(Van Brummelen, 2006, p. 197). 단원은 한 번의 수업으로 끝날 수도 있고 한 단원을 여러 번 걸쳐 수업할 수도 있다.

반 브루멜른은 교사가 교육과정 결정에 가장 중요한 역할을 한다고 보았다. 교사들이 실제로 단원의 주제를 정하고 그것과 관계하여 강조되어야 할 가치를 결정하고 적절한 학습목표를 세우고 학습활동과 자료를 선택하고 평가방법을 결정함으로써 교육과정의 실질적인 결정자 역할을 한다는 것이다.

반 브루멜른의 단원개발 모형은 기독교세계관에 기초한 기독교적 교육과정 운영에 초점을 맞추고 있다. 다른 기독교 단원개발 모형이 성경적 세계관의 구조와 특성에 집중되거나 가르침의 현장 속에 어떻게 적용시켜야 하는지를 강조했다면 반 브루멜른은 바람직한 기독교적인 단원개발 모형은 단순한 하나의 단원개발모형만이 아닌 전체 교육과정 속의 한 부분이며 전체 교육과정 자체가 얼마나 기독교적인 의미들을 담고 있는지가 중요함을 강조한다.

반 브루멜른의 단원계획은 한 단원, 한교과목, 한 학교의 교육과정 전체를 볼 수 있는 시각을 제공한다. 반 브루멜른 모형의 아쉬운 점은 우선 창조, 타락, 구속으로 제시되는 성경적 질문이다. 어떤 단원에서든 창조, 타락, 구속 모두를 찾도록 하고 있다. 성경적 세계관을 생각하는 것은 바람직한 구조이나 단원의 주제를 창조, 타락, 구속으로 모두 기술하는 것은 매우 어려운 작업이다. 실제로 작업을 하다보면 창조만 진술된다든지, 타락과 구속이 진술되기도 하기 때문이다. 창조, 타락, 구속의 영역구분이 분명하지 않는 경우도 있다. 그뿐 아니라 구체적인 수업을 위한 제안이 없다는 점이다. 브루멜른의 모형은 전체 단원수업계획에 초점을 맞추고 있고 교실의 실제 상황의 실제 수업모형에는 부적절하다. 단원수업계획이 잘 디자인되었다 하더라도 실제 수업계획에 대한 언급이 없으면 실제 수업하는데 어려움을 겪기 때문이다(김윤권, 2009, pp. 128-129). 다시 말해, 단원은 때로는 한 번의 수업으로 이루어질 수 있고 여러 번의 수업으로 이루어지는데, 브루멜른의 모형은 단원을 어떻게 이끌어 갈 것인가를 전체적으로 보여주지만 한 번의 수업을 어떻게 할 것인가를 구체적으로 제시하고 있지는 않다.

〈표 5-1〉 반 브루멜른의 교육과정 단원개발 모형(Van Brummelen 2006, pp. 199-227)

단계	내용
1단계: 중요하고 적절한 주제 정하기	• 이 주제는 학생들에게 기독교적 유산을 소개해 주는가? • 이 주제는 중요한 이슈를 다루고 있는가? • 이 주제는 학생들의 흥미와 필요를 충족시켜 주는가?
2단계: 아이디어 브레인스토밍	• 마인드맵을 통해 주요한 내용, 개념들의 집합이 적절한가를 생각한다.
3단계: 단원의 초점을 명확히 하기	• 주제진술-단원의 전반적인 목표를 기독교적 관점에서 기술한다. • 의도된 학습결과 제시하기-주제진술을 구체적으로 성취될 목표로 진술한다. 의도된 학습목표는 서너 개의 다른 범주로 구성한다(지식목표, 기능목표, 성향목표).
4단계: 학습 활동계획과 선정	• 학습활동이 주제 진술과 학습목표를 달성하기에 적절한가? • 학습활동이 개인적으로 의미 있는 학습이 되도록 돕고 있는가? • 학습활동이 다양한 교수전략을 포함하는가? • 학습활동이 성취가능하며 학생들의 동기를 유발하는가?
5단계: 국가교육과정과 통합	• 국가교육과정 지침서와 통합시킨다.
6단계: 일정표 계획	• 일정표를 계획한다. • 단원의 전체 시간표와 주간 시간표를 만든다.
7단계: 학습자료 선택	• 단원에 맞는 학습자료를 준비한다.
8단계: 학습평가 계획하기	• 다양한 평가 전략을 사용한다.
9단계: 단원의 효과성 재고	• 단원의 의도된 학습결과를 실현했는가? • 학습자료들은 타당하고 적절한가?

〈표 5-2〉 반 브루멜른의 단원기획의 실례(Source 2006, p. 214〉

초등학교 1학년 단원: 나무
주제 진술문: 1학년 아이들은 일상생활에서 나무와 함께 살아간다. 그래서 계절에 따른 나무의 변화를 감상하고, 나무에서 함께 놀고 나무가 주는 혜택에 감사하는 법을 배운다. 하지만 1학년 아이들의 숲에 대한 경험은 대개 광범위하지 못하고 신비의 두려움으로 포장된 이야기들에 제한되는 경우가 많다. 숲 주제는 아이들이 웅대한 숲이 지닌 천연의 아름다움을 긍정적으로 경험하고 독특한 방식으로 나무에 대해 배울 수 있게 한다. 그들은 숲의 생태계에 있는 다양한 생물들의 상호의존성에 대해 이해하기 시작하며 나무의 단계별 생명 주기를 관찰하고 각 단계의 중요성에 경탄한다. 다양한 나무의 종류와 쓰임새를 보면서 동물들과 사람에게 주는 많은 혜택에 대한 인식을 넓히고 따라서 자연스럽게 이처럼 엄청난 재생 가능한 자원을 창조해 주신 하나님께 감사로 응답하게 된다. 끝으로 아이들은 나무를 돌보지 않고 훼손하는 것이 어떤 영향을 미치는지를 생각해보고, 하나님의 창조세계의 관리자로서 책임 있는 결정을 내리기 시작한다.

학습결과: 내용중심 (사실, 개념, 원리)	학습결과: 기능 및 전략 중심	학습결과: 정서 및 표현력	교수전략과 자료:
하나님의 모든 생물을 상호의존적으로 지으셨음을 이해한다. 우리 주변의 나무들을 돌보는 것이 우리의 책임임을 인식한다.	요한복음 15:5을 암기하고 그 의미를 예를 들어 설명한다. 하나님의 창조세계 속에서 나무와 숲을 돌보는 일에 참여한다.	하나님이 창조하신 환경의 아름다움과 경이로움을 감상한다. 평가: 토론 창조이야기 설명과 구절 암송	창조이야기, Tale of three stories 등 이야기하기 노래 부르기: "I shall not be moved" 등 Adam Racoon 시리즈
과학영역(이 단원은 여덟 가지 양상, 가령 읽기, 쓰기, 수학 등이 포함된다)			
학습결과: 내용중심 (사실, 개념, 원리) 학생들은 다음과 같이 하리라고 기대된다. 나무의 계절적 변화를 확인하고, 나무의 성장 주기의 중요성을 이해한다. 나무의 생명주기별 단계들을 확인한다. 만물의 상호의존성에 대한 인식을 기른다. 나무가 어떻게 인간과 동물들을 위해 사용되는지 발견한다. 나무의 여러 부분들 및 그 기능을 확인한다.	학습결과: 기능 및 전략 중심 다양한 종류의 나무들의 특성을 묘사하고 비교, 대조한다. 나무와 관계된 간단한 과학실험을 하고 그 결과를 관찰 기록한다. 확대경을 사용할 줄 안다.	평가: 관찰 나무의 부분들의 이름을 붙이기 토론 학생의 어휘사용에 다한 비교지식 구두로 개념 이해 정도 점검 지식 구두로 개념이해정도 점검	교수전략과 자료: Private Eye 주제 소책자 나무와 각 부분 환경드라마 숲으로 현장학습

2. 오버만과 존슨(Overman & Johnson)의 단원개발 모형

오버만과 존슨의 모형은 가장 최근에 소개된 모형으로 2005년에 국내에 소개되었다. 이 모형은 비교적 쉽게 사용할 수 있어 짧은 시간에 널리 보급되었다(김윤권, 2009).

그들이 제시한 교육과정 단원개발 모형은 기독교세계관 또는 성경적 진리가 교육과정의 학습내용에 연결되도록 교육과정을 개발하는 모형이다. 학생들이 교과과정을 통해 배우는 지식을 성경적 세계관과 연결하여 이해하도록 돕기 위해 교사들이 교육과정을 재구성 하도록 안내하는 데 구체적인 내용을 제시하고 있다. 오버만과 존슨은 교과를 통해 배우는 단편적 지식들은 성경적 세계관 이라고 하는 보다 큰 틀 안에서 볼 때 사실들의 진정한 의미와 중요성을 이해할 수 있다고 주장하였다(이정미, 2008).

오버만과 존슨의 모형은 적극적인 접근방법이긴 하지만 통합이라는 개념의 정의에 따라 혼동을 가져올 수도 있는 접근법이다. 흔히 교사들의 문제점은 자신이 배운 학문과 자신이 가르치는 현장을 연결하지 못하는 이원론적인 삶의 모습에 빠져 있다. 오버만과 존슨의 수업모형의 가장 큰 특징은 교실현장에서 일어나는 실질적인 성경적 통합 수업을 강조한다. 그들은 성경적 세계관의 보편성을 강조하기 위해 모든 세계관의 핵심요소를 하나님, 창조, 인류, 도덕체계, 목적이라는 5가지로 분류하고([그림 5-1] 참조) 각각의 요소에 대해 분명한 성경적 해답을 가지고 있는 것이 건강한 성경적 세계관이라고 밝히고 있다. 하지만 성경적 관점이 교과 전체 속에 스며 있다기보다는 성경적 해석이 외부적으로 연결되는 위험에 빠질 수 있는 가능성도 있고, 교과지식을 다섯 가지 세계관으로 분류하다 보니 억지가 있을 수도 있다.

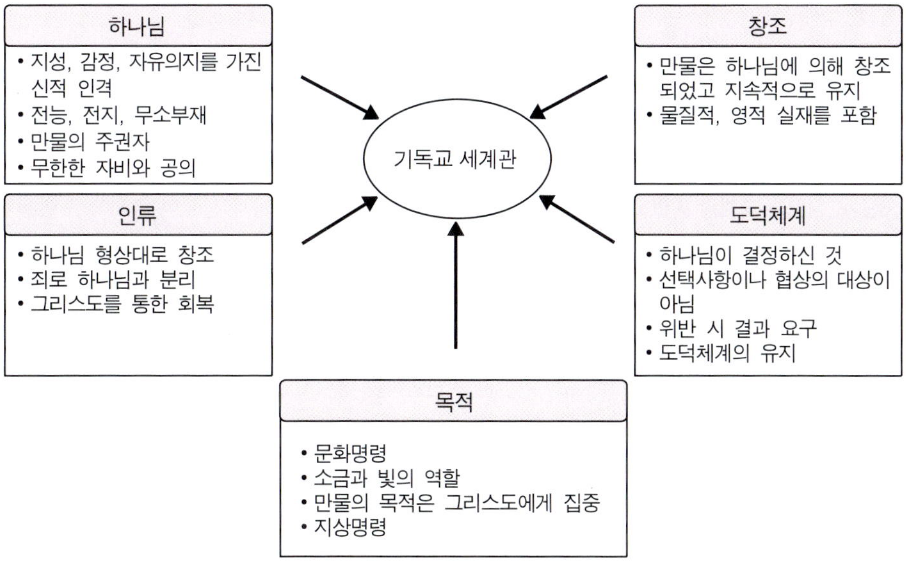

[그림 5-1] 오버만과 존슨의 기독교세계관(Source)

〈표 5-3〉에서 보는바와 같이 세계관 통합이라는 큰 주제를 강조하기 위하여 상대적으로 수업목표 및 수업계획을 세움에 있어 성경적인 관점을 소홀히 다루었다고 보여진다. 수업계획을 세움에 있어 성경적인 관점을 고려하지 않은 것도 기독교적인 수업을 의도한다는 측면에서는 적절하지 않다고 보여진다(김윤권, 2009).

〈표 5-3〉 오버만과 존슨 교육과정 단원개발 모형(Source 2007, pp. 62-76)

교육과정 개발 단계	내 용
1단계: 성경적 세계관 통합을 원하는 교과목을 결정한다.	• 교과목, 참고도서, 학년, 교사이름, 소속 학교, 연락처를 적는다. 여기에서 말하는 과목은 비교적 넓은 교과영역을 말한다.
2단계: 단원제목과 목표 진술하기	• 목표 진술에는 학습해야 할 교과내용과 학습자의 학습활동 사고 수준이 포함되도록 한다.
3단계: 학습활동 계획하기	• 학습활동의 기본절차는 도입, 전개, 정리단계로 구성한다. • 2단계에서 진술된 사고 수준의 활동과 목표가 달성되도록 구성한다. • 각자 교사들이 유연성 있게 이용하도록 대략적 개요만 진술한다.
4단계: 단원학습 내용이 성경적 세계관 요소에 어떻게 연결될 수 있는지 규명하기	• 성경적 세계관의 다섯 가지 요소인 하나님, 창조, 인간, 도덕적 질서, 목적 중 가장 적절한 하나의 요소와 어떻게 연결하여 학습할 수 있을지 규명한다. • 적절한 학습지도안 양식을 구성하여 사용한다.
5단계: 단원에 통합되어야 할 구체적인 성경적 진리 명료화하기	• 4단계에서 찾은 일반적 세계관 요소와 관련되어서 교과지식에 연결되어야 할 보다 구체적인 성경적 진리 찾아 정리한다.
6단계: 성경적 세계관 통합을 위한 목표 진술하기	• 여기서의 목표 진술은 2단계에서 진술한 목표에 포함된 내용목표를 반드시 포함하고, 학습활동의 사고 수준은 같은 수준을 유지하여야 하며, 여기에 통합되어야 할 성경적 진리를 포함하여 새롭게 진술한다.
7단계: 성경적 세계관의 통합을 위한 학습활동 계획하기	• 이 단계에서는 학생들이 단원의 교과지식과 구체적인 성경적 진리를 연결하여 생각하도록 돕기 위한 질문이나 활동을 준비한다. • 성경적 진리는 교사가 직접제시 할 수도 있고 학습자들이 스스로 연결하여 보는 기회를 제시할 수도 있다.
8단계: 학습평가 계획하기	

〈표 5-4〉 성경적 세계관 통합계획(오버만 & 존슨, 2006, p. 90)

1. 과목: 독서
참고도서: 디스커버리, p. 110　　학년: 4
교사: Eleano Nocholas　　학교: 케스케이드 기독교초등　　연락처:

2. 수업 혹은 단원목표/결과
학생들이 대중 앞에서 말하는 두려움을 다룬 이야기를 읽은 후 두려움이란 물리칠 수 있는 평범한 경험임을 분별하게 한다.

3. 수업계획
a) 준비
　질문: 두려워해 본적이 있나요?, 어떤 두려움을 갖고 있나요?
b) 전개(수업계획의 개요)
　-우리는 오늘 무엇인가 하기를 몹시 두려워했던 한 사람에 대한 이야기를 읽을 것이다. 그 두려움이 무엇이었으며 그가 두려움에 어떻게 대처했는지 알아보자.
　-학생들이 읽는다.
　-질문: 두려움을 극복하기 위해 여러분이 취할 수 있는 조치가 어떤 것이 있을까?
C) 마무리(요점반복, 전이, 과제 등)
　-학생들이 장차 두려움에 대처하도록 돕기 위해 개인용 책갈피를 만들게 한다.

4. 성경적 세계관 요소
하나님

5. 통합시킬 구체적 성경진리
하나님은 우리가 두려워할 때 강력한 힘과 도움의 원천이 되는 하나님의 말씀을 사랑으로 우리에게 제공해 주신다.

6. 성경적 세계관 통합목표
사고수준: 이해수준
구체적 성경진리: 5와 동일
학습내용: 대중 앞에서 말하는 두려움을 다룬 짧은 이야기

7. 통합계획
-이달의 암송구절(빌4:13)암송
-두려움을 느낄 때 우리를 도와줄 몇 가지 성구 찾기
-예수님에 대해 담대히 증거 할 수 있는 방법은?

8. 수업 후 소감

3. 그린의 알타비스타 단원개발 모형

우리나라에 가장 먼저 도입된 것이 그린의 알타비스타 교육과정모형이다. 기독교학문연구회 교육 분과에서 연구하기 시작한 알타비스타 교육과정모형은 국내의 기독교사들에게 도전을 주었고 이 교육과정을 통해 기독교적 수업, 세계관

통합 등의 논의가 시작되는 계기가 되었다(김윤권, 2009). 알타비스타 교육과정은 일반적인 주제를 기독교적으로 전개한 교육과정이다.

그린은 학생들 개개인의 특징들을 분류하여 각자에게 맞는 가르침이 필요함을 인식하였고 이를 위해 기질들의 차이를 통한 학습스타일의 차이를 연구하였다. 또한 그린은 의미 있는 가르침을 강조했는데 의미 있는 가르침이란 집단 학습의 장이 열리며 그 안에서 상호 협동하는 학습이 가능한 협동학습의 구조를 가지고 있어야 한다는 것이다. 실제로 알타비스타의 교육과정의 기본 4단계는 모두 학생들이 서로 협력할 수 있는 구조를 다양하게 사용하도록 제안하고 있다. 또한 알타비스타 교육과정은 성경을 분리된 과목으로서 가르치는 것이 아니라 자연스럽게 각 과의 도입 부분에서 성경적 관점으로 부터 교수에 대한 지침을 제공한다. 연결되는 부분에서는 성경구절과 성경 이야기가 들어감으로써 학생들이 성경을 단지 교회에서만 배우는 것으로 인식하는 것이 아니라 모든 삶의 영역에서 필요한 삶의 지침서로서 바라볼 수 있도록 돕는다. 단원의 각 과는 도입하기, 제시하기, 실행하기, 반응하기의 4단계로 나누어져 있으며, 단계별 목표 및 교수학습방법은 다음과 같다(Altavista Handbook, 김윤권, 2009).

제1단계는 도입단계이다. 이 단계의 핵심은 수업의 주제 또는 주제와 관련된 경험들을 학생들이 어떻게 생각하도록 돕느냐이다. 그린은 학생들이 흥미를 가질 때 학습이 일어난다고 생각하기 때문에 학생들의 학습은 자신들의 삶과 교과의 주제들을 연결하는 경험을 하는 것이다. 이를 위해 필드 트립(현장 답사여행), 시, 그림, 탐험, 음악, 드라마, 사진과 같은 실제 생활에서 일어나는 활동으로 시작하는 것을 권고한다.

제2단계는 주제를 제시하는 단계이다. 이 단계의 핵심은 수업의 주제를 얼마나 개념적으로 잘 정리하여 학생들에게 제공하느냐이다. 교육과정 내용에 대하여 이야기 해 주고 질문과 대답하기 토론하기 등을 통해 내용을 소개하여 학생들의 경험과 주어진 자료를 연결하는 것을 도와준다. 이 단계에 효과적인 방법들은 스토리텔링, 읽기 등을 사용하며, 실제로 알타비스타 교육과정에서 나타나는 제2단계는 성경적 세계관으로 잘 정리된 내용들을 학생들에게 다양한 방법으로 제공한다. 제2단계에 주제에 대한 성경적 해석이 가장 잘 나타난다.

제3단계는 배운 내용을 실제로 실행하는 단계이다. 제2단계에서 새로 배운 개념을 자신의 것으로 통합하는 단계이다. 이 단계는 개념적인 지식들을 경험하고 조작하는 것에 그치는 것이 아니라 그 지식들의 참된 의미를 바르게 깨닫도록 활동하는 모든 과정을 포함한다. 단어장 만들기, 그림그리기, 역할극, 작문 등을 제안하고 있다.

제4단계는 자신이 배운 내용에 반응하는 단계이다. 실제 사물이나 경험을 통해 배운 내용을 복습하고, 토론하는 기회를 제공한다. 이 단계에서는 이전에 배운 새로운 개념들을 자신의 삶에 적용하고 표현하는 과정이다. 또한 자신이 배운 것을 누군가와 나누기도 한다. 이 과정에서 참된 학습이 일어난다고 할 수 있다. 이 마지막 단계에서 종합적 사고를 발전시킨다. 지식적인 차원에서의 반응이 아니라 삶 속에서의 반응을 촉구하며 신앙과 삶의 일치를 추구하는 단계라고 할 수 있다.

알타비스타모형은 실제 학교에서 가르치고 있는 교사들이 사용하기에 편한 구조이다. 특별히 한국기독교사의 입장에서는 기존에 학교교육에서 쓰고 있는 도입, 전개, 정리라는 3단계와 매우 유사한 구조로 큰 갈등 없이 쉽게 사용할 수 있는 모형이다. 알타비스타교육과정은 성경적 세계관이 모든 가르침에 자연스레 스며들 것을 강조하고 있기 때문에 무엇보다도 가르치는 교사가 중요하다고 할 수 있다.

저자는 위의 단원개발 모형 중 알타비스타 교육과정개발 모형을 근간으로 다음과 같은 단원개발 절차를 만들었다.

〈표 5-5〉 알타비스타 모형에 기초한 교육과정 단원개발 모형

단 계	내 용
1단계(연간, 월간계획)	• 1년 동안 가르칠 내용체계를 주제와 하위 주제로 나눈다. 주제망에 따라 소주제를 정한다.
2단계(통합목표진술)	• 소주제(단원)를 선택하고 단원의 목표를 성경적 관점에서 진술한다.
3단계(학습자료 선정)	• 단원에 적절한 학습 자료를 선정한다.
4단계(도입단계)	• 소단원의 주제를 유아들의 삶과 연결시켜 의미 있는 학습이 되게 하며 동기유발을 시킨다.
5단계(제시단계)	• 전문적인 지식을 제공한다. 중요 개념을 정리하여 제시한다. • 유아들의 경험과 주어진 자료를 연결하는 것을 돕는다. • 질문과 대답, 토론하기, 스토리텔링, 읽기 방법 등을 사용한다.

단 계	내 용
6단계(실행단계)	• 배우고 있는 것을 실제 연습할 수 있는 기회를 준다. • 유아들 스스로 주어진 정보를 여러 방법으로 탐색하고 적용할 수 있게 한다.
7단계(반응단계)	• 새로 배운 것을 유아의 삶에로의 적용하기 위해 계획을 세우고 유용성을 평가한다. • 배운 것을 나누고 표현한다. • 역할극, 작문 등을 하게 한다.

위의 단원개발 모형에 따라서 저자가 개발한 소주제 하나를 예시한다.

〈표 5-6〉 알타비스타모형에 따른 단원개발 예

소주제	우리 가족 소개
통합목표	1. 하나님께서 주신 자신의 가족을 소개하며 가족을 소중하게 여기고 사랑하는 마음을 갖게 한다. 2. 하나님을 알지 못하는 가족에게 하나님을 전하게 한다. 3. 유아가 다른 사람의 말을 귀담아 듣고 이해하는 능력을 기르고 자신의 생각과 느낌을 말로 표현하는 능력을 기른다.
학습자료	가족사진, 가족 얼굴 그림 자료, 쓰기 도구, 그림도구
도입단계	1. 가정에서 가족사진을 가져오도록 한다. 2. 가족의 역할을 생각해 오게 한다. 3. 가족이 있기 때문에 좋았을 때는 언제인지 생각해 오게 한다. 4. 간단한 가계도를 가족과 함께 그려오게 한다.
제시단계	1. 가족사진을 가지고 나와 자신의 가족을 소개하도록 한다. -하나님께서 주신 우리 가족으로 누가 누가 있는지 이야기해 볼까요? -우리 가족은 다른 가족과 어떤 점이 다를까요? -할머니와 할아버지를 모시고 사는 친구가 있나요? -가족 중에 남자가 많은 집은 누구네 집일까요? -우리 가족은 모두 하나님을 알고 있나요? -하나님을 모르는 가족은 없나요? 2. 가족이 어떻게 만들어졌나를 설명한다. -가족은 하나님께서 주신 선물임을 이야기 한다. -하나님이 아담과 이브를 만드시고 함께 살도록 하셨다(창 3장). -하나님은 엄마와 아빠가 만나 결혼하여 사랑하는 가족이 함께 살기를 원하고 계심을 이야기한다(마 19:5-6). 3. 가족의 역할에 대해 이야기한다. 4. 가족의 소중함과 의미에 대해 알게 한다. -가족이 있어서 좋은 점은 무엇인가요?

소주제	우리 가족 소개
제시단계	-가족과 함께 하는 일들 중에 재미있는 점은 무엇인가요? 속상한 점은 무엇인가요? -만약 가족 중에 어떤 사람이 가족을 떠나게 된다면 어떻게 될까요?
실행단계	1. 가족을 도화지에 표현하는 다양한 방법에 대해 이야기를 나눈다. -하나님께서 주신 아름다운 우리 가족을 표현해 보려고 해요. -어떻게 표현하고 싶은가요? (점토로 만들거나 그림으로 그린다.) -엄마 아빠는 어떻게 다른가요? 2. 아이들이 만들어온 가계도에 각각의 역할을 간단히 쓰게 한다.
반응단계	1. 가족 중 믿지 않는 사람을 위해 기도한다. 2. 가족을 주신 하나님께 감사하도록 한다. 3. 유아들이 가족을 어떻게 대해야 되는지에 대해 묻는다.
기타	

Chapter 06

기독교 유아교육과정의 절차

제7차 유치원교육과정을 기독교세계관으로 통합한 기독교 유치원 통합 교육과정을 제시하면 다음과 같다. 요즈음 우리나라에서도 기독교 유아교육에 대한 관심이 많아서 기독교 유아교육에 관련된 주제의 세미나와 학술대회가 여러 번 개최된 것은 기독교인 교사나 학자들이 기독교 유아교육에 관심을 갖고 연구하고 있음을 시사해 주는 것이다. 제7차 유치원 유아교육과정은 교육목표, 교육내용 선정 및 조직, 교수학습방법, 평가의 네 요소를 취하고 있다. 교육과정에서 유아가 학습해야 하는 것(교육목표)과 학습을 위해 어떤 교육활동을 선택하고(교육내용 선정), 그 교육활동을 어떻게 조직할 것인가(교육내용 조직), 교육활동이 끝난 후 목표로 했던 것이 달성되었는지 평가해 보는 것(교육평가)은 분리된 각각의 요소이면서 서로 유기적인 관계를 맺고 있다고 할 수 있다.

1. 기독교 유아교육과정의 성격

기독교 유아 통합 교육과정은 기독교세계관에 기초하여 유치원의 교육을 달성하기 위하여 목적과 목표를 통합하여 교육과정을 편성 운영하여야 할 성격을 다음과 같이 갖고 있다.

① 하나님은 존재하시며 창조자이시며 궁극적 실제며, 모든 진리의 근원이시며, 도덕성의 근원이기에 기독교교육은 하나님 중심의 교육이다.
② 인간은 죄가 있기 때문에 그리스도 안에서 신앙을 통해서 거듭날 필요가 있다. 따라서 기독교교육은 유아들이 그리스도 안에서 교육을 통하여 성장되어져야 한다.
③ 유아는 하나님의 형상으로 지음을 받았기에 유아 자신의 흥미에 기초한 활동적이고 자발적인 학습이 조성되어야 한다.
④ 유아교육과정은 하나님 중심의 교육과정인 동시에 예수님 중심의 교육과정과 유아중심의 교육과정이여야 한다.
⑤ 기독교 유아교육은 하나님의 말씀인 특별계시와 자연에서 얻어지는 자연계시를 통해서 통합된 지식이 얻어지게 되는 것이다.
⑥ 유아의 발달은 창조의 원리에 의한 성숙, 경험, 사회 전수 그리고 성령의 도우심들은 서로에게 영향을 미치며 똑같이 강조된다(한국 기독교 유아교육 연구회1999, p. 31).

2. 교육목적 및 목표

교육의 목적과 목표는 교육과정을 만들기 위한 안내자 역할을 하며, 이것은 교육과정의 이론적 근거와 철학과도 연결된다. 목적은 목표보다 포괄적인 개념이다. 목표는 목적을 실현시키기 위한 활동으로 쓰일 것이다. 목적이 가치규범적인 것이라면 목표는 구체적인 행동 형성을 위한 수단이라고 할 수 있다(이성호, 2006, p. 195).

기독교 유아교육기관에서 교육과정을 계획함에 있어서 제7차 유치원 교육과정의 교육 목적과 목표는 안내자 역할을 하며 이것을 기관의 철학에 맞도록 재구성하여야 한다. 본 기독교 유아교육내용은 '유아'라는 유기체를 다섯 개의 교육내용인 성경적 영역별(성경적 건강생활, 성경적 언어생활, 성경적 탐구생활, 성경적 표현생활, 성경적 사회생활) 기둥으로 세워진 집으로 생각하고 집을 지지하는 기초를 하나님 말씀으로 두는 것으로 가정하고 구성하였다([그림 6-1] 참조).

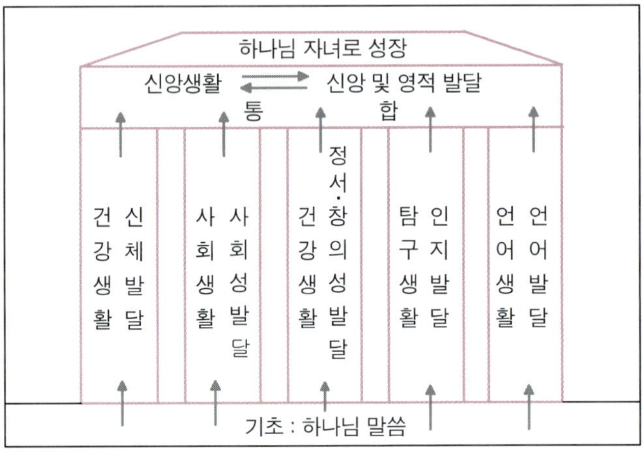

[그림 6-1] 기독교 유아 교육의 목표(정갑순, 2002, p. 46)

훼크마(Anthony Hoekema)는 인간의 목적을 삼각구조로 설명했는데 이는 "인간이 된다는 것은 하나님을 향하는 것이며, 인간이 된다는 것은 이웃을 향하는 것이고, 인간이 된다는 것은 자연을 다스린다는 것이다"라고 했으며, 기독교교육학자 밀러(Miller)는 "기독교교육의 목적은 전인이 되는 것인데 전인이 된다는 것은 인간 사이의 관계가 안정되고 하나님과 개인적인 만남이 있고 인간이 그의 환경 사이의 유기적인 관계가 있을 때 일어난다."고 하였다(Habermas & Issler, 1992/1996, pp. 38-39에서 재인용). 그러므로 기독교유아교육의 목적은 하나님과 인간과의 관계, 인간과 인간과의 관계, 인간과 창조세계와의 관계, 이렇게 세 부분으로 나눌 수 있다. 첫째 목적은 하나님과 인간과의 관계에서 유아들이 이 세상의 모든 것은 하나님께서 창조하셨다는 것을 알고 하나님을 믿고 그를 찬양하며 그에게 영광을 돌리는 것을 말한다. 둘째 목적은 인간과 인간과의 관계에 대한 것으로, 다른 사람을 이해하고 이웃을 섬길 수 있도록 돕는다. 셋째 목적은 인간과 하나님의 창조세계와의 관계에 대한 목적으로 하나님의 창조세계를 돌보고 사랑하는 유아가 되도록 돕는 것이다. 즉, 하나님께 헌신하고, 이웃과 화목하며, 죄로 인해 파괴된 창조세계를 회복하여 궁극적으로 하나님께 영광을 돌리는 것이다(한국기독교유아교육연구, 1999, p. 34).

〈표 6-1〉 제7차 교육과정과 기독교 유아교육과정의 영역별 목표 비교

교육과정 영역	제7차 교육과정 교육목표	성경적 통합교육과정 목표
건강생활	① 자신의 몸과 주변 세계를 긍정적으로 인식한다. ② 기본 운동 능력과 기초 체력을 기른다. ③ 건강한 몸과 마음을 기른다. ④ 안전한 생활 습관을 가진다.	① 하나님께서 주신 자신의 몸을 귀중하게 생각하도록 한다. 하나님께서 주신 기본적인 오감각을 발달시키고 표현하도록 한다. ② 하나님께서 주신 자신의 몸을 건강하도록 운동능력과 신체능력을 기르게 한다. ③ 하나님의 성전인 몸을 청결하고 건강하게 유지하는 생활습관을 갖게 한다. ④ 하나님께서 주신 몸을 안전하게 지키기 위해 안전한 생활에 필요한 기초지식과 기능을 익힌다.
사회생활	① 자신을 소중하게 여기고 스스로 생각하여 행동하며 감정을 조절한다. ② 가족과 화목하게 지내며 서로 협력한다. ③ 예의 바르게 행동하고 질서를 지키며 이웃과 더불어 생활한다. ④ 우리가 살고 있는 사회 현상에 대하여 관심을 가진다.	① 하나님과 유아와의 관계 • 나를 지으신 이가 하나님이심을 알고 감사한다. • 하나님과 바람직한 관계를 맺는 데 필요한 지식과 태도를 익히게 한다. ② 유아와 다른 사람과의 관계 • 유아들이 하나님의 형상을 닮은 사람으로서 스스로의 존중감을 갖고 자신감을 형성하도록 돕는다. • 일상생활 속에서 자신의 생각과 행동을 조절할 수 있도록 돕는다. • 네 이웃을 네 몸과 같이 사랑하라는 말씀 안에서 친구나 어른들과의 관계를 잘 형성하도록 돕는다. ③ 유아교육기관의 공동체에서 규칙과 질서를 잘 지키고 협력하도록 돕는다. ④ 유아와 자연과의 관계 • 하나님이 창조하신 피조물들에 관한 관심과 자연물에 대한 적응과 돌보아야 함을 알게 한다. 유아들이 살고 있는 환경을 잘 보존하며 하나님의 문화적 명령을 따라 생태계를 파손하지 않도록 돕는다.

교육과정 영역	제7차 교육과정 교육목표	성경적 통합교육과정 목표
표현생활	① 자연과 생활 속에서 예술적 요소를 찾아본다. ② 생각과 느낌을 음악, 움직임과 춤, 조형, 극 놀이 및 통합적 활동으로 표현하는 과정을 즐긴다. ③ 자연과 사물 및 다양한 예술작품과 우리 전통 예술 등을 감상함으로써 풍부한 감성과 심미적 태도를 기른다.	① 하나님이 창조하신 우주만물을 다양한 방법으로 표현하고 감사하도록 한다. ② 자신의 생각과 느낌을 하나님이 주신 지혜를 가지고 자연스럽게 표현하는 방법을 기르게 한다. ③ 다양한 활동을 통하여 우리각자에게 다르게 주신 창의적인 표현 능력을 키우며 우리에게 돌보고 다스리라 하신 자연을 감상함으로 자부심과 성취감을 갖는다.
언어생활	① 말하는 사람의 의도를 고려하여 주의 깊게 듣고 이해한다. ② 자신의 생각과 느낌을 적절하게 말한다. ③ 주변의 글자와 책에 친숙해지는 경험을 통하여 읽기에 관심을 가진다. ④ 글자의 기능을 인식하고 자신의 생각과 느낌을 그림이나 글로 나타내는 데 관심을 가진다.	① 하나님이 주신 언어를 통해 유아가 다른 사람의 말을 귀담아 듣고 이해하는 능력을 기르고 자기 생각과 느낌을 말로 아름답게 표현하는 능력을 기르게 한다. ② 하나님과의 관계 회복을 위한 언어 사용방법을 배우고, 기도를 통해 하나님과 만나고 의사소통하도록 한다. ③ 하나님께 지혜를 얻은 사람들에 의해 만들어진 책으로 글자를 배우고 읽을 수 있게 한다. ④ 듣기, 말하기, 읽기, 쓰기 등에 관심을 갖도록 한다.
탐구생활	① 사물과 자연 현상에 대해 호기심을 가지고 지속적으로 탐구하는 태도를 기른다. ② 사물과 자연 현상에 대한 기초 지식을 이해하고 탐구하는 능력을 기른다. ③ 생활 주변의 문제를 논리, 수학적으로 해결하기 위한 기초 능력을 기른다.	① 유아들의 주변에 있는 모든 사물과 나타나있는 현상들은 하나님의 창조물임을 알며, 그것들에 대한 호기심과 관심을 가지고 탐구하는 태도를 갖게 한다. ② 하나님이 창조하신 자연의 현상과 환경에 대한 과학적 사고의 기초 능력을 기르게 하며, 적절한 도구나 장치를 끌어올려 사용할 수 있는 기술을 발달시킨다. ③ 다양한 조작 활동을 통해서 여러 가지 과학적 방법과 비판적인 사고를 통해 문제 해결을 하는 과학적 태도를 갖도록 한다.

3. 교육내용 선정 및 조직

교육과정의 목적과 목표가 정립되면 그 목적과 목표는 교육과정 내용을 통해 이루어진다.

일반적으로 교육내용 및 활동을 선정할 때는 내용의 유용성과 가능성을 고려한다. 가능성이란 교수자에게 가르칠 수 있는 내용이어야 하며 학습자에게는 학습이 가능한 내용이어야 한다. 즉, 교육과정이 실제 세계에서 아동의 연령, 흥미, 요구, 발달 수준 등 발달적인 측면과 사회문화적인 측면을 고려해야 한다는 말이다(임재택, 박재환, 2001, p. 280). 그 외에도 바람직한 유아교육과정 구성을 위해서는 교육과정이 상호작용적인 학습을 이끌어 나가며 유아의 지식의 구성을 격려하는가? 교육과정이 사회적, 정서적, 신체적, 그리고 인지적 목표를 달성하도록 돕는가? 유아와 성인 혹은 또래와의 사회적 상호작용을 장려하고 촉진하는가? 등을 고려하여 작성하여야 한다(이기숙, 2004, p. 231).

제7차 유치원 교육과정의 구성은 주로 주제중심으로 되어 있고 이를 바탕으로 주제중심 기독교교육과정을 구성했다. 주제중심방식은 유아교육에서 가장 많이 사용되어 온 대표적인 교육과정의 하나다. 주제중심 교육과정이란 모든 학습 경험을 어떤 한 주제를 중심으로 통합하여 여러 가지 학습전략, 활동을 결합한 것으로 특정한 주제를 교사와 유아가 탐색하는 가운데 여러 교과를 학습할 수 있게 한다(김진영, 박혜리, 최윤정, 2004, p. 154-155).

주제중심의 기독교유아교육과정은 몇 가지 장점과 단점이 있다. 장점으로는 첫째, 일반 유아교육과정에서 다루어지는 주제의 내용은 일반적인 측면에서 다루어야 할 내용만을 다루는 반면 이 교육과정에서는 유아들이 배워야 할 내용의 주제를 성경을 기초로 하여 설명하였으며, 왜 성경을 근거로 하여 주제를 다루어야 하는지를 언급하였다.

둘째, 교수학습방법에서 사물 조작과 경험을 통해 성경내용과 교육내용을 쉽게 접할 수 있도록 구체적 사물과 방법을 제시했다.

셋째, 현장의 교사들이 수업시간마다 적용하기 쉽도록 단원별로 조직되었으며, 특별한 준비 없이도 적용할 수 있는 방법과 자료, 목표 등이 제시되어 있다.

그러나 교사의 역량에 따른 교수내용과 방법에 큰 차이가 나타날 수 있으므로, 교육과정을 정확히 이해하고 있는 훈련된 교사가 필요하며 주제를 중심으로 단원을 조직함으로써 얻을 수 있는 이익과 전체적 목적이 제시되지 않은 점과 단원간의 관계 및 전체적 내용의 연관성을 파악하기 어렵다는 단점이 있다

유치원 교육과정은 교육의 결과도 중시하지만 교육 활동에 더 많은 비중을 둔

다. 교사들은 교육과정을 유아의 흥미를 유발하고, 유아의 연령에 따른 발달 수준과 개인차를 고려하면서 5개 생활영역의 다양한 경험을 통한 자연스런 연결에 의하여 한 덩어리의 의미 있는 지식을 형성하는 통합교육이 이루어지도록 교육과정을 계획하고 구성하며 실행하는데 초점을 둔다.

기독교 유치원 통합 교육과정은 우리나라 유치원 교육과정에 맞도록 7차 교육과정의 내용과 활동을 기초로 통합교육과정으로 만들었다. 교과부의 제7차 유치원 교육과정에 기초한 5개 영역(건강생활, 사회생활, 표현생활, 언어생활, 탐구생활)에 성경을 근거로 한 기독교적 교육적 접근을 위해 성경적 건강생활, 성경적 언어생활, 성경적 탐구생활, 성경적 표현생활, 성경적 사회생활로 구성하였다.

1) 성경적 건강생활

〈표 6-2〉 성경적 건강생활

구분	내용		활동	
	7차 교육과정	성경적 통합교육과정	7차 교육과정	성경적 통합교육과정
나의 몸 인식하기	• 감각기관을 활용하기 • 나의 몸을 인식하고 움직이기	• 하나님이 만드신 귀중한 몸의 감각기관 이해 • 몸의 각 기관 구조 바로 알고 움직임에 관심 갖기	• 감각기관을 활용해 본다. • 몸의 각 부분에 관심을 갖고 움직인다.	• 하나님이 만드신 몸의 감각기관이 하는 일을 경험해본다. • 내 몸을 움직여 보고 만드신 이에게 감사한다.
나의 몸 움직이기	• 이동하며 움직이기 • 제자리에서 움직이기 • 도구 및 놀이 시설을 활용하기 • 바깥에서 신체 활동하기	• 하나님의 성전인 자기 몸을 이동하며 움직여서 몸을 지키는 방법에 관심 갖기 • 하나님이 만드신 신체가 제자리에서 움직여짐에 관심 갖기 • 각 신체기관의 바른 사용법 익히기 위하여 도구나 시설을 알아보기 • 하나님의 창조 세계 속에서 신체활동하는 것에 관심 갖기	• 걷기, 달리기, 뛰기 등을 하면서 몸을 움직인다. • 제 자리에서 몸을 다양하게 움직인다. • 공, 리본, 후프, 평균대, 매트 등 도구와 놀이 시설을 활용하여 신체활동을 한다. • 규칙적으로 바깥에서 신체 활동을 한다.	• 하나님께서 만드신 우리 몸을 움직여서 활동하면서 감사한다. • 하나님께서 창조하신 신체를 이용하여 제 자리에서 다양하게 움직여본다. • 하나님의 지혜로 만들어진 도구나 시설을 활용한다. • 셋째 날에 만들어진 바깥세상에서 나도 신체활동한다.

구분	내용		활동	
	7차 교육과정	성경적 통합교육과정	7차 교육과정	성경적 통합교육과정
건강하게 생활하기	• 몸과 주변을 깨끗이 하기 • 바른 식생활하기 • 질병 예방하기 • 즐겁게 생활하기	• 하나님의 창조물인 몸을 건강하게 하고 오염된 환경의 청결에 대해 알기 • 하나님이 주신 음식을 고루 고루 먹는 것에 관심 갖기 • 하나님의 성전인 몸을 건강하게 유지하기 위해 관심 갖기 • 질병을 예방하고 즐겁게 생활하기	• 이와 손과 자기 주변을 깨끗이 한다. • 음식물의 필요성을 알고 골고루 먹는다. • 질병의 위험성을 알고 주의한다. • 다양한 신체 활동을 통해 긴장감을 해소하고 즐거운 마음으로 생활한다.	• 하나님께서 창조하신 내 몸과 환경을 아끼고 사랑하고 보호하는 방법을 알아본다. • 하나님의 창조물인 음식들을 편식하지 않고 남기지 않도록 한다. • 음식물과 환경을 오염시키지 않는 방법활동 • 바른 식생활과 기도와 감사생활하기
안전하게 생활하기	• 나와 다른 사람의 몸을 소중히 하기 • 안전하게 놀이하기 • 교통안전 규칙 지키기 • 위험한 상황을 알고 대처하기. • 환경오염이나 재난에 대비하기	• 자기의 몸이 소중하듯이 다른 사람의 몸도 소중함에 관심 갖기 • 안전과 위험이 어떤 것인지 탐색한다. • 교통안전 등 규칙 지키기에 관심 갖기. • 놀이기구 안전하게 사용하는 것에 관심 갖기 • 사람들이 편한 것만 추구하다가 환경을 오염시키지 않도록 하는 데 관심 갖기	• 나와 다른 사람의 몸이 소중함을 안다 • 놀잇감, 도구, 시설물의 사용법을 알고 안전하게 사용한다. • 교통수단을 안전하게 이용한다. • 위험한 물건과 상황에 대해 알고 대처한다. • 환경오염의 위험성을 알고 안전하게 생활하는 방법을 실천한다.	• 하나님의 창조물인 내 몸을 함부로 다루지 않게 성교육을 한다. • 사람들의 욕심으로 무리한 놀이는 절제하도록 한다. • 교통규칙을 지키는 활동해보기 • 위험할 때 기도하며 대처하는 방법 익히기 • 우리를 위해 만드신 모든 것들을 오염시키지 않는 방법 체험하기

2) 성경적 사회생활

〈표 6-3〉 성경적 사회생활

구분	내용		활동	
	7차 교육과정	성경적 통합교육과정	7차 교육과정	성경적 통합교육과정
나를 알고 사랑하기	• 나를 소중하게 여기기 • 나의 일 스스로 하기 • 나의 감정 알고 조절하기	• 하나님의 창조물인 내가 소중함에 관심 갖기 • 하나님의 창조물인 내가 나의 일은 스스로 하는 것에 관심 갖기 • 하나님과의 관계 및 질서 알고 감정을 조절하기	• 나에 대해 알고 소중하게 생각한다. • 내가 할 수 있는 일을 스스로 한다. • 여러 가지 감정이 생길 수 있음을 안다.	• 나는 어디로부터 왔는지를 알고 내 몸을 만져 준다. • 내방 청소하기와 내 물건을 관리한다. • 성경에서 말하는 긍정적인 태도를 익힌다.
가족과 함께 생활하기	• 가족과 화목하게 지내기 • 가족과 협력하기	• 나와 가족을 만들어 주신 하나님께 감사하고 화목하도록 관심 갖기 • 하나님이 기뻐하실 말과 행동으로 가족과 협력하기	• 가족의 소중함을 알고 화목하게 지낸다. • 다양한 가족 구조에 대해 알아본다.	• 가정에서 유아의 위치를 성경적으로 알도록 찾아본다. • 가족과 협력하는 활동을 해본 후 감사예배를 드리는 방법을 활동한다.
이웃과 더불어 생활하기	• 예절바르게 생활하기 • 다른 사람을 이해하고 존중하기 • 질서와 규칙 지키기 • 두레의 소중함을 알고 협력하기	• 지도자와 권위자에게 예절을 지켜야 함을 안다 • 가족의 이해와 가족관계 바로 알기 • 하나님의 창조 세계는 질서로 유지한다. • 부모님의 소중함을 알고 부모님을 도와주는 일을 탐색한다.	• 정직하게 말하고 행동한다. • 사람의 서로 다른 점을 존중하며 함께 지낸다. • 다른 사람과 한 약속을 지킨다. • 친구의 의견을 존중하며 집단 활동에 참여한다.	• 부모님의 소중함과 부모님을 사랑하는 것이 하나님을 사랑하는 것임을 성경으로 가르친다. • 네 이웃을 네 몸같이 사랑하라는 말씀을 실천하도록 한다. • 성경 속에서 다른 사람을 존중하는 태도 기르기 활동한다. • 하나님께서 주신 가족을 아끼고 사랑한다.
사회현상에 관심 가지기	• 주변 지역에 관심 가지기 • 경제 생활에 관심 가지기	• 하나님 사랑 안에서 다른 사람을 이해하고 지역을 사랑하며 존중하기에 관심 가지기	• 우리 동네의 이름과 집의 위치를 알아본다.	• 내가 살고 있는 주변에 내가 도울 수 있는 것이 무엇인지 찾아본다.

구분	내용		활동	
	7차 교육과정	성경적 통합교육과정	7차 교육과정	성경적 통합교육과정
사회현상에 관심 가지기	• 우리나라와 우리 전통문화에 관심 가지기 • 다양한 문화에 관심 가지기	• 하나님의 사랑으로 만들어진 물건을 잘 간수하고 아껴 쓰며 재활용 물품을 안다. • 하나님이 만드신 세계 여러 나라와 문화에 관심가지기 • 공동체 안에서의 협력의 필요성과 중요성 알기	• 우리 가족의 직업에 대해 알아본다. • 태극기, 애국가, 무궁화 등 우리나라 상징에 관심을 가진다. • 여러 나라 사람에 대해 관심을 갖는다.	• 하나님의 창조물을 함부로 대하지 않도록 하고 물건을 아껴 쓰고 다스리도록 방법을 알게 한다. • 우리나라의 50애 사랑을 익히도록 한다. 또한 세계의 기독교 절기에 대해 활동해 본다. • 하나님께서 주신 공동체 안에서 서로를 존중하고 배려할 수 있는 방법을 알아본다.

3) 성경적 표현생활

〈표 6-4〉 성경적 표현생활

구분	내용		활동	
	7차 교육과정	성경적 통합교육과정	7차 교육과정	성경적 통합교육과정
자연과 생활에서 아름다움 찾아보기	• 소리·움직임·조형물에 관심 가지기 • 예술적 요소 찾아보기	• 하나님이 만드신 자연 속에서 들리는 소리와 만들 수 있는 조형물에 대해 안다. • 하나님이 주신 능력 발견하기	• 자연과 주변 환경의 소리듣기, 조형물 만들어 보기 • 자연과 주변 환경에서 색, 형태, 질감 등을 찾아본다.	• 하나님께서 주신 자연의 소리를 들어보고 알아맞혀 본다. • 하나님이 주신 내 몸을 통해 목소리, 신체, 악기로 여러 가지 활동을 해본다.
예술적 표현 즐기기	• 음악으로 표현하기 • 움직임과 춤으로 표현하기 • 조형 활동으로 표현하기	• 하나님의 창조물인 여러 가지 동물, 새소리 들어 보고 흉내 내기 • 말로나 몸동작으로 의미 표현하기	• 노래로 자신의 생각과 느낌을 표현한다. • 신체를 이용하여 주변의 움직임을 다양하게 표현한다.	• 하나님의 창조물 중 소리를 내는 것들을 찾아보기

구분	내용		활동	
	7차 교육과정	성경적 통합교육과정	7차 교육과정	성경적 통합교육과정
예술적 표현 즐기기	• 극 놀이로 표현하기 • 통합적으로 표현하기 • 창의적인 표현과정 즐기기	• 성경적 물건을 만들어 보기 • 성경동화의 인물을 극 놀이로 표현해보기 • 이야기 발표를 통해 주제 내용을 통합적으로 표현하기 • 하나님이 주신 지혜로 창의성 발휘하기	• 조형 활동을 통해 자신의 생각과 느낌을 창의적으로 표현한다. • 경험이나 간단한 이야기를 극놀이로 표현한다. • 주제에 대한 자신의 생각과 느낌을 음악, 춤, 조형 활동, 극놀이 등 통합하여 표현한다. • 다양한 예술 활동을 스스로 선택하여 활동한다.	• 하나님께서 주신 지혜와 능력으로 자신의 생각과 느낌을 그림이나 춤을 통해 자유롭게 표현해본다. • 하나님이 창조하신 모든 것들은 조형 활동의 재료가 된다. • 성경이야기 발표 기회를 자주 가져 유아들에게 자신감을 갖게 한다. • 주제에 대한 자신의 생각과 느낌을 통합해보는 경험을 해본다. • 하나님이 주신 지혜로 창의적인 활동을 해본다.
감상하기	• 아름다움 느끼기 • 예술적 표현, 존중하기 • 우리 전통, 예술 감상하기	• 다양한 종류의 음악(기독교) 감상하기 • 하나님이 지으신 자연 감상하며 예술적 표현을 해보고 존중한다. • 우리나라 전통의 다양한 춤이나 조형물 감상하기	• 자연과 다양한 음악, 춤, 조형물, 극놀이 등을 듣거나 보고 즐긴다. • 나와 다른 사람의 예술 표현의 차이를 느낀다. • 전통 예술을 즐긴다.	• 찬양을 많이 불러 하나님의 사랑을 느끼게 한다. • 워십 또는 찬양을 감상하고 느낌을 이야기한다. • 우리나라 전통의 춤이나 예술을 감상해보고 느낌을 나눈다.

4) 성경적 언어생활

〈표 6-5〉 성경적 언어생활

구분	내용		활동	
	7차 교육과정	성경적 통합교육과정	7차 교육과정	성경적 통합교육과정
듣기	• 낱말과 문장 듣고 이해하기 • 이야기 듣고 이해하기 • 문학 작품 즐겨 듣기 • 바른 태도로 듣기	• 자연과 성경을 통해서 들려주시는 하나님 말씀에 귀 기울이기 • 아름다운 이야기와 낱말과 문장을 듣고 이해하기 • 성경동화, 동요, 동시 자주 듣기 • 성경말씀 들을 때는 바르게 앉아서 듣기	• 일상생활과 관련된 낱말과 문장을 듣고 이해한다. • 지시를 주의 깊게 듣고 이해한다. • 다양한 문학 작품 듣기를 즐긴다. • 말하는 사람을 바라보며 듣는다.	• 성경을 녹음해서 한두 장씩 들려주어 낱말과 문장을 이해한다. • 성경동화를 듣고 내용을 이해하도록 한다. • 선생님께서 들려주는 성경 동화 또는 찬양을 바른 태도로 들어 보도록 한다.
말하기	• 낱말과 문장으로 말하기 • 생각과 느낌 말하기 • 이야기지어 말하기 • 바른 태도로 말하기	• 성경 낱말과 문장을 말하기 • 하나님의 사람답게 말을 할 때 바르고 정확하게 생각과 느낌 말하기 • 미완성 문단을 들려주고 이야기를 만들어 보고 말하기 • 성경책 한 장씩 돌아가면서 읽어 보고 느낌을 바른 태도로 말하기	• 새로운 어휘에 관심을 갖고 정확하게 발음해 본다. • 사물이나 사건에 대해 정확하게 말한다. • 이야기를 지어 말하기를 한다. • 말할 차례를 지켜 말한다.	• 읽은 성경에 대해서 내용을 더 구체적으로 설명하게 해 본다. • 하나님께 자신의 소망 또는 잘못 등을 잘 생각하고 느낌을 말한다. • 세상적인 동화를 기독교세계관으로 말해 보기 • 그리스도인으로서 바르고 고운 말을 사용한다.
읽기	• 읽기에 관심 가지기 • 책에 관심 가지기	• 우리나라 글자에 대해 관심을 갖기 • 성경 말씀에 관심을 갖기	• 주변에서 친숙한 글자를 찾아본다. • 책의 그림을 단서로 내용을 추측해 본다.	• 성경 말씀을 한절씩 읽어보기 • 성경동화를 읽어 보도록 한다.
쓰기	• 쓰기에 관심 가지기 쓰기 도구 사용하기	• 성경 말씀 쓰기에 관심 갖기 • 하나님이 주신 지혜로 쓰기 도구 만들어 사용하기	• 말이나 생각을 글로 옮길 수 있음을 안다. • 여러 가지 쓰기 도구에 관심을 가진다.	• 성경 말씀을 한절씩 써본다. • 성경 말씀을 쓸 때 바르게 필기도구를 사용한다.

5) 성경적 탐구생활

〈표 6-6〉 성경적 탐구생활

구분	내용		활동	
	7차 교육과정	성경적 통합교육과정	7차 교육과정	성경적 통합교육과정
탐구하는 태도 기르기	• 사물과 현상에 지속적인 관심 가지기 • 탐구 과정 즐기기	• 지구의 기원 알아보기 • 계절과 기온의 변화를 조정하는 근원자인 하나님에 대해 관심 가지기	• 궁금한 점에 지속적으로 관심을 가진다. • 궁금한 점을 알 수 있는 방법을 궁리한다.	• 창조에 대한 전반적인 것을 목사님을 초빙해서 설명해 준다. • 하나님께서 만드신 다양한 과학적 원리를 실험을 통해 알아본다.
과학적 기초 능력 기르기	• 물체와 물질에 대해 알아보기 • 생명체와 자연환경 소중하게 여기기 • 자연현상에 대해 알아보기	• 물체와 물질에 대해 관심을 가지기 • 나를 만드신 하나님께 감사하고 나를 소중하게 여긴다. • 돌과 흙과 물 등은 누구의 창조물인지에 관심 갖기	• 친숙한 물체의 특성을 다양한 방법으로 탐색한다. • 나의 몸에 대해 관심을 가진다. • 생활 주변의 자연물 탐색을 즐긴다.	• 하나님의 창조물을 하나하나 탐색해 본다. • 나를 창조하신 하나님께서 나를 지켜주심을 발견하게 한다. • 시공간도 하나님이 관리하고 계심을 알게 한다.
수학적 기초 능력 기르기	• 수 감각 기르기 • 공간 및 도형에 대해 알아보기 • 기초적인 측정해보기 • 규칙성 이해하기 • 자료정리 및 결과 나타내기	• 야곱의 아들의 수를 세면서 수에 관심가지기 • 성서 지리를 보면서 도형에 관심가지기 • 주변 물체의 여러 가지 측정 가능한 속성을 탐색한다. • 매일 매일 하는 기도의 규칙에 관심 가지기 • 하나님의 창조물을 모으고 몇째 날에 만드신 것인지 관심 갖기	• 생활 속에서 사용되는 수의 여러 가지 의미를 안다. • 위치나 경로를 여러 가지 방법으로 나타내 본다. • 길이, 크기, 무게, 들이를 비교하고 순서지어 본다. • 생활 주변에서 반복되는 규칙을 알고 다음에 올 것을 예측해 본다. • 한 가지 기준에 따라 자료를 분류하고 설명한다.	• 야곱의 아들이름과 수를 짝지어 본다. • 성경의 지리를 보면서 우리나라와 거리가 어느 정도 일까 예측해 본다. • 다양하게 생각할 수 있는 능력도 하나님이 주신다는 것을 알게 한다. • 매일 드리는 예배의 습관을 통해 규칙이 생기도록 한다. • 첫째 날부터 여섯째 날까지 창조한 창조물을 분류해 본다.

4. 단원개발 과정

본 기독교 통합교육과정을 개발할 때 그린의 알타비스타모형에 따라 저자가 변형한 단원개발모형을 앞 〈표 5-6〉에서 제시한바 있다. 그 모형을 따라 단원개발을 하면 다음과 같다.

1) 제1단계: 연간 계획

제1단계는 1년 동안 가르칠 내용체계를 주제와 하위 주제로 나눈다. 주제망에 따라 소주제를 정한다.

단원개발을 하기 위해서는 단원의 주제가 정해져야 하는데 단원의 주제는 연간교육계획안에서 결정된다. 유아교육프로그램의 계획은 장기계획과 단기계획으로 구분되는데, 연간계획과 월간계획은 장기계획에 속하고, 주간계획과 일일계획은 단기계획에 속한다. 이와 같은 교육계획은 유아의 성장과 발달에 알맞아야하며, 발달의 전영역이 균형 있게 포함되도록 계획되어야 한다. 교육계획은 먼저 연간계획을 수립하고, 이 연간 계획에 의해 월간계획, 주간계획, 일일계획, 시간대별 계획이 수립되어야 한다(임재택, 박재환, pp. 298-299).

교과부에서는 10개 정도의 대주제를 주고 그 가운데 지역과 개별 유치원에 맞게 선정하게 하고 있다. 교과부 연간 교육계획안과 성경적 통합계획안을 비교하면 표와 같다.

〈표 6-7〉 연간 교육계획안(주제)

	교과부 연간 교육계획안	성경적 통합 연간 교육계획안	내용/기타
3월	나와 유치원	즐거운 유치원 (부활절)	새로운 환경과 새로운 친구들을 만나면서 즐거움을 갖도록 하기 위함
4월	봄과 동식물	봄/동물과 식물	사계절 중 봄의 창조를 알고 예수님의 부활을 알리기 위함
5월	우리가족	감사하는 나와 우리가족	가족에 대한 감사한 마음을 갖도록 하기 위함

	교과부 연간 교육계획안	성경적 통합 연간 교육계획안	내용/기타
6월	이웃과 우리 동네	이웃과 우리 동네	기독교 유아교육의 목적은 하나님과 유아와의 관계를 알고 인간과 인간과의 관계를 알며 자연과 인간과의 관계를 알아가도록 하는 것이므로 이웃(친구)과의 관계를 잘 형성시켜 주고자 함
7월	즐거운 여름	여름/음식	하나님께서 사람에게 육체를 건강하게 성장시키기 위해서는 음식물을 잘 섭취하도록 했는데 편식을 한다든지 음식물을 함부로 대하면 왜 안 되는지를 잘 알도록 하기 위함
8월	재미있는 놀이	귀중한 물	하나님께서 만드신 물은 한 방울도 더해지거나 없어지지 않았지만 먹을 물이 점점 없어지고 있다는 사실을 유아들이 알아야 하고 물을 오염시키지 않도록 하기 위함
9월	가을과 생활	여러 가지 책	모든 지식의 기초가 책이라는 것을 알며 어려서부터 책과 친해질 수 있도록 흥미를 주기 위함이며 성경에 대해서도 알고 흥미를 갖게 하기 위함
10월	우리나라와 세계	가을/추수감사	가을의 좋은 날씨와 추수의 기쁨을 주신 하나님께 감사하고 과일과 정성을 모아서 노인들에게 대접을 하기 위함
11월	도구와 기계	우리나라와 세계 여러 나라	글로벌 시대를 맞는 유아들에게 다문화를 경험하게 하며 세계를 꿈꾸는 유아로 만들고 영어를 체험하기 위함
12월	겨울과 생활	겨울/성탄감사절	예수그리스도의 탄생을 축하하며 산타크로스의 유례를 연구하며 유아들을 작은 산타로 만들어서 주는 기쁨과 감사를 맛보게 함
1월	지구와 환경	대중매체(올바른 미디어교육)	미디어 시대의 대중매체에 노출되는 유아들을 보호하기 위해 유아들 스스로 절제하도록 도와주기 위함
2월	유치원 졸업 (소중한 나)	성장/소중한 나	한 살씩 더 먹고 학년이 올라가는 과정을 알게 하며, 동생들을 챙길 수 있도록 함

1년에 12개를 주제로 하는 활동으로 교육 내용을 구성하여 한 주제를 한 달에 걸쳐 수업하도록 한다. 7차 교육과정에서 다루는 주제에 기독교세계관으로 통합

된 주제를 선정하여 중심말씀을 달마다 제시하였다.

대주제에 속하는 소주제를 주제망에 따라 선정한 후 각 영역에 해당하는 활동을 분류하여 배치하였다. 주제망이란 주제와 하위주제를 이루고 있는 주요 아이디어와 개념들을 하위 주제별로 분류하여 도식화 한 것이다. 또한 최근에 효과적인 학습방법으로 각광받고 있는 마인드맵은 중심체로부터 사방으로 뻗어나간다는 의미를 가지고 있다. 마인드맵은 마음속의 지도를 그리듯이 글자와 기호와 그림을 사용하여 생각을 표현하는 학습방법으로서 주제의 관련 개념을 조직하는 주제망과 차이가 있지만 이 모두가 중심주제로부터 하위주제로 뻗어가는 공통점이 있다 (이희경, 2002, p. 176). 주제중심의 조직망을 짜는 방법은 여러 가지가 있을 수 있으나 주제-소주제-관련개념으로 확대하여 작성하는 방법과 주제-관련된 활동(활동영역)-활동내용으로 작성하는 방법이 있다. 유아교육기관은 교육과정 운영방식에 따라 두 가지 방법을 선택적으로 활용할 수 있다(이희경, 2002, p. 177). 본서에서 5월의 대주제는 "감사하는 나와 우리 가족"이다. 이를 주제망으로 제시하면 [그림 6-2]와 같다. 이 주제망은 주제-소주제 방식으로 만들었고, 〈표 6-8〉은 주제-관련활동-활동내용으로 전환해서 표시했다.

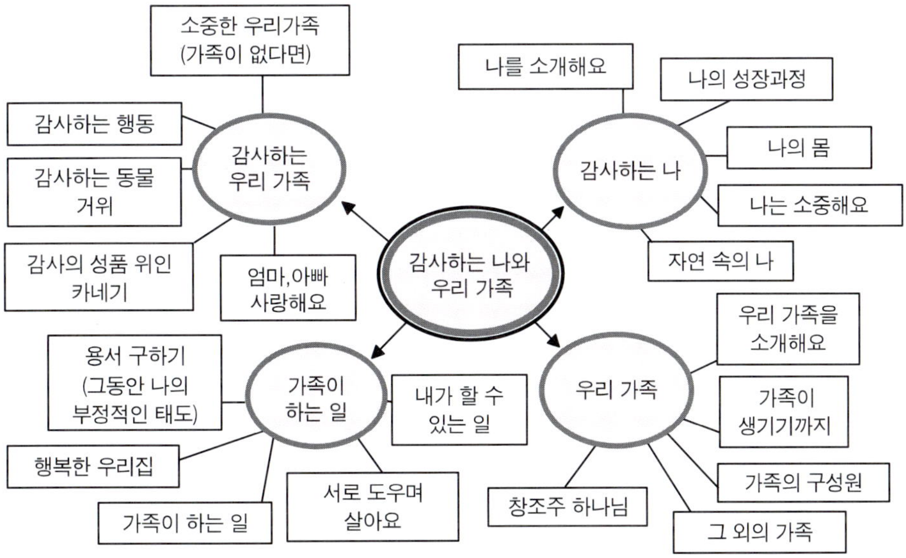

[그림 6-2] 감사하는 나와 우리가족 주제망

〈표 6-8〉 영역별 활동 주제표

월	주제	영역	소주제(활동명)	활동유형
3	즐거운 유치원 (부활절)	성경적 건강생활영역	스카프춤	신체표현
			교구를 정리해요	이야기나누기
			약속 책 만들기	언어
			물건 찾아오기	게임
			부활절 달걀 가져오기	게임
		성경적 사회생활영역	나를 소개해요	이야기나누기
			아껴서 사용해요	조작교구
			친구	동시
			예수님은 우리를 위해 돌아가셨어요.	이야기나누기
			예수님은 지금도 우리와 함께 계세요.	이야기나누기
		성경적 표현생활영역	열 가지 약속	음률
			물감으로 그리기	조형
			교실의 소리를 찾아보아요.	음률
			계란바구니 꾸미기	조형
			우리를 위해	음률
		성경적 언어생활영역	무슨 말을 해야 할까요?	언어
			주말지낸 이야기	이야기나누기
			친구이름 찾아보기	언어
			친구와 다투었을 때에는	이야기나누기
			부활의 소식을 전해요	게임
			부활에 관한 단어 쓰기	언어
		성경적 탐구생활영역	자석에 붙는 놀잇감	과학
			유치원의 하루 일과	이야기나누기
			유치원 오는 길 만들기	쌓기
			뚜껑 맞추기	과학
			계란 물들이기	과학
			달걀 부화모습 관찰	과학
4	봄/동물과 식물	성경적 건강생활영역	봄옷의 춤	신체표현
			개구리 뜀뛰기	게임
			풍선 터뜨리기	게임
			악기 알아맞히기	신체표현

		성경적 사회생활영역	함께 봄동산 꾸미기(협동작품)	조형
			함께 소풍을 가요.	역할놀이
			동시 짓기(봄)	동시
			꽃과 벌은 서로 도우며 살아요.	이야기 나누기
			꽃피우기	게임
		성경적 표현생활영역	봄옷 디자인	조형
			토끼 귀 꾸미기.	조형
			봄의 소리를 찾아요.	음률
			무슨 꽃이 필까요?	조형
			봄을 나타내는 것들	이야기 나누기
		성경적 언어생활영역	여러 가지 봄의 꽃	이야기 나누기
			소리 전달하기	게임
			봄동물 이름 짓기	언어
			꽃의 각 부분 명칭	이야기 나누기
			부활의 소식을 전해요.	게임
			부활에 관한 단어 쓰기	언어
		성경적 탐구생활영역	봄의 꽃 관찰하기	과학
			봄식물의 성장과정	이야기 나누기
			올챙이에서 개구리가 되는 과정	이야기 나누기
			같은 씨앗 찾기	과학
			누구의 새끼일까요?	과학교구
			씨앗 심기	과학
5	감사하는 나와 우리 가족	성경적 건강생활영역	하나님께서 만드신 나의 몸	이야기 나누기
			내가할 수 있는 일	게임
			음악 듣고 풀 그림 그리기	조형
			나의 몸	이야기 나누기
			소중한 나	이야기 나누기
		성경적 사회생활영역	하나님께서 지으신 나에 대한 책	언어
			그림으로 읽는 성경말씀	성경동화
			나의 성장과정	음률
			우린 한 가족	게임
			나는 자연 속에서 살아요.	이야기 나누기

		성경적 표현생활영역	가족이 생기기까지	신체표현
			가족에게 편지 쓰기	언어
			우리 가족 그림 그리기	조형
			우리 몸으로 소리 내어 보기	음률
		성경적 언어생활영역	우리가족 소개하기	이야기 나누기
			예수님 나의 잘못을 용서해 주세요.	이야기 나누기
			몸 그림 콜라주	공동작업-조형
			나의 몸 골든 벨 수수께끼	언어
		성경적 탐구생활영역	감사의 동물 거위	과학
			나를 비춰 주는 물건들	과학
			맛을 알아맞혀 보세요.	과학
			행복한 우리 집	과학
			우리 가족은 서로 도우며 살아요.	이야기
6	이웃과 우리 동네	성경적 건강생활영역	집 찾아가기	게임
			안전한 곳과 위험한 곳	이야기 나누기
			우리 동네를 깨끗이 하려면	이야기 나누기
		성경적 사회생활영역	우리 동네 꾸미기	쌓기 놀이
			미장원 놀이	역할놀이
			우리에게 도움을 주는 기관들	이야기 나누기
			여러 가지 직업들	이야기 나누기
		성경적 표현생활영역	우리 동네 그리기	조형
			빵가게 아저씨	음률
			여러 사람들 따라 하기	신체표현
		성경적 언어생활영역	살기 좋은 우리 동네	이야기 나누기
			구멍가게	동시
			여러 가지 직업책	언어
			도움을 주신 분들께 편지 쓰기	언어
		성경적 탐구생활영역	우리 동네 지도 그리기	조형
			물건 값은 얼마일까요?	수 교구
			슈퍼마켓 견학(물건 사오기)	현장학습
			저울을 이용하여 물건 재기	과학
7	음식/ 여름	성경적 건강생활영역	요리조리 걷기	신체표현
			음식을 골고루 먹어요.	이야기 나누기

			여러 가지 맛	과학
			5대 영양소	이야기 나누기
		성경적 사회생활영역	바른 자세로 음식을 먹어요.	수 조작교구
			음식점 놀이	역할놀이
			우리나라 음식을 알아보아요.	이야기 나누기
			김밥 만들어 대접하기	요리
		성경적 표현생활영역	음식물 만들기	조형
			냠냠	음률
			춤추는 팝콘	신체표현
		성경적 언어생활영역	난 토마토 절대 안 먹어.	동화&이야기 나누기
			맛있는 과일	동시
			음식 책	언어
			야곱의 축복	언어
		성경적 탐구생활영역	과일 관찰하기	과학
			요리에 사용되는 기계와 도구	이야기 나누기
			사과나무	수학교구
			과일을 창조하신 하나님	이야기 나누기
8	귀중한 물	성경적 건강생활영역	녹말가루 비 내리기	과학
			물에 있는 공을 모아요.	게임
			물놀이 안전	이야기나누기
		성경적 사회생활영역	내가 먼저	음률
			물을 아껴서 사용해요.	이야기 나누기
			물이 더러워졌어요.	이야기 나누기
		성경적 표현생활영역	애기 물방울	음률
			비오는 날	신체표현
			색소로 그림을 그려요.	조형
			샴푸 그림 그리기	조형
		성경적 언어생활영역	물 수수께끼	언어
			예수님 나의 잘못을 용서해 주세요.	이야기 나누기
			글자 빙고게임	언어교구
		성경적 탐구생활영역	얼음과자	요리
			깨끗한 물을 만들어요.	과학
			회오리 만들기	과학

9	여러 가지 책	성경적 건강생활영역	커다란 책 만들기	신체표현
			책 전달하여 바르게 꽂기	게임
			글자 만들기	신체표현
		성경적 사회생활영역	도서관에서 지켜야 할 규칙	이야기 나누기
			독서 신문	언어
			책에서 다양한 것을 찾을 수 있어요.	이야기 나누기
			책을 대여해요	이야기 나누기
		성경적 표현생활영역	두루마리 성경 동화 만들기	조형
			책 광고하기	조형
			몸짓으로 성경인물 알아맞히기	신체표현
			이야기가 비슷해요.	이야기 나누기
		성경적 언어생활영역	동화주인공에게 편지 쓰기	언어
			동화 뒷이야기	언어
			책 만들기	언어
		성경적 탐구생활영역	여러 가지 재질의 책	과학
			내가 만약 동화 속 주인공이라면	이야기 나누기
			동화책과 성경책 비교	수학
10	가을 (추수 감사절)	성경적 건강생활영역	도토리 옮기기	게임
			어떤 주스일까요?	과학
			야채샐러드 만들기	요리
		성경적 사회생활영역	가을 나무 만들기(협동 작품)	조형
			과일가게놀이	역할
			추수감사란	이야기 나누기
			감사해요	이야기 나누기
		성경적 표현생활영역	나뭇잎 찍어 가을 풍경 그리기	조형
			곡식 악기 연주	음률
			바람과 낙엽	신체표현
			곡식 씨앗 그림	조형
		성경적 언어생활영역	농부아저씨께 편지 쓰기	언어
			가을 관련 물건 이름 맞추기	언어교구
			가을을 이야기해요	이야기 나누기
			하나님이 먹여 주세요.	동시
		성경적	과일 관찰하기	과학

		탐구생활영역	자연물 베끼기	과학
			숫자만큼 가져오기	수학교구
11	우리 나리와 세계 여러 나라	성경적 건강생활영역	세계의 춤을 추어요.	신체표현
			세계 여러 나라의 음식 맛보기	요리
			림보게임	게임
		성경적 사회생활영역	세계 여러 나라의 사람들	이야기 나누기
			세계 여러 나라의 뉴스	이야기 나누기
			세계 여러 나라의 인사와 언어	게임
			세계의 축제	이야기 나누기
		성경적 표현생활영역	세계 여러 나라 사람 얼굴 꾸미기	조형
			세계 여러 나라의 유명한 조각상 되어 보기	신체표현
			여러 나라의 민속음악 감상	음률
		성경적 언어생활영역	바벨탑 이야기	동화
			내가 여행한 나라	이야기 나누기
			꼬마 삼보	동극
			수수께끼 퍼즐 맞추기	언어교구
		성경적 탐구생활영역	하나님이 주신 바람을 이용한 기계	과학
			나누면 좋아요	수학교구
			피자 만들기	과학
			숫자만큼 가져오기	수학교구
12	겨울 (성탄감 사절)	성경적 건강생활영역	스케이트를 타요	신체표현
			동방 박사와 별	게임
			불조심	이야기 나누기
		성경적 사회생활영역	함께 겨울풍경 만들기	조형
			예수님의 생일을 축하해요.	역할
			예수님께서 세상에 오셨어요.	이야기 나누기
			불쌍한 이웃을 도와요.	이야기 나누기
		성경적 표현생활영역	크리스마스 카드 만들기	조형
			예수님께 드리고 싶은 선물	조형
			괜찮아요.	음률
		성경적 언어생활영역	아기예수님께 편지 쓰기	언어
			나는 겨울이 좋아요.	이야기 나누기
			눈에 대한 동시 짓기	언어

		성경적 탐구생활영역	얼음 관찰하기	과학
			추워졌어요.	이야기 나누기
			겨울 놀이 중 내가 좋아하는 놀이(그래프)	수학
1	대중 매체 (올바른 미디어 교육)	성경적 건강생활영역	신문 속 사람들 따라 움직여 보기	신체표현
			어떤 소리일까요?	게임
			신문 속 여러 나라의 자연 재해	이야기 나누기
		성경적 사회생활영역	우리 반 신문 만들기	조형
			방송국놀이	역할
			대중매체가 주는 이로움과 해로움	이야기 나누기
		성경적 표현생활영역	텔레비전 만들기	조형
			잡지 그림 이용하여 꾸미기	조형
			다양한 소리를 만들어요.	음률
		성경적 언어생활영역	여러 가지 대중매체 수수께끼	언어
			내가 좋아하는 프로그램	이야기 나누기
			신문 글자 찾아보기	언어
		성경적 탐구생활영역	옛날과 오늘날의 대중매체	과학
			여러 가지 대중매체들	이야기 나누기
			신문과 텔레비전 비교하기	수학교구
2	소중한 나/성장	성경적 건강생활영역	사진첩	신체표현
			내 몸이 성장하는 데 필요한 것	이야기 나누기
			성장과정	이야기 나누기
		성경적 사회생활영역	우리 반 추억앨범(협동작품)	조형
			나를 지켜 주시는 하나님	이야기 나누기
			책임감 있게 행동해요	이야기 나누기
		성경적 표현생활영역	내가 커서 되고 싶은 사람 그리기	조형
			1년 동안 가장 기억에 남는 일 그리기	조형
			'숭어' 감상하기	음률
		성경적 언어생활영역	동생들에게 편지쓰기	언어
			즐거웠던 우리 반	이야기 나누기
			내가 자라면서 자랑스러웠던 일	이야기 나누기
		성경적 탐구생활영역	자전과 공전	과학
			나의 하루	수학
			쑥쑥 자란 내 몸	수학

2) 제2단계-제7단계

기독교적 세계관과 통합하기를 원하는 주제를 결정하고 위와 같이 소주제가 정해지면 그 소주제를 가지고 위에서 제시한 알타비스타 모형에 따라 통합목표를 진술하고 학습 자료를 선정하여 도입단계-제시단계-실행단계-반응단계로 단원계획을 짠다. 수업계획으로서 학생들이 학습준비가 되는 도입단계와 수업의 본론이 전달될 제시단계 및 실행단계, 그리고 반응단계를 계획한다. 이때 교사는 특정교과 내용을 전달할 방법을 계획한다. "우리가족 소개"인 경우 교사는 수업내용을 몇 가지 다른 방향으로 성경적 세계관과 통합할 수도 있다. 우리가족을 누가 만드셨는지 창조된 우리가족을 진리에 초점을 맞출 수 있다. 그렇게 했다면 "창조"(하나님이 만드시고 유지하시는 것)와 연결되는 것이다. 또 다른 적용점은 하나님께서 가족을 주심에 감사할 사실에 초점을 맞추어 감사를 느끼도록 이끌 수도 있을 것이다. 이처럼 기독교세계관에 근거한 기독교교육과정의 내용으로 구성하여 성경의 진리를 드러낼 수 있어야한다. 활동 계획안- 각 소주제에 따라 읽을 말씀, 외울 말씀, 주요 개념, 그리고 실제 활동 등으로 구성되어 있다. 읽을 말씀은 소주제와 관련된 말씀으로 소주제를 성경적으로 이해하기 위한 것이며, 외울 말씀은 소주제의 내용을 성경적으로 강화하기 위한 것이다. 주요 개념은 그 소주제에서 다루어야 할 내용으로 일반적 지식과 성경적 지식을 통합하여 기술하였다. 실제 활동은 활동명으로 기술하였으며, 활동명들은 목표, 준비물, 활동 방법 등이 포함되어 있다. 활동들은 대체로 대·소집단 활동과 자유선택활동으로 나누어진다. 대·소집단 활동은 이야기 나누기, 노래, 신체 표현, 동시, 동극, 동화, 게임, 요리, 견학 등이고, 자유 선택 활동으로는 영적, 언어, 수학, 조작, 과학, 미술, 역할놀이, 쌓기 놀이 영역 등으로 나누어 기술한다. 특히 이야기 나누기는 소주제에서 나타내고자 하는 의미와 뜻을 전달할 수 있는 활동으로 계획한다.

5. 교수-학습방법

제7차 유치원교육과정에서는 교수학습방법으로 유아들의 발달단계에 민감해야 하며, 놀이중심, 상호작용 등을 중요시해야 함을 권장하고 있다. 제7차 교육과정에서 권장한 놀이중심과 상호작용, 상호작용 중에서도 협동학습을 강조한 것이다. 그 외에도 기독교교육과정에서 요구되는 통합중심으로 교수한다. 각 방법의 특색과 이점에 대해 알아보면 다음과 같다.

1) 놀이중심

문미옥(1998)은 놀이중심의 교수전략으로 교육하는 일반 유아교육의 접근을 기독교 유아교육에서도 사용할 것을 권장한다.

유아의 바람직한 발달보다는 학습이 지나치게 강조되고 있는 요즈음 유아의 생활 그 자체로서의 놀이의 중요성이 점차로 약화되고 있다는 사실은 부인할 수 없다. 그러나 유아에게 있어 놀이는 생활 그 자체인 동시에 학습과 발달에 중요한 영향을 미친다. 놀이는 유아가 외부환경과 자신과의 관계를 익히면서 탐색하고 실험하는 자발적인 활동이며 전인적인 발달에 필수적인 요소로서 유아의 삶 그 자체이다. 즉, 놀이는 다른 사람이 정해준 특정한 목표를 달성하려는 활동이 아니라 내면적으로 동기화되어 즐거움을 추구하는 활동으로 유아는 그들의 놀이를 통해 그 누구도 가르칠 수 없는 자기 나름의 방법으로 많은 것을 배우고 활용하며 발달한다. 또한 유아는 놀이를 하는 동안 기쁨과 즐거움을 느끼고, 주변 세계에 대한 자신의 생활과 감정을 표현하는 다양한 경험을 하게 되며 동시에 발달에 적합한 학습의 기회를 경험한다(신은우, 2000). 지금까지의 많은 연구에 따르면 놀이는 창조적 사고, 문제해결력, 언어발달, 수학발달과 밀접히 관련되며 유아로 하여금 새로운 자료와 사고를 탐구하게 하고 오랜 시간 작업할 수 있도록 동기화시킨다고 지적하고 있다(안경숙, 2004).

2) 상호작용 중시

피아제(Piaget), 비고츠키(Vigotsky) 등의 인지발달론자들은 인간의 발달이란 사람이나 사물 혹은 활동 등의 환경과의 상호작용을 통해 일어난다고 주장하므로 인간이 상호작용적 존재임을 강조하고 있다(이영자, 이기숙, 이정옥, 1999, p. 17). 유아들은 상호작용을 통해 자극과 기술을 교환하게 되고 이를 통해 사회적 관계를 형성하게 된다. 유아들이 타인을 통해서 자기의 존재를 인식하기 위해서는 먼저 부모나 교사와 같은 가까운 사람들과의 상호작용을 통해 사회성과 도덕성을 형성하게 된다. 유치원에서의 하루 일과는 교사나 또래 간의 상호작용에 기초하여 진행된다. 이러한 상호작용은 유아들의 삶을 구성하는 경험이기에 상호작용의 질은 교육의 결정적인 중요한 요소이다. 교사들은 유아를 보살피고 다양한 활동을 제공하며 놀이나 대화를 지속시키면서 유아의 사회적 상호작용을 고무시키는 역할로서 중요하다. 특히 교사와 보다 긍정적인 상호작용을 경험하는 유아들은 사회적으로 유능하고 참여적이며 명랑하고 또한 다른 또래들과도 정서적으로 안정된 관계를 형성한다(Dunn & Utting, 1990; 김숙령, 김선희, 육길나, 조숙진, 2006에서 재인용). 기독교 유아교육을 위한 방법은 상호작용의 원리를 따라야 한다는 것을 시사한다.

3) 협동학습

유아교육현장에서는 전인적 발달을 5개 생활영역으로 나누고 있는데 그 중 하나가 사회성발달이며 인지능력 또한 중요한 부분이다. 타인을 이해하고 그들의 생각이나 의도, 감정 및 지식을 추론할 수 있는 아동의 능력은 아동 자신이 사회를 알고 이해하는데 중요한 역할을 하게 하는데 타인이 처한 상황을 이해하는 것이다. 교육의 중요한 측면 가운데 하나가 타인과의 바람직한 상호작용이 어떤 것인가 배우는 것이며 학습과정에서의 상호작용은 어떠한 학습 방법을 선택하느냐에 좌우된다. 학습과정에서 또래 간 긍정적 상호작용을 강조하는 것이 협동학습이다. 협동학습이란 소집단으로 구성된 구성원들이 학습할 내용에 대해 서로 토론하여 계획하고 작업을 분담하여 각자 최선을 다함으로써 구성원 모두가 주어진 학습목표를 성취할 수 있게 해주는 교수-학습전략이다(이수련, 2009). 협동학습은 형태면에서 지금까지 교실에서 활용되던 소집단 학습형태와 비슷하나 단지 몇 그룹의 소집단을 구성하여 놓았다고 하여 그 수업형태를 협동학습이라고 할 수 없다.

유아는 비슷한 연령의 또래와 동등한 관계에서 상호작용을 통하여 자기중심적인 사고와 행동 및 사회인지적인 태도를 변화시키며 성장 발달하여 간다. 그러나 현대의 가족구조는 유아가 성인 이외의 사회구성원, 즉 또래와 형제 등 비슷한 연

령과의 사회적 관계형성에 결손을 가져올 수 있다. 유아는 개별 활동보다 또래와의 상호작용이 원활한 협동 활동이 발달적 효율성이 증진되므로 유아가 협동상황에서 활동하는 것이 개별적인 상황보다 유아의 언어, 인지, 및 정서적인 발달에 긍정적인 효과가 있다고 밝히고 있다. 협동 활동이 유아의 인지발달에 영향을 주는 이유는 개별상황보다 협동상황이 또래 간에 도우려는 동기유발을 증가시키고 사회적, 물리적 상호작용을 증진시키는 기회를 갖기 때문이라고 연구자들은 밝히고 있다(이해명 외, 2006, p. 368).

협동 활동과 인지발달의 관계에 관한 연구들은 협동 활동을 통하여 유아는 비판적사고력과 인지적 자료와 과제에 대한 적극적이고 창의적 태도, 협조하는 능력과 정확한 조망능력, 자아개념의 인식 및 사회인지가 발달한다고 보고하였다. 또한 협동 활동에 의한 또래와의 경험을 통하여 유아는 기초적인 자아 수용감과 높은 자아 존중감을 얻게 되며 다른 유아와의 연대감을 갖게 되고 동료와 즐거운 경험을 하면서 심리적 보상감을 얻게 되고 즐거운 미래의 상호작용을 기대하게 된다고 보고하고 있다(이수련, 2009).

협동학습은 유아들이 적극적인 참여가 중요하고 모든 유아들이 자신의 역할을 수행해야 한다. 이때 교사는 지나친 간섭이나 개입보다는 협동을 촉진시키는 일을 하고 과제가 끝난 후에는 과제에 대한 평가는 물론 협동의 정도를 평가해 주고 그 평가는 집단을 단위로 하고 보상도 집단 전체에게 준다. 활동주제에 따라 교사의 개입정도가 다르며 유아의 역할 분배도 다르다.

4) 통합 교육

유아교육과정에서 통합의 개념은 아동중심적인 철학에 기초하여 전인적인 인격체로서 성장하도록 돕기 위하여 유아들에게 보다 의미 있는 교육과정을 제공하는 것으로서 전인적 발달과 효율적 학습을 위하여 유아의 경험, 흥미 및 요구와 교육내용을 통합하고, 유아와 유아 주변의 인적, 물적 환경을 통합하며, 또한 교과목들을 통합적으로 재조직하여 가르치는 방법으로 정의할 수 있다(교육부, 2007).

기독교교육에서 통합은 전술한 바와 같이 하나님의 말씀으로 인한 통합이다.

성경을 중심으로 한 교육은 성경만을 가르치는 것이 나이고 성경이 단순히 주변을 설명하기 위해 사용되는 것이 아니며, 성경에 기초한 기독교세계관 위에서 가르치는 것을 말한다. 학생들은 각 단원을 배우면서 각 주제가 가지고 있는 다양한 측면들을 생각하고 경험하게 되면 그 과정에서 창조세계 속에서의 본질적인 의미를 찾아가게 된다.

기독교교육에서 교사는 기독교세계관을 심어 주는 역할을 하기 때문에 더 중요하다고 할 수 있다. 그래서 일찍이 바르트는 기독교교육에 있어서 기독교세계관과 모든 학문 영역을 통합시키는 일에 가장 효과적인 방법은 기독교세계관을 가진 교사를 통한 교육이라고 언급하였고, 유능한 교사는 자신의 세계관으로 학생들의 세계관을 바꿀 수 있다(Gaebelein, 1991, p. 69)며 기독교사의 중요성을 강조했다. 종래에는 교사와 교재, 두 가지 요소를 교육의 중요한 요소로 생각하였으나 최근 들어서는 교재보다도 교사의 역할이 더 중요한 교육요소로 부각된다. 일반적으로 교사를 '교과를 가르쳐 전달하는 임무를 수행하는 사람'으로 생각하기 쉽지만, 교사 자신이 바로 중요한 교육과정이기 때문에 교육에서 교사는 중요하다. 교사는 학생들에게 지적인 영향을 미칠 뿐 아니라 인격적 영향도 미친다. 학생들은 자신을 교사와 동일시하기도 하고 교사의 행동을 모방하기도 하는데 이 과정에서 교사의 전 인격과 가르침은 학생에게 영향을 주게 된다. 교사가 학생들에게 주는 영향은 지적인 영역에만 국한되는 것이 아니고 인격적 영역에까지 영향을 주며, 더 나아가 외부에 대한 태도와 반응의 영역에도 영향을 주기 때문에 교사의 인격과 가르침이 어떠한가는 교육이 이루어지는 실제 현장에서 핵심적인 관건이 된다.

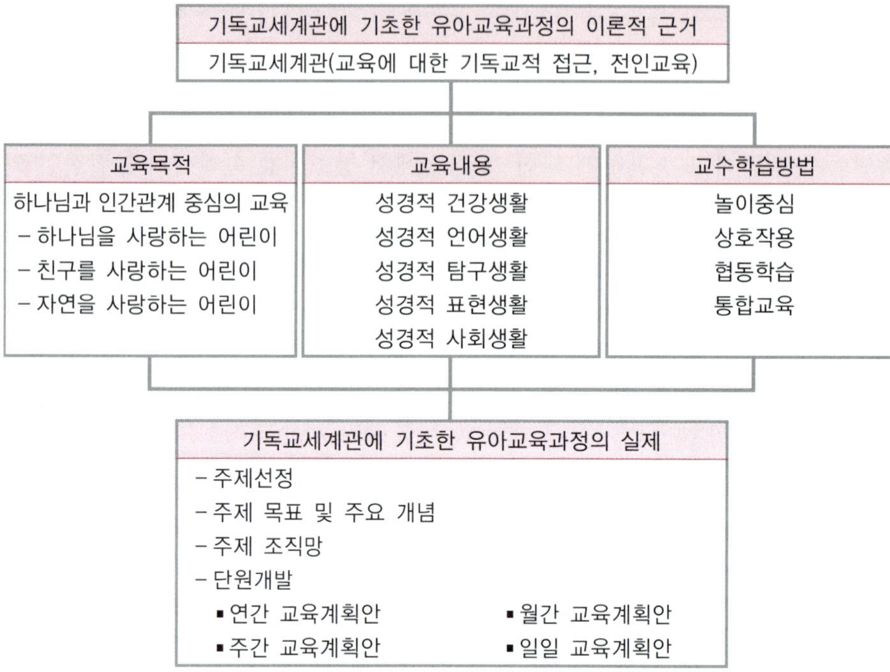

[그림 6-3] 기독교 유아 교육과정 구성

6. 교육과정의 평가

교육의 효과를 극대화하기 위해 평가는 중요하다. 기독교교육에서도 평가는 교육의 효과성을 입증하고 더 나은 방향으로 교육과정을 수정하는 데 도움을 주고 있다. 평가는 어떠한 것에 그 가치의 값을 붙인다든가 판정하는 것을 의미한다. 교육평가는 교육과정이 시행됨으로써 원래 기대되었던 교육목표가 어느 정도 달성되었는지를 판단하는 것이다(Tyler, 1949, p. 1).

기독교세계관을 기초로 한 교육과정을 평가하는 목적은 유아의 발달과 학습을 관찰하고 성취도를 조사하여, 보다 개선된 기독교 유아교육과정을 계획하고 제시할 수 있어야하므로, 유아들 각각의 독특하고 다양한 배경에 대한 정보와 유아의 특성과 유형을 파악하는 것이 무엇보다 필요하다(정희영, 2004). 본서에서 활용하고자 하는 평가의 구체적인 내용을 다음의 세 가지 평가-프로그램 평가, 유아발달 평가, 교사 평가-측면에서 살펴보면 다음과 같다.

1) 프로그램 평가

프로그램 평가에는 기독교적 세계관으로 통합된 활동상황 분석 평가, 교육과정 분석 평가, 교사 간 평가, 부모를 통한 평가가 포함된다. 활동상황 분석 평가는 유아들의 활동상황 분석을 통해 교육목표와의 관련성, 유아의 흥미, 교사의 태도에 대해 수시로 평가하여 교육계획에 반영한다.

교육과정 분석 평가는 주 1회 교사회의를 통하여 수시로 원장과 교사가 실시된 교육활동을 분석 평가한다.

교사 간 평가는 교사 간에 프로그램의 운영에 대한 평가를 하고 반영한다. 또한 실내외 환경에 대한 배치 및 구성에 대해 평가한다.

부모를 통한 평가에서는 어머니와 프로그램 운영에 대한 건의를 통하여 건의 내용을 평가 반영한다.

2) 유아발달 평가

유아에 대한 평가는 유아라는 특수성 때문에 유아교육기관에서 평가를 하기가 쉽지 않다. 유아기 어린이들을 위한 평가도구가 개발되어 있지 않으며, 개발되어 있어도 타당도와 신뢰도에 문제가 있을 수 있기 때문이다. 유아에 대한 평가는 학부모로부터 기본적인 자료를 기록하게 할 수 있고 교사가 유아를 대상으로 학습준비도 검사, 관찰법, 포트폴리오, 체크리스트 등을 통하여 평가할 수 있다(이영옥, 2006). 포트폴리오는 학생의 작품과 성취물을 계속적으로 모으는 것을 말한다(한국기독교유아교육회, p. 136). 유아가 학기 초에 완성한 작품과 학습결과물이 학기말에 가서는 어떤 식으로 변화가 되었는지 알 수 있다. 더 나아가 부모들은 유아의 포트폴리오를 보고 유아가 교육기관에서 무엇을 하였는지 어떠한 교육과정이 수행되었는지 알 수 있으며 유아의 발달 과정을 알 수 있다(한국기독교유아교육연구회, p, 146). 포트폴리오 안에 담겨진 각 내용을 통하여 유아가 어떻게 주제 안에서 내용을 형성해 가는지, 또 유아가 세상에 대한 이해와 개념 형성에 있어서 기독교적인 사고과정과 방법을 어떻게 형성시켜 나가는지 그 과정을 이해할 수 있다.

또한 체크리스트를 사용할 수 있는데 아동의 흥미와 태도, 발달수준을 평가하는 것으로 체크리스트를 통해 교사는 자신이 보고자 하는 면을 유아가 어떻게 수행하는지 관찰 측정할 수 있다(한국기독교유아교육연구회, p. 136). 부모를 통한 평가는 면담 시 가정에서 유아의 태도에 대해 부모가 관찰한 유아의 발달 상황을 듣고 평가하는 것을 의미한다.

기독교세계관에서 유아는 창조주 하나님의 피조물로서 하나님 안에서 독립적이고 하나님의 관계 안에서 자신의 결정을 내릴 수 있는 존재이다. 이러한 관점은 인본주의 세계관과는 차이가 있다. 즉, 모든 유아들은 하나님으로부터 각각 다양한 능력과 재능을 받은 존재이기에 유아를 하나님의 창조 목적 안에 부합하여 성장하도록 도와야 하는 것이다. 따라서 유아를 세상적인 기준으로 판단하고 평가해서는 안 된다. 유아를 보는 교육 평가는 일반평가의 겉으로 보여지는 관계만을 통하여 평가하는 것이 아니라 기독교적 관점 안에서 유아의 발달과 학습을 관찰하고 유아의 특성과 성격을 알아서 유아의 먼 미래까지 바라보는 긴 안목이 필요하다.

3) 교사평가

교사평가에는 교사 연수 기회 확대와 교사 표창 등이 있다. 기독교세계관으로 통합된 교육을 하는 교육기관으로서 그러한 기관의 교사들은 영성과 기독교적으로 성숙한 태도를 갖춘 교사이여야 한다. 이를 위해 교사 연수는 연간, 월간, 주간으로 계획하고 예배를 위한 준비를 철저히 한다. 교사, 원장, 선임교사 등을 초빙하여 교직원은 물론 보조교사, 자원봉사자들의 교육을 실시하여 자질 향상과 전문성을 신장시키고 자체 세미나를 통하여 연구 능력을 배가시킨다. 교사는 교사 자신에 대한 형식적 비형식적 평가를 계속하여 그 결과를 모든 교육계획에 반영함으로 교육과정의 운영이 보다 효율적으로 이루어질 수 있도록 한다. 동료, 원감, 원장, 장학사에 의한 교사평가는 교사가 교수능력을 향상시키고 전문성을 유지하는 데 중요한 요소가 될 수 있다(이영옥, 2006). 교직원평가에는 교직원 연수 기회 확대와 교직원 표창 등이 있다. 교직원 연수는 연간, 월간, 주간으로 계획하고 수립하여 교수, 원장, 선임교사 등을 초빙하여 교직원은 물론 보조교사, 자원봉사자들의 교육을 실시하여 자질 향상과 전문성을 신장시키고 자체 세미나를 통하여 연구 능력을 배가시킨다. 교직원의 사기양양과 유아교육의 질 향상 도모를 위하여 연구에 성실한 교직원을 표창하고자 한다.

지금까지 살펴본 평가의 내용은 모두 기독교세계관에 기초한 평가의 방법 및 내용이었다. 본 연구의 목적이 기독교세계관에 기초한 유치원 통합 교육과정 개발인 만큼, 이러한 교육과정을 개발하여 성공적인 실행을 하기 위해서, 개발한 교육과정에 대한 평가는 반드시 이루어져야 한다.

7. 기독교사의 중요성

교사는 기독교교육에서 중요한 역할을 한다. 종래에는 교사와 교재, 두 가지 요소를 교육의 중요한 요소로 생각하였으나 최근 들어서는 교재보다도 교사의 역할이 더 중요한 교육요소로 부각되었다. 일반적으로 교사를 '교과를 가르쳐 전달하는 임무를 수행하는 사람'으로 생각하기 쉽지만, 교사 자신이 바로 중요한 교육과정이기 때문에 교육에서 교사는 중요하다. 교사는 학생들에게 지적인 영향을 미칠 뿐 아니라 인격적 영향도 미친다. 학생들은 자신을 교사와 동일시하기도 하고 교사의 행동을 모방하기도 하는데 이 과정에서 교사의 전 인격과 가르침은 학생에게 영향을 주게 된다.

기독교교육에서 교사는 기독교세계관을 심어 주는 역할을 하기 때문에 더 중요하다고 할 수 있다. 그래서 일찍이 카알 바르트는 기독교교육에 있어서 기독교세계관과 모든 학문 영역을 통합시키는 일에 가장 효과적인 방법은 기독교세계관을 가진 교사를 통한 교육이라고 언급하였고, 유능한 교사는 자신의 세계관으로 학생들의 세계관을 바꿀 수 있다(Gaebelein, 1991, p. 69)며 기독교사의 중요성을 강조했다.

1) 교사의 자질

기독교 유아교육을 담당하는 교사는 교수-학습의 역할을 체계적으로 수행하고, 교수-학습의 전체적인 구조를 형성할 수 있는 인격과 실력, 권위를 갖추어야 한다. 인격과 실력을 구비한 바람직한 기독교 유아교사의 자질을 살펴보면 다음과 같다(한국 기독교 유아교육 연구회, 1999, p. 117).

첫째, 교사는 거듭난 그리스도인이면서 신앙이 있는 자여야 한다. 기독교사는 하나님의 말씀으로 유아를 세우는 자이기 때문에 거듭난 그리스도임은 물론 영적으로 살아있는 자여야 한다. 영성이 결여된 전문성은 인본주의가 되기 쉽다. 매 순간 성령을 의지하고 하나님의 뜻을 알고자 하며 그의 인도하심을 구하는 자여야 할 것이다. 그래서 교사는 자신이 하나님과 먼저 바른 관계를 맺고, 이를 통해 자신의 한계와 소명을 아는 지혜가 필요하다. 하나님과 자신의 바른 관계 위에 유아 및 다른 교사와 영적 관계, 인격적인 관계를 형성하는 것이 필요하다.

둘째, 기독교 유아교육을 위한 성서이해와 이에 기초한 기독교 유아교육의 목적과 방법에 대한 전문 지식이 있는 자여야 한다. 기독교세계관으로 가르치는 기독교사는 기독교세계관이 무엇인지 알아야 하며, 기독교세계관에 기초하여 유아에게 가르치는 모든 내용이 기독교세계관에 부합되는지 점검할 수 있어야 한다.

셋째, 일반 유아교육에 대한 전문지식이 있는 자여야 한다. 기독교 유아교육자는 일반 유아교육을 무시하고 무조건적으로 하나님의 이름을 내세워 비과학적인 방법을 취하는 자가 아니라, 일반 교육이론의 장단점을 분별하는 능력을 갖추고 그것을 적절하게 적용할 줄 아는 자여야 한다. 훌륭한 교사는 세상이 요구하는 전문가의 요건을 갖추어야하며, 하나님의 동역자는 하나님이 요구하시는 요건을 갖추어야 한다. 따라서 기독교 유아교사는 훈련과 경험을 통해 기독교세계관과 인생관을 이해하고 그것을 교육이론과 실제에 적용할 수 있어야 하며 교과에 대한 깊이 있는 지식이 있어야 하고 하나님이 세우신 유아의 성장원리에 대한 이해와 교수 학습과정에 대한 이해가 있어야 하며, 능숙한 교수법을 사용할 수 있어야 한다.

넷째, 유아를 사랑하는 자여야 한다. 유아를 사랑하되 유아가 하나님의 형상으로 창조되었으며 그들이 가지고 있는 가능성을 믿고 양육하여야 한다. 유아는 미숙하지만 하나님의 형상대로 창조된 귀한 존재라는 것을 항상 마음에 되새기는 것이 필요하다.

2) 교사의 역할

일반적으로 기독교 유아교육과정에서는 교사의 역할을 계획자, 촉진자, 의사결정자, 평가자, 보호자로 본다. 기독교 통합교육과정으로서 성경으로 통합된 5개 영역의 교육과정(성경적 건강생활 영역, 성경적 언어생활 영역, 성경적 사회생활 영역, 성경적 표현생활 영역, 성경적 탐구생활 영역)에 교사의 역할을 제시하면 다음과 같다.

성경적 건강생활 영역을 위한 교사의 역할은 첫째로 건강교육의 목표와 계획을 수립하는 계획자로서의 역할이다. 하나님이 계획하신 유아의 발달수준과 필요에 민감하게 반응하며 건강교육에 대한 목적과 목표, 교육내용, 교육방법, 평가의 원칙을 세운다. 아울러 유아들이 창의적이고 흥미롭게 학습하기 위해 필요한 교재 교구들을 계획하고 수집한다. 둘째로는 촉진자 및 시범자로서의 역할이다. 건강교육은 건강한 환경과 건강을 유지할 수 있는 성인의 행동을 통해 가장 효과적으로 이루어진다. 교사는 건강하고 안전한 환경을 구성하고 교사 자신이 먼저 건강한 생활습관을 갖고 활동에 직접 참여함으로써 시범을 보일 수 있다(총신대 부속유치원 편, 2004, p. 52-53). 우리의 몸은 하나님의 성전임을 알고 깨끗하고 튼튼하게 해야 함을 알도록 가르친다. 셋째로 유아를 보호하는 보호자로서의 역할이다. 특히 유아교사가 무엇보다도 우선적으로 고려해야 할 점은 신체적 안전과 심리적 안정이다. 유아의 육체뿐만 아니라 영적인 부분까지도 보호해야 한다.

성경적 언어생활 영역에서 교사역할은 유아들의 언어생활을 기독교세계관으로 정립하는 일이다. 성경적 언어생활 영역을 정립하기 위해 언어생활 목표를 설정하고 계획한다. 첫째로 유아들이 하나님을 찬양하고 이웃을 섬기도록 그 기능에 맞는 언어를 창의적이고 진실하게 사용하도록 돕는다. 즉, 사려 깊게 듣고 분명하게 말하며, 비판적으로 읽고, 상상을 동원하여 글로 표현하는 일을 돕는 것이다. 둘째로 하나님이 주신 의사소통 기술을 개발시켜 생각과 감정을 명확히 하여 공동체 안의 관계들을 세워가는 데 기여하도록 한다. 셋째로 듣기, 말하기, 읽기, 쓰기 등 하나님이 주신 언어의 모든 영역에 있어서 바르고 아름다운 언어 사용방법을 깨닫고 경험하여 개인적이고 공동체적인 인식과 통찰력을 심화시켜 공동체 내에서 화해를 이루는 유아가 되도록 돕는다(총신대학교 부속유치원 편, 2004, p.

108). 위의 활동을 하기 위해서 교사는 유아들의 흥미와 능력을 파악하여 학습을 시작하는 시점에서의 유아 개개인의 학습능력을 파악하고 가르치기 시작해야 한다. 또한 촉진자로서 유아들이 가지고 있는 사고를 확장시키는 역할도 필요하다.

성경적 사회생활 영역에서의 계획자인 교사는 유아를 위한 사회교육의 목적을 사회생활을 위한 성경적 접근에서 계획해야한다. 유아들이 하나님의 형상을 지닌 자로서의 존중심을 가지며 그리스도 안에서 자신감을 갖고 또래 유아와의 관계 가지인과의 관계를 개발하고 발달시키도록 돕는다. 또한 유아들이 자신들이 속한 공동체의 규칙을 잘 지키고 그 공동체에 헌신할 수 있도록 돕는다(총신대학교 부속유치원 편, 2004, p. 60). 그리고 의사소통자로서 유아들이 하나님과의 관계를 형성하도록 상호작용 방법을 지도하고 유아와 다른 사람과의 관계를 위한 소통을 도와주는 것이 교사의 역할이다. 또한 상호작용의 대상으로 자연도 포함하여야 한다. 한편 의사소통사회에서 유아 또래 간의 의견 조율이 어려울 때는 보호자로서 교사 역할이 필요하다.

성경적 표현생활 영역에서 계획자인 교사는 유아가 하나님의 창조물인 자연과 사물의 예술적 요소에 대한 호기심 창의적 표현능력, 심미안을 기르고, 또한 정서적 안정감을 갖고 하나님께 감사와 찬양을 하는 일상이 되도록 계획한다(총신대학교 부속유치원 편, 2004, p. 86). 하나님께서 유아 개개인에게 각기 다른 능력과 흥미, 성향, 기질을 부여하셨음을 알고, 유아의 느낌이나 생각 등이 다양한 활동을 통하여 자연스럽고 자발적으로 다양하게 표현해 낼 수 있도록 교사는 촉진자의 역할을 담당해야 한다. 한편 교사는 평가자로서 유아들과 함께 예술작품을 보고 생각과 느낌을 서로 나누며, 다른 사람의 예술적 표현을 존중하는 경험을 갖도록 하는 것도 중요하다. 이를 위해 교사는 미술 전시회, 박물관 및 민속공예 전시회, 음악회, 무용발표회 그리고 인형극이나 연극 공연 등에 참여할 기회를 제공한다.

성경적 탐구생활 영역에서 계획자인 교사는 유아가 신체적, 정신적, 사회적, 지적 그리고 영적으로 나누어진 존재가 아니라 전인적인 존재로서 통합된 인격을 가진 성숙한 사람이 되도록 이끌어야하는데 유아들이 감각매체를 이해하고 확장하도록 계획하는 것이 필요하다. 유아가 탐구하는 과정을 통하여 스스로 문제 해결방법을 찾아내고 교육의 원리를 터득해서 과학적 소양은 물론 합리적인 생활을 통해 하나님께 영광 돌릴 수 있는 바람직한 기독교인으로 성장하도록 촉진자로의 교사역할도 필요하다. 또한 보호자로서 교사는 유아가 지적으로 미성숙한 상태에 있으므로 유아 개개인을 하나님의 특별한 창조물로 대해야 하며, 그들 속에 잠재해 있는 능력을 최대한 이끌어내기 위해서 보호해야 한다. 5개 영역은 연간 계획안, 월안, 주안, 일일계획안, 수업에서의 여러 상황, 평가 등 교육의 모든 활동에서 이루어지는 것이므로 기독교 유아교육 교사는 이러한 역할을 수행할 수 있는 자질을 갖춘 자여야 한다.

PART 2

실제편

Chapter 07

기독교세계관에 기초한 유아교육과정의 구성

【 기독교세계관에 기초한 연간 교육계획안 】

		3월	4월	5월
대주제		즐거운 유치원 (부활절)	봄/동물과 식물	감사하는 나와 우리가족
성경말씀		(계22:13) (잠언4:23)	(창 1:1) (사 48:13) (시 69:34) (잠언22:17)	(살전5:16-18) (딤전 5:8)
소주제	창조 영역	• 생명과 건강을 주시는 하나님 • 친구들과 선생님을 주신 하나님	• 봄의 특징과 날씨 • 봄의 동, 식물(경청의 동물)	• 하나님의 걸작품인 나 • 하나님이 만드신 가정 • 서로 닮은 우리 가족
	문화 영역	• 새 친구들을 도와줘요 • 우리가 지켜야 할 약속 • 새로운 환경에 적응하기	• 하나님이 주신 자연을 지키는 방법	• 감사를 표현하는 다양한 방법 • 우리 가족 • 우리 가족의 역할
	전문화된 영역	• 서로 다른 우리 모습 • 개인의 감정 • 감정을 느끼게 돕는 기관	• 사람의 경청기관 • 봄의 소리 • 공기의 원리	• 우리 집 가족나무 • 가족의 특별한 날 • '가족'을 주제로 한 노래
성경이야기		• 다윗과 골리앗 • 아들을 바친 아브라함 • 꿈의 사람 요셉	• 하나님 말씀을 경청한 사무엘 • 천지를 창조하신 하나님	• 돌아온 탕자 • 감사를 표현한 동방박사
행사일정		*입학식 *인형극 관람	* 1차 개인상담 * 감자 심기 * 봄소풍 * 부활절	*어린이 축제 *고구마 심기 *가족 등반 대회

		6월	7월	8월
대주제		이웃과 우리 동네	음식/여름	귀중한 물
성경말씀		(로15:2) (마22:39)	(딤전4:4) (엡4:22)	(창1:1) (사48:13) (시69:34)
소주제	창조 영역	• 사랑하며 살아요 (이웃)	• 우리에게 먹을 것을 주신 하나님 • 땅, 바다에서 나는 음식 재료	• 생명의 근원인 물을 주신 하나님
	문화 영역	• 서로 돕는 사람들 • 우리를 돕는 기관들 • 친구와 환경을 배려하는 태도 • 사회의 규칙과 서비스	• 다양한 종류의 음식 • 다양한 음식 문화	·물을 소중히 여기는 마음 ·물놀이
	전문화된 영역	• 우리 동네 알아보기 • 우리 동네 지도	• 5대 영양소 • 음식이 만들어지는 과정 • 내가 좋아하는 음식	·깨끗한 물 만들기 ·물의 여행 ·한 잔의 물
성경이야기		• 오병이어의 기적 • 믿음의 가정 아브라함	• 절제하지 못한 삼손 • 다니엘의 절제	·하나님의 천지창조 ·노아의 방주
행사일정		*박물관 견학 *우리 동네 여러 기관 방문	*뮤지컬 관람 *감자 캐기 *음식박물관 *방학식	*물놀이 *아쿠아리움 견학 *개학식

		9월	10월	11월
대주제		여러 가지 책	가을(추수감사절)	우리나라와 세계 여러 나라
성경말씀		(딤후 3:16) (잠24:5)	(창1:1) (사 48:13) (시 69:34)	(신8:18) (시22:28) (요3:16)
소주제	창조 영역	• 하나님이 주신 약속의 말씀: 성경	•아름답고 풍성한 계절을 주신 하나님 •가을의 환경과 날씨	• 다양한 문화를 만드신 하나님 ·5대양 6대주
	문화 영역	• 책을 대하는 태도 • 좋은 책이란? • 책을 볼 수 있는 곳 • 책의 종류	• 가을에 하는 일=추수 • 동물, 식물 돌보기 • 건강을 지키는 방법	• 세계의 추수감사절 • 문화를 소중히 여기는 마음 • 세계 속 사람들
	전문화된 영역	• 책의 역사 • 나만의 책 • 위대한 작가들 • 창의적인 작품	• 나무가 변했어요 • 가을을 표현하기 • 순환의 개념	• 세계의 언어 • 세계의 의식주

	9월	10월	11월
성경이야기	• 솔로몬의 지혜 • 지혜로 친구를 도운 성경 이야기	• 포도나무와 가지 • 100배의 축복을 받은 이삭 • 무화과 나뭇잎이 마르고	• 세계로 흩어졌어요 • 애굽에서 나왔어요 • 너희는 가서
행사일정	*도서관 견학 *행복 우리 집 도서관 캠페인 *서점 견학	*고구마 캐기 *맹산 자연학교 *어린이 교통 교육장 *가을 소풍 *추수감사절	*2학기 개인상담 *신입생 교육 설명회 *극놀이 체험

		12월	1월	2월
대주제		겨울(성탄감사절)	대중매체(올바른 미디어 교육)	소중한 나/성장
성경말씀		(창1:1) (사48:13) (시69:34)	(롬12:2) (마24:21)	(룻1:4) (엡4:22)
소주제	창조 영역	• 겨울의 동, 식물 • 겨울의 자연환경	• 문명과 문화를 주신 하나님 • 십계명	• 나를 책임지고 지켜주시는 하나님 • 나의 성장과정
	문화 영역	• 겨울철 놀이 • 건강한 몸을 만드는 방법	• 대중매체의 유익과 해로움	• 나의 하루 • 몸의 변화에 따른 생각자라기 • 책임감의 태도를 배워요 • 처음과 끝
	전문화된 영역	• 눈 • 지혜의 말	• 대중매체의 종류와 기원 • 만들어진 소리	• 지구와 해, 자전과 공전 • 시간의 변화
성경이야기		• 하나님의 천지창조 • 창조주께 천지의 찬송	• 거룩한 산제사를 드린 사독과 아비아달 • 선지자 다니엘의 순종	• 이스라엘 백성들을 인도한 모세 • 책임감 있는 룻
행사일정		*몬테소리 교구 워크숍 *성탄 행사 *겨울 방학 *신입생 접수	*작은 음악회 *수료식 및 졸업식	

【기독교세계관에 기초한 만 5세 월 교육계획안 예】

3월 교육계획안

<table>
<tr><td colspan="2">주 제</td><td colspan="4">즐거운 유치원/긍정적인 태도</td></tr>
<tr><td colspan="2">연 령</td><td colspan="4">만 5세</td></tr>
<tr><td colspan="2">중심 말씀</td><td colspan="4">너는 귀를 기울여 지혜 있는 자의 말씀을 들으며 내 지식에 마음을 둘지어다 (잠언 22장 17절)</td></tr>
<tr><td rowspan="3">목표</td><td>창조</td><td colspan="4">- 우리가 유치원에서 즐겁게 생활할 수 있기를 원하시는 하나님을 안다.
- 우리에게 긍정적인 성품을 주신 하나님께 감사하는 마음을 갖는다.
- 나에게 소중한 선생님과 친구들을 보내주신 하나님께 감사하는 마음을 갖는다.
- 유치원에서 우리에게 도움을 주시는 분들을 알고 감사하는 마음을 갖는다.</td></tr>
<tr><td>타락</td><td colspan="4">- 유치원에서 즐겁게 생활하기를 원하시는 하나님의 마음을 알지 못했음을 알고 반성한다.
- 긍정적이지 못했던 나의 모습을 생각하고 반성할 수 있다.
- 친구들과의 관계 속에서 부정적인 말과 행동을 보였던 나의 모습을 반성한다.
- 긍정의 동물과 인물을 통해 선생님과 친구들을 소중히 여기지 못했던 나의 모습을 반성한다.</td></tr>
<tr><td>구속</td><td colspan="4">- 하나님이 만들어 주신 유치원에서 즐겁게 생활한다.
- 긍정적인 태도의 의미를 알고 긍정적인 마음가짐을 가질 수 있다.
- 나와 친구를 사랑하며 소중히 여길 수 있다. - 유치원친구들과 선생님들에게 감사하는 마음을 갖는다.</td></tr>
<tr><td rowspan="8">기독교적세계관에 따른 생활영역</td><td>성경 영역</td><td colspan="2">- 성경: 다윗과 골리앗
- 동화: 라 퐁텐 우화 "도토리와 호박"</td><td colspan="2">- 예수님의 긍정적인 성품을 닮아 갈래요.</td></tr>
<tr><td>기도 영역</td><td colspan="2">- 유치원에서 즐겁게 생활할 수 있도록 해주세요.
- 긍정적인 성품의 동물과 위인처럼 긍정적인 성품을 가질 수 있도록 도와주세요.</td><td colspan="2">- 나와 친구들을 소중히 여기는 마음을 가지게 해주세요.
- 사랑하는 선생님과 친구들을 만나게 해주셔서 감사합니다.</td></tr>
<tr><td>건강 영역</td><td colspan="2">- 긍정의 스트레칭
- 소리 나지 않게 걸어 보기
- 긍정적인 말 전달하기
- 긍정적인 표정 만들기
- 펠리컨 되어보기 - 봄바람 표현하기</td><td rowspan="2">언어 영역</td><td>- 친구들과 선생님을 만났어요.
- 나를 소개해요.
- 우리 반과 우리 유치원을 둘러보아요.
- 나를 도와주시는 분들이 있어요.
- 긍정적인 태도의 방법에는 어떤 것들이 있을까요?</td></tr>
<tr><td>사회 영역</td><td colspan="2">- 나는 우리 유치원에 다녀요.
- 나는 자연 속에서 살아요.
- 우린 친구에요.
- 성품: ·긍정적인 마음을 표현해요.
·긍정적이지 못했던 우리들</td><td>- 유치원 가기 싫은 날
- 사이좋게 그네 타요.
- 사이좋게 지내요.</td></tr>
<tr><td>탐구 영역</td><td colspan="2">- 긍정적인 언어와 행동을 선택해요.
- 긍정적인 얼굴을 만들어 보아요.
- 긍정적인태도를 가지면 어떤 점이 좋을까요?</td><td>표현 영역</td><td>- 친구모습 그리기 - 펠리컨 꾸미기
- 긍정적인 표정 그리기 - 나뭇가지로 정의 꾸미기
- (종이접기) 하트 - 생각테이블 - 손바닥 찍기</td></tr>
<tr><td>몬테소리</td><td colspan="4">- 옷틀 (단추) - 상황에 맞는 인사법 - 문 열고 닦기 - 매듭 묶기, 풀기 - 식사예절, 손 씻기
- 분홍탑 - 갈색계단 - 패턴 만들기 - 바른 자세로 듣기 - 유치원 주변 환경알기</td></tr>
<tr><td>주제 전개망</td><td colspan="4">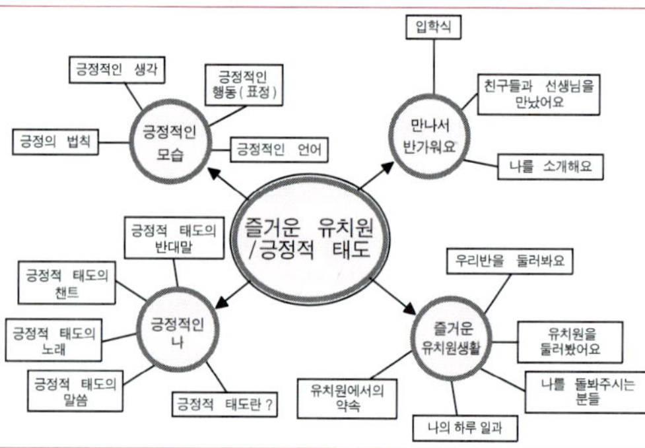
</td></tr>
</table>

4월 월간계획안

<table>
<tr><td colspan="2">주 제</td><td colspan="3">봄의 동물과 식물/긍정적인 태도</td></tr>
<tr><td colspan="2">연 령</td><td colspan="3">만 5세</td></tr>
<tr><td colspan="2">중심말씀</td><td colspan="3">무릇 지킬 만한 것보다 네 마음을 지키라. 생명의 근원이 이에서 남이니라 (잠언 4장 23절)</td></tr>
<tr><td rowspan="3">목 표</td><td>창조</td><td colspan="3">- 우리에게 아름다운 봄을 주신 하나님께 감사하는 마음을 갖는다.
- 봄의 식물을 창조해 주신 하나님께 감사한다.
- 우리에게 동물을 만들어 주신 하나님께 감사하는 마음을 갖는다.
- 우리에게 긍정적인 태도의 성품을 주신 하나님께 감사한다.</td></tr>
<tr><td>타락</td><td colspan="3">- 아름다운 봄을 그냥 지나쳤던 모습을 반성한다.
- 지금까지 아름다운 꽃과 식물을 사랑하지 못한 모습을 반성하는 마음을 갖는다.
- 하나님이 주신 동물과 곤충을 보호하지 못하고 사랑하지 못한 점을 반성한다.
- 긍정적인 태도를 가지지 못하고 부정적인 태도로 행동한 것을 반성한다.</td></tr>
<tr><td>구속</td><td colspan="3">- 하나님이 주신 아름다운 봄을 사랑하는 마음을 갖는다.
- 식물을 사랑하고 함부로 하지 않아서 하나님의 창조질서를 회복한다.
- 동물에게 관심을 가지고 곤충도 사랑하는 마음을 갖는다.
- 긍정적인 태도로 동물과 식물 그리고 하나님의 모든 창조물을 사랑하는 마음을 갖는다.</td></tr>
<tr><td rowspan="8">기독교적 세계관에 따른 생활 영역</td><td>성경 영역</td><td colspan="2">- 그들은 우리의 밥이다. - 다윗의 승리</td><td>- 희망을 찾는 태도 - 요엘이 외쳤어요.</td></tr>
<tr><td>기도 영역</td><td colspan="2">- 아름다운 봄을 주신 하나님 감사드려요.
- 동물과 식물을 사랑 할 수 있도록 도와주세요.</td><td>- 긍정적인 생각과 태도를 지닐 수 있도록 도와주세요.</td></tr>
<tr><td>건강 영역</td><td>- 나에게 주어진 일들을 기쁘게 생각해요.
- 긍정적인 행동하기</td><td rowspan="3">언어 영역</td><td rowspan="2">- 여러 가지 봄의 꽃 - 소리 전달하기
- 봄동물 이름 짓기 - 꽃의 각 부분명칭
- 부활의 소식을 전해요 - 부활에 대한 단어 쓰기
- 긍정적인 태도의 유익</td></tr>
<tr><td>사회 영역</td><td>- 함께 소풍을 가요 - 동시 짓기
- 꽃과 벌은 서로 도우며 살아가요.</td></tr>
<tr><td>탐구 영역</td><td>- 봄의 꽃 관찰하기 - 봄식물의 성장과정
- 올챙이에서 개구리가 되는 과정
- 같은 씨앗 찾기 - 누구의 새끼일까요
- 씨앗심기 - 긍정적인 언어
- 성품의 동물 기린 - 임마누엘 칸트</td><td>- 반가운 새싹 - 봄 - 성은진 이름은 달래래요
- 노란 개나리 - 손바닥 동물
- 꽃 할아버지의 선물
- 잎과 뿌리 - 민들레꽃과 개나리꽃
- 꽃이 날아가요 - 개구리 왕자</td></tr>
<tr><td>표현 영역</td><td colspan="3">- 씨앗마라카스 - 종이말기"꽃나무" - 무당벌레 데칼코마니 - 개구리, 튤립 접기 - 봄 동산 꾸미기
- 봄 동산 그리기 - 꽃 모자이크 - 씨앗성장 책 - 새싹들이다 - 나무를 심자 - 꿀벌의 여행
- 봄의 왈츠(감상) - 나는 나는 알아요 - 따라 따라 - 봄비</td></tr>
<tr><td>몬테소리</td><td colspan="3">- 옷틀(지퍼) - 선 따라 걷기 - 풀 붙이기 기본 - 청소도구 사용법(걸레, 행주 사용법) - 곡선 바느질
- 꼭지원기둥 - 색원기둥 - 물레 가락 상자 - 숫자 기억놀이 - 숫자와 바둑알 - 모래 문자판
- 덧쓰기 문자판 - 철판도형 - 바둑판 종이쓰기 - 씨앗심기, 싹 틔우기</td></tr>
<tr><td>주제 전개망</td><td colspan="3">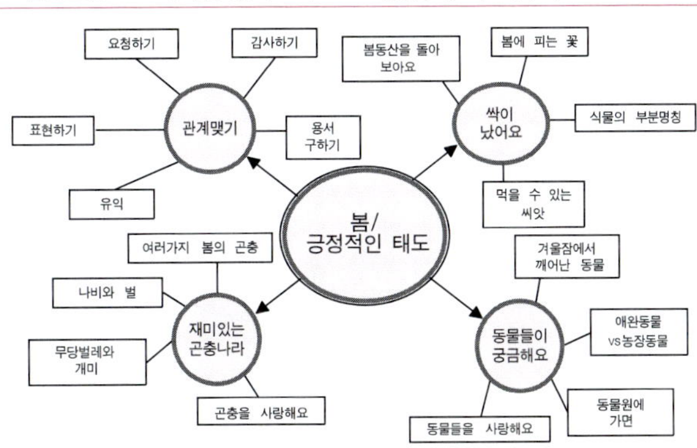
</td></tr>
</table>

5월 교육계획안

<table>
<tr><td colspan="2">주 제</td><td colspan="3">감사하는 나와 우리가족/기쁨</td></tr>
<tr><td colspan="2">연 령</td><td colspan="3">만 5세</td></tr>
<tr><td colspan="2">중심 말씀</td><td colspan="3">범사에 감사하라 이는 그리스도 예수 안에서 너희를 향하신 하나님의 뜻이니라 (데살로니가전서 5장 18절)</td></tr>
<tr><td rowspan="3">목 표</td><td>창조</td><td colspan="3">- 나를 창조해 주신 하나님께 감사한다.
- 소중한 가족을 보내 주신 하나님께 감사한다.
- 가족 구성원을 알고 가족이 하는 일을 알아본다.
- 우리에게 감사할 수 있는 성품을 주신 하나님께 감사한다.</td></tr>
<tr><td>타락</td><td colspan="3">- 그동안 감사하지 못하고 불평만 했던 나의 모습을 반성한다.
- 나와 우리가족을 창조해 주신 하나님께 감사하지 못했던 일들에 대해 생각해 보고 반성한다.
- 가족이 서로 돕지 못했던 일을 반성하고 집안일을 게을리 했던 것을 후회한다.
- 하나님께서 주신 감사의 성품을 통해 감사하지 못했던 우리의 모습을 발견하고 반성한다.</td></tr>
<tr><td>구속</td><td colspan="3">- 내가 할 수 있는 일을 스스로 할 수 있도록 도와주시는 하나님께 감사하는 마음을 갖는다.
- 가족을 사랑하며 소중이 여길 수 있다.
- 가족끼리 서로 도우며 화목하게 지낸다.
- 하나님이 주신 가족에게 감사하는 태도를 갖는다.</td></tr>
<tr><td rowspan="8">기독교적 세계관에 따른 생활영역</td><td>성경 영역</td><td colspan="2">- 성품: 감사의 향기
- 광야로 간 이스라엘 백성 - 돌아온 탕자</td><td>- 감사를 표현한 동방박사
- 문둥병을 고침 받고 감사하는 사람</td></tr>
<tr><td>기도 영역</td><td colspan="2">- 나를 창조해 주신 하나님께 감사드려요.
- 사랑하는 가족을 주셔서 감사드려요</td><td>- 가족끼리 서로 도울 수 있도록 해 주세요.
- 가족끼리 감사를 더 많이 표현할 수 있도록 도와주세요.</td></tr>
<tr><td>건강 영역</td><td>- 하나님께서 만든 나의 몸
- 게임: 발바닥 밟고 돌아오기
- 음악 듣고 풀 그림 그리기 - 신체표현: 목욕놀이</td><td rowspan="3">언어 영역</td><td rowspan="2">- 하나님께서 지으신 나에 대한 책
- 가족 이름쓰기
- 우리가족 소개하기
- 나의 몸 골든 벨 수수께끼
- 친구와 함께 몸 완성하기
- 그림으로 읽는 성경말씀
- 감사의 법칙</td></tr>
<tr><td>사회 영역</td><td>- 우린 한 가족이에요
- 나는 자연 속에서 살아요.
- 감사한 마음을 표현해요(부모님, 친구, 형제)
- 감사하지 못했던 우리들</td></tr>
<tr><td>탐구 영역</td><td>- 나를 비춰주는 물건들. - 행복한 우리 집
- 지문관찰하기 - 감사의 동물 거위
- 맛 알아맞히기 - 감사의 인물 카네기</td><td>- 동화: 우리엄마, 내가 아빠를 얼마나 사랑하는지 아세요?
- 동시: 봄바람, 봄이 왔대요.</td></tr>
<tr><td>표현 영역</td><td colspan="3">- 우리가족 그림 그리기 - 우리 몸으로 소리 내어 보기 - 뱃속의 아기 표현해 보기 - 음악 듣고 풀 그림 그리기
- 내 모습 그리기 - 즐거운 우리 집 - 나는 나는 자라서 - 너랑 나랑 - 어머님 은혜 - 감사노래
- 아빠 힘내세요. - 사랑 - 아기염소 - 축복의 노래</td></tr>
<tr><td>몬테 소리</td><td colspan="3">- 숟가락으로 옮기기 - 젓가락으로 옮기기 - 집게로 옮기기 - 마른 것 따르기 - 코풀기 - 푸싱 핀
- 선 따라 걷기 - 모양 바느질 - 풀붙이기 - 분홍 탑 - 색 비즈 - 수 막대 - 모래숫자판
- 빨간 막대 - 방추형 봉 - 숫자와 빨강 알 - 같은 모양 분류하기</td></tr>
<tr><td>주제 전개망</td><td colspan="3">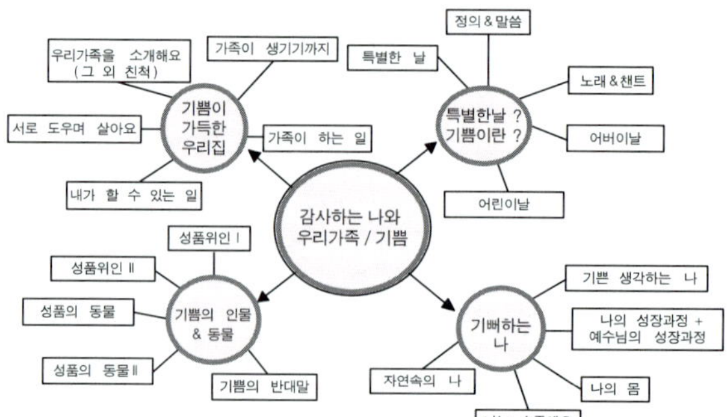</td></tr>
</table>

6월 교육계획안

구분	영역	내용	영역	내용
주 제		이웃과 우리 동네/기쁨		
연 령		만 5세		
중심 말씀		항상 기뻐하라 범사에 감사하라(데살로니가전서5장16,18절), 사람이 사는 동안에 기뻐하며 선을 행하는 것보다 나은 것이 없는 줄을 내가 알았고(전도서 3장 12절), 내가 이것을 너희에게 이름은 내 기쁨이 너희 안에 있어 너의 기쁨을 충만하게 하려함이니라(요한복음 15장 11절), 우리 각 사람이 이웃을 기쁘게 하되 선을 이루고 덕을 세우도록 할지니라(로마서 15장 2절), 둘째도 그와 같으니 네 이웃을 네 자신 같이 사랑하라 하셨으니 (마태복음 22장 39절)		
목표	창조	- 우리에게 함께 어울릴 수 있는 이웃을 창조해 주신 하나님께 감사한다. - 이웃과 동네를 형성하여 지낼 수 있도록 하신 하나님께 감사한다. - 편리하게 물건을 살 수 있는 가게와 돈을 만들 지혜를 주신 하나님께 감사한다. - 우리를 돕는 사람들과 직업을 주신 하나님께 감사한다.		
목표	타락	- 이웃과 서로 돕지 못하고 외면했던 점을 반성한다. - 내가 사는 동네를 소중히 여기지 못하고 더럽히거나 싫다고 불평한 점을 반성한다. - 돈을 아껴 쓰고 소중히 여기지 못한 점을 반성한다. - 우리를 돕는 사람들을 함부로 생각하고 당연하다고 생각한 점을 반성한다.		
목표	구속	- 이웃과 서로 협력하여 선을 이룰 수 있도록 노력한다. - 내가 속해 있는 동네를 소중히 여기는 마음을 가지고 관심을 갖는다. - 돈을 아껴 쓰고 소중히 여기는 마음을 갖는다. - 우리를 돕는 사람들을 소중히 여기고 우리도 다른 사람들을 돕는 마음을 갖는다.		
기독교적 세계관에 따른 생활 영역	성경 영역	- 선한 사마리아인 이야기 - 난 네가 참 좋단다.		- 내가 얼마나 소중한지 - 믿음의 가정 아브라함 - 오병이어의 기적
기독교적 세계관에 따른 생활 영역	기도 영역	- 서로 기꺼이 도와 좋은 결과를 만들 수 있도록 도와주세요 - 내 이웃을 내 몸과 같이 사랑할 수 있도록 함께해 주세요.		- 우리 동네를 사랑하고 아끼는 마음 주세요. - 돈을 아껴 쓰고 소중히 여길 수 있도록 함께 해 주세요.
기독교적 세계관에 따른 생활 영역	건강 영역	- 신체표현: 마주대고 당기기, 심부름 게임, 네 발로 움직이기, 건물을 지어요. 그림자 놀이, 방향놀이, 직업 몸으로 표현하기,2인3각,	탐구 영역	- 열매와 씨앗(생태) - 열매의 겉과 속 관찰(생태) - 다양한 열매의 맛(생태) -매실 담그기(생태) - 공공기관의 역할과 마크 -화폐의 역사와 쓰임새 - 물건 값은 얼마일까요? - 기쁨의 성품 동물 수달, 강아지 -기쁨의 성품 인물 레나마리아, 슈베르트
기독교적 세계관에 따른 생활 영역	사회 영역	- 도와야 할 이웃 - 위험한곳 - 서로 돕고 살아요 - 마트구경 - 이웃과 더불어 살기 - 여러가지 직업	탐구 영역	
기독교적 세계관에 따른 생활 영역	언어 영역	- 기쁨의 명언 - 기쁨 말씀 쓰기 - 우리를 도와주는 분에게 편지쓰기 - 간판 이름 찾기 - 글자도장찍기 - 명사 찾기 - 동화: 현명한 아내, 유종이의 기쁨, 나는 보석이래요. 해피아저씨, 이야기 담요, 우당탕 할머니 귀가 커졌어요, 할머니집 가는길, 행복한 우리마을, 동네가 생긴 이야기 - 동시: 오 나의 친구! 우리동네 마법사, 나는 좋아요	표현 영역	- 음률: 동네 한바퀴, 우리동네 이야기, 난 내가 참 좋아, 기뻐하며 왕께, 나의 발은 춤을 추며, 주님은 너를 기뻐해, 기쁨의 정의 노래, 군대행진곡, 송어4악장, 사랑의 기쁨, 강아지 왈츠 - 조형: 씨앗 마라카스 만들기(생태), 우리동네 디오라마, 우리 동네 지도 그리기, 행복한 우리동네 상상화, 나만의 동전과 지폐 만들기. 기쁨의 탬버린 만들기, 기쁨의 정의 꾸미기, 성품 동물 꾸미기, 5-2-5기쁨의 부채 만들기
기독교적 세계관에 따른 생활 영역	몬테소리	- 모양펀치 사용하기 - 스테이플러 사용하기 - 반 접어 오리기 - 색판 - 촉각판 - 천 합치기 - 100판 - 세강판 - 행동놀이 - 2색 24음의 이동글자 - 글자 도장 찍기 - 명사 찾기 - 생물과 무생물 - 동물과 식물		
기독교적 세계관에 따른 생활 영역	주제 전개망	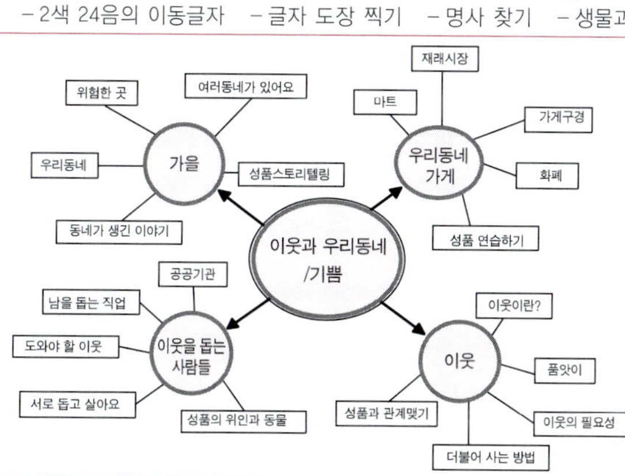		

7월 교육계획안

<table>
<tr><td colspan="2">주 제</td><td colspan="3">음식/배려</td></tr>
<tr><td colspan="2">연 령</td><td colspan="3">만 5세</td></tr>
<tr><td colspan="2">중심 말씀</td><td colspan="3">네 이웃을 네 몸과 같이 사랑하라 (마태복음 22장 39절)</td></tr>
<tr><td rowspan="3">목
표</td><td>창조</td><td colspan="3">- 나와 자연의 모든 것을 창조해 주신 하나님께 감사하는 마음을 갖는다.
- 우리에게 배려하는 성품을 주신 하나님께 감사하는 마음을 갖는다.
- 우리에게 여러 가지 음식을 주신 하나님께 감사하는 마음을 갖는다.
- 꼭 해야 할 일을 선택할 수 있는 지혜를 주신 하나님께 감사하는 마음을 갖는다.</td></tr>
<tr><td>타락</td><td colspan="3">- 나와 자연을 만드신 하나님을 알지 못했던 것을 깨닫고 반성한다.
- 하나님이 만드신 나와 환경에 무관심한 내 모습을 알고 반성한다.
- 그동안 편식했던 나의 모습을 반성할 수 있다. - 스스로 선택하지 못했던 모습을 반성한다.</td></tr>
<tr><td>구속</td><td colspan="3">- 나와 자연의 주인이신 하나님을 안다.
- 하나님의 사랑을 깨닫고 나와 환경을 소중히 여기며 배려한다.
- 내 몸에 좋은 음식을 선택하여 건강한 몸을 만들 수 있도록 배려한다.
- 하나님이 주신 지혜와 용기로 선택할 수 있다.</td></tr>
<tr><td rowspan="7">기독교적 세계관에 따른 생활영역</td><td>성경
영역</td><td colspan="2">- 성경: 진짜 좋은 친구(누가복음 10장 25절~37절)
- 동화: 라임바이블</td><td>- 외나무 다리에서 만난 염소 두 마리</td></tr>
<tr><td>기도
영역</td><td colspan="2">- 나와 자연을 창조해 주신 하나님 감사합니다.
- 배려가 무엇인지 알고 생활 속에서 배려를 실천할 수 있도록 도와주세요.</td><td>- 여러 가지 음식을 골고루 먹어 건강한 제가 될 수 있게 도와주세요.
- 배려의 성품과 지혜를 주신 하나님 감사합니다.</td></tr>
<tr><td>건강
영역</td><td>- 튼튼 스트레칭
-김밥처럼 해봐요. - 팝콘이 되어보아요.
- 음식을골고루 먹어요.
- 5대 영양소
- (휴식)클래식감상
- 징검다리 걷기</td><td>언어
영역</td><td>- 배려의 태도를 가지면 어떤 점이 좋을까요?
- 진짜 좋은 친구 - 내가 좋아하는 음식이 있어요.
- 음식의 맛과 영양
- 우리는 요리사 - 음식을 골고루 먹어요.
- 음식물 분리수거를 해요.
- 음식이 소화되는 과정을 알아보아요.</td></tr>
<tr><td>사회
영역</td><td>- 서로 배려하며 살아요. - 다양한 음식문화
- 바른 식생활로 식사예절을 지켜요.
- 성품: -배려하지 못했던 우리들</td><td>탐구
영역</td><td>- 맛을 찾아주세요. - 나뭇잎 그리기
- 요리에 사용되는 기계와 도구
- 다양한 곤충 - 식물돌보기</td></tr>
<tr><td>표현
영역</td><td>- 야채 도장 찍기 - 건강 밥상 차리기
- 내가 좋아하는 음식 책 만들기
- 우리 몸속의 소화기관 그리기
- 4계절 음식 종류별로 분류하기
- 요리사 모자 만들기
- 지점토로 음식 만들기
- 5대영양소 분류하기</td><td>몬테
소리</td><td>- 색물 따르기 - 스포이트 사용 - 바느질 곡선
- 박음질 - 불 붙이기(과일) - 중량판
- 비닐주머니1,2 - 45나열(비즈와 카드의 나열)
- 은행놀이 덧셈 - 비즈프레임덧셈
- 수를 여러 가지 방법으로 읽기 - 동화책 만들기
- 받침이 없는 단어 - 형용사 찾기
- 동물 부분명칭</td></tr>
<tr><td>주제
전개망</td><td colspan="3">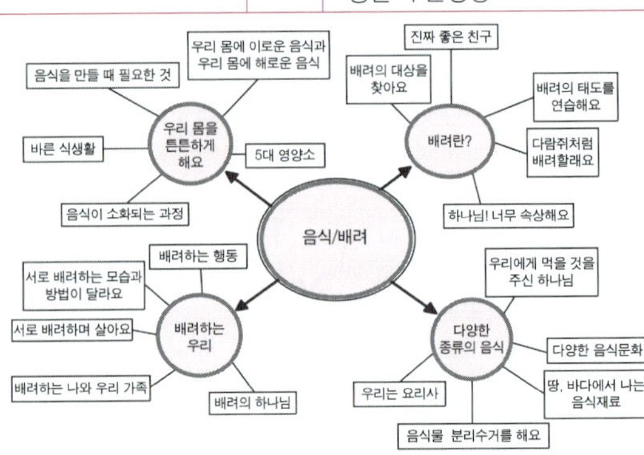
</td></tr>
</table>

8월 월간계획안

<table>
<tr><td colspan="2">주 제</td><td colspan="3">귀중한 물/배려</td></tr>
<tr><td colspan="2">연 령</td><td colspan="3">만 5세</td></tr>
<tr><td colspan="2">중심말씀</td><td colspan="3">하나님이 이르시되 천하의 물이 한 곳으로 모이고 (창세기 1장 9절)</td></tr>
<tr><td rowspan="3">목표</td><td>창조</td><td colspan="3">– 우리에게 꼭 필요한 물을 주신 하나님께 감사하는 마음을 갖는다. – 배려의 성품을 알게 해 주신 하나님께 감사한다.
– 물이 쓰이는 곳을 알게 해 주신 하나님께 감사한마음을 갖는다.
– 물 에너지를 사용할 수 있도록 해주신 하나님께 감사한마음을 갖는다.</td></tr>
<tr><td>타락</td><td colspan="3">– 물을 절약하지 못했던 나의 모습을 반성한다. – 다른 사람을 배려하지 못하고 무시했던 모습들을 반성한다.
– 물이 하는 일들에 대해 알지 못했던 모습을 반성한다. – 물 에너지를 사용하지 못했던 모습을 반성한다.</td></tr>
<tr><td>구속</td><td colspan="3">– 하나님이 지어 주신 물을 아끼고 사랑하는 마음을 갖는다
– 하나님이 주신 배려를 잘 배워 다른 사람을 배려하는 태도를 갖는다.
– 우리가 사용하는 물에 대해 자세히 알고 물의 소중함을 깨닫는다. – 물 에너지를 올바르게 사용할 수 있는 마음을 갖는다.</td></tr>
<tr><td rowspan="8">기독교적 세계관에 따른 생활영역</td><td>성경영역</td><td colspan="3">– 배려하는 아브라함 – 선한 사마리아</td></tr>
<tr><td>기도영역</td><td>– 우리가 물을 아껴 사용할 수 있도록 도와주세요.
– 배려하는 사람이 될 수 있도록 도와주세요.</td><td colspan="2">– 오염된 물들이 회복될 수 있도록 도와주세요.
– 물 에너지를 올바르게 사용할 수 있도록 도와주세요.</td></tr>
<tr><td>건강영역</td><td>– 신체활동: 물방울 표현하기. 물에 있는 공을 모아요.
– 비눗방울 되어보기 – 게임: 나처럼 해봐요. – 물놀이 안전</td><td rowspan="2">탐구영역</td><td rowspan="2">– 녹말가루 비 내리기
– 깨끗한 물을 만들어요.
– 회오리 만들기
– 얼음과자</td></tr>
<tr><td>사회영역</td><td>– 내가 먼저 – 물을 아껴서 사용해요
– 물이 더러워졌어요</td></tr>
<tr><td rowspan="2">언어영역</td><td>– 물은 어디에서 올까? – 냇물에서 바다까지
– 구름이 비를 만들어요. – 물 수수께끼
– 만약 비가 오지 않는다면? – 안전한 물놀이
– 물 놀잇감을 만들어요 – 물에 뜨는 것
– 물을 이용한 놀이 – 소중한 비
– 물이 우리 집에 오기까지 – 물이 사라졌어요.
– 우리 어린이집에서 사용하는 물
– 물은 어떻게 흐를까?</td><td>표현영역</td><td>– 우산 꾸미기 – 빗방울 그림 그리기
– 돛단배 만들기 – 비누거품 그림
– 한지 물들이기 – 시 듣고 표현하기(장마철)
– 빗방울 모양 그림 모빌
– 바다 속 종이 접기
– 빗방울 전주곡(감상) – 비오는 오솔길
– 물놀이 – 애기 물방울
– 내가 먼저 – 여름 냇가</td></tr>
<tr><td>– 할머니의 선물 – 구름나라 – 검피 아저씨와 뱃놀이
– 야 웅덩이다 – 노란우산 – 개구쟁이 해리 – 할머니의 바닷가 – 꼬마 오리가 풍덩 – 목욕은 즐거워 – 빗속에서 생긴 일 – 구름 조각가 – 무지개 물고기 – 바다
– 도랑물 – 산샘물 – 여우 – 깨끗한 물 – 큰 물지나간 강가 – 비눗방울 – 장마철</td><td>몬테소리</td><td>– 쓸기 – 닦기 – 인형 목욕 시키기
– 분홍탑, 갈색계단 변형 – 은행놀이 빨셈
– 비즈프레임 – 빨셈(내림이 없는)
– 태양계 – 별자리 – 색깔 있는 지구본
– 세계지도 – 이동 24음으로 단어 만들기
– 동사 찾기</td></tr>
<tr><td>주제전개망</td><td colspan="3">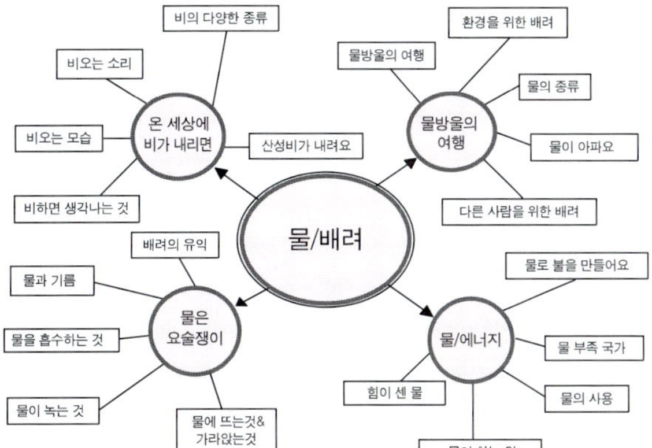
</td></tr>
</table>

9월 교육계획안

주 제		여러 가지 책/감사		
연 령		만 5세		
중심 말씀		범사에 감사하라. 이는 그리스도 예수 안에서 너희를 향하신 하나님의 뜻이니라 (데살로니가전서 5장 18절)		
목표	창조	- 우리에게 지혜를 주는 책을 만들어 주신 하나님께 감사한 마음을 갖는다. - 책을 통해서 마음을 다스릴 수 있음을 알고 감사한다. - 우리에게 감사의 성품을 주신 하나님께 감사하는 마음을 갖는다. - 책이 만들어지는 과정에 대해 알고 책을 만들어 볼 수 있는 지혜를 주신 하나님을 안다.		
	타락	- 책을 소중하게 여기지 않았던 나의 모습을 반성할 수 있다. - 책을 이용할 줄 몰랐던 것이 부끄럽다. - 모든 상황과 환경 속에서 감사하지 못했던 나의 모습을 반성한다. - 하나님이 주신 지혜를 창의적으로 사용하지 못했음을 반성한다.		
	구속	- 책의 유익함을 알고 책 속에서 여러 가지 지혜를 얻을 수 있다. - 나에게 주어진 모든 것들에게 감사하는 태도를 갖는다. - 책의 이로움과 고마움을 깨닫고 책을 소중히 다룰 수 있는 마음가짐을 갖는다.		
기독교적 세계관에 따른 생활영역	성경 영역	- 감사를 표현한 동방박사 - 희종이의 이야기 - 열두 가지 정탐꾼, 무너진 여리고 성 - 착한 며느리 룻 - 기드온과 삼백용사 - 다윗과 골리앗 - 왕으로 선택된 다윗		
	기도 영역	- 감사의 성품을 지닐 수 있는 어린이가 되게 도와주세요. - 책의 이로움을 알고 책을 소중히 다룰 수 있도록 해주세요.	- 책을 통해 감사의 마음을 가질 수 있도록 도와주세요. - 감사의 책을 만들 수 있도록 도와주세요	
	건강 영역	- 도서관 놀이 - 책가게 놀이 - 내가 종이라면? - 징검다리 건너기 - 책에 있는 글자 몸으로 표현하기 - 게임 - 책 넘기기 게임 - 도미노 - 책으로 탑 쌓기	탐구 영역	- 다양한 책 관찰 - 여러 가지 재질의 책 - 도토리, 밤 줍기 - 등산(자연물 찾기) - 내가 만일 동화 속 주인공이라면
	사회 영역	- 감사하는 마음 가지기 - 도서관에서 지켜야 할 규칙 - 독서 신문 - 책을 대여해요	표현 영역	- 책갈피 만들기 - 주인공 그리기 - 뒷이야기 꾸미기 - 표지 만들기 - 우리 반 책 만들기(약속책, 전화번호) - 책 만들기(입술책, 팝업책, 색종이책) - 감사선언문 - 감사 정의 꾸미기 - 감사나무 - 감사 표정 - 고마운 책 - 눈눈눈 - 책속에는 - 사랑하는 책 - 쉿 쉿 - 진짜로 - 너는 축복의 씨앗 - 작은 영웅
	언어 영역	- 도서관 - 멋진 거미 - 책벌레 링컨이 대통령이 되었어요. - 사무엘이 귀를 기울여요. - 감사의 마음을 표현해요 - 옛날에도 책이 있었나요? - 책 나라로 떠나요(책의 종류) - 무엇으로 만들었을까요? - 책은 어떻게 만들까요? - 책을 볼 수 있는 곳은 어디일까요? - 책을 잘 읽으려면? (예의) - 책 속에는 무엇이 있을까요?		
	몬테소리	- 바르게 인사하기 - 옷 입고 벗기 - 신발 신고 벗기 - 식사예절 - 양치질하기 - 선 따라 걷기 - 거울 닦기, 천 접기 - 푸싱핀 - 꼭지원기둥과 색원기둥의 변형 - 덧셈의 계산판1,2 - 덧셈의 암산판1,2 - 뱀 놀이 덧셈(올림이 없는 덧셈) - 홀받침 - 쌍받침 - 문장부호 - 그림보고 문장 만들기 - 우리나라 지도 - 북아메리카 지도		
	주제 전개망	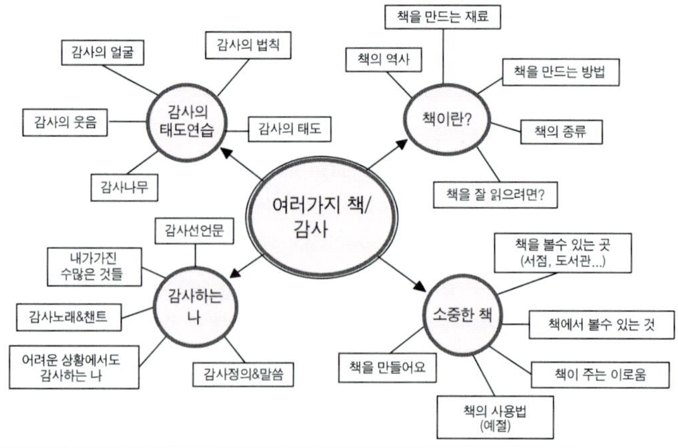		

10월 교육계획안

<table>
<tr><td colspan="2">주 제</td><td colspan="3">가을/감사</td></tr>
<tr><td colspan="2">연 령</td><td colspan="3">만 5세</td></tr>
<tr><td colspan="2">중심 말씀</td><td colspan="3">하나님의 지으신 모든 것이 선하매 감사함으로 받으면 버릴 것이 없나니 (디모데전서 4장 4절)
범사에 감사하라 (데살로니가전서 5장 18절)
천지가 그를 찬송할 것이요 바다와 그 중의 모든 동물도 그리할찌로다 (시편 69장 34절)</td></tr>
<tr><td rowspan="3">목 표</td><td>창조</td><td colspan="3">– 아름답고 풍성한 계절을 주신 하나님께 감사한다. – 우리에게 풍성한 먹을 것을 주신 하나님께 감사드린다.
– 맑은 공기를 만드는 나무를 만들어 주신 하나님께 감사드린다.
– 감사의 성품을 갖게 해주신 하나님께 감사드린다.</td></tr>
<tr><td>타락</td><td colspan="3">– 아름답고 풍성한 계절을 주신 하나님께 감사하지 못한 것을 반성한다.
– 하나님 주신 먹을 것을 낭비한 것을 반성한다.
– 나무의 소중함을 알지 못하고 함부로 대한 점을 반성한다.
– 다른 사람이 나에게 도움이 되었는지 인정하지 않고 고마움을 표현하지도 않은 모습을 반성한다.</td></tr>
<tr><td>구속</td><td colspan="3">– 아름답고 풍성한 계절을 주신 하나님께 감사하는 마음을 갖는다.
– 하나님께서 주신 먹을 것을 낭비하지 않고 사용한다. – 나무를 보호하고 사랑할 수 있도록 노력한다.
– 감사의 성품을 길러서 내가 도움 받음을 인정하고 고마움을 표현 할 수 있도록 노력한다.</td></tr>
<tr><td rowspan="9">기독교적 세계관에 따른 생활영역</td><td>성경 영역</td><td colspan="2">– 감사를 표현한 동방박사
– 100배 축복을 받은 이삭</td><td>– 감사의 향기 – 포도나무와 가지
– 무화과 나뭇잎이 마르고</td></tr>
<tr><td>기도 영역</td><td colspan="2">– 아름답고 풍성한 계절을 주신 하나님 감사합니다.
– 풍성한 수확을 거두는 10월이 될 수 있도록 도와주세요.</td><td>– 나무들을 잘 가꾸고 보호할 수 있도록 도와주세요.
– 고마움을 잘 표현할 수 있도록 도와주세요.</td></tr>
<tr><td>건강 영역</td><td>– 신체표현: 도토리 옮기기, 야채샐러드 만들기 바람과 낙엽, 내가 만약, 웃음체조, 춤추는 허수아비</td><td rowspan="2">탐구 영역</td><td rowspan="2">– 다양한 나뭇잎 관찰(생태)
– 감사의 성품 동물 고슴도치, 거위
– 감사의 성품 인물 안익태, 카네기
– 과일 관찰하기 – 순환의 개념
– 나이테 관찰하기 – 단풍과 낙엽</td></tr>
<tr><td>사회 영역</td><td>– 추수감사란 – 다른 나라의 추수감사절
– 나무를 보호해요
– 가을의 환경과 날씨</td></tr>
<tr><td>언어 영역</td><td>– 감사의 명언 – 감사의 말씀 쓰기
– 단수와 복수 –반대말 – 북한말 남한말
– 농부아저씨께 편지 쓰기
– 나무에게 하고 싶은 말 – 가을로 여러 문장 만들기
– 동화: 은혜 갚은 생쥐, 희종이의 이야기, 감사를 모르는 두 명의 나그네, 난 연습중이야, 내가 만난 나뭇잎 하나, 낙엽이 춤을 춰요, 사과 따러 가요,
– 동시: 하나님이 먹여 주세요, 허수아비</td><td>표현 영역</td><td>– 음률: 곡식 악기 연주, 나무야, 가을, 가을 밤(전래동요), 노을, 푸른 산에 올라가면
– 조형: 주말지낸 이야기 그리기
나뭇잎 탁본 뜨기, 식물 화석 만들기, 나뭇잎 찍어 가을 풍경 그리기, 가을 나무 만들기, 곡식 씨앗 그림, 감사나무 꾸미기, 감사 안경 만들기, 감사 액자 만들기, 나무껍질 탁본, 잠자리 만들기, 허수아비 만들기, 가을 풍경 꾸미기</td></tr>
<tr><td>몬테소리</td><td colspan="3">– 도형으로 꾸미기 – 반 접어 오리기2 – 리본매기 – 단추달기 – 직조 짜기 – 기하입체도형
– 도형과 카드 – 컬러 3항식 – 뺄셈의 계산 – 뺄셈 암산판 – 은행놀이 곱셈
– 아시아의 지도 – 아프리카의 지도 – 오세아니아의 지도 – 지도 만들기</td></tr>
<tr><td>주제 전개망</td><td colspan="3">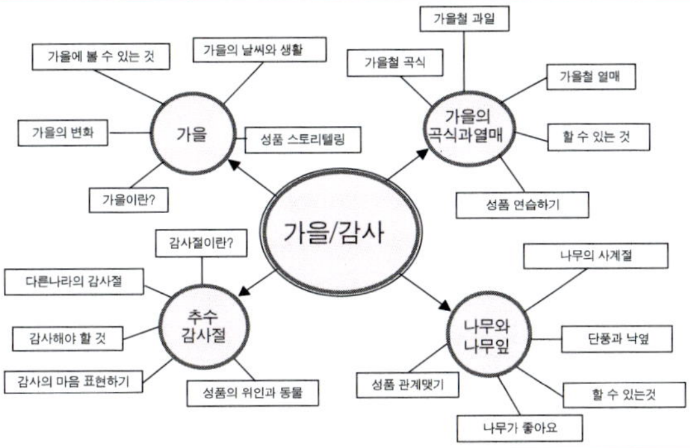
</td></tr>
</table>

11월 교육계획안

구분	영역	내용	영역	내용
주제		세계 여러 나라/책임감		
연령		만 5세		
중심 말씀		착하고 충성된 종아, 네가 작은 일에 충성하였으니 내가 많은 것으로 네게 맡기리니" (마태복음 25장 21절)		
목표	창조	- 우리에게 책임감의 성품을 주신 하나님께 감사하는 마음을 갖는다. - 성품을 통해서 책임감 있는 어린이로 자라날 수 있게 해주신 하나님께 감사한다. - 세계 여러 나라의 모습을 배울 수 있게 해주신 하나님께 감사하는 마음을 갖는다. - 아름다운 세상을 창조해 주신 하나님께 감사의 마음을 갖는다.		
	타락	- 내가 맡은 일에 끝까지 책임을 다하지 못하고 불신한 것을 반성한다. - 내가 해야 할 일이 무엇인지 알고도 끝까지 잘 수행하지 못한 나의 모습을 반성한다. - 세계 여러 나라의 다양함을 인정하지 못했던 나의 모습을 반성할 수 있다. - 세계 어려운 사람들을 알지 못했던 내 모습을 반성한다.		
	구속	- 책임감의 정의와 말씀을 알고 책임감의 성품을 마음에 새긴다. - 책임감의 동물과 인물을 통해 책임감을 알고 관심을 가질 수 있다. - 세계 여러 나라의 다양한 언어, 전통, 관심을 갖고 사랑하는 마음을 갖는다. - 모습과 말은 다르지만 하나님께서 창조해 주심을 알고 소중히 생각한다.		
기독교적 세계관에 따른 생활영역	성경영역	- 천지창조 - 세상은 이렇게 만들어졌단다.		- 모세 이야기
	기도영역	- 책임감 있는 어린이로 자라날 수 있게 도와주세요. - 어떠한 상황에서도 책임감 있는 내가 될 수 있도록 도와주세요.		- 세계 여러 나라에 대해 알 수 있게 해주셔서 감사합니다. - 어려운 나라들을 위해 기도하고 도와주는 책임감 있는 어린이로 자라날 수 있게 해주세요.
	건강영역	- 줄다리기 - 인디언춤 - 포크댄스 - 부채춤	탐구영역	- 사자에 대해 알아보기 - 다른 나라 물건 관찰하기 - 세계 지도관찰 하기 - 벌에 대해 알아보기
	사회영역	- 책임감에 대해서 알아보기 - 세계 여러 나라의 사람들 - 친구들과 함께 세계 여러 나라 춤춰보기 - 세계 여러 나라 인사하기		
	언어영역	- 나라명 알기 - 인사말 알기 - 세계 여러 나라의 의상 - 내 이름 바꿔 쓰기(외국어) - 소금 가마니를 지고 가는 당나귀 - 오스카만 야단맞아 - 지구야 괜찮니? - 우리는 친구	표현영역	- 국기 색칠하기 - 사포그림 그리기 - 책임감 있는 나의 손 꾸미기 - 책임감 포스터 만들기 - 오대양 육대주 - 세계의 아침인사 - 책임감 있는 성품 리더 - 꼭 기억해요
	몬테소리	- 한 번에 오르기 - 실 붙이기 - 옷틀(혁대) - 다리미질 하기 - 구성삼각형 - 비즈프레임 덧셈 - 은행놀이 나눗셈 - 형용사, 명사, 동사 찾기 - 부사의 역할 - 동사의 게임 - 글자도장으로 문장 만들기 - 대조지형		
	주제 전개망	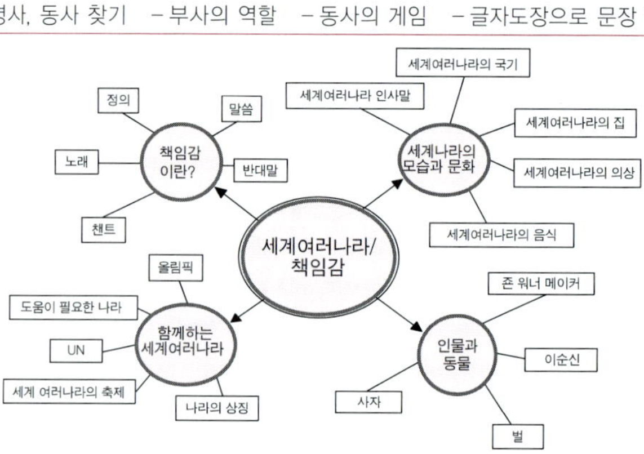		

▌12월 교육계획안

주 제		겨울(성탄절)/책임감	
연 령		만 5세	
중심 말씀		예수그리스도의 나심은 이러하니라 (마태복음 1장18절)	
목표	창조	- 겨울이란 계절을 만들어 주신 하나님께 감사한다. - 우리의 죄를 구원하시려 오신 예수님께 감사하는 마음을 갖는다. - 책임감이란 성품을 실천할 수 있는 지혜를 주신 하나님께 감사한다. - 책임감을 주신 하나님께 감사한다.	
	타락	- 겨울의 아름다움과 고마움을 알지 못했음을 안다. - 우리를 구원하시려 오신 예수님을 통해 잘못하였던 모습을 생각하고 반성한다. - 책임감에 대해서 알고 실천하지 못했던 내 모습을 반성한다. - 나의 책임에 최선을 다하지 못했던 내 모습을 반성한다.	
	구속	- 겨울에 대해 알고, 겨울에 대한 활동에 관심을 갖는다. - 예수님의 탄생일인 성탄절을 알고 기쁜 날 사랑으로 실천할 수 있다. - 책임감의 성품을 알고, 올바르게 실천할 수 있다. - 그동안 나의 책임감에 대해 뒤돌아보고 책임감 있는 생활을 할 수 있다.	
기독교적 세계관에 따른 생활영역	성경 영역	- 예수님께 온 아이들	- 모세 이야기
	기도 영역	- 우리에게 겨울을 지낼 수 있는 지혜를 주셔서 감사합니다. - 우리의 죄를 구원해 주셔서 감사합니다.	- 책임감 성품을 올바르게 실천 할 수 있도록 도와주세요. - 제가 맡은 일에 최선을 다할 수 있도록 도와주세요.
	건강 영역	- 따뜻하게 옷을 입어요. - 운동을 해요. - 겨울철 안전을 알아봐요. - 규칙적인 생활을 해요.	탐구 영역: - 겨울나무 관찰하기 - 눈 결정체 관찰하기 - 겨울잠을 자는 동물 - 겨울에 피는 꽃
	사회 영역	- 내가 가지고 있는 장점 계발하기 - 예수님의 생일을 축하해요. - 함께 겨울 풍경을 만들어요.	
	언어 영역	- 오스카만 야단맞아 - 소금 가마니를 지고 가는 당나귀 - 부웅부웅 꿀벌가족(성품동화) - 사자가족 역할극 - 이순신(위인동화) - 책임감대장 하영이 - 책임감 약속 - 책임감 쿠폰 - 중심말씀 외우기 - 나의 장점 발표하기	표현 영역: - 산타 할아버지 - 크리스마스카드 - 크리스마스트리 - 눈 결정체 만들기 - 눈사람 - 창밖을 보라 - 하얀 나라 - 겨울바람
	몬테소리	- 옷틀(구두끈) - 기하도형 제작 - 기하도형 쌓기 - 삼각형 구성 - 뱀놀이 뺄셈 - 우표놀이 - 형용사의 게임 - 관형사의 역할 - 부사의 역할 - 대명사의 역할 - 대조지형 만들기 - 1년의 부분 - 주단 손질하기 - 다리미 사용 - 버클 끼우기 - 모래글자와 사물상자 - 그림과 문장	
	주제 전개망	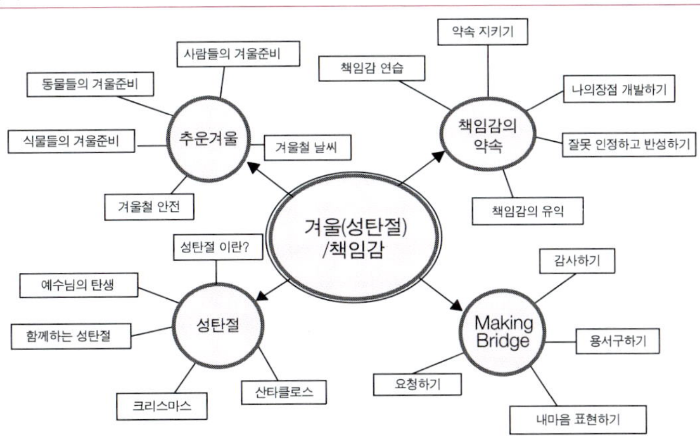	

1월 교육계획안

주 제	대중매체 / 정직
연 령	만 5세
중심말씀	내 속에 정한 마음을 창조하시고 내 안에 정직한 마음을 새롭게 하소서 (시편 51장 10절)

목표	창조	- 문명과 문화를 주관하시는 하나님을 안다. - 하나님이 아름다운 자연을 창조하셨음을 안다. - 대중매체를 창조하시고, 그것을 사용할 수 있게 하심을 감사한다. - 정직의 성품을 주신 하나님께 감사한다.		
	타락	- 세상의 주인이신 하나님을 모르고 인정하지 못했던 모습을 반성한다. - 하나님께서 주신 아름다운 자연을 깨닫지 못함을 반성한다. - 대중매체를 선하게 이용하지 못한 모습을 반성한다. - 정직하지 못하고, 거짓된 모습을 보인 내 모습을 반성한다.		
	구속	- 하나님이 만드신 것을 발견하고 감사한다. - 아름다운 자연 속에서 생활하며 소중히 여긴다. - 대중매체를 적절하게 이용할 수 있다. - 하나님과 사람 앞에 정직하기로 결심한다.		
기독교적 세계관에 따른 생활영역	성경 영역	- 거룩한 산제사를 드린 사독과 아비아달 - 라임바이블 - 다니엘의 기도		- 선지자 다니엘의 순종 - 앞을 못 보는 바디메오
	기도 영역	- 창조주이신 하나님을 믿는 믿음을 주세요. - 자연 속에서 즐겁게 생활할 수 있도록 도와주세요.		- 대중매체를 통해 더 많은 것을 알게 하심을 감사합니다. - 늘 정직한 마음으로 생활할 수 있도록 도와주세요.
	건강 영역	- 달팽이 놀이 - 정직한 행동하기 - 신문 찢기 - 신문 속 사람들 따라 움직여 보기	탐구 영역	- 옛날과 오늘날의 대중매체 - 정직한 행동 찾기 - 컴퓨터 탐색하기 - 달팽이 관찰하기 - 신문과 텔레비전 비교하기 - 신문지 속 글자 찾기
	사회 영역	- 신문이 만들어지기까지 - 영화 속 인물 되어보기 - 방송국 놀이 - 정직한 내 모습		
	언어 영역	- 옛날과 오늘날의 TV - 대중매체의 유익과 해로움 - 컴퓨터와 TV를 바르게 사용하기 - 내가 좋아하는 TV프로그램 - 컴퓨터는 어떻게 만들어졌을까? - 정직의 태도란? - 정직과 거짓말 - 정직한 태도의 유익 - 정직한 성품 앵무새 - 정직의 반대말은? - 거짓말은 싫어요. - 금도끼 은도끼 - 구두장이 요정 - 도산 안창호	표현 영역	- 조형 - 텔레비전 만들기 - 마이크 만들기 - 잡지 그림 이용하여 꾸미기 - 달팽이 꾸미기 - 음률 - 텔레비전 - 아껴줄래요. - 나의 한 가지 소원 - 위대하고 강하신 주님
	몬테소리	- 일상: 집게로 옮기기, 펀치 뚫기, 한 줄로 쓰기, 옷 개기 - 감각: 분홍탑 변형, 의상 3단계카드, 철판도형 틀 대고 그리기 - 언어: 모래 글자(자음, 모음) 이항식 상자 - 문화: 5대양 6대주, 세계지도 퍼즐 - 수: 수 막대, 숫자와 바둑알(6~10), 낙엽의 모양과 색, 비즈세기, 숫자를 찾아요		
	주제 전개망	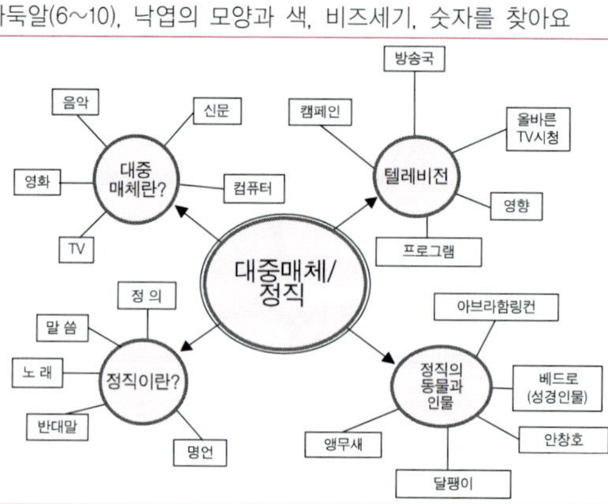		

2월 교육계획안

주 제		성장/경청	
연 령		만 5세	
중심 말씀		귀를 기울여 지혜 있는 자의 말씀을 들으며 내 지식에 마음을 둘지어다 (잠언 22장 17절)	
목표	창조	– 나의 신체가 자랄 수 있게 해주심에 감사한다. – 성숙한 마음을 가질 수 있게 해주신 하나님께 감사한다. – 우리에게 경청할 수 있는 성품을 주신 하나님께 감사한다. – 1년 동안 함께 지낸 우리 반 친구들과 선생님을 보내 주신 하나님께 감사한다.	
	타락	– 내 몸이 성장하는 데 안 좋았던 습관들을 알아보고 반성한다. – 성숙한 행동을 하지 못했던 나의 모습을 반성한다. – 경청을 알고 주위 사람들에게 표현하지 못했던 내 모습을 반성한다. – 우리 반 친구들과 선생님을 소중히 생각하지 않았던 내 모습을 반성한다.	
	구속	– 내 몸의 성장에 도움이 되는 것들을 알아보고 실천한다. – 성숙한 몸과 마음을 갖도록 노력한다. – 경청에 대해 배우고 실천할 수 있도록 한다. – 우리 반 친구들과 선생님의 소중함을 알고 남은 기간 동안 고마움을 표현하도록 한다.	
기독교적 세계관에 따른 생활영역	성경 영역	– 성경: 사무엘아, 사무엘아! – 듣기도 하시며 묻기도 하시는 예수님	– 도움이 필요한 사람의 소리에도 경청하신 예수님 (마가복음 10장 46절~52절)
	기도 영역	– 나의 몸과 마음이 성장할 수 있게 해주심에 감사합니다. – 성숙하게 행동할 수 있도록 해주세요.	– 경청에 대해 잘 알고 실천할 수 있도록 도움을 주세요 – 우리 반의 친구들, 선생님의 소중함을 알게 해주세요.
	건강 영역	– 키 재보기 – 성장 체조하기 – 게임: 성장에 도움을 주는 음식 분류 – 겨울에 적합한 놀이해보기	탐구 영역: – 눈 결정체 관찰 – 향기를 맡아봐요 – 겨울에 피는 꽃 – 겨울잠을 자는 동물들
	사회 영역	– 친구에게 편지 쓰기 – 소중한 마음을 표현해요. – 동생들을 위한 약속표 만들기 – 어린이집에서 지켜야 할 일들	
	언어 영역	– 성장한 필요한 것들 – 내가 할 수 있는 일 – 경청의 동물(토끼) – 1년을 돌아보며 – 성숙하지 못했던 내 모습 반성하기 – 건강한 몸과 마음 – 원돌이의 목욕(동화) – 모두 어디 갔지?(동화)	표현 영역: – 우리 반 친구에게 내 마음 표현하기 – 1년을 돌아보며 그림 그려 보기 – 동생들을 위해 교실 꾸며 보기 – 꼬마 눈사람 – 눈을 굴려서
	몬테소리	– 나와 내 친구 찾기 – 수 만큼 수 막대 짝 맞추기 – 글자 만들기 – 주변 정리하기 – 겨울 동물들 분류하기 – 숫자 순서대로 쓰기 – 물체상자 – 버클 채우기 – 우리나라 지도 퍼즐 – 손톱 깍기	
	주제 전개망	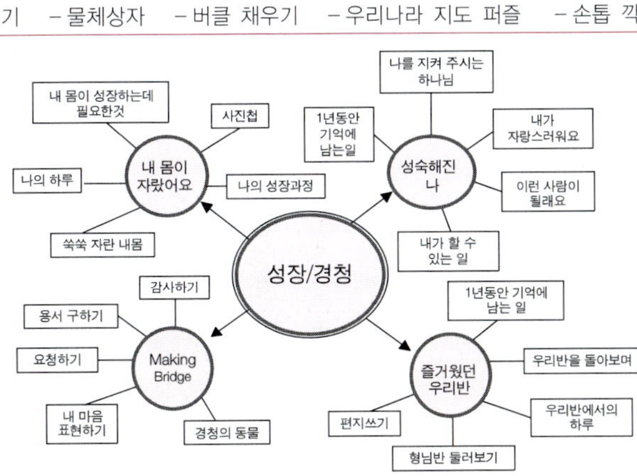	

【기독교세계관에 기초한 만 5세 주간 교육계획안의 예】

주제명	감사하는 나
교육목표	- 나를 창조해 주신 하나님께 감사한다. - 그동안 감사하지 못하고 불평만 했던 나의 모습을 반성한다. - 내가 할 수 있는 일을 스스로 할 수 있도록 도와주시는 하나님께 감사하는 마음을 갖는다.
중심말씀	너는 귀를 기울여 지혜 있는 자의 말씀을 들으며 내 지식에 마음을 둘 지어다 (잠언 22:17)

요일			월	화	수	목	금
일일활동 주제 / 활동영역			나를 소개해요	나의 몸	소중한 나	나의 성장과정	자연 속의 나
집단활동		기도	- 나를 창조해 주신 하나님께 감사드려요. - 항상 감사하며 살 수 있도록 도와주세요.				
집단활동		이야기 나누기	나를 소개해요	하나님께서 만드신 나의 몸	내 몸은 소중해요	나는 자라요	나는 자연 속에서 살아요
집단활동		성경 동화	- 감사의 향기(요한복음 12장 1~8절) - 감사하는 마음을 표현해요.				
집단활동		노래/악기	걸작품	우리 몸으로 소리 내어 보기	미소	나는 나는 자라서	날 만드심이라
집단활동		신체 표현/게임	주단게임	목욕놀이	발바닥 모양 밟고 돌아오기	옷 입히기	장애물 통과하기
실내자유	선택활동	일상	푸싱 핀	마른 것 따르기	숟가락으로 옮기기	마른 것 따르기	코풀기
실내자유	선택활동	언어	하나님께서 지으신 나에 대한 책		나의 몸 골든 벨 수수께끼		나의 몸 명칭 쓰기
실내자유	선택활동	수학 과학	비즈소개	내 키재기	1~10 색 비즈	지문 관찰하기	수 막대 1~10
실내자유	선택활동	조작	분홍 탑 1~3	분홍 탑 1~5	분홍 탑 1~7	분홍 탑 1~10	분홍 탑 응용
실내자유	선택활동	요리·간식	과일, 생두유, 서리태, 볶음멸치	절편, 생두유, 서리태, 볶음멸치	가래떡, 플레인 요플레, 서리태, 볶음멸치	절편, 생두유, 서리태, 볶음멸치	당근, 오이, 생두유, 서리태, 볶음멸치
실내자유	선택활동	조형	나의 모습 그리기		몸 그림 콜라쥬		사람꾸미기
실외활동		대근육활동	바깥놀이	바깥놀이	볼풀장	실내놀이터	산책
기본생활습관			바르게 인사하기	화장실 사용법	물 마시기	옷걸이 사용법	선 따라 걷기

주 제 명		우리가족				
교육목표		- 우리에게 소중한 가족을 주신 하나님께 마음을 가진다. - 나와 우리가족을 창조해 주신 하나님께 감사하지 못했던 일들에 대해 생각해 보고 반성한다. - 다양한 가족 구성원을 알아보고 가족을 아끼고 사랑하는 마음을 갖는다.				
중심말씀		너는 귀를 기울여 지혜 있는 자의 말씀을 들으며 내 지식에 마음을 둘 지어다 (잠언 22:17)				
요 일		월	화	수	목	금
일일활동 주제 / 활동영역		우리가족	우리 가족의 구성원	가족이 생기기까지	그 외의 가족	창조주 하나님
집단활동	기 도	- 소중한 가족을 주셔서 감사해요. - 항상 가족을 아끼고 사랑할 수 있도록 도와주세요.				
집단활동	이야기 나누기	우리 가족을 소개해요	엄마 아빠 그리고 형제들이 좋아요 (가족의 구성원)	우리가족은 어떻게 생겼을까요?	이웃과 친구도 모두 한 가족이에요	우리 가족을 주신 하나님 감사드립니다.
집단활동	성경 동화	광야로 간 이스라엘 백성				
집단활동	노래/악기	아빠 힘내세요	우리 엄마	사랑	너랑 나랑	감사노래
집단활동	신체 표현/게임	가족 걸음	우린 한 가족	뱃속 아기 되어 보기	곰돌이 집을 찾아주세요	웃음체조
실내자유 선택활동	일 상	숟가락으로 옮기기	젓가락으로 옮기기	집게로 옮기기	마른 것 따르기	감사태도 연습하기
실내자유 선택활동	언 어	가족 소개하기	가족 이름 쓰기	침묵게임	가족 이름 쓰기	감사표현의 법칙
실내자유 선택활동	수학 과학	수 막대 1~10	나를 비춰 주는 물건	비즈와 카드에 의한 큰 수 구성	모래 숫자판	수 막대와 수 카드
실내자유 선택활동	조 작	색판 1	색판 1	색판 1	빨강막대1,2	빨강막대1,2
실내자유 선택활동	요리·간식	과일, 생두유, 서리태, 볶음멸치	절편, 생두유, 서리태, 볶음멸치	가래떡, 플레인 요플레, 서리태, 볶음멸치	절편, 생두유, 서리태, 볶음멸치	당근, 오이, 생두유, 서리태, 볶음멸치
실내자유 선택활동	조 형	가족 그림 그리기	액자 꾸미기	상상화 (엄마뱃속)	아기방 꾸며보기	감사카드 만들기
실외 활동	대근육 활동	바깥놀이	산책	볼풀장	실내놀이터	바깥놀이 (산울림의 법칙)
기본생활 습관		바르게 인사하기	화장실 사용법	매일의 감사비타민	옷걸이 사용법	감사하는 생활하기

주제명	가족이 하는 일				
교육목표	- 가족 구성원을 알고 가족이 하는 일을 알아본다. - 가족이 하는 일을 돕지 않고 가족과 함께 지내면서 내 생각만 했던 나의 부정적인 태도를 반성한다. - 가족끼리 서로 도우며 화목하게 지낸다.				
중심말씀	너는 귀를 기울여 지혜 있는 자의 말씀을 들으며 내 지식에 마음을 둘 지어다 (잠언 22:17)				

활동영역		요일	월	화	수	목	금
		일일활동 주제	가족이 하는 일	내가 할 수 있는 일	서로 도우며 살아요.	행복한 우리 집	용서 구하기 (그동안 나의 부정적인 태도)
집단활동		기도	- 사랑하는 가족을 주셔서 감사해요. - 가족을 사랑하며 소중히 여길 수 있도록 도와주세요.				
집단활동		이야기 나누기	우리 가족들은 어떤 일들을 할까요?	집에서 내가 할 수 있는 일은 무엇일까요?	우리 가족은 서로 도우며 살아요.	가족과 좋은 관계를 형성해요. (감사해요, 요청해요, 내 마음을 표현해요)	나의 잘못을 예수님 용서해 주세요.
집단활동		성경 동화	감사하여 문둥병을 고침 받은 사람				
집단활동		노래/악기	닮은 곳이 있대요	긍정적노래	내 동생	우리 집 강아지 행복이	예수님이 손들면
집단활동		신체 표현/게임	빨래하기	한발 뛰기	별명상자	선 따라 걷기	페라슈트
실내자유	선택활동	일상	선 따라 걷기	물건 들고 걷기	쓸어 모으기	쓸어 모으기	모양 바느질
실내자유	선택활동	언어	여러 가지 직업이름 쓰기		우리 집 주소 쓰기	가족에게 편지 쓰기	
실내자유	선택활동	수학 과학	숫자와 빨강 알	맛을 알아 맞춰 보세요	테이블 수 막대	가족 수 그래프	방추형 봉
실내자유	선택활동	조작	카드의 소개	비즈와 카드에 의한 큰 수 구성1	비즈와 카드에 의한 큰 수 1	분홍 탑 1~10	분홍 탑 응용
실내자유	선택활동	요리·간식	과일, 생두유, 서리태, 볶음멸치	절편, 생두유, 서리태, 볶음멸치	가래떡, 플레인 요플레, 서리태, 볶음멸치	절편, 생두유, 서리태, 볶음멸치	당근, 오이, 생두유, 서리태, 볶음멸치
실내자유	선택활동	조형	넥타이꾸미기	음악 듣고 풀 그림 그리기	우리가족 꾸미기(공동작품)		가족나무 만들기
실외활동		대근육 활동	바깥놀이	산책	볼 풀장	실내놀이터	바깥놀이
기본생활 습관			바르게 인사하기	화장실 사용법	물 마시기	옷걸이 사용법	선 따라 걷기

주 제 명	감사하는 우리가족
교육목표	- 우리에게 감사할 수 있는 성품을 주신 하나님께 감사한다. - 하나님께서 주신 감사의 성품을 통해 감사의 동물과 인물을 배움으로써 감사하지 못했던 나와 우리 가족의 모습을 발견하고 반성한다. - 하나님이 주신 가족에게 감사하는 태도를 갖는다.
중심말씀	너는 귀를 기울여 지혜 있는 자의 말씀을 들으며 내 지식에 마음을 둘 지어다 (잠언 22:17)

요 일		월	화	수	목	금
일일활동 주제 / 활동영역		소중한 우리가족	감사하는 태도	감사의 성품 위인 카네기	감사의 동물 거위	엄마 아빠 사랑해요
집단활동	기 도	- 감사할 수 있는 성품을 주셔서 감사합니다. - 모든 사람에게 항상 감사할 수 있도록 도와주세요.				
집단활동	이야기 나누기	우리 가족은 소중해요 (가족이 없다면)	어떻게 감사할 수 있을까?	카네기는 어떻게 감사를 표현했을까?	거위는 감사를 어떻게 표현할까요?	엄마 아빠 사랑하고 감사합니다.
집단활동	성경 동화	감사하는 동방박사				
집단활동	노래/악기	아기염소	즐거운 우리 집	감사 노래	감사해요	축복의 노래
집단활동	신체표현/게임	상황 알아 맞추기	내 짝 찾기 게임	춤추는 리본막대	감사하는 그림 찾기	엄마 아빠 물건 찾기
실내자유 선택활동	일 상	선 따라 걷기	모양 바느질	풀 붙이기 (여러 가지 모양)	마른 것 따르기	모양 바느질
실내자유 선택활동	언 어	감사한 마음을 표현해요	감사편지 쓰기	감사한 마음을 표현해요	감사편지쓰기	엄마아빠에게 편지 쓰기
실내자유 선택활동	수학 과학	색 비즈로 십 만들기	같은 모양 분류하기	색 비즈로 더하기	거위의 특징	뱀 놀이
실내자유 선택활동	조 작	분홍 탑 1~3	분홍 탑 1~5	분홍 탑 1~7	분홍 탑 1~10	분홍 탑 응용
실내자유 선택활동	요리·간식	과일, 생두유, 서리태, 볶음멸치	절편, 생두유, 서리 태, 볶음멸치	가래떡, 플레인 요플레, 서리태, 볶음멸치	절편, 생두유, 서리 태, 볶음멸치	당근, 오이, 생두유, 서리태, 볶음멸치
실내자유 선택활동	조 형	가족에게 감사하고 싶은 일 그리기	감사나무 만들기(공동작품)		거위 만들기	엄마 아빠 얼굴 그리기
실외활동	대근육 활동	바깥놀이	산책	볼풀장	실내놀이터	바깥놀이
기본생활 습관		바르게 인사하기	화장실 사용법	물 마시기	옷걸이 사용법	선 따라 걷기

【기독교세계관에 기초한 만 5세 일일 교육계획안】

교육과정의 내용들을 실제로 교실에서 유아들에게 어떻게 수업을 하는가를 구체적으로 계획한 하루 일과 계획표와, QT계획표, 그리고 일일 교육계획안과 수업 평가서는 다음과 같다.

▎기독교 유아교육과정의 하루 일과 계획표

하루 일과 계획	
활동구분	내 용
기도, 준비, 맞이	교사들은 하루를 Q.T로 시작한다(매일 40분 정도). 전날 수업 준비한 것을 확인하고 유아들이 도착하면 맞이한다. 유아들이 교실에 들어오면 눈높이로 인사하고 스킨십, 유아의 이름을 불러 주기 등의 상호 작용을 한다. 유아들은 자신의 물건을 사물함에 정리하고 간식을 즐거운 마음으로 먹는다.
자유선택활동 (몬테소리 교구활동)	강요나 지시에 의한 교육보다는 자신이 선택한 작업을 통해 성취감을 얻고 기쁨을 맛보는 자율적 어린이가 되도록 도와주는 시간이다. 몬테소리 교육은 추상적인 교육이 아니라 실물이나 구체적인 교재 교구를 이용하여 어린이들의 발달단계에 따라 어린이들이 오감을 통하여 실제로 해보며 흥미, 동기유발, 집중력 등이 유발될 수 있다.
하루열기	모두 모여 앉아 교사와 인사를 나누고 출석을 부른다. 하루 동안 함께 해주실 하나님께 기도를 드리고 아침 QT를 한다. 그날에 지낼 활동을 순서대로 소개한다.
주제별 교육활동 (소·대그룹 활동)	계획된 활동의 시간 순서대로 움직이는 시간이다. 기독교세계관에 근거한 교육과정을 계발하여 하나님이 창조하신 세상 속에서 인간에 의해 발생되어진 문제점을 발견하고 이해력과 분별력을 키워 문제 해결방법을 깨닫는 기독교 성품교육이 프로젝트 접근법으로 이야기나누기뿐 아니라 조형, 신체표현 등 다양한 활동이 진행된다.
점심시간	손을 씻고 자기 도시락을 꺼내어 음식을 받은 뒤 식기도 후 식사를 한다.
실외놀이	주변의 산책로를 따라 산책을 하거나 생태교육을 실시하고 실외놀이터의 다양한 기구를 이용하여 다양한 활동을 한다. 실외놀이는 자연관찰, 대, 소 근육 활동의 기회와 자유와 정서적인 안정감, 그리고 인간관계와 사회성을 키워 주며 다양하고 풍부한 오감각 경험을 제공해 준다.
하루 마무리	집에 가기 전 하루를 돌아보며 즐거웠던 일, 속상했던 일 등에 대해 평가해 보고 다음 날에 있을 행사나 공지할 것에 대해 이야기해준다. 하루를 마감하는 기도와 주기도문으로 하루를 정리하고 자기 옷을 입고 가방을 챙겨서 귀가 준비한다.

▍기독교 유아 교육과정의 유아 Q.T활동계획표

날짜	년 월 일
주제	기도하는 엘리야
통합목표	엘리야의 이야기를 통해 하나님께 기도하여 응답받는 것에 대해 안다.
활동자료	엘리야가 기도하는 모습 그림, QT책
도입단계	1. '친구 되신 하나님' 찬양을 부른다. 2. 성경구절을 읽어 준다. "여호와여 제 기도를 들어 주십시오. 여호와께서 하나님이라는 것을 이 백성들이 알게 하소서. 주님이야말로 이 백성을 주께로 돌아오게 하시는 분이라는 것을 알게 하소서" (열왕기상 18:37)
제시단계	1 .엘리야가 기도하는 모습의 그림을 보여준다. – 엘리야가 무엇을 하는 모습일까요? – 엘리야는 지금 어떤 기도를 드리는 것일까요? 2. 엘리야의 이야기를 들려준다. – 제단에 번제물을 놓고 엘리야는 사람들에게 말했어요. "하나님께서 이 번제물에 불을 내려 주실 겁니다." 그리고 엘리야는 기도했어요. "하나님 저 사람들에게 하나님이 진짜 하나님이시라는 것을 보여주세요. 하나님께서는 어떻게 하셨을 것 같은가요?" 3. 하나님은 어떤 분이신지에 대해 이야기를 나눈다. – 하나님은 어떤 분이신가요?
실행단계	유아들이 하나님께 기도하는 시간을 갖는다
반응단계	기도를 드린다. – 사랑의 하나님은 우리의 기도를 들어주시는 분이라는 것을 압니다. 우리도 언제나 마음을 다해 기도하게 해 주세요. 예수님 이름으로 기도드립니다. 아멘.

【5월 둘째 주 일일 교육계획안】

▍월요일

소주제	우리 가족	
일일목표	하나님께서 주신 우리 가족을 소개하며 가족의 소중하게 여기고 사랑한다.	
일일계획	시 간	활 동 명
	9:00 ~ 9:30	• 등원 및 인사나누기(어린이 큐티)
	9:30 ~ 10:00	• 이야기 나누기(우리 가족을 소개해요)
	10:00 ~ 10:40	• 간식 및 조형 활동
	10:40 ~ 11:10	• 자유선택활동
	11:10 ~ 11:20	• 정리정돈 및 화장실 다녀오기

	11:20 ~ 11:30 11:30 ~ 12:00 12:00 ~ 1:00 1:00 ~ 1:30 1:40 ~ 2:00	• 새 노래 • 신체표현(가족 걸음) • 점심 • 바깥놀이 • 동화 및 귀가

단위활동 시간	구 분	내 용	평 가
등원 및 인사 나누기 9:00~9:30		• 바른 태도로 반갑게 인사를 나눈다(기분, 건강상태체크). • 기도로 하루를 열기(어린이 큐티). • 사물함에 옷과 가방을 정리하고 원아 수첩, 물 컵 등 집에서 가져온 물건을 제자리에 꺼내 놓는다. • 자유롭게 놀이를 하면서 친구들과 인사를 나눈다.	
이야기 나누기 9:30~10:00	활동명	우리 가족을 소개해요	
	활동 목표	• 하나님께서 허락하신 가족 구성원을 소개하면서 가족의 소중함과 의미를 생각해 본다. • 유아가 다른 사람의 말을 귀담아 듣고 이해하는 능력을 기르고 자신의 생각과 느낌을 말로 아름답게 표현하는 능력을 기른다.	
	활동 자료	가족사진, 가족 얼굴 그림 자료	
	활동 방법	〈도입단계〉 • 가족의 구성원에 대해 이야기해 본다. • 하나님께서 주신 우리 가족으로 누구누구가 있는지 이야기해 볼까요? 〈제시단계〉 • 우리 가족은 다른 가족과 어떤 점이 다를까요? • 할머니와 할아버지를 모시고 사는 친구가 있나요? • 가족 중에 남자가 많은 집은 누구네 집일까요? • 우리 가족은 모두 하나님을 알고 있나요? • 하나님을 모르는 가족은 없나요? • 가족 얼굴 그림 자료를 가리키면서 "가족을 생각하면 생각나는 말"을 이야기해본다. • 친구들은 가족하면 무엇이 생각나나요? • 엄마하면 무엇이 생각나나요? 〈실행단계〉 • 가족사진을 가지고 나와 자신의 가족을 소개하도록 한다(가족이름, 가족 구성원, 가족이 하는 일, 가족이 좋은 점). • 하나님을 알지 못하는 가족을 위해 하나님께 기도해 볼래요? • 가족의 소중함과 의미에 대해 함께 생각해 본다. • 가족이 있어서 좋은 점은 무엇일까요? • 가족과 함께 하는 일들 중에 재미있는 점은 무엇인가요?	

		속상한 점은 무엇인가요? 〈반응단계〉 • 만약 가족 중에 어떤 사람이 가족을 떠나게 된다면 어떻게 될까요?	
간식 및 조형 활동 10:00~10:40	간 식	〈가래떡, 생 두유, 서리 태, 볶음멸치〉	
	조 형	〈가족그림그리기 〉 • 활동목표: 하나님이 창조하신 우주만물(우리가족)을 다양한 방법으로 표현하고 감사하도록 한다. • 활동자료: 다양한 쓰기 도구, 종이 • 활동방법: 〈도입단계〉 • 우리 가족에 대해 이야기를 나눈다. • 나의 가족은 어떻게 생겼나요? (엄마는 파마를 하셨어요, 아빠는 키가 크세요.) 〈제시단계〉 • 우리 가족을 주신 하나님께 감사하도록 한다. • 이렇게 아름다운 가족을 주신 분은 누구실까요? • 하나님께서 허락해 주신 가족을 우리는 어떻게 해야 할까요? • 우리 가족을 도화지에 표현하는 다양한 방법에 대해 이야기를 나눈다. • 하나님께서 주신 아름다운 우리 가족을 표현해 보려고 해요. 〈실행단계〉 • 어떻게 표현하고 싶은가요? (점토로 만들거나 그림으로 그린다.) • 종이 위에 점토로 만들거나 그림으로 우리 가족을 그린다. 〈반응단계〉 내가 그린 그림이 내 가족과 얼마나 닮았는지 비교해 보도록 한다. 그리고 하나님께서 우리 식구를 비슷한 모습으로 지으셨음을 알고 감사한다.	
자유선택활동 10:40~11:10	몬테 소리	〈색판〉 1. 주단을 깔고 교구를 가지고 온다. 2. 색판을 꺼내서 뚜껑을 열고 뚜껑을 색판 상자 아래에 깐다. 3. 오른쪽 세 손가락을 이용하여 색판의 하얀색 부분을 잡고 빨강, 노랑, 파랑 차례대로 한 개씩 꺼내서 나열하여 놓는다. 4. 같은 방법으로 색판을 하나씩 꺼내어 같은 색끼리 짝을 맞춘다. 5. 오른쪽 세 손가락을 이용하여 색판의 하얀색 부분을 잡고 빨강, 노랑, 파랑 차례대로 한 개씩 정리한다.	

		〈수 막대1~10〉 1. 주단을 깔고 교구를 가지고 온다. 2. 수 막대를 소개한다. 3. 10개의 막대를 긴 순서대로 빨간색이 왼쪽에 오도록 등급화 시킨다. 4. 1-3까지의 수 막대를 제시한다. 5. 1의 막대에 두 손가락으로 덧그리며 '이것은 일이다'라고 한다. 6. 2~9막대까지도 두 손가락으로 덧그리며 '이것은 (숫자)이다'라고 한다. 〈숟가락으로 옮기기〉 1. 주단을 깔고 교구를 가지고 온다. 2. 왼손 세 손가락으로 숟가락의 허리부분을 잡고 오른손 세 손가락으로 숟가락의 손잡이를 잡고 옮겨 잡는다. 3. 숟가락으로 접시에 든 물체를 빈 그릇(왼쪽→오른쪽)으로 옮긴다. 4. 다 옮긴 후 같은 방법으로 다시 원래의 그릇으로 옮긴다. 5. 활동이 끝난 후 교구를 정리한다.	
정리정돈 및 화장실 다녀오기 11:10~11:20		• 정리 신호에 맞춰 사용한 놀잇감을 제자리에 정리한다. • 화장실에 미리 다녀오기를 지도한다. • 자유선택활동을 하고 난 후 느낌에 대해 간단히 말해본다.	
노래 11:20~11:30	활동명	아빠 힘내세요.	
	활동 목표	노래를 즐겁게 부른다.	
	활동 자료	노래가사가 적힌 노래자료	
	활동 방법	〈도입단계〉 • 아빠에 대해 이야기를 나눈다. • 우리 집 아빠는 어떤 일을 하실까요? • 아빠의 어떤 점이 좋은가요? • 아빠에게 어떤 이야기를 하고 싶은가요? 〈제시단계〉 • 가사를 리듬에 맞추어 들려준다. 〈실행단계〉 • 한 음으로 노래를 부른다. • 교사와 번갈아가며 한 소절씩 부른다. • 다 같이 노래를 부른다. 〈반응단계〉 • 아빠를 생각하면서 노래를 하는지를 살핀다. • 아이들 마음에 아빠를 주신 하나님께 감사하는 마음이 있는지를 확인한다.	

신체표현 11:30~12:00	활동명	가족걸음	
	활동 목표	• 다양한 가족의 걸음을 음악에 맞추어 걸을 수 있다. • 자신의 신체를 이용하여 다양하게 표현할 수 있다.	
	활동 자료	아빠 걸음 모습그림과 소리, 엄마 걸음 모습그림과 소리, 아기 걸음 모습그림과 소리 (크고 작은 소리가 들리는 음악 CD)	
	활동 방법	〈도입단계〉 • 아빠, 엄마, 아기가 걷는 모습을 본 경험에 대해 이야기한다. • 아빠가 걷는 모습을 보았나요? • 어떻게 걸었나요? • 엄마는 어떻게 걷나요? 〈제시단계〉 • 가족 걸음 소리를 듣고 어느 가족의 걸음 소리인지 알아맞혀 본다. 〈실행단계〉 • 음악을 듣고 음악에 맞추어 걸음을 걸어 본다. • 음악을 들으며 교사가 제시하는 그림카드의 사람의 걸음걸이를 걸어 본다. 〈반응단계〉 • 평가를 한다. • 음악에 맞추어 걸음을 걸을 때 기분을 알아본다.	
점 심 12:00~1:00		• 손을 씻고 한 줄로 서서 식판을 준비한다. • 밥, 반찬을 담아 주면 숟가락, 젓가락을 준비하여 자리에 앉는다. • 다함께 오늘의 메뉴에 대해 알아보고 식사노래와 기도한다. • 즐거운 마음으로 식사를 하고, 마치는 대로 자리를 정돈한다.	
바깥놀이 1:00~1:30		• 줄을 서서 밖으로 나간다. • 놀이를 한 후 정리를 하고 흙을 털고 교실로 들어온다.	
동화 및 귀가 1:40~2:00		• 동화〈돌아온 탕자〉 • 오늘의 활동을 돌아보고 즐거웠던 일을 이야기해 본다. • "집에 갈 시간"노래를 부르고 한 명씩 가위바위보 인사를 한다. • 특별활동, 귀가버스별로 한 줄로 나가 버스를 탄다.	

결 석	비 고

【기독교 유아 교육과정의 수업 평가서】

이름: 날짜: 월 일 단원:

목표(기독교세계관으로 작성한):

성경:

기도:

1. 어떻게 하루를 시작하였는가? (open)

2. 오늘의 목표가 유아들에게 몇 % 정도 전달되었는가?

3. 오늘 목표를 위한 수업 중 가장 효과적인 부분은?
(이야기 나누기, 시청각자료, 동화 들려주기, 역할극놀이, 노래 부르는 시간, 체육활동, 미술활동 등)

4. 교구놀이에서 어떤 교구들이 수업에 적합했고 변화를 주었는가?

5. 수업의 효율성을 향상시키기 위해서 당신(교사)의 교안을 작성할 때 어떤 것에 변화가 있어야 할까요?

6. 당신이 수업을 준비하면서 또는 가르치면서 주님께 받은 새로운 통찰력은 무엇입니까?

Chapter 08

주제별 5개 성경적 영역 활동

주제 1. 즐거운 유치원(활동기간: 30일)

(1) 성경적 건강 생활영역

❑ 교육목표

- 하나님께서 주신 자신의 몸에 관심을 갖고 다양하게 움직여 본다.
- 하나님께서 주신 몸과 주변 환경을 깨끗이 하는 습관을 기른다.
- 하나님께서 주신 몸을 안전하게 지키기 위해 유치원에서 지켜야 할 안전에 대해 알고 지킨다.
- 하나님께서 주신 오감각을 기르고 건강한 몸을 주신 하나님께 감사한다.

❑ 교육활동

소주제 1. 스카프 춤(신체표현)

통합목표
- 하나님께서 주신 자신의 몸에 관심을 갖고 다양하게 움직여 본다.
- 운동하지 않고 앉아 있던 것을 반성한다.
- 움직이면서 동작의 아름다움을 느낀다.

학습자료 ‣ 스카프, 음악

활동 방법

〈도입단계〉

1. 유아들은 모두 하나님께서 창조하시고 사람의 몸은 다양하게 움직일 수 있다는 것에 대해 이야기를 나눈다.

- 여러분과 여러분 친구는 누가 만드셨을까?
- 여러분이 유치원까지 걸어오기도 하고 친구들과 함께 실외 놀이도 할 수 있도록 만드신 분은 누구이실까?

〈제시단계〉

1. 스카프를 살펴보며 이야기를 나눈다.
   - 이것이 무엇일까요?
   - 이것을 어디서 보았나요?
   - 이것으로 무엇을 할 수 있을까요?
   - 이것은 누가 사용하는 것일까요?

〈실행단계〉

1. 스카프를 이용해서 나름대로 다양하게 춤을 추어 본다.
   - 이 스카프를 이용해서 어떻게 춤을 출 수 있을까요?
2. 음악을 들려준다.
   - 음악을 들어 본 느낌이 어떤가요?
3. 음악을 들으며 스카프 춤을 추어 본다(한 명씩 나와서 활동해 보고 소그룹으로, 대그룹으로 나와서 활동해 본다).
   - 이 음악을 들으면서 드는 느낌을 스카프로 어떻게 표현할 수 있을까요?

〈반응단계〉

1. 춤을 춘 느낌에 대해 이야기를 나눈다.
   - 춤을 춘 기분이 어떤가요?
2. 이렇게 우리 몸을 자유롭게 움직일 수 있도록 해주신 하나님께 감사드린다.

〈비고 및 유의점〉

스카프 춤을 추면서 서로 부딪치지 않도록 주의한다.

소주제 2. 교구를 정리해요(이야기 나누기)

통합목표
- 우리가 공부할 수 있는 좋은 환경을 주신 것을 감사한다.
- 좋은 환경을 정리하지 못한 것을 깨닫는다.
- 주변 환경을 깨끗이 하는 습관을 기른다.

학습자료
- 어질러져 있는 교실 그림, 잘 정돈된 교실 그림

활동 방법

〈도입단계〉

1. 교구 바구니와 교구 바구니를 정리할 교구장에 똑같은 그림을 붙여 놓는다.
2. 교실에 있는 각 영역을 소개해 준다.
3. 정리정돈이 되지 않으면 어떤 어려움이 있는지 경험한 것을 이야기하게 한다.

〈제시단계〉

1. 교구들이 어질러져 있는 교실 그림을 보며 이야기를 나눈다.
   - 어떤 그림일까요?
   - 왜 이런 일이 일어난 것일까요?
   - 교실이 이럴 경우 어떤 일이 생길까요?
2. 우리에게 좋은 환경을 주셨는데 잘 관리하지 못한 것을 반성해 본다.
   - 우리 교실도 이랬던 적이 있었지요?
   - 왜 정리를 하지 않았나요?
3. 잘 정돈된 교실의 그림을 보며 이야기를 나눈다.
   - 이 그림의 교실을 보니까 기분이 어떤가요?
   - 이렇게 교실이 잘 정돈되려면 어떻게 해야 할까요?

〈실행단계〉

1. 우리 교실을 깨끗이 정리 정돈할 수 있는 방법에 대해 이야기를 나눈다.
   - 교구는 어떻게 정리할 수 있을까요? (교구바구니에 그려진 똑같은 그림의 교구장 위치에 정리한다.)
   - 정리 신호음이 들리면 어떻게 해야 할까요? (활동하던 것을 멈추고 정리해요.)
   - 활동 후 의자는 어떻게 해야 할까요? (책상 안으로 넣어요.)

〈반응단계〉

1. 하나님께서 주신 우리 교실을 깨끗하게 사용하도록 약속하고 교실을 깨끗이 정리해 보도록 한다.
2. 집에서도 정리정돈 하도록 약속한다.

〈비고 및 유의점〉

1. 활동 후 바로 모여 이야기 한 후 정리를 할 수 있다.
2. 정리를 잘 하지 않을 경우 정리를 멈추고 정리에 대해 이야기를 나눌 수 있다.

소주제 3. 약속 책 만들기(언어)

통합목표
- 하나님께서 주신 몸을 안전하게 지키기 위해 유치원에서 지켜야 할 안전에 대해 알고 지킨다.
- 장난을 많이 한 것을 후회한다.
- 위험한 상황을 깨닫고 바른 행동을 하도록 한다.

학습자료
- 여러 가지 위험한 상황의 그림이 그려진 활동지, 여러 가지 쓰기 도구

활동 방법

〈도입단계〉

1. 여러 가지 위험한 상황의 그림 자료(미끄럼틀에 거꾸로 올라가는 그림 자료, 친구를 때리는 그림 자료, 실내에서 달리는 그림 자료… 등)를 보며 유치원에서 지켜야 할 약속에 대해 이야기를 나눈다.
   - 이 그림은 어떤 그림일까요?
   - 이렇게 되면 어떤 일이 일어날까요?
   - 다른 친구들의 마음은 어떨까요?
   - 미끄럼틀을 탈 때에는 어떻게 타야 할까요?
   - 실내에서는 어떻게 다녀야 할까요?
   - 친구와는 어떻게 지내야 할까요?

〈제시단계〉

1. 활동지를 나누어 주며 소개하고 활동지 앞 장에 자신의 이름을 적어 넣는다.
2. 활동지에 그려진 다양한 상황에 대해 이야기를 나눈다.

- 어떤 일이 일어난 것일까요?
- 이때 지켜야 할 약속은 무엇인가요?

〈실행단계〉

1. 활동지에 그려진 그림에 색칠을 한다.
2. 그림 옆에 지켜야 할 규칙을 적어 본다.
3. 완성된 약속 책을 친구들에게 소개한다.

〈반응단계〉

1. 예수님을 사랑하는 마음으로 우리도 서로가 지켜야 할 약속을 잘 지키는 유아들이 되도록 약속한다.

〈비고 및 유의점〉

우리 반이 지켜야 할 약속을 정하고 써서 교실 안에 붙여 놓도록 한다.

소주제 4. 물건 찾아오기(게임)

목 표
- 하나님께서 주신 오감각과 건강한 몸을 주신 것에 감사한다.
- 정리하지 못했던 부분을 안다.
- 게임을 통해 물건이 제자리에 가도록 하여 질서를 지킨다.

학습자료
- 각 영역에 있는 놀잇감 1개씩, 비밀 상자, 점수판

활동 방법

〈도입단계〉

1. 각 영역에 있는 놀잇감을 살펴본다.
   - 언어영역에는 무엇이 있나요?
   - 이것들을 만드신 분은 누구실까요?
   - 하나님께서는 이것들을 어떻게 사용하기를 원하실까요?
2. 각 영역에 있는 놀잇감 한 개씩을 비밀상자에 담아 둔다.

〈제시단계〉

1. 비밀상자에 담아 둔 놀잇감을 한 개씩 보여주며 이야기한다.
   - 이것은 무엇일까요? - 어떤 모양인가요? - 느낌이 어떤가요?

〈실행단계〉

(게임을 한다.)

1. 두 팀으로 나누어 앉고 유아 수가 같은지 세어 본다.
2. 팀의 이름을 정한다.
3. 게임 방법을 설명한다.
   - 출발신호가 들리면 비밀상자가 있는 곳까지 달려간다.
   - 비밀상자에서 놀잇감을 만져 본 후 무엇인지 큰소리로 외친다.
   - 놀잇감을 꺼내 본 후 맞으면 교실 안에서 같은 놀잇감을 찾아온다.
   - 먼저 들어온 유아가 이긴다.
4. 게임규칙에 대해 설명한다.
   - 다른 친구가 가져다 주지 않는다.
   - 물건을 비밀상자에서 꺼내기 전 무엇인지 이야기하고 꺼내도록 한다.
   - 알아맞히지 못할 경우 다시 다른 것을 꺼내보도록 한다.
5. 게임을 한다.

〈반응단계〉

1. 게임을 평가한다.
   - 잘 가져왔나요?
   - 힘든 점은 없었나요?
2. 여러 놀잇감의 위치를 알고 적절하게 사용한 뒤 다른 사람을 위해 제자리에 정리하는 것이 하나님을 기쁘시게 하는 일임을 상기시킨다.

〈비고 및 유의점〉

비밀상자에 유아들의 손이 다칠 수 있는 물건은 넣지 않도록 한다.

(2) 성경적 사회 생활영역

❑ 교육목표

- 하나님께서 창조하신 나에 대해 알고 자신감을 가지고 행동한다.
- 하나님께서 주신 친구들을 소중히 여기고 친구를 사랑한다.
- 유아가 공동체 안에서 친구들과 공동으로 사용하는 물건을 알고 소중히 다루며

아껴 쓴다.

• 유아들이 살고 있는 사회의 여러 가지 현상과 자연의 생태계를 하나님의 문화적 명령 안에서 생각하고 관심을 갖도록 한다.

❑ 교육활동

소주제 1. 나를 소개해요(이야기 나누기)

목 표
- 하나님께서 창조하신 나에 대해 알고 자신감을 가지고 행동한다.
- 나의 소중함을 깨닫지 못함을 안다.
- 나의 외모도 마음도 자신감을 갖는 시간이 된다.

학습자료
- 이름표, 이름카드

활동 방법

〈도입단계〉

1. 각 반에 있는 유아들의 이름카드와 이름표를 만들어 주고 이름을 한 번씩 부르며 출석을 부른다.

〈제시단계〉

1. 새로 배정된 우리 반의 이름과 선생님의 이름을 알려 준다.
   - 우리가 다니는 이 유치원의 이름은 무엇일까요?
   - 우리 반의 이름은 무엇인가요?
   - 선생님의 이름은 무엇인가요?(선생님의 이름카드를 보여주며 읽어 보도록 한다.)
2. 유아 자신의 옆 또는 앞뒤에 있는 친구들의 얼굴을 보며 이야기를 나눈다.
   - 여러분 옆에 있는 친구의 얼굴을 보세요. 그 친구의 이름을 알고 있나요?
   - 친구가 어떤 것을 좋아하는지 알고 있나요?
   - 옆에 있는 친구를 창조하신 분은 누구실까요?
   - 우리 반 친구들을 누가 만나게 해주셨나요?

〈실행단계〉

1. 앞에 나와서 반 친구들에게 나를 소개해 본다.
   - 여러분은 누가 창조해 주셨나요?
   - 하나님께서는 이 세상에 나를 왜 보내셨을까요?

- 여러분에 대해 모르는 친구들에게 나를 알려 주는 시간을 갖도록 해요
- 이름, 내가 좋아하는 음식, 내가 잘 하는 것들에 대해 이야기해주세요.

〈반응단계〉

1. 유아 각자에게 재능을 주신 분, 친구들을 창조하신 분이 하나님이신 것과 서로 사이좋게 지내며 적극적으로 유치원생활을 해야 함을 이야기한다.

〈비고 및 유의점〉

매일 아침 이름카드를 보여주며 출석을 부르도록 한다.

소주제 2. 아껴서 사용해요(조작교구)

목 표
- 유아가 공동체 안에서 또래들과 공동으로 사용하는 물건을 하나님께서 주셨다는 것을 알고 소중히 다루며 아껴 쓴다.
- 그동안 아껴 쓰지 못한 것을 반성한다.
- 유아들이 살고 있는 사회의 여러 가지 현상과 자연의 생태계를 하나님의 문화적 명령 안에서 생각하고 관심을 갖도록 한다.

학습자료
- 유치원에서 아껴 쓰지 않는 그림, 게임판 2개, 돌림판 1개, 삼각조각 12개

활동 방법

〈도입단계〉

1. 유치원에서 물건을 아껴 쓰지 않는 그림을 보여주며 이야기를 나눈다.
   - 어떤 그림일까요?
   - 이 그림 속의 어린이처럼 휴지(또는 종이)를 함부로 쓴다면 어떻게 될까요?
   - 휴지를 쓸 때는(또는 종이를 쓸 때는) 얼마만큼을 써야 할까요?
   - 손을 씻을 때 물을 계속 틀어 놓는다면 어떻게 될까요?
   - 그럼 손을 씻을 때는 어떻게 해야 할까요?

〈제시단계〉

1. 환경을 아끼고 보호하지 않는 예를 들어 주고 그것이 가져다 주는 나쁜 영향에 대해 이야기한다.
2. 하나님께서 만드신 환경을 아끼고 보호하기 위해서 우리가 노력해야 한다는

것에 대해 이야기를 한다.

- 휴지는 무엇으로 만든 것일까요?
- 나무와 물과 같은 우리 주변의 자연환경은 누가 만들어 주셨나요?
- 만약 이것들이 없다면 우리는 어떻게 될까요?
- 하나님께서 만들어 주신 이 자연환경을 우리는 어떻게 써야 할까요?

〈실행단계〉

(교구활동방법을 소개한다.)

1. 게임판을 한 개씩 나누어 갖는다.
2. 놀이방법을 생각해 본다.
   - 어떻게 놀이를 할 수 있나요?
3. 놀이 순서를 정한다.
4. 돌림판을 돌려 아껴 쓰는 그림이 나오면 게임판의 한 면에 삼각조각 1개를 붙인다. 아껴 쓰지 않는 그림이 나오면 조각을 붙일 수 없다.
5. 게임판에 삼각 조각 6개를 붙여 ☆모양을 먼저 만드는 유아가 이긴다.

〈반응단계〉

1. 교구 바구니에 넣어 조작영역에 두어 위치를 소개해 주고 활동할 수 있도록 한다.
2. 물건을 아끼기 위해서 앞으로 어떻게 할지에 대해 물어본다.

〈비고 및 유의점〉

항상 모든 물건을 아끼고 사용할 수 있도록 격려한다.

소주제 3. 친구(동시)

목 표
- 하나님께서 주신 친구들을 소중히 여기고 친구를 사랑하는 마음을 갖는다.
- 친구와 다툰 것을 사과한다.
- 친구들을 배려하는 마음을 갖는다.

학습자료
- 그림으로 읽는 성경말씀, 예수님 그림

활동 방법

〈도입단계〉

1. 오늘 함께 놀았던 친구 또는 좋아하는 친구에 대해 이야기를 나눈다.
   - 오늘 유치원에 와서 어떤 친구와 함께 놀았나요?
   - 여러분이 좋아하는 친구가 있나요?
   - 그 친구가 왜 좋은가요?
   - 친구를 나에게 보내신 분은 누구신가요?

〈제시단계〉

1. 친구와 함께 지낸 경험, 느낌에 대해 이야기를 나눈다.
   - 친구와 함께 지내면 기분이 어떤가요?
   - 친구 때문에 속상했던 적은 없었나요?
   - 친구 때문에 즐거웠던 적이 있었나요? 어떤 때였나요?
2. 친구와 함께 놀고 싶을 때, 친구와 사이좋게 놀려면 어떻게 해야 하는지에 대해 이야기한다.
   - 친구와 함께 놀고 싶을 때는 어떻게 해야 할까요?
   - 친구와 사이좋게 놀려면 어떻게 해야 할까요?

〈실행단계〉

1. '친구' 동시를 보여주며 감상한다.

친구

○○는 내 친구　　○○는 내 친구
○○야 이리와　　나하고 놀~자
○○야 이리와　　나하고 놀~자

   - 교사가 먼저 읽는다.
   - 교사가 한 줄씩 읽으면 유아들이 따라 읽는다.
   - 교사와 유아가 번갈아 가며 읽는다.
   - 내용을 생각하며 동시를 읽어 본다.
2. ○○에 친한 친구 이름을 넣어서 다시 읽어 본다.

〈반응단계〉

1. 동시에 대한 생각과 느낌을 이야기한다.
   - 동시를 들은 느낌이 어떤가요?
2. 하나님께서 주신 친구를 사랑하고 아끼는 방법에 대해 이야기를 한다.
   - 하나님께서 주신 친구를 우리는 어떻게 해야 할까요?

- 만약 친구랑 다툼이 생겼을 경우에는 어떻게 해야 할까요?

〈비고 및 유의점〉

언어영역에 활동지를 두어 친한 친구의 이름을 적어 보는 활동을 할 수 있다.

3) 성경적 표현 생활영역

❑ 교육목표

- 하나님께서 주신 아름다운 목소리로 찬양을 드릴 수 있다.
- 하나님께서 주신 자신의 생각을 그림으로 자유롭게 표현할 수 있다.
- 하나님께서 주신 귀를 통해 주변의 다양한 소리를 듣고 구별할 수 있다.

❑ 교육활동

소주제 1. 열 가지 약속(음률)

목 표
- 하나님께서 주신 아름다운 목소리로 찬양을 드릴 수 있다.
- 십계명을 알지도 못하고 지키지 못한 것을 죄송하게 생각한다.
- 십계명을 잘 지키도록 노력한다.

학습자료
- 노래 자료

활동 방법

〈도입단계〉

1. 시내산에서 십계명을 받은 모세의 이야기를 들려준다.
   - 친구들 모세의 이야기를 알고 있나요? - 모세가 하나님께 돌판에 무엇을 받아왔나요?
   - 우리가 유치원에서 규칙과 약속을 지켜야 하는 것처럼 하나님께서도 이스라엘 백성들이 지켜야 할 약속을 모세를 통해 주셨어요. 그 약속을 십계명이라고 해요.

〈제시단계〉

1. 십계명을 보여주며 읽어 보고 뜻을 알아본다.
   - 이것은 어떻게 하라는 말씀이실까요?
2. 가사판을 보여주며 노래를 배워보도록 제안한다.

〈실행단계〉

1. 교사가 먼저 노래를 들려준다.
2. 가사판을 보여주며 리듬에 맞추어 가사를 읽어 본다.
3. 한 음으로 노래를 불러 본다.
   - 어떤 음으로 불러 볼까?
4. 한 소절씩 유아와 교사가 번갈아가며 노래를 부른다.
5. 다 같이 노래를 부른다.

십계명

정소영 작사/작곡

〈반응단계〉

1. 노래를 부른 느낌에 대해 이야기한다.
   - 이 노래를 부르니 기분이 어떤가요?
   - 이렇게 하나님과 친구들과 함께 한 약속은 어떻게 해야 할까요?

〈비고 및 유의점〉

하나님께서 주신 목소리로 아름답게 노래를 부를 수 있는 것에 대해 감사하는 마음을 갖도록 한다.

소주제 2. 물감으로 그리기(조형)

통합목표
- 하나님께서 주신 자신의 생각을 그림으로 자유롭게 표현할 수 있다.
- 모든 것을 그림으로도 표현할 수 있음을 알지 못했다.
- 그림을 그리고 내 마음을 표현해 보도록 한다.

학습자료
- 도화지, 붓, 물감, 물통, 작업용 앞치마, 건조대

활동 방법

〈도입단계〉

1. 작업용 앞치마를 입고 물감, 물통 등을 준비한다.
   - 오늘은 어떤 재료로 그림을 그릴 것 같나요?
2. 도화지에 이름을 쓴다.

〈제시단계〉

1. 하나님께서는 우리들이 생각과 말을 할 수 있도록 창조하셨다는 것에 대해 이야기를 한다.
   - 우리가 생각하고 말할 수 있는 것은 누구 때문일까요?
2. 우리가 그림을 그릴 수 있는 것도 하나님께서 주신 생각 때문이라는 것을 이야기한다.

〈실행단계〉

1. 각자 도화지를 보며 자신이 그리고 싶은 것들을 생각해 본다.
   - 어떤 그림을 그리고 싶은지 생각해 보세요
2. 붓으로 자신이 그리고 싶은 그림을 자유롭게 그리도록 한다.
3. 완성된 그림을 건조대에 말린다.

〈반응단계〉

1. 자신이 그린 그림을 친구들에게 소개한다.
   - 어떤 그림을 그렸나요?
2. 완성된 그림을 교실 안에 전시해 주도록 한다.

〈비고 및 유의점〉

물감을 쓸 때 주의할 점에 대해 알려 주도록 한다.

(4) 성경적 언어 생활영역

❑ 교육목표

- 하나님이 주신 귀로 다른 사람의 이야기를 바른 자세로 앉아 경청한다.
- 유치원이나 가정에서 일상생활에 필요한 낱말과 문장을 알고 말한다.
- 하나님께서 만드신 주변의 친숙한 글자에 관심을 가지고 다양한 글자놀이를 즐긴다.
- 하나님이 주신 의사소통기술을 개발시켜 생각과 감정을 바르게 세워나가게 한다.

❑ 교육활동

소주제 1. 무슨 말을 해야 할까요?(언어)

통합목표
- 유치원이나 가정에서 일상생활에 필요한 낱말과 문장을 알고 말한다. 하나님이 주신 지혜를 갖고 말한다.
- 적절한 상황에 맞는 말을 표현하지 못했음을 안다.
- 입에서 나오는 말이라고 함부로 하지 않도록 한다.

학습자료
- 다양한 상황의 그림 자료(선생님과 만났을 때, 친구와 부딪혔을 때, 유치원에 갈 때, 잠자리에 들 때, 선물을 받았을 때, 친구와 헤어질 때)

활동 방법

〈도입단계〉

1. 오늘 선생님과 친구들을 다시 만날 수 있게 됨을 감사한다.
2. 오늘 아침 부모님과 선생님, 친구들에게 어떤 인사를 했는지 이야기를 나누어 본다.
   - 아침에 유치원에 올 때 부모님께 인사를 했나요? 무어라고 했나요?
   - 유치원에 와서 친구들과 만나서 인사를 했나요?

〈제시단계〉

1. 준비된 그림 자료를 보며 어떤 내용인지 이야기를 나눈다.
   - (만나서 인사하는 그림) 어떤 그림인가요?
2. 그림 자료를 보며 어떤 말을 해야 할지 왜 해야 하는지에 대해 이야기를 나눈다.
   - 이럴 때 어떤 말을 해야 할까요? - 왜 그런 말을 해야 할까요?

〈실행단계〉

1. 여러 가지 그림 자료를 보며 유아들이 나와 일상생활과 관련된 여러 가지 문장을 이야기해 본다.
   - 이 그림처럼 여러분이 나와서 이러한 상황일 때 어떻게 이야기할 수 있는지 이야기해보자.
2. 친구들이 일상생활과 관련해서 잘 이야기했는지 평가해 본다.
   - 이 친구가 올바르게 이야기했나요? - 또 어떻게 이야기할 수 있을까요?

〈반응단계〉

1. 다양한 상황의 그림 자료를 언어영역에 제시하고 간단한 인사말을 쓸 수 있는 활동지를 소개해 준다.

〈비고 및 유의점〉

1수준의 유아들은 간단한 인사말에 대해 이야기를 나누도록 하고 2수준의 유아들은 일상생활의 여러 가지 문장을 활용하여 이야기할 수 있도록 한다.

소주제 2. 주말지낸 이야기(이야기 나누기)

통합목표
- 하나님이 만드신 것을 보고, 듣고, 만지며 하나님이 만드신 주변 세계를 발견하고 감사한다.
- 자연에 대한 주말에 있었던 경험, 생각, 느낌을 적절하게 표현하지 못함을 안다.
- 다른 친구들과 함께 기독교적 생활 태도를 실천하게 한다.

학습자료
- 주말 동안 지냈던 자료들(예: 영화표, 연극 팸플릿 등)

활동 방법

〈도입단계〉

1. 다른 사람이 이야기할 때 어떤 자세로 들어야 하는지에 대해 이야기한다.
   - 만약 다른 사람들이 내 이야기를 들어주지 않을 때 기분이 어떤가요?
   - 다른 사람이 이야기를 할 때 어떻게 들어야 할까요?

〈제시단계〉

1. 교사가 주말에 있었던 이야기를 간단히 들려주면서 궁금한 것을 질문 받아 대답하면서 시범을 보인다.

- 선생님이 이야기한 내용 중에서 궁금한 것이 있나요?

2. 교사가 이야기한 것과 같이 유아들도 주말 동안 지낸 내용을 이야기하도록 제안한다.

〈실행단계〉

1. 주말에 가족들과 함께 간 장소를 이야기해 본다.
   - 주말에 무엇을 하며 지냈나요?
   - 누구랑 어디에 다녀왔나요?
   - 무엇을 보았나요?
   - 여러분이 본 것들은 다 누가 지으신 것들인가요?
   - 하나님께서 왜 그러한 것들을 지으셨을까요?
   - 모두 교회에 가서 예배는 드렸나요?
   - 하나님께서는 주말에 가족과 함께 여행하는 것도 기뻐하시겠지만 주일날 무엇 하기를 원하실까요?
2. 선생님이 하나님은 친구를 '사랑하신다'라는 말을 들려주고 친구들은 하나님 '감사합니다'라는 말을 한다.

〈반응단계〉

1. 친구들의 이야기를 바른 자세로 잘 들었는지 이야기를 한다.
   - 우리 친구들이 나와서 주말 지낸 이야기를 했었는데 여러분은 바른 자세로 잘 들었나요?
   - 다른 친구가 내 이야기를 바른 자세로 잘 경청해 주었을 때 기분이 어땠나요?

〈비고 및 유의점〉

주말 지낸 이야기를 그림으로 발표할 수 있다.

소주제 3. 친구이름 찾아보기(언어)

통합목표
- 하나님께서 주신 주변의 친숙한 글자에 관심을 가지고 다양한 글자놀이를 즐긴다.
- 친구의 아름다운 이름을 두고 별명으로 놀렸던 부분을 반성한다.
- 친구들과 사이좋게 지내도록 한다.

학습자료
- 융판, 친구이름이 한 글자씩 적혀 있는 낱글자카드, 이름카드

활동 방법

〈도입단계〉

1. 하나님이 만드신 동물과 식물의 이름을 아담이 다 지어 주었음을 안다.
2. 우리에게도 이름이 있음을 감사한다.
   - 여러분 이름은 누가 지어 주셨나요?
   - 하나님께서 여러분의 이름을 그렇게 짓기를 원하셔서 이름을 지어 주신 할아버지 또는 아버지를 통해 이름을 알려 주신 거예요.

〈제시단계〉

1. 이름카드를 보여주며 친구들의 이름을 알려 준다.
2. 친구이름 글자카드를 보여주며 이야기를 한다.
   - 어떤 글자가 써있나요? 읽어 보세요
3. 교사가 각 반에 있는 유아들의 이름의 한 글자씩을 글자카드로 만든다.

   예) 예 | 쁜 | 이

〈실행단계〉

1. 유아들이 나와서 글자카드를 이용하여 친구들의 이름을 만들어 본다.
   - 이렇게 글자카드가 모이면 어떤 글자가 되는지 읽어 보세요.
2. 반대로 이름카드에 있는 친구들의 이름을 보며 글자카드를 이용하여 이름을 만들어 본다.
   - 이름카드에 써있는 ○○○ 이름을 한 글자씩 여기 있는 글자카드 중에서 찾아보세요.
3. 유아들이 만들고 싶은 친구이름을 이름카드를 보며 낱글자카드를 붙이며 만들어 보도록 한다.
   - 누구의 이름을 만들었나요?
   - 이번에는 ○○○의 이름을 만들어 보세요.

〈반응단계〉

1. 언어영역에 놓아두어 글자놀이를 할 수 있도록 알려 준다.

〈비고 및 유의점〉

친구들의 이름뿐 아니라 교실 물건의 이름 또는 다양한 이름을 만들어 보는 활동도 할 수 있다.

소주제 4. 친구와 다투었을 때는(이야기 나누기)

통합목표
- 우리의 이름을 아시고 머리카락도 셀 수 있으신 하나님이라는 것을 안다.
- 친구에 대해 이해하지 못했던 것을 안다.
- 하나님이 주신 의사소통기술을 개발시켜 생각과 감정을 바르게 세워나가게 한다.

학습자료
- 친구야 미안해 동화책, 실수로 친구의 발을 밟은 그림 등 친구와 다툴 수 있는 여러 가지 상황의 그림

활동 방법

〈도입단계〉

1. 친구들과 싸웠던 경험에 대해 이야기를 나눈다.
   - 친구와 싸웠던 적이 있었나요?
   - 무엇 때문에 싸웠나요?
   - 친구와 싸우고 나서 기분이 어땠나요?
   - 어떻게 화해했나요?
2. 하나님께서는 친구들과 어떻게 지내라고 하셨는지에 대해 이야기를 나눈다.
   - 하나님께서는 친구들과 어떻게 지내기를 원하실까요?

〈제시단계〉

1. '친구야 미안해' 동화를 들려 준다.
   - 어떤 내용일까요?
   - 무슨 일이 일어났나요?
   - 친구에게 무슨 말을 했어야 했나요?

〈실행단계〉

1. 친구와 다툴 수 있는 여러 가지 상황의 그림을 보여주며 이야기를 나눈다.
   - 어떤 상황인가요?
   - 이런 경험이 있었나요?
   - 이랬을 때 여러분은 어떻게 했나요?
   - 이럴 때는 어떻게 해야 할까요?
2. 미안한 여러 가지 상황에서 해야 할 언어에 대해 이야기한다.
   - 만약 친구가 실수로 내 발을 밟았을 때에는 어떻게 이야기해야 하나요?
   - 밟힌 친구는 밟은 친구에게 무어라고 해야 할까요?
   - 만약 화만 낸다면 어떤 일이 일어날까요?

〈반응단계〉

1. 내 감정대로 친구에게 화풀이를 할 경우에는 서로 싸울 수 있으며 그것은 하

나님께서 기뻐하시지 않는 행동이라는 것을 알려 준다.

〈비고 및 유의점〉

친구와 다툴 수 있는 다양한 상황의 그림을 준비한다.

(5) 성경적 탐구 생활영역

❑ 교육목표

- 하나님께서 창조하신 다양한 물체의 과학적 현상에 관심을 가지고 탐구하여 본다.
- 일상생활에서 일어나는 하루 일과의 순서를 알아보고 적응한다.
- 하나님께서 주신 주변에 있는 여러 가지 물건을 관찰하여 기본 도형을 찾아보고 여러 가지 모양을 구성해 본다.
- 하나님께서 주신 창의적, 논리적, 문제해결력에 대해 탐구할 수 있는 기회를 제공한다.

❑ 교육활동

소주제 1. 자석에 붙는 놀잇감(과학)

통합목표
- 하나님께서 창조하신 다양한 과학적 현상이 있음을 이해한다.
- 다양한 과학적 현상에 대해서 무관심했던 내 모습을 발견한다.
- 자석의 성질에 대해 알고, 놀잇감의 재질에 관심을 가진다.

학습자료
- 여러 가지 놀잇감, 자석, 물건을 구분할 바구니 2개

활동 방법

〈도입단계〉

1. 여러 가지 놀잇감을 보여주며 이야기를 나눈다.
   - 이 놀잇감은 무엇일까요?
   - 어떻게 놀이하는 것일까요?
   - 무엇으로 만들어진 것일까요?

〈제시단계〉

1. 자석을 소개하고, 유아가 자석을 가지고 성질을 탐색하게 한다.

- (자석을 보여주며) 이것은 무엇일까요?
- 이것은 어떤 때 사용하는 것일까요?
- 이것은 어떤 성질을 가지고 있을까요?

2. 자석으로 만들어진 다양한 물건을 찾아본다.

〈실행단계〉

1. 자석에 붙는 것과 붙지 않는 물건을 예측해 본다.
   - 여기 있는 놀잇감들 중에서 자석에 붙는 놀잇감은 무엇이고 자석에 붙지 않는 놀잇감은 무엇일까요?
2. 놀잇감 중에서 자석에 붙는 것과 붙지 않는 것을 자석에 직접 대어 보고 구분해 본다.

〈반응단계〉

1. 자석에 붙는 물체의 성질에 대해 이야기한다.
   - 자석에 붙는 이 놀잇감들은 모두 무엇으로 만들어진 것일까?
2. 자석을 발견하게 해주신 하나님께 감사한다.

〈비고 및 유의점〉

과학 영역에 제시해 두어 다양한 물건을 붙여 보도록 알려 준다.

소주제 2. 유치원의 하루 일과(이야기 나누기)

통합목표

- 시간과 공간도 하나님의 창조임을 안다.
- 생명과도 같은 시간을 대수롭지 않게 흘려보낸 일과에 대해서 후회한다.
- 일상생활에서 일어나는 하루 일과에 감사하고 하루 일과의 순서를 알아보며 적응한다.

학습자료

- 하루 일과표

활동 방법

〈도입단계〉

1. 하루를 허락하신 하나님께 감사한다.

2. 유치원에서 경험해 본 활동들에 대해 이야기를 나눈다.
   - 유치원에서 어떤 놀이들을 해보았나요?

〈제시단계〉

1. 하루 일과표를 융판에 하나씩 붙여가면서 유치원에서는 어떤 놀이들이 이루어지는지 살펴본다.
   - 이것은 무엇을 하는 시간의 그림일까요?
   - 자유선택활동은 무엇을 하는 시간일까요?
   - 여러분은 자유선택활동시간에 어떤 놀이를 하는 것이 가장 재미있나요?
   - 이야기 나누기 시간에는 어떤 자세로 이야기를 들어야 할까요?
   - 바깥놀이를 할 때 지켜야 할 규칙에는 어떤 것들이 있을까?
   - 견학을 갈 때는 우리가 어떤 준비를 해야 할까요?
   - 간식시간이면 간식을 먹기 전에 무엇부터 해야 할까요?
   - 다른 친구들에게 배려할 수 있도록 지혜 주신 것을 감사하도록 해요.

〈실행단계〉

1. 유치원에서 하고 싶은 활동에 대해 이야기를 해본다.
   - 어떤 활동을 가장 좋아하나요?
   - 어떤 활동들을 해보고 싶은가요?
2. 오늘의 일과표를 붙이며 오늘의 활동을 소개하고 하루를 어떻게 지낼 것인지 계획해 본다.
   - 오늘은 어떤 놀이가 계획되어있는지 오늘의 일과표를 읽어 보세요.

〈반응단계〉

1. 놀이 후 귀가시간에 활동시간표를 붙여가면서 오늘의 하루를 회상해 본다.
   - 모든 활동이 재미있게 잘 이루어졌나요?
   - 다른 친구들과 잘 지낼 수 있도록 해주신 하나님 감사합니다.

〈비고 및 유의점〉

매일 하루 일과를 소개해 주어서 유아들이 하루를 스스로 계획하고 적응할 수 있도록 한다.

소주제 3. 유치원 오는 길 만들기(쌓기)

통합목표
- 내가 살고 있는 주변 환경에 대해서 인지하고 감사하는 마음을 갖는다.
- 주변을 돌아보지 못한 내 모습을 안다.
- 하나님께서 주신 주변에 있는 여러 가지 물건을 관찰하여 기본 도형을 찾아보고 여러 가지 모양을 구성해 본다.

학습자료
- 하얀 색깔의 여러 가지 가루, 활동지

활동 방법

〈도입단계〉

1. 집에서 유치원까지 오는 방법과 오는 길에 본 것에 대한 것을 이야기하며 유치원에 올 때 본 것들 중 하나님의 창조물을 발견하면서 몇째 날에 창조하셨는지 생각해 본다.
   - 길가에서 어떤 것들을 보았나요?

〈제시단계〉

1. 유아가 나와서 유치원 오는 길을 칠판에 그려 본다.
   - 유치원 옆에는 무엇이 있었나요? - 유치원 오는 길에 어떤 것들이 있었나요?
2. 여러 모양의 블록의 모양을 살펴본다.
   - 이것은 어떤 모양일까요? - 이것을 이용하여 무엇을 만들면 좋을까요?

〈실행단계〉

1. 조를 나누어 여러 모양의 블록을 이용해서 집에서 유치원까지 오는 길을 구성한다.
   - 자동찻길은 무엇으로 만들어 볼까요?
   - 블록으로 만들 수 없는 것들은 어떻게 만들면 좋을까요?
2. 블록과 소품으로 길 주변을 꾸민다.
   - 유치원에 들어오는 입구에 있는 큰 슈퍼마켓은 어떻게 지어 볼까요?
   - 유치원으로 들어오는 길에는 나무가 많은데, 나무도 꾸며 보세요.
   - 신호등 표시는 무엇으로 해 볼까요?
3. 하나님께서 지혜를 주셔서 우리가 블록으로 만들 수 있음을 안다.
4. 조별로 완성된 유치원까지 오는 길을 다른 조에게 소개한다.

- 이것은 무엇인가요? - 신호등은 무엇으로 만들었나요?

〈반응단계〉

1. 길과 주변이 다 구성되면 자동차와 사람 인형을 이용해 극놀이를 한다.

〈비고 및 유의점〉

같은 아파트나 같은 지역의 친구들끼리 조를 편성해 주도록 한다.

소주제 4. 뚜껑 맞추기(과학)

통합목표
- 하나님은 우리 스스로 다양하게 문제를 해결할 수 있도록 우리를 창조하셨다는 것을 안다.
- 스스로 문제를 해결하지 않고 의존했던 내 모습에 대해서 반성한다.
- 하나님께서 주신 창의적, 논리적, 문제해결력에 대해 탐구할 수 있는 기회를 제공한다.

학습자료
- 여러 가지 물건의 뚜껑

활동 방법

〈도입단계〉

1. 뚜껑 있는 물건들을 모아 놓는다.

〈제시단계〉

1. 교사가 뚜껑이 있는 것(사인펜, 매직, 본드, 보드마카 등)을 뚜껑이 열린 채로 보여주며 이야기한다.
   - 선생님이 교실 바닥에서 주어온 것들이에요.
   - 이것들이 지금 어떻게 되어 있나요?
2. 뚜껑이 있는 것들이 왜 뚜껑이 있는지 이야기를 나눈다.
   - 이것들은 왜 뚜껑이 있는 것일까요?
3. 뚜껑을 열어 놓고 한참 지난 후 다시 사용할 때 어떠했는지 경험을 이야기를 나눈다.
   - 이렇게 뚜껑을 계속 열어놓으면 어떻게 될까요?
   - 다시 사용할 수 있을까요?

〈실행단계〉

1. 뚜껑이 열려 있는 물건의 뚜껑이 열려 있지 않게 하려면 어떻게 해야 하는지 친구들과 토의한다.

   - 뚜껑 있는 물건을 잘 닫아서 사용하려면 어떻게 해야 할까요?

   (펜과 뚜껑에 실을 단다. 뚜껑을 고정시켜 놓고 펜을 꽂도록 한다. 풀 당번을 정하여 풀 뚜껑이 매일 닫혀 있는지 확인한다.)

2. 친구들과 토의한 내용을 발표한다.

〈반응단계〉

1. 뚜껑의 필요성에 대해 이야기하고 뚜껑이 필요한 물건은 어떤 것이 있는지에 대해서도 생각하게 한다.

〈비고 및 유의점〉

뚜껑 있는 물건의 뚜껑을 열어 놓을 경우 어떻게 되는지 뚜껑을 열어 놓고 매일 확인해 보는 과학 활동도 할 수 있다.

주제 2. 봄/동물과 식물(활동기간: 30일)

(1) 성경적 건강 생활영역

❑ 교육목표

• 하나님께서 주신 몸을 건강하게 유지하도록 게임을 통한 운동을 한다.
• 도구를 이용하여 몸을 여러 가지 방향으로 다양하게 움직이도록 한다.
• 음악을 들으며 하나님께서 주신 신체를 창의적으로 움직여 표현할 수 있다.

❑ 교육활동

소주제 1. 개구리 뛰뛰기(게임)

통합목표 ‣ 하나님이 우리를 건강하게 태어나게 해 주신 것에 대해 감사한다.
‣ 하나님이 주신 몸을 건강하게 유지하지 못한 점에 대해 반성한다.

- 다양한 게임 활동을 통하여 하나님께서 주신 몸을 건강하게 유지하도록 한다.

학습자료 ▸ 개구리 비디오, 연꽃잎, 꿈틀이 젤리

활동 방법

〈도입단계〉

1. 개구리의 움직임에 대한 비디오를 본다.
2. 바닥에 연꽃잎을 붙여 놓고 반환점에 꿈틀이 젤리를 나누어 올려 놓는다.
   - 개구리의 모습을 잘 관찰했나요?
   - 개구리의 모양은 어떻게 생겼나요?
   - 개구리의 몸 색깔은 어떤 색인가요?
   - 개구리는 어떻게 뛰나요?

〈제시단계〉

1. 개구리의 생활과 특징에 대해 이야기한다.
   - 개구리는 어디서 살까요?
   - 개구리는 누가 창조하셨나요?
   - 개구리는 어떻게 뛸까요?
   - 개구리는 무엇을 먹을까요?
2. 두 팀으로 나누어 앉는다.
3. 게임방법을 설명한다.
   - 시작 소리가 나면 개구리처럼 뛰어서 바닥에 붙여진 연꽃잎을 밟고 간다.
   - 반환점에 있는 젤리를 한 개 집어 먹는다.
   - 다시 개구리처럼 뛰어서 연꽃잎을 밟고 돌아온다.
   - 도착하면 교사의 손을 친다(이때 먼저 친 유아가 이긴다). 유의 사항에 대해 이야기한다.
   - 손으로 젤리를 1개만 집어 먹는다.
   - 연꽃잎을 꼭 밟도록 한다.
   - 못했다고 친구에게 나쁘게 이야기하지 않는다.
   - 응원을 열심히 한다.

〈실행단계〉

1. 편 이름을 정하고 두 편으로 나누어 게임을 시작한다.
2. 게임을 한다.

〈반응단계〉

1. 게임평가를 한다.
   - 힘든 점은 없었나요?
   - 어떤 점이 재미있었나요?

〈비고 및 유의점〉

1. 하나님께서 다른 모습으로 또 다른 행동을 하는 여러 동물을 만들어 주셨다는 것을 알고 감사드린다.
2. 연꽃잎을 밟고 뛸 때 미끄러지지 않도록 연꽃잎을 잘 붙이도록 한다.

소주제 2. 봄옷의 춤(신체표현)

통합목표
- 하나님이 우리에게 주신 아름다운 봄에 대해 감사하는 마음을 갖는다.
- 하나님이 주신 봄을 마음껏 느끼지 못한 내 모습을 반성한다.
- 다양한 신체표현을 통해 아름다운 봄을 마음껏 느껴 볼 수 있다.

학습자료
- 비발디의 사계 중 봄 CD, CD플레이어, 리본 막대, 나무젓가락

활동 방법

〈도입단계〉

1. 봄이 되어 달라진 주변 환경에 대한 유아들의 느낌을 들어 본다.
   - 봄이 되어 달라진 것에는 무엇이 있나요? - 날씨는 어떤가요?
2. 비발디의 사계 중 봄을 아이들과 함께 감상해 본다.
   - 음악을 들어 보니 어떤가요? - 어떤 느낌이 드나요?
   - 느낌을 몸으로 표현해 볼 수 있을까요?

〈제시단계〉

1. 비발디라는 음악가에 대해 이야기 나누어 본다.
   - 어느 나라 사람일까? - 사계 이외에 어떤 음악들을 만들었을까?
3. 비발디가 만든 다른 음악들도 아이들과 함께 들어 본다.
4. 비발디의 사계 중 봄을 들으며 느낀 느낌을 몸으로 표현해 볼 수 있게 한다.
   - 음악을 듣고 느껴지는 것을 몸으로 표현해 볼 수 있나요?
5. 준비된 리본 막대를 가지고 음악을 들으며 마음껏 표현해 볼 수 있도록 한다.

〈실행단계〉

1. 음악을 들으며 리본 막대를 이용하여 봄의 느낌을 마음껏 표현한다.
2. 다른 친구들이 표현하는 것을 바른 자세로 감상한다.

〈반응단계〉

1. 자신이 표현한 것뿐만 아니라 친구들의 표현도 함께 평가해 보는 시간을 갖는다.
   - 힘든 점은 없었나요?
   - 어떤 점이 재미있었나요?
   - 어떤 친구가 표현한 것이 재미있었나요?

〈비고 및 유의점〉

1. 리본 막대와 함께 비발디 CD를 음률영역에 비치해 두고 유아들이 지속적으로 음악에 맞추어 몸으로 표현해 볼 수 있도록 지도한다.
2. 하나님께서 건강한 신체와 표현할 수 있는 자유를 주셔서 춤으로 나타내 볼 수 있게 해 주신 하나님께 감사하는 마음을 갖도록 돕는다.

(2) 성경적 사회 생활영역

❑ 교육목표

- 하나님께서 주신 내 주변의 소중한 사람들과 서로 도움을 주고받으며 산다. 친구들과 함께 활동을 하며 서로의 감정을 조절하며 의견을 주고받을 수 있다.
- 네 이웃을 네 몸과 같이 사랑하라는 말씀 안에서 친구나 어른들과의 관계를 잘 형성하도록 한다.
- 함께 하는 활동에 적극적으로 참여하도록 한다.

❑ 교육활동

소주제 1. 함께 봄 동산 꾸미기(조형)

통합목표
- 하나님께서 우리에게 함께할 수 있는 친구를 주신 것에 감사하는 마음을 갖는다.
- 친구들의 의견을 존중하지 못하고 내 마음대로 한 것을 반성한다.
- 서로의 의견을 조정하며 함께 만들고 꾸밀 수 있다.

학습자료
- 봄동산 찍은 사진, A4용지 또는 8절지, 크레파스, 색연필, 물감, 쌓기놀이

활동 방법

〈도입단계〉

1. 봄 동산 견학을 가거나 봄 동산 사진을 보여준다.
   - 우리가 어디를 다녀왔나요? 이 사진은 어떤 사진일까요?
   - 봄 동산을 본 느낌이 어떤가요?
   - 이 아름다운 봄 동산을 누가 만드셨을까요?
   - 하나님께서 왜 이런 아름다운 봄 동산을 만들어 주셨을까요?

〈제시단계〉

1. 봄 동산에서 본 것들에 대해 이야기를 한다.
   - 봄 동산에서 무엇을 보았나요? - 어떤 것들이 있나요?
   - 이런 것들은 누가 창조하셨나요?
2. 유아들과 함께 봄 동산을 꾸미면서 어떤 것들을 그릴 것인지 협의한다.
   - 하나님께서 만들어 주신 봄 동산을 우린 이 종이에 함께 표현해 보려고 해요.
   - 여기에 봄 동산을 꾸밀 때 어떤 것들을 그리면 좋을까요?
   - 어떤 재료로 만드는 것이 좋을까요?

〈실행단계〉

1. 각자 자신이 그릴 그림을 정한다.
   - 예: 꽃, 나무, 나비, 벌
2. 꾸밀 재료를 이용하여 그림을 그리며 봄 동산을 꾸민다.

〈반응단계〉

1. 완성된 그림을 보며 이야기 나눈다.
   - 마음에 드나요? 어떤가요? - 더 필요한 것들은 없나요?
2. 봄 동산을 함께 만든 소감에 대해 이야기한다.
   - 친구들과 함께 봄 동산을 만들어 보니 어떤가요?
   - 힘들었던 점은 없었나요?
   - 우리가 친구들과 함께 만들고 꾸민 봄 동산을 하나님께서는 우리를 위해 더 아름답게 만드셨어요. 우리는 이 봄 동산을 보며 어떤 마음을 가져야 할까요?

〈비고 및 유의점〉

1. 쌓기 재료를 이용하여 꾸미고 역할놀이를 할 수 있다.
2. 하나님이 주신 만물을 경험하고 다스릴 수 있다.

소주제 2. 함께 소풍을 가요(역할놀이)

통합목표
- 하나님께서 우리에게 주신 지혜로 대상이나 상황에 맞게 적절한 언어와 동작을 사용할 수 있다.
- 하나님께서 주신 지혜를 적절하게 사용하지 못했던 내 모습에 대해 반성한다.
- 서로의 의견을 조정하며 재미있게 역할놀이를 할 수 있다.

학습자료
- 소풍 때 찍은 사진, 자연을 찍은 사진, 역할놀이 할 의상과 소품

활동 방법

〈도입단계〉

1. 소풍 갔을 때의 사진을 모아 아이들에게 보여준다.
   - 우리가 어디를 다녀왔나요? 이 사진은 어떤 사진일까요?
   - 소풍을 다녀 온 느낌이 어땠나요?
   - 소풍에서 어떤 활동이 가장 재미있었나요?

〈제시단계〉

1. 소풍에서 본 것들에 대해 이야기를 한다.
   - 소풍에서 무엇을 보았나요? - 어떤 것들이 있나요?
   - 소풍 때 본 아름다운 자연은 누가 창조하셨나요?
2. 유아들과 함께 소풍 때 가장 재미있었던 일은 어떤 것이 있었는지 회상해 본다.
   - 소풍 때 가장 재미있었던 것은 무엇이었나요?
   - 가장 재미있었던 일들을 역할놀이로 해 보면 어떨까요?

〈실행단계〉

1. 어떤 방법으로 역할놀이를 할 것인지 유아들과 협의한 후 맡을 역할을 정한다.
2. 각자 맡은 역할대로 분장하고 소품 등을 준비한다.
3. 각자 맡은 역할대로 역할극을 해본다.
4. 다른 친구들이 하는 것을 보고 바른 자세로 감상해 본다.

〈반응단계〉

1. 역할극을 해본 소감에 대해 유아들과 함께 이야기 나누어 본다.
   - 역할극을 해보니 어떤가요? - 어떤 장면이 기억에 남았나요?

2. 다른 친구들의 역할극을 본 느낌을 서로 이야기한다.
   - 맡은 역할을 가장 잘 표현한 친구는 누구인가요?
   - 우리가 친구들과 함께 뛰어놀았던 아름다운 자연은 하나님께서 우리에게 주신 귀한 선물이라는 것을 알고 감사하는 마음을 갖도록 해요.

〈비고 및 유의점〉

1. 역할놀이 영역에서 지속적으로 역할극을 해볼 수 있도록 꾸며놓는다.
2. 하나님이 주신 만물을 경험하고 다스릴 수 있다.

소주제 3. 동시 짓기(봄)

통합목표
- 하나님께서 우리에게 아름다운 계절인 봄을 주신 것에 감사하는 마음을 갖는다.
- 아름다운 봄을 주신 하나님께 감사하지 못하고 자연을 소중히 여기지 못한 것에 대해 반성한다.
- 아름다운 봄을 즐기며 산문과 동시의 형식을 비교할 수 있다.
- 자신의 느낌을 글로 표현해 볼 수 있다.

학습자료
- 봄에 대한 동시, 새싹 찍은 사진, 종이와 필기도구

활동 방법

〈도입단계〉

1. 봄 산책을 하며 새싹이 나오는 것을 본 적이 있는지 이야기 해본다.
   - 새싹이 나오는 것을 본 적이 있나요? - 새싹을 보니 어떤 느낌이 들었나요?
   - 이 아름다운 봄과 새싹은 누가 만드셨을까요?
   - 하나님께서 왜 이런 아름다운 봄 동산과 새싹을 주셨을까요?

〈제시단계〉

1. 봄 산책을 하며 본 것들에 대해 이야기를 한다.
   - 봄 동산에서 무엇을 보았나요? - 이런 것들은 누가 창조하셨나요?
2. 봄을 생각하면서 떠오르는 것들을 이야기하게 한다.
   - 봄 하면 어떤 것들이 떠오르나요?
   - 떠오르는 것들을 말해 보고 글로 나타내 보도록 할까요?

- 동화처럼 이야기의 내용이 길지 않고, 짧은 글로 자신의 생각이나 느낌을 글로 표현해 보는 것을 동시라고 해요.
- 우리도 봄 하면 생각나는 것들을 글로 나타내 볼까요?

〈실행단계〉

1. 유아들이 각자 느끼고 생각한 것들을 글로 표현해 보도록 한다.
2. 글을 쓸 수 없는 유아들은 교사가 말로 표현하는 것들을 대신 써 주도록 한다.
3. 동시를 짓는다.

〈반응단계〉

1. 완성된 동시를 발표해 본다.
2. 동시를 지어 본 소감을 서로 이야기 나눈다.
   - 동시를 직접 지어 본 느낌은 어떤가요?
   - 친구들이 지은 동시를 들으니 어떤 느낌이 드나요?
   - 힘들었던 점은 없었나요?
   - 하나님은 우리에게 아름다운 것을 보고 느낀 것을 글로 나타내 볼 수 있도록 지혜를 주셨어요. 우리가 느끼고 생각하는 것을 계속해서 글로 나타내 보도록 해요.

〈비고 및 유의점〉

1. 유아들이 지은 동시를 언어영역에 게시한다.
2. 동시를 지어 보는 훈련을 할 수 있도록 언어영역에 종이와 필기도구들을 준비해 둔다.

소주제 4. 꽃과 벌은 서로 도우며 살아요(이야기 나누기)

통합목표
- 하나님께서 아름다운 꽃과 곤충들을 창조해 주신 것을 감사하게 생각한다.
- 꽃과 곤충을 소중히 여기지 못하고 함부로 한 것에 대해 반성한다.
- 하나님이 창조하신 것들은 모두가 소중하다는 것을 알고 함부로 해하지 않는다.

학습자료
- 이야기 나누기 그림 자료, 혹은 ppt 자료

활동 방법

〈도입단계〉

1. PPT 자료로 꽃과 벌을 보여주며 이야기 나눈다.
   - 봄이 되면 산과 들에 무엇이 피나요?
   - 봄에는 어떤 꽃들이 피나요?(개나리, 진달래, 철쭉, 목련…)
   - 그런데 봄 꽃 옆에 있는 이 곤충은 무엇일까요?
   - 벌은 왜 꽃에 가까이 갔을까요?
   - 우리가 보고 있는 꽃과 벌은 누가 만드셨나요?

〈제시단계〉

1. PPT 자료에서 본 것들을 기억하여 이야기한다.
   - 무엇을 보았나요?　　　- 꽃 가까이에 있는 벌은 무엇을 하고 있었을까요?
2. 유아들과 함께 꽃에게 날아간 벌이 하는 일과 벌이라는 곤충을 통해 열매를 맺게 된다는 것에 대해 알아본다.
   - 벌은 꽃에게 날아가 무엇을 얻을까요? - 꽃은 벌에게 꿀을 주고 대신에 무엇을 얻나요?

〈실행단계〉

1. 자료를 통해 알게 된 사실을 활동지에 글이나 그림으로 나타내 보도록 한다.
   - 이야기 나누기를 통해 새롭게 알게 된 것은 무엇인가요?
   - 새롭게 알게 된 것을 글이나 그림으로 표현해 보도록 할까요?

〈반응단계〉

1. 글이나 그림으로 표현한 것들을 친구들에게 발표하는 시간을 갖는다.
2. 유아들과 함께 평가해 본다.
3. 하나님은 우리에게 꽃과 벌을 통해 서로 돕고 살아가는 모습을 보여주신다는 것을 인식하도록 돕는다.
   - 꽃과 벌이 서로 도우며 필요한 것을 얻듯이 우리 친구들도 서로 돕고 배려하며 지내도록 해요.

〈비고 및 유의점〉

1. 꽃과 벌이 있는 그림 자료를 게시해 놓는다.
2. 바깥놀이 시간에 꽃 가까이에 있는 벌의 모습을 자세히 관찰한다.
3. 관찰한 것을 과학영역에서 관찰일지에 기록해 본다.

소주제 5. 꽃 피우기(게임)

통합목표
- 하나님께서 꽃을 창조해 주신 것을 감사하게 생각한다.
- 꽃을 소중히 여기지 못하고 함부로 한 것에 대해 반성한다.
- 하나님이 창조하신 것들은 모두가 소중하다는 것을 알고 함부로 해하지 않는다.

학습자료
- 진달래, 개나리 꽃 코팅된 것 20개, 점수판, 신호악기, 나무그림, 융판2

활동 방법

〈도입단계〉

1. 봄에 피는 꽃은 무엇이 있는지 그림 자료를 보여주며 이야기해 본다.
   - 봄이 되면 산과 들에 무엇이 피나요?
   - 봄에는 어떤 꽃들이 피나요?(개나리, 진달래, 철쭉, 목련…)
   - 개나리(진달래) 꽃을 본적이 있나요?
   - 꽃이 활짝 피었을 때 모양은 어떤 모양일까요?
   - 우리가 예쁘게 개나리 진달래꽃을 피워 보는 것은 어떨까요?

〈제시단계〉

1. 준비된 게임 자료들을 보여주며 이야기 나눈다.
   - 이것은 무슨 꽃일까요?(개나리, 진달래)
   - 모두 몇 개일까요?
   - 꽃은 어디에 붙어 있나요?
   - 꽃을 융판에 붙여져 있는 나뭇가지에 붙여 줄 수 있나요?
2. 유아들에게 게임의 방법에 대해 설명한다.
   - 신호가 나면 달려가 융판에 붙여져 있는 나무에 꽃을 한 송이씩 붙이고 돌아온다.
   - 붙이고 들어온 유아는 교사의 손을 친다.
   - 먼저 들어온 유아가 이긴다.
   - 못했다고 친구에게 나쁘게 이야기하지 않는다.
   - 응원을 열심히 한다.

〈실행단계〉

1. 편 이름을 정하고 두 편으로 나누어 게임을 시작한다.
2. 게임을 한다.

〈반응단계〉

1. 게임평가를 한다.
   - 힘든 점은 없었나요?
   - 어떤 점이 재미있었나요?

〈비고 및 유의점〉

1. 게임을 통해 경쟁심보다는 최선을 다하는 행동이 중요하다는 것을 알게 한다.
2. 게임자료를 수 영역에 두어 연장활동이 되도록 돕는다.

(3) 성경적 표현 생활영역

❑ 교육목표

- 하나님께서 주신 아이디어로 여러 가지 재료로 만들고 꾸밀 수 있다.
- 자신의 창의적인 생각을 그림으로 나름대로 표현할 수 있다.
- 하나님께서 주신 귀로 다양하고 아름다운 소리를 듣고 변별할 수 있다.
- 주변의 다양한 사물과 형태를 보고 여러 가지 재료를 이용하여 만들고 꾸밀 수 있다.

❑ 교육활동

소주제 1. 봄의 소리를 찾아요(음률)

통합목표
- 하나님께서 따뜻한 봄을 우리에게 주시고 아름다운 봄의 소리를 들을 수 있게 하신 것에 감사한다.
- 봄의 소리를 찾아서 들으려 하지 않고 게을렀던 내 모습을 반성한다.
- 하나님이 주신 아름다운 계절인 봄을 감상할 수 있다.

학습자료
- 봄에 들을 수 있는 소리가 녹음된 Tape, 녹음기, 봄의 소리 그림 카드

활동 방법

〈도입단계〉

1. 봄 동산을 돌아본 후 혹은 바깥 놀이터를 산책한 후 이야기 나누기를 한다. (특별히 봄 동산을 돌아보며 어떤 소리들을 들을 수 있는지 유의해서 듣도록

사전에 아이들과 이야기한 후 돌아보기를 한다.)

- 봄 동산을 돌아보았을 때 느낌이 어땠나요?
- 봄 동산을 돌아보며 어떤 소리들을 들을 수 있었나요?
- 돌아보기를 할 때 어떻게 해야 봄의 소리들을 들을 수 있었나요?
- 겨울에는 들을 수 없었는데 봄이 되어 들리는 소리는 무엇일까요?

〈제시단계〉

1. 준비된 봄의 소리 그림 자료를 보여주며 아이들이 산책하며 들을 수 있었던 소리들을 찾아본다.
   - 이것은 봄에 들을 수 있는 소리 중 어떤 소리일까요?
2. 준비한 다양한 그림 자료를 보여주며 활동을 반복한다.

〈실행단계〉

1. 이번에는 봄의 소리가 녹음되어 있는 테이프를 들으면서 봄의 소리 중 어떤 소리인지 이야기 나누어 본다.
2. 봄의 소리가 녹음된 것을 듣고 그림카드와 연결 지어 볼 수 있도록 유아들을 격려한다.
   - 녹음기에서 나오는 소리를 듣고 그림카드에서 찾을 수 있을까요?

〈반응단계〉

1. 봄의 소리를 직접 들어 보고, 또 녹음된 소리를 들은 느낌이 어땠는지 아이들과 함께 이야기 나눈다.
   - 직접 들어 본 느낌과 녹음된 것으로 듣는 것의 느낌이 어땠나요?
   - 들으면서 어떤 소리인지 구별할 수 있었나요?
   - 봄의 소리 중 어떤 소리가 가장 듣기에 좋았나요?
2. 하나님은 우리에게 아름다운 소리를 들을 수 있는 귀를 주심에 감사하는 마음을 갖고 아름다운 세상과 소라를 창조해 주신 것에 대해 감사하는 마음을 갖도록 지도한다.

〈비고 및 유의점〉

1. 녹음된 테이프를 음률영역에 두고 아이들이 들어 볼 수 있도록 한다.
2. 봄의 소리 이외에 다른 계절에 들을 수 있는 소리도 녹음하여 함께 들어 보고 비교해 볼 수 있도록 한다.

소주제 2. 봄을 나타내는 것들(이야기 나누기)

통합목표
- 하나님께서 다양한 계절을 우리에게 주셔서 자연의 변화를 관찰할 수 있게 하심에 감사한다.
- 다양한 계절의 변화를 인식하지 못하고 느끼지 못한 것을 반성한다.
- 봄이 되어 느낄 수 있는 아름다운 심성을 기른다.

학습자료
- 봄 정경사진, 봄을 나타내는 여러 가지 사진

활동 방법

〈도입단계〉

1. 봄을 나타내는 것들에 대해서 유아들과 함께 그림 자료를 보며 이야기 나눈다.
   - 봄을 생각하면 어떤 말들이 생각나나요?
   - 봄을 나타내는 것들에는 어떤 것이 있을까요?
   - 봄의 풍경은 어떻게 달라졌나요?
   - 봄 날씨는 어떻게 달라졌나요?
   - 봄의 색깔은 어떻게 변했나요?
   - 봄의 소리는 어떤가요?
   - 또 봄을 나타내는 것들에는 무엇이 있을까요?

〈제시단계〉

1. 봄을 나타내는 것들을 생각나는 대로 이야기해 보고 글이나 그림으로 표현해 보도록 한다.
2. 나누어 준 종이에 봄 하면 생각나는 것들을 써 보고 같은 종류끼리 유목화해 보는 활동을 한다.
   - 봄 하면 생각나는 것들을 종이에 적었나요? 그림으로 그렸나요?
   - 같은 종류끼리 모아 볼 수 있나요?

〈실행단계〉

1. 유아들이 적은 것을 같은 종류 대로 교사가 미리 준비한 큰 전지에 붙여 본다.
   - 같은 종류끼리 붙여 보았나요?
   - 종류별로 붙여 놓으니까 어떤 점이 좋은가요?
   - 봄을 나타내는 것들을 쉽게 알아 볼 수 있도록 같은 종류끼리 모아 놓은 것을 우리는 유목화라고 해요.

〈반응단계〉

1. 봄을 나타내는 것들을 생각해 보고, 글로 적어보고, 또 그림으로 표현해 본 소감을 유아들과 함께 이야기 나눈다.
   - 생각나는 것들을 직접 글로 표현해 보니 어땠나요?
   - 다른 친구들의 생각을 알게 된 느낌은 어떤가요?
   - 생각을 모으고 나누어 보니 느낌이 어땠나요?
2. 하나님께서 우리에게 서로 다른 생각을 주셔서 친구들 이웃들과 함께 나누며 더불어 살아갈 수 있게 해 주신 것을 감사하게 생각하도록 돕는다.

〈비고 및 유의점〉

1. 유아들이 유목화한 것들을 교실에 게시해 놓는다.
2. 교실 내에서 조별로 서로의 생각을 나누어 볼 수 있는 기회를 많이 제공해 주도록 한다.

(4) 성경적 언어 생활영역

❑ 교육목표

- 유아가 다른 사람의 말을 귀담아 듣고 이해하고 이야기할 수 있다.
- 하나님께서 주신 자신의 창의적인 생각들을 글이나 말로 표현할 수 있다.
- 하나님께서 만드신 주변 사물의 명칭에 관심을 갖고 알아본다.
- 듣기, 말하기, 읽기, 쓰기 등에 관심을 갖도록 한다.

❑ 교육활동

소주제 1. 봄 동물 이름 짓기(언어)

통합목표
- 하나님이 창조하신 동물들을 아끼고 사랑한다.
- 하나님이 창조하신 동물을 돌보지 못하고 사랑하지 못했던 것을 반성한다.
- 하나님께서 만드신 동물들의 명칭에 관심을 갖고 알아본다.

학습자료
- 가족사진, 가족 얼굴 그림 자료

활동 방법

〈도입단계〉

1. 여러 가지 동물에 대해 이야기한다.
   - 동물에는 어떤, 어떤 동물이 있을까요?
   - 여러분은 어떤 동물을 좋아하나요?
   - 이 동물들은 누가 창조하셨을까요?
   - 몇째 날 창조하셨나요?

〈제시단계〉

1. 봄 동물 그림을 보며 이야기해 본다.
   - 이 동물은 어떤 동물인가요?
   - 어떻게 생겼나요?
   - 이 동물들은 어떤 공통점이 있을까요?(겨울잠을 자고 봄에 활동하는 봄 동물이에요)
2. 동물들의 이름을 다시 한 번 이야기하고 누가 이름을 지었을지 이야기한다.
   - 이 동물의 이름은 무엇인가요?
   - 여러분의 이름은 무엇인가요? 누가 지어 주셨나요?
   - 그럼 이 동물의 이름은 누가 지어 주셨을까요?
   - 이 세상에 있는 수많은 동물들의 이름은 누가 지어 주셨을까요?

〈실행단계〉

1. 자기 나름대로 상상하여 봄 동물들의 이름을 지어 본다.
   - 여러분이 만약 이 봄 동물의 이름을 짓는다면 무엇이라고 지어 보고 싶은가요?
   - 왜 그런 이름을 지었나요?

〈반응단계〉

1. 이름을 지어 보며 어려웠던 점에 대해 이야기한다.
   - 어떤 점이 힘들었나요?
2. 모든 동물들과 식물들의 이름을 지어 주신 하나님께 감사드린다.

〈비고 및 유의점〉

활동지를 만들어 언어영역에 놓아 두어 수시로 활동하도록 한다.

(5) 성경적 탐구 생활영역

❑ 교육목표

- 하나님이 창조하신 자연 현상과 환경에 관심을 가지고 탐구하는 능력을 기른다.
- 다양한 조작활동을 통해서 여러 가지 과학적 방법을 접하게 하고 비판적인 사고

를 통해 문제를 해결 하는 과학적 태도를 갖도록 한다.

- 우리 주변의 동물과 식물에 대해 탐구해 보고 동물과 식물을 창조하신 하나님께 감사하며 자연을 아끼고 보살피는 마음을 가진다.
- 일상생활에서 사용되는 여러 가지 수와 시간에 대해 관심을 가지고 다양한 조작 활동을 통해 수학적 기초개념을 가진다.

❑ 교육활동

소주제 1. 봄의 꽃 관찰하기(과학)

통합목표

- 하나님께서 다양한 계절을 우리에게 주시고 다양한 봄의 꽃을 볼 수 있게 하신 하나님께 감사한다.
- 꽃을 자세히 관찰하지 못하고 인지하지 못한 것을 반성한다.
- 꽃을 보며 봄이 되어 느낄 수 있는 아름다운 심성을 기른다.

학습자료

- 다양한 봄꽃 사진, 관찰 기록일지

활동 방법

〈도입단계〉

1. 봄 동산을 돌아보거나 주변을 산책해 본 후 이야기 나눈다.
   - 봄 동산을 돌아보며 무엇을 보았나요?
   - 봄 동산을 돌아보며 봄에 피어난 꽃들을 보았나요?
   - 꽃의 이름이 무엇인지 알 수 있었나요?
   - 꽃의 모양이나, 색깔, 꽃잎은 모두 몇 장이었는지 기억할 수 있나요?

〈제시단계〉

1. 다양한 봄꽃 사진을 유아들에게 보여준 후 각 조별로 어떤 꽃을 관찰할 것인지 결정하도록 한다.
   - 각 조별로 관찰할 꽃을 결정하도록 해요.
   - 자세히 관찰해 보려면 어떻게 하면 될까요?
   - 산책을 하며 직접 눈으로 보고 관찰해 보도록 할까요?
   - 자세히 관찰하려면 어떤 것을 이용하면 좋을까요?(돋보기)
2. 나누어 준 관찰 활동지와 필기도구를 가지고 봄 동산으로 관찰하러 나간다.

- 활동지에 나와 있는 대로 꽃잎의 수, 색깔 꽃의 모양을 활동지에 그려 볼까요?

〈실행단계〉

1. 유아들이 자세히 관찰하여 활동지에 적고 그려 볼 수 있도록 격려한다.
2. 관찰한 내용을 조별로 나와 발표해 본다.
   - 유아들이 각각 조를 나누어 관찰할 꽃을 정하고 조별로 관찰한 후 관찰한 꽃에 대해 발표해 보는 시간을 갖는다.

〈반응단계〉

1. 꽃을 자세히 관찰해 본 느낌이 어땠는지 유아들과 함께 이야기 나눈다.
   - 관찰해 보니 어땠나요? - 관찰하는 데 어려움은 없었나요?
2. 각 꽃마다 다른 모양과 색으로 아름다운 꽃을 만들어 주신 하나님께 감사하는 마음을 갖게 한다.

〈비고 및 유의점〉

1. 유아들이 발표한 것을 교실 과학영역에 게시한다.
2. 봄꽃 화분을 과학 영역에 두어 수시로 관찰할 수 있게 한다.
3. 돋보기, 관찰지를 함께 두어 관찰한 꽃을 기록하는 습관을 기를 수 있게 한다.

소주제 2. 같은 씨앗 찾기(수학)

통합목표

- 우리 주변을 예쁘게 꾸며주는 꽃과 식물을 창조하신 하나님께 감사하며 자연을 아끼고 보살피는 마음을 가진다.
- 우리 주변의 식물들에 관심을 갖지 못하고 보살피지 못한 것에 대해 반성해 본다.
- 일상생활에서 사용되는 여러 가지 씨앗을 통해 수에 관심을 가지고 다양한 조작활동을 통해 수학적 기초개념을 가진다.

학습자료

- 돋보기

활동 방법

〈도입단계〉

1. 씨앗에 대해 수수께끼를 낸다.

- 꽃의 가장 어린 모습이에요.
- 이것은 땅에 꼭 있어야지 클 수 있어요.
- 검정색도 있고, 갈색도 있어요.
- 나는 누구일까요

〈제시단계〉

1. 준비한 씨앗들을 보며 이야기한다.
   - 이 씨앗은 어떻게 생겼나요? 무슨 색깔인가요?
   - 이 씨앗을 본 경험이 있나요?
   - 이 씨앗은 어떤 꽃의 씨앗일까요?

〈실행단계〉

1. 씨앗의 모양은 모두 다르다는 것에 대해 알아본다.
   - 여기 있는 씨앗들의 모양이 모두 같은가요?
   - 어떤 점이 다른가요?
2. 같은 모양의 씨앗들을 모아본다.
   - 이 씨앗들 중에서 같은 모양의 씨앗들을 모아 보세요.
   - 어떤 점이 같은가요?

〈반응단계〉

1. 씨앗의 모양도 서로 다르게 지으신 하나님께 감사드린다.
   - 이 작은 씨앗도 작고 크고 서로 다른 모습으로 지어 주신 분은 누구실까요?
   - 왜 다르게 지으셨을까요?
   - 이렇게 다르게 지으신 하나님께 어떤 마음을 가져야 할까요?

〈비고 및 유의점〉

수 영역에 씨앗들을 주워서 씨앗 옮겨 닮기, 또는 씨앗수 만큼 모으기 등의 다양한 활동을 할 수 있다.

주제 3. 감사하는 나와 우리가족(활동기간: 30일)

(1) 성경적 건강 생활영역

❑ 교육목표

• 하나님께서 주신 자신의 몸을 귀중하게 생각하도록 한다.
• 하나님께서 주신 기본적인 오감각을 발달시키고 표현하도록 한다.

• 하나님께서 주신 몸을 건강하게 유지하도록 운동능력과 신체능력을 기른다.
• 하나님의 성전인 몸을 청결하고 건강하게 유지하는 생활습관을 갖게 한다.
• 하나님께서 주신 몸을 안전하게 지키기 위해 안전한 생활에 필요한 기초지식과 기능을 익힌다.

❑ 교육활동

소주제 1. 하나님께서 만드신 나의 몸(이야기 나누기)

통합목표
‣ 하나님께서 주신 나의 몸을 귀중하게 생각한다.
‣ 몸의 소중함을 잊고 내 몸을 함부로 대했음을 안다.
‣ 나의 몸을 만드신 하나님께 감사하는 마음을 갖는다.

학습자료
‣ 천지창조 사진, 사람의 몸 사진과 얼굴의 부분그림

활동 방법

〈도입단계〉

1. 각 물건을 가리키며 만든 자가 누구인지를 묻는다. 모든 물건에는 만든 자가 있음을 상기시키다.
2. "천지창조"를 들려주며 하나님께서 세상을 만드시고 세상을 다스릴 수 있도록 사람을 창조하심에 대해 이야기를 나눈다.
   - 하나님께서 세상을 만드시고 세상을 다스릴 수 있도록 누굴 만드셨지요?
   - 아담은 무엇으로 만드셨을까요?
   - 아담이 외로워 보여서 또 누구를 만드셨지요?
   - 하와는 무엇으로 만드셨을까요?

〈제시단계〉

1. 하나님께서 나의 몸을 만드신 것에 대해 이야기를 나눈다.
   - 우리는 이 세상에 어떻게 있게 된 걸까요?
   - 우리 몸을 만드신 분은 누구이실까요?
   - 하나님께서 사람은 무엇으로 창조하셨다고 했나요?

2. 하나님께서 만드신 우리 몸을 머리부터 만져 보도록 하며 우리 몸에는 어떤 부분들이 있는지 이야기를 해본다.
   - 우리 몸의 맨 윗부분부터 만져 볼까요?
   - 친구들이 만지고 있는 이 부분의 이름은 무엇일까요? (머리)
   - 머리는 무슨 일을 할까요?
   - 머리에 있는 머리카락은 왜 있는 것일까요?
   - 얼굴에는 무엇이 있을까요? (눈, 코, 입)
   - 눈, 코, 입은 어떤 일을 할까요?
   - 목은 어떤 일을 할까요?
   - 가슴에는 무엇이 있나요?
   - 팔은 어떤 일들을 할 수 있을까요?
   - 다리는 어떤 일들을 할 수 있을까요?

〈실행단계〉

1. 자신의 몸 그림을 그리게 하고 각 부분이 없다면 어떤 일이 일어날지에 대해 이야기하게 함으로써 각 부분의 소중함을 일깨운다.
2. 자신의 몸을 주신 자는 부모님이지만 궁극적으로는 하나님임을 상기시킨다. 하나님이 아담과 하와를 어떻게 만드셨는지를 재현시킨다.

〈반응단계〉

1. 다양한 일들을 할 수 있는 우리 몸을 주신 하나님께 감사하도록 한다.
   - 이렇게 우리 몸이 여러 역할을 할 수 있도록 만들어 주신 분은 어떤 분이실까요?
   - 우리는 하나님께 어떤 마음을 가져야 할까요?
   - 하나님 우리에게 아름다운 몸을 주셔서 감사합니다.

〈비고 및 유의점〉

우리 몸 콜라주나 우리 몸에 관련된 책을 가져오도록 하여 우리 몸에 대해 알아보는 시간을 갖도록 한다.

소주제 2. 발바닥모양 밟고 돌아오기(게임)

통합목표
- 하나님이 창조하신 내 몸의 기능을 알 수 있다.
- 내 몸의 기능을 잘 개발하지 못한 모습에 반성한다.

‣ 하나님께서 주신 자신의 몸을 운동으로 신체를 키운다.

학습자료 ‣ 발바닥그림 양발 12짝씩, 탬버린, 게임점수판 , 반환점

활동 방법

〈도입단계〉

1. 유아들의 발바닥에 물감을 바르고 도화지에 찍어 본다.
2. 유아들이 찍은 발바닥 모양을 잘라서 코팅을 하여 발바닥 모양을 준비한다.

〈제시단계〉

1. 두 팀으로 나누어 앉고, "머리, 어깨, 무릎" 노래를 부른다(노래하면서 마지막에 귀, 코, 귀 가사 대신 귀, 코 발바닥을 넣어 발바닥을 짚어 보게 한다).
2. 우리 몸의 제일 밑에 있는 발바닥에 대해 이야기를 나눈다.
   - 우리 몸은 누가 지어 주셨나요?
   - 하나님께서 우리 몸의 맨 아래에 무엇을 주셨나요?(발)
   - 발바닥은 어떤 일을 할까요? - 만약 발이 없다면 어떻게 될까요?

〈실행단계〉

1. 발바닥모양을 보여주며 게임 방법을 설명한다.
   - 이것이 무엇일까요? (발바닥 그림)

☼ 게임방법
양 팀에서 한명씩 나와 출발선에 선다.
교사가 신호를 보내면 출발을 해서 바닥에 붙여 있는 발바닥 그림을 밟으며 간다.
들어오면서 교사의 손바닥을 먼저 치고 들어온 유아가 이긴다.

2. 게임 규칙에 대해 이야기를 한다.
   - 응원하는 유아들이 앞으로 나오지 않도록 한다.
   - 교사의 신호를 듣고 움직이도록 한다.
   - 발바닥 그림을 꼭 밟고 가도록 한다.
   - 도착했을 때 교사의 손바닥을 치도록 한다.
   - 졌다고 울거나 다른 친구를 비판하지 않는다.
   - 반환점을 돌고 들어올 때는 발바닥 그림을 밟고 오지 않아도 된다.
3. 게임을 한 후 평가를 한다.
   - 발바닥을 모두 밟았나요?
   - 규칙은 잘 지켰나요?

〈반응단계〉

1. 하나님께서 주신 우리 몸을 건강하게 하기 위해 항상 운동하고 음식을 잘 먹어야 함에 대해 이야기한다.
   - 오늘 게임 재밌었나요?
   - 하나님께서 주신 몸을 건강하게 하기 위해 어떻게 해야 할까요?

〈비고 및 유의점〉

우리 몸을 발달시킬 수 있는 산책이나 다른 운동을 계획해 보도록 한다.

소주제 3. 음악 듣고 풀 그림 그리기(조형)

통합목표
- 하나님이 우리 몸의 감각기관을 주셨음을 안다.
- 우리 몸의 오감각을 개발하지 못했음을 반성한다.
- 하나님께서 주신 오감각을 발달시키고 표현하도록 한다.

학습자료
- 색깔 풀, 비발디 '사계' 음악

활동 방법

〈도입단계〉

1. 우리 몸의 각 기관(감각기관)들이 하는 일에 대해 이야기를 나눈다.
   - 하나님께서 우리에게 다섯 가지 감각기관을 만드셨는데 그들이 하는 일을 알아볼까요?
   - 귀는 어떤 일을 할까요?
   - 코는 어떤 일을 할까요?
   - 감각은 어떤 일을 할까요?
   - 혀는 어떤 일을 할까요?
2. 물감을 넣어 색깔 풀을 만들어 본다.

〈제시단계〉

1. 색깔 풀을 탐색해 보며 이야기를 나눈다.
   - 이것이 무엇일까요?
   - 냄새를 맡아 봅시다. 무슨 냄새가 나나요? 이렇게 냄새를 맡을 수 있는 코는 누가 만들어 주셨나요?
   - 조금만 만져 봅시다. 느낌이 어떤가요? 이렇게 만져 보고 느낄 수 있는 감각을 주신 분은 누구일까요?

〈실행단계〉

1. 음악 비발디 '사계' 중 '봄'을 들어 본다.
   - 음악을 들어 보니 기분이 어떤가요?
   - 이렇게 들을 수 있는 귀를 주신 분은 누구일까요?
2. 음악을 들으며 색깔 풀 위에 손을 넣고 느낌대로 움직여 본다.
3. 평가를 한다.
   - 음악을 들으면서 풀 그림을 그려 보니 느낌이 어떤가요?
   - 무슨 그림을 그려 보았나요?

〈반응단계〉

1. 하나님께서 주신 오감각에 대해 이야기를 하고 감사한다.
   - 이렇게 듣고 냄새를 맡고 만질 수 있는 감각을 주신 하나님께 우리가 할 수 있는 일은 무엇일까요?

〈비고 및 유의점〉

다른 음악을 들으면서도 할 수 있다.

소주제 4. 내 몸을 깨끗이 해요(이야기 나누기)

통합목표
- 하나님은 사람을 만드시고 심히 좋아하셨다는 것을 안다.
- 내 몸을 청결하게 하지 못한 것에 대해서 후회한다.
- 하나님의 성전인 몸을 청결하게 해야 하는 이유를 알고 청결하게 하는 습관을 갖도록 한다.

학습자료
- 『내일 또 목욕 할래』 동화책

활동 방법

〈도입단계〉

1. 목욕을 한 경험에 대해 이야기한다.
   - 언제 목욕을 했나요?
   - 목욕을 하면 기분이 어떤가요?
   - 우리는 목욕을 왜 해야 할까요?

〈제시단계〉

1. 『내일 또 목욕 할래』 동화책을 읽어 준다.
   - 밖에 나갔다오면 어떻게 해야 할까요?　　　- 여러분은 목욕하는 것을 좋아하나요?

〈실행단계〉

1. 몸을 깨끗이 한 그림과 깨끗이 하지 않은 그림을 보며 우리 몸을 깨끗이 해야 하는 이유에 대해 이야기를 나눈다.
   - 어떤 그림일까요?
   - 이 그림처럼 우리 몸을 잘 씻지 않는다면 어떻게 될까요?
   - 우리 몸은 누가 만들어 주셨나요?
   - 하나님께서는 하나님의 성전이 나의 몸을 어떻게 하라고 하셨나요?
   - 정결하게 하라는 것은 몸을 깨끗이 할 뿐 아니라 마음도 깨끗이 하는 거예요
   - 마음은 왜 깨끗이 해야 할까요?
   - 몸과 마음을 깨끗이 하면 친구들 기분이 어떤가요?
2. 몸과 마음을 깨끗이 하는 방법에 대해 이야기를 나눈다.
   - 하나님이 주신 우리 몸을 깨끗이 하려면 어떻게 할까요?
   - 하나님의 성전인 우리 몸뿐 아니라 우리의 마음도 깨끗이 하려면 어떻게 해야 할까요?

〈반응단계〉

1. 하나님의 성전인 나의 몸과 마음을 깨끗이 하도록 약속한다.
2. 약속표를 만들어 붙여 놓도록 한다.
   - 몸을 깨끗이 씻었나요? 다른 사람에게 좋은 말을 했나요?

〈비고 및 유의점〉

연계 수업으로 "목욕놀이" 신체표현 수업을 진행할 수 있다.

소주제 5. 내 몸은 소중해요(이야기 나누기)

통합목표

- 하나님은 우리를 창조하실 때 행복하게 살도록 창조하셨다
- 하나님께서 주신 몸을 안전하게 지키기 위한 기초지식과 기능을 배우지 못했음을 반성한다.
- 하나님께서 주신 자신의 몸을 스스로 지키도록 한다.

학습자료 ▸『이상한 느낌이에요』 동화책

활동 방법

〈도입단계〉

1. 『이상한 느낌 이에요』 동화책을 읽어 주고 느낌을 이야기해 본다.
   - 동화를 들은 느낌이 어떤가요? - 여러분도 혹시 이런 경험이 있었나요?

〈제시단계〉

1. 다양한 상황에서 나쁜 느낌과 좋은 느낌에 대해 이야기를 한다.
   - 엄마, 아빠가 예쁘다고 쓰다듬어 줄 때는 기분이 어떤가요?
   - 잘 모르는 어른이 몸을 함부로 만지면 기분이 어떤가요?
   - 어떨 때 좋은 느낌이 드나요? - 어떨 때 나쁜 느낌이 드나요?
2. 좋은 느낌이 드는 이유와 나쁜 느낌이 드는 이유에 대해 이야기를 나눈다.
   - 왜 엄마 아빠가 안아 주면 좋은 느낌이 들까요?
   - 왜 모르는 사람이 안아 주면 나쁜 느낌이 드는 걸까요?

〈실행단계〉

1. 내 몸을 다른 사람으로부터 보호해야 하는 이유에 대해 이야기한다.
   - 내 몸을 다른 사람으로부터 왜 보호해야 할까요?
   - 우리 몸은 누가 지어 주셨나요?
   - 예수님께서는 우리 몸을 거룩한 성전이라고 하셨어요.
   - 여러분의 몸은 누가 지켜야 할까요? 다른 사람이 지켜줄 수 있나요?
2. 다른 사람이 나의 몸을 만질 때 대처하는 방법에 대해 이야기를 나눈다.
   - 모르는 사람이 나의 몸을 만지려고 한다면 어떻게 해야 할까요?

   (그 사람의 눈을 쳐다보며 "싫어요." 하며 뿌리치고 도망친다. 주변에 장사하는 분이나 아이를 데리고 다니는 분 혹은 경찰 에게 도움을 요청한다.)

〈반응단계〉

1. 유아들 몇 명이 나와 교사와 모르는 사람이 몸을 만지려 할 때 대처하는 방법을 역할극으로 표현해 본다.

〈비고 및 유의점〉

1. "싫어요."라고 말할 때 단호하게 말하도록 한다.
2. 부끄러워하거나 시선을 피하지 않는다.

3. 잘생기거나 인상이 좋아 보이는 사람도 나쁜 사람일 수 있다는 것을 알려 주도록 한다.

(2) 성경적 사회 생활영역

❑ 교육목표

하나님과 유아와의 관계

- 나를 지으신 이가 하나님이심을 알고 감사한다.
- 예수님이 하나님의 아들임과 동시에 구세주임을 알게 한다.
- 하나님과 바람직한 관계를 맺는 데 필요한 지식과 태도를 익히게 한다.

유아와 다른 사람과의 관계

- 유아들이 하나님의 형상을 닮은 사람으로서 스스로의 존중감을 갖고 자신감을 형성하도록 돕는다.
- 일상생활 속에서 자신의 생각과 행동을 조절할 수 있도록 돕는다.
- 네 이웃을 네 몸과 같이 사랑하라는 말씀 안에서 친구나 어른들과의 관계를 잘 형성하도록 돕는다.
- 유아교육기관의 공동체에서 규칙과 질서를 잘 지키고 협력하도록 돕는다.

유아와 자연과의 관계

- 하나님이 창조하신 피조물들에 관한 관심과 자연물에 대한 적응과 돌보아야 함을 알게 한다.
- 유아들이 살고 있는 환경을 잘 보존하며 하나님의 문화적 명령을 따라 생태계를 파손하지 않도록 돕는다.

❑ 교육활동

소주제 1. 하나님께서 지으신 나에 대한 책(언어)

통합목표
- 하나님이 나를 만드셨음을 안다.
- 나를 만드신 하나님에 대해서 몰랐음을 반성한다.

- 나에 대해 긍정적인 자아개념을 갖는다.

학습자료
- 색도화지, 여러 가지 쓰기 도구, 스테이플러

활동 방법

〈도입단계〉

1. 유아들이 어릴 때 사진을 가지고 와서 친구들에게 자신에 대해 소개하는 시간을 가져본다(나이, 태어난 곳 등에 대해 가정에서 조사해서 온다. 이때 유아들이 궁금한 것에 대해 질문을 하도록 한다.)

〈제시단계〉

1. 내가 세상에 태어난 이유에 대해 이야기를 나눈다.
   - 여러분들은 이 세상에 어떻게 태어나게 되었을까요?
   - 누가 여러분을 지으셨을까요?
   - 하나님께서는 왜 여러분들을 지으셨을까요?
2. 유아들의 공통된 부분에 대해 이야기한다.
   - 여러분은 모두 몇 살인가요? - 남자인가요, 여자인가요? - 모두 어떤 띠인가요?

〈실행단계〉

1. 나의 책에 적혀있는 질문에 대해 생각해 본다.

   질문의 예) - 나를 지으신 분은? - 내가 다니는 유치원은?
   - 내가 다니는 교회는? - 내가 제일 좋아하는 색깔은?
   - 내가 제일 좋아하는 동물은? - 내가 되고 싶은 사람은?
2. 여러 가지 쓰기 도구를 이용하여 나의 책을 꾸며 본다.
3. 완성된 나의 책을 친구들에게 소개한다.

〈반응단계〉

1. 나의 책을 도서 영역에 전시하여 친구들의 책을 보고 친구에 대해 알아보는 시간을 갖도록 한다.

〈비고 및 유의점〉

나는 엄마, 아빠에게서 태어났지만 하나님께서 지으셨음을 알게 한다.

소주제 2. 그림으로 읽는 성경말씀(언어)

통합목표
- 예수님이 하나님의 아들임과 동시에 구세주임을 안다.
- 예수님을 믿지 못했던 내 모습을 반성한다.
- 예수님은 살아계신 하나님의 아들이시며 나의 구원자이심을 안다.

학습자료
- 그림으로 읽는 성경말씀, 예수님 그림

활동 방법

〈도입단계〉

1. 예수님의 일생에 관련된 비디오자료를 시청한다.
   - 예수님의 어떤 점이 좋았나요?

〈제시단계〉

1. 예수님의 일생에 대해 이야기한다.
   - 예수님은 어디에서 태어나셨을까요?
   - 예수님은 어린 시절에 어디에서 지내셨을까요?
   - 예수님은 어떤 기적들을 행하셨나요?
   - 예수님은 어떻게 죽으셨나요?
   - 그리고 몇 일만에 부활하셨나요?
2. 그림으로 적힌 요한복음 3장 16절, 17절 말씀을 보여주며 읽어 주고 유아들이 읽어 보도록 한다.

   "하나님이 세상을 이처럼 사랑하사 독생자를 주셨으니 이는 저를 믿는 자마다 멸망치 않고 영생을 얻게 하려 하심이라 하나님이 그 아들을 세상을 보내신 것은 세상을 심판하려 하심이 아니요 저로 말미암아 세상이 구원을 받게 하려 하심이라"
   - 궁금한 구절이 있나요?

〈실행단계〉

1. 예수님은 어떤 분이신지 이야기를 나눈다.
   - 예수님은 어떤 분이실까요?
   - 하나님께서는 이 세상에 예수님을 보내신 이유가 무엇이라고 하셨나요?
   - 예수님께서 십자가에서 돌아가신 것은 누구의 죄 때문인가요?
   - 예수님께서 우리를 너무 사랑하셔서 우리의 죄를 대신해서 십자가에 달려 돌아가셨지만 3일만에 부활하셨어요.
2. 하나님은 우리를 정말 사랑하시는 분이심을 이야기한다.
   - 하나님은 우리를 사랑하셔서 자신의 아들도 내어 주셨어요.

〈반응단계〉

1. '요한복음 3장 16절' 찬양을 배운다.

〈비고 및 유의점〉

유아들과 말씀에 대한 손 유희를 만들어 본다.

소주제 3. 너랑 나랑(음률)

통합목표
- 하나님은 서로 사랑하며 살도록 창조하셨음을 안다.
- 서로 사랑하지 못했던 모습을 반성한다.
- 네 이웃을 네 몸과 같이 사랑하라는 말씀 안에서 친구나 어른들과의 관계를 잘 형성하도록 돕는다.

학습자료
- 친구를 사랑해 주는 그림 , 악보, 가사판

활동 방법

〈도입단계〉

1. '네 이웃을 네 몸과 같이 사랑하라'는 말씀을 읽어 주고 친구를 사랑해 주는 그림을 보며 이야기를 나눈다.
   - 예수님께서는 친구를 어떻게 하라고 말씀하셨나요?
   - 여러분은 친구랑 잘 지내고 있나요?
   - 친구랑 싸운 적은 없나요? 친구랑 싸우고 나서 어떻게 했나요?

〈제시단계〉

1. 좋아하는 친구에게 사랑을 표현하는 방법에 대해 이야기를 나눈다.
   - 친구를 사랑한다는 표현을 어떻게 하나요?
   - 여러분이 좋아하는 친구에게는 어떻게 하나요?
2. 가사판을 보며 친구와 손을 잡아본 경험에 대해 이야기를 나눈다.
   - 친구의 손을 잡아 본 경험이 있나요?
   - 어떤 때 손을 잡았나요? 손을 잡을 때 기분이 어땠나요?

〈실행단계〉

1. 교사가 먼저 노래를 부르고 유아들은 노래를 듣는다.
   - 선생님이 노래를 들려줄게요. 어떤 노래인지 잘 들어 보세요.

2. 한 음으로 노래를 불러 본다.

3. 한 구절씩 나누어 노래를 불러 본다.

4. 다 같이 노래를 부른다.

5. 유아들이 두 명씩 짝을 지어 손을 잡고 율동을 만들어 춤을 추어 본다.

- 너랑 나랑 손을 꼭 잡고는 어떤 율동으로 하면 좋을까요?

6. '손을 꼭 잡고' 대신에 다른 가사를 넣어 부르며 율동을 해본다.

- '손을 꼭 잡고' 대신에 어떤 가사를 넣을 수 있을까요?
- 어떤 율동을 하면 좋을까요?

☼ 너랑 나랑

너랑 나랑 손을 꼭 잡고
너랑 나랑 손을 꼭 잡고
너랑 나랑 손을 꼭 잡고
빙글빙글 춤을 추자

〈반응단계〉

1. 친구의 손을 잡고 율동해 본 느낌에 대해 이야기를 나눈다.

- 친구들과 서로 안아도 보고, 손도 잡아 보고, 팔짱도 끼어 보니까 어땠어요?

2. 친구와 관계에 대해 이야기를 나눈다.

- 이렇게 하나님께서는 여러분에게 좋은 친구를 주셨는데 그런 친구에게 어떻게 대해야 할까요?

〈비고 및 유의점〉

1수준에는 친구끼리 꼭 안거나 팔짱을 꼭 끼어 보는 모습의 그림이나 가사판을 제시해 보도록 한다.

소주제 4. 우린 한 가족(게임)

통합목표

- 하나님께서 가족을 만드셨음을 안다.
- 가족 구성원의 역할에 대해서 무관심했던 모습에 대해서 반성한다.
- 게임을 하면서 공동체에서 지켜야 할 규칙과 질서를 잘 지키고 협력하도록 돕는다.

학습자료 ‣ 접시, 종이컵(유아 수 만큼), 가로 세로 2cm 정도 크기의 카스테라 (유아 수만큼), 우유

활동 방법

〈도입단계〉

1. 가정에서 가족들에 대해 이야기를 나눈다.
   - 여러분은 집에 가면 누가 있나요?
   - 우리에게 가족을 주신 분은 누구실까요?
   - 가족이 없다면 어떨까요?
   - 하나님께서 우리에게 가족을 주신 이유는 무엇일까요?

〈제시단계〉

1. 가족들이 가정에서 하는 일에 대해 이야기한다.
   - 여러분은 가정에서 어떤 일들을 하나요?
   - 여러분의 부모님은 어떤 일들을 하시나요?
   - 만약 가족 중 누군가가 내가 하기 싫다고 해야 할 일을 하지 않는다면 어떻게 될까요?
2. 가족과 생활하면서 지켜야 할 규칙에 대해 이야기한다.
   - 여러분의 가족만이 갖고 있는 약속들이 있나요?

   (예: 밥 먹은 후에 그릇은 자기가 설거지통에 놓기 등)

〈실행단계〉

1. 양 팀으로 나누어 앉는다.
2. 게임 방법을 설명해 준다.
   - 양 팀에서 3명씩 나와 아기 역할, 아빠 엄마 역할을 할 유아를 정한다.
   - 아기 역할을 맡은 유아가 가운데 서고 아빠 엄마 역할을 맡은 유아가 양쪽에 서서 유아와 팔짱을 낀다.
   - 신호음이 울리면 팔짱을 낀 채 달려가 엄마 역할을 맡은 유아는 빵을, 아빠 역할을 맡은 유아는 종이컵에 담긴 우유를 아기에게 먹인다(이때 팔짱을 끼지 않은 한 쪽 손으로 우유와 빵을 먹인다).
   - 아기가 입 속의 빵과 우유를 모두 먹으면 팔짱을 낀 채 돌아온다.
3. 게임규칙에 대해 이야기를 나눈다.
   - 팔짱을 꼭 끼고 오도록 한다(팔짱을 풀지 않도록 한다).

- 아기가 입 속의 빵과 우유를 모두 먹고 오도록 한다(너무 빨리 먹이지 않는다).
- 세 명이 모두 보조를 맞추어 걷도록 한다.

4. 게임을 한다.
5. 많은 점수를 얻은 팀이 이긴다.

〈반응단계〉

1. 게임을 한 후 느낌을 이야기하고 평가한다.
   - 엄마 아빠가 되어 아기에게 우유를 먹여 본 느낌이 어떤가요?
   - 아기가 우유를 다 먹고 돌아왔나요?
   - 빵과 우유를 먹이면서 힘들었던 점은 없었나요?
   - 엄마 아빠가 아기에게 빵과 우유를 먹였듯이 우리에게 일용할 양식을 주시고 우리의 입을 것 그리고 우리에게 무한한 사랑 을 주시는 분이 하나님이에요.
   - 하나님께서는 아기 혼자 빵과 우유를 먹을 수 없기 때문에 우리에게 엄마 아빠를 주셨어요. 그렇지만 주변에 여러 가지 이유로 부모님이 안 계신 친구들도 있어요. 우리는 그 친구들에게 어떻게 해야 할까요?

〈비고 및 유의점〉

게임처럼 가족 간에 서로 돕고 보조를 맞추지 않으면 화목하지 않다는 것을 알려 주도록 한다.

소주제 5. 나는 자연 속에서 살아요(이야기 나누기)

통합목표
- 하나님이 아름다운 자연을 창조하셨음을 안다.
- 하나님께서 주신 소중한 자연을 우리가 아끼고 사랑하지 못한 마음을 반성한다.

- 하나님이 창조하신 피조물들에 관한 관심과 자연물에 대한 적응과 돌보아야 함을 안다.

학습자료 ‣ 여러 자연환경 그림

활동 방법

〈도입단계〉

1. 나에 대해 알아보며 내가 살고 있는 지역, 나라, 그리고 주변 환경에 대해 알아본다.
   - 내가 살고 있는 아파트 뒤에는 산이 있어요.
   - 내가 살고 있는 곳에는 바다가 있어요.

〈제시단계〉

1. 우리가 살고 있는 곳에 대해 이야기를 나눈다.
   - 우리는 지금 어디에 살고 있을까요?
   - 우리가 살고 있는 이 지구에는 어떠한 것들이 있을까요?
   - 아름다운 자연을 창조하신 분은 누구실까요?
2. 다양한 자연환경의 그림을 보며 이야기를 나눈다.
   - 이것이 무엇일까요? 이것은 나에게 어떤 도움을 줄까요?
   - 만약 산에 나무가 없다면 어떻게 될까요?
   - 물이 없다면 어떻게 될까요?

〈실행단계〉

1. 자연을 아낄 수 있는 여러 가지 방법에 대해 이야기한다.
   - 하나님께서 주신 소중한 자연을 우리가 아끼고 사랑하려면 어떻게 해야 할까요?
   - 물을 더럽히지 않으려면 어떻게 해야 할까요?
   - 공기를 더럽히지 않으려면 어떻게 해야 할까요?
2. 하나님이 주신 자연환경의 소중함에 대해 이야기를 나눈다.
   - 하나님께서는 우리가 이 세상을 잘 살 수 있도록 아름다운 자연을 주셨어요.
   - 이 자연들이 없다면 이 세상은 어떤 느낌일까요?
   - 이렇게 아름다운 자연을 주신 하나님께 항상 감사하는 마음을 갖도록 합니다.

〈반응단계〉

1. 나의 출생에 대해 이야기를 나누며 내가 좋아하는 식물을 가져와서 식물을 키워 보는 시간을 갖도록 한다.

〈비고 및 유의점〉

자연환경의 그림을 보여줄 때 유아들이 살고 있는 환경의 주변 모습을 사진으로 찍어서 보여주어도 좋다.

(3) 성경적 표현 생활영역

❑ 교육목표

- 하나님께로부터 받은 자신의 생각과 느낌을 자연스럽게 표현하는 방법을 기르게 한다.
- 하나님의 창조하신 우주만물을 다양한 방법으로 표현하고 감사하도록 한다.
- 하나님께서 창조하신 자연물을 감상하며 아름다움에 감사하도록 한다.
- 하나님께서 창조하신 자연에서의 다양한 소리를 들어 보고 악기로 표현할 수 있다.

❑ 교육활동

소주제 1. 뱃속의 아기 되어 보기(신체표현)

통합목표
- 하나님이 엄마 아빠를 통해 아기가 태어날 수 있도록 창조하셨음을 안다.
- 나는 엄마 아빠에게 소중한 존재라는 사실을 되새길 수 있다.
- 다양한 활동을 통하여 자부심과 성취감을 갖는다.

학습자료
- 보자기 6개, 음악CD

활동 방법

〈도입단계〉

1. 나의 출생에 대해 이야기를 나눈다.
   - 나는 어떻게 태어났을까요? - 나를 이 세상에 태어나게 해주신 분은 누구실까요?

〈제시단계〉

1. 엄마 뱃속에 있을 때는 어떤 모습이었을지, 어떤 느낌이었을지 상상해 본다.
   - 나는 어떤 자세로 있었을까요?
   - 엄마, 아빠는 어떤 말씀을 해주셨을까요?

- 뱃속에서 아기는 어떻게 움직일 수 있었을까요?

2. 아기의 초음파 비디오를 보여주며 아기의 움직임에 대해 이야기를 나눈다.
   - 이 비디오 속의 아기가 무엇을 하고 있는 것 같나요?
   - 뱃속의 아기는 어떤 생각을 하고 있는 것 같나요?
   - 뱃속의 아기는 어떻게 밥을 먹을 수 있을까요?
   - 아기가 있는 뱃속 안에는 무엇으로 채워져 있나요?(양수)
   - 이처럼 조그마한 모습부터 세상에 태어나기까지 뱃속에서 잘 자랄 수 있도록 환경을 만들어 주신 분은 누구실까요?

〈실행단계〉

1. 보자기로 엄마 뱃속을 상상해보고, 1명씩 들어가 부드러운 음악에 맞춰 뱃속에서의 느낌과 움직임을 표현해본다.
   - 뱃속의 아기는 배고플 때 어떻게 했을까요?
   - 뱃속의 아기는 어떤 모습으로 놀까요?

2. 신체표현을 하면서 느낀 점에 대해 말해본다.
   - 뱃속의 아기가 되어 본 느낌이 어떤가요?
   - 불편한 점은 없었나요?

〈반응단계〉

1. 하나님께서 엄마 뱃속에서 아기가 자라서 우리가 태어날 수 있게 해주신 것에 대해 감사하는 마음을 갖는다.
   - 하나님께서는 여러분을 사랑하셔서 엄마를 통해 생명을 품게 하시고 세상에 보내신 것이에요.
   - 항상 하나님께 감사하도록 하세요.

〈비고 및 유의점〉

생명이 생겨남은 하나님께서 주신 축복이라는 것을 알려 줌으로써 창조에 대한 경이로움을 느낄 수 있도록 한다.

소주제 2. 가족에게 편지 쓰기(언어)

통합목표
- 하나님은 우리에게 생각과 느낌을 주셨다.
- 가족에 대한 사랑을 표현하지 못했던 모습을 깨닫는다.

- 하나님이 주신 가족의 소중함을 알고 가족에 대한 사랑을 표현할 수 있다.

학습자료
- 여러 가지 모양의 편지지, 편지봉투, 여러 가지 필기도구

활동 방법

〈도입단계〉

1. 가족을 소개한다.
2. 가족의 좋은 점을 이야기한다.
   - 가족이 있어서 좋은 점은 무엇일까요?
   - 만약 가족이 없다면 어떨까요?

〈제시단계〉

1. 가족들에게 어떤 이야기를 전하고 싶은지 이야기를 나눈다.
   - 하나님께서 주신 우리 가족들에게 어떤 마음을 가지고 있나요?
   - 가족 중에 누구에게 이야기를 해 줄 것인지 생각해 보고 마음속으로 정해 보세요. 어떤 이야기를 하고 싶은가요?
   - 여러분에게 가족을 사랑하는 마음과 가족에 대한 생각을 주신 분은 누구실까요?
   - 그러면 만약 가족에 대해 미워하는 마음이 생긴다면 어떻게 해야 할까요?

〈실행단계〉

1. 여러 가지 모양의 편지지 중 원하는 편지지를 고르거나 유아들이 만든 편지지에 편지를 쓴다. 글을 못 쓰는 유아는 그림을 그리거나 교사가 도움을 주도록 한다.
2. 편지 봉투에 편지를 넣은 후 "받는 사람"과 "보내는 사람"의 이름을 쓴다.

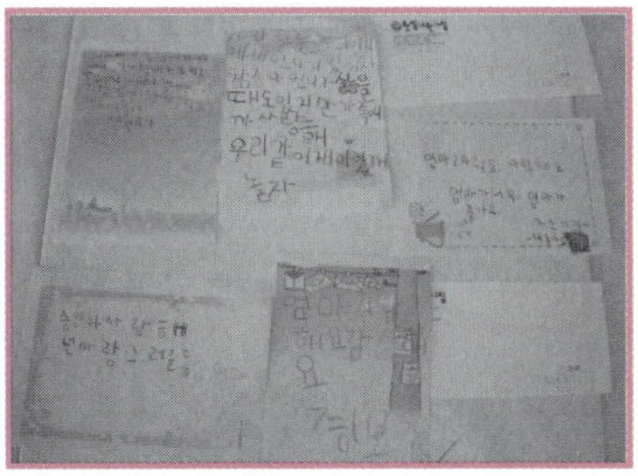

〈반응단계〉

1. 완성된 편지를 친구들에게 소개하고 가정으로 가져간다.

〈비고 및 유의점〉

글씨를 못 쓰는 유아에게는 그림이나 말로 표현하도록 한다.

소주제 3. 가족그림 그리기(조형)

통합목표
- 하나님이 우리에게 모습이 서로 다른 가족을 주셨다는 것을 안다.
- 가족에게 무관심했던 모습을 깨닫는다.
- 하나님이 창조하신 우주만물(우리가족)을 다양한 방법으로 표현하고 감사하도록 한다.

학습자료
- 다양한 쓰기 도구, 종이, 여러 가지 재료(수수깡, 빨대, 점토 등), 액자모양으로 자른 우드락

활동 방법

〈도입단계〉

1. 가정에서 가족사진을 가져와서 우리 가족을 소개하는 시간을 갖는다.

〈제시단계〉

1. 우리 가족에 대해 이야기를 나눈다.
   - 나의 가족은 어떻게 생겼나요? (엄마는 파마를 하셨어요, 아빠는 키가 크세요)
2. 우리 가족을 주신 하나님께 감사하도록 한다.
   - 이렇게 아름다운 가족을 주신 분은 누구실까요?
   - 하나님께서 허락해 주신 가족을 우리는 어떻게 해야 할까요?

〈실행단계〉

1. 우리 가족을 도화지에 표현하는 다양한 방법에 대해 이야기를 나눈다.
   - 하나님께서 주신 아름다운 우리 가족을 표현해 보려고 해요.
   - 어떻게 표현하고 싶은가요?

     (점토로 만든다. 그림으로 그린다.)
2. 종이 위에 점토로 만들거나 그림으로 우리 가족을 그린다.
3. 우드락으로 액자모양을 만든 후 액자 주변을 꾸미도록 한다.
4. 완성된 액자를 평가한다.
   - 여러분이 사랑하는 가족을 만들고 그림으로 그려 보니 기분이 어떤가요?
   - 힘들지는 않았나요?
   - 하나님께서는 흙으로 우리 사람들을 각각 모습이 다르게 이렇게 만드셨어요.

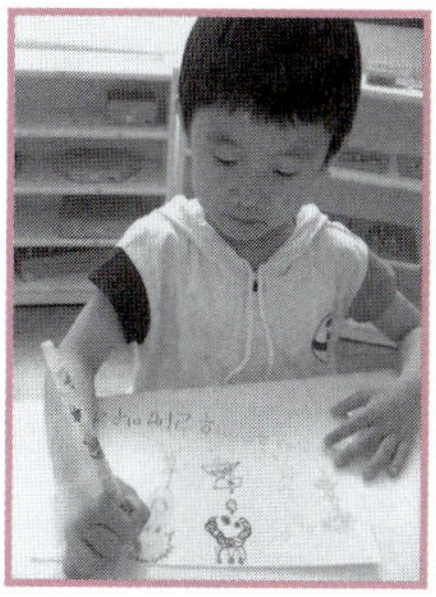

〈반응단계〉

1. 완성된 가족 액자를 친구들에게 소개한다.
   - 누구누구를 그린 것인가요?
   - 우리 가족을 창조하신 분은 누구일까요?
   - 우리 가족을 창조하신 하나님께 어떤 마음을 가져야 할까요?

〈비고 및 유의점〉

나의 가족 중 미워하는 가족이 있으면 그를 돌보며 그에 대한 관심과 사랑을 갖도록 한다.

소주제 4. 우리 몸으로 소리 내어 보기(음률)

통합목표

- 하나님이 다양한 소리를 만들어 주셨음을 안다.
- 주변의 다양한 소리에 관심을 갖지 못한 자신의 모습을 발견한다.
- 하나님께서 창조하신 자연에서의 다양한 소리를 들어 보고 악기로 표현할 수 있다

학습자료

- 우리 몸으로 낸 소리가 담긴 Tape, 음악Tape

활동 방법

〈도입단계〉

1. 여러 가지 자연의 소리를 들어 보며 이야기를 나눈다.
   - 이런 소리를 들어 본 경험이 있나요? 어디에서 들어 보았나요?
   - 이러한 소리를 만드신 분은 누구실까요?
   - 이런 소리를 들을 수 있는 몸을 창조해 주신 분은 누구실까요?
   - 하나님께서는 왜 이러한 소리를 만드셨을까요?

〈제시단계〉

1. 다양한 소리에 대해 이야기를 나눈다.
   - 앞에서 여러분이 들은 소리 이외에 또 어떤 소리가 있을까요?
   (예: 시계는 어떤 소리를 낼까요?, 전화는 어떤 소리를 낼까요?)
2. 내가 좋아하는 소리와 싫어하는 소리에 대해 이야기를 나눈다.
   - 여러분은 어떤 소리를 좋아하나요?
   - 듣기 싫은 소리가 있나요? 왜 듣기가 싫은가요?

3. 소리를 낼 수 있는 다양한 방법에 대해 이야기를 나눈다.
   - 우리 교실에 있는 것들로 소리를 내어 보세요.

〈실행단계〉

1. 우리 몸으로 낸 소리를 들어 보며 이야기를 나눈다.
   -이 소리는 어떤 소리일까요? -어떻게 낸 소리일까요?
2. 각자 자신의 몸으로 소리를 내어 본다.
   - 여러분 몸으로 다른 방법으로 소리를 낼 수 있나요?
   - 어떻게 소리를 낼 수 있나요?
3. 자신의 몸이 악기가 되어 음악에 맞추어 연주해 본다.
   - 음악을 듣고 여러분 몸을 이용해서 다양한 방법으로 소리를 내어 보세요.

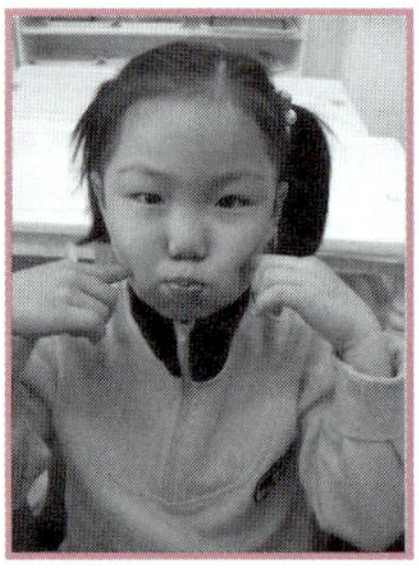

〈반응단계〉

1. 내 몸이 악기가 되어 연주해 본 느낌에 대해 이야기를 나눈다.
   - 내 몸이 악기가 되어 연주해 보니 기분이 어떤가요?
2. 이렇게 악기도 되기도 하는 몸을 주신 하나님께 감사하도록 한다.
   - 이렇게 악기도 될 수 있는 몸을 주신 분은 누구실까요?

〈비고 및 유의점〉

여러 가지 도구를 사용하여 악기소리를 내어 보아도 좋다.

(4) 성경적 언어 생활영역

❑ 교육목표

- 유아가 다른 사람의 말을 귀담아 듣고 이해하는 능력을 기르고 자기 생각과 느낌을 말로 아름답게 표현하는 능력을 기르게 한다.
- 하나님과의 대화하기 위한 언어 사용방법을 배우고, 기도를 통해 하나님과 만나고 의사소통하도록 한다.
- 유아의 의사소통 기술을 개발시켜 자기의 생각과 감정을 바르게 표현함으로써 공동체 안에서 관계를 형성하는 데 기여하도록 한다.
- 듣기, 말하기, 읽기, 쓰기 등에 관심을 갖도록 한다.

❑ 교육활동

소주제 1. 가족 소개하기(이야기 나누기)

통합목표
- 하나님께서는 서로 사랑하며 살라고 가족을 만드셨음을 안다.
- 가족구성원의 특징에 관심이 없었던 모습을 반성한다.
- 하나님께서 허락하신 가족 구성원을 소개하면서 가족의 소중함과 의미를 생각해 본다.

학습자료
- 가족사진, 가족 얼굴 그림 자료

활동 방법

〈도입단계〉

1. 가족의 구성원에 대해 이야기해본다.
   - 우리 집에서 같이 사는 사람은 누구누구가 있나요?
   - 하나님께서 주신 우리 가족으로 누구누구가 있는지 이야기해볼까요?

〈제시단계〉

- 우리 가족은 다른 가족과 어떤 점이 다를까요?

- 할머니와 할아버지를 모시고 사는 친구가 있나요?
- 가족 중에 남자가 많은 집은 누구네 집일까요?
- 우리 가족은 모두 하나님을 알고 있나요?
- 가족 얼굴 그림 자료를 가리키면서 "가족을 생각하면 생각나는 말"을 이야기해 본다.
- 친구들은 가족 하면 무엇이 생각나나요? - 엄마 하면 무엇이 생각나나요?

〈실행단계〉

1. 가족사진을 가지고 나와 자신의 가족을 소개하도록 한다(가족이름, 가족 구성원, 가족이 하는 일, 가족이 좋은 점).
   - 하나님을 알지 못하는 가족을 위해 하나님께 기도할까요?
2. 가족의 소중함과 의미에 대해 함께 생각해 본다.
   - 가족이 있어서 좋은 점은 무엇일까요?
   - 가족과 함께 하는 일들 중에 재미있는 점은 무엇인가요? 속상한 점은 무엇인가요?

〈반응단계〉

- 만약 가족 중에 어떤 사람이 가족을 떠나게 된다면 어떻게 될까요?

〈비고 및 유의점〉

우리 가족을 그림으로 그리거나 가족의 나이 그래프를 그려 보도록 한다.

소주제 2. 예수님 나의 잘못을 용서해 주세요(이야기 나누기)

통합목표
- 하나님께서는 서로 사랑하며 살라고 가족을 만드셨음을 안다.
- 가족과 함께 지내면서 감사하지 못했던 일들과 부모님의 말씀을 지키지 않았던 모습을 반성 한다.
- 하나님과의 관계회복을 위한 언어 사용방법을 배우고 기도를 통해 하나님과 만나고 의사소통하도록 한다.

학습자료
- 가족에게 잘못하는 그림 자료

활동 방법

〈도입단계〉

1. 다양한 기도 방법에 대해 이야기를 나누도록 한다.

- 우리 친구들에게 가족을 주신 분은 누구실까?
- 우리는 하나님께 어떤 마음을 가져야 할까?
- 그 마음을 하나님께 어떻게 알려드릴 수 있을까?

〈제시단계〉

1. 가족과 함께 지내면서 좋았던 일이나 속상했던 일에 대해 이야기를 나눈다.
   - 가족과 함께 지내면서 어떤 때가 가장 좋았었나요?
   - 가족과 함께 지내면서 속상했던 적은 없었나요?
2. 가족에게 잘못하는 그림을 보여주며 이야기를 나눈다.
   - 지금 무엇을 하고 있는 그림인가요?
   - 무엇을 잘못하고 있는 그림인가요?
   - 친구들도 이런 경험이 있었나요?
   - 이럴 때는 어떻게 해야 할까요?

〈실행단계〉

1. 그동안 가족과 지내면서 내가 잘못했던 일에 대해 이야기를 나눈다.
   - 여러분은 그동안 가족과 지내면서 부모님께 또는 동생이나 언니 오빠에게 잘못했던 일은 없었나요?
2. 가족이나 친구에게 잘못을 했을 때 해야 하는 행동에 대해 이야기를 나눈다.
   - 여러분이 잘못을 했을 때는 상대방에게 어떻게 해야 할까요?
3. 하나님 앞에서 잘못한 일은 없는지 이야기하고 잘못된 행동에 대해 어떻게 해야 하는지에 대해 이야기를 나눈다.
4. 그동안 내가 잘못한 일에 대해 반성하고 하나님께 기도를 드린다.
   - 여러분이 잘못한 일을 하나님께 용서를 구하는 기도를 드리도록 해 보세요.

〈반응단계〉

1. 하나님 또는 부모님께 잘못한 일을 했을 경우에는 항상 용서를 구하는 기도를 하도록 한다.

〈비고 및 유의점〉

우리 가족을 주신 것에 대한 감사하는 기도를 드리는 시간도 갖도록 한다.

소주제 3. 몸 그림 콜라주(조형) 공동작업

통합목표 ‣ 하나님께서 우리들의 몸을 각각 필요한 대로 창조하셨음을 안다.

- 우리 몸의 각 부분을 적절히 사용하지 못했음을 안다.
- 유아의 의사소통 기술을 개발시켜 자기의 생각과 감정을 바르게 표현하므로 공동체 안에서 관계를 형성하는 데 기여하도록 한다.

학습자료

- 우리 몸 그림, 전지, 여러 가지 쓰기 도구, 콜라주로 붙일 재료, 본드

활동 방법

〈도입단계〉

1. '머리, 어깨, 무릎, 발' 노래를 부르며 우리 몸의 각 기관을 짚어 본다.
2. 우리 몸의 각 기관에 대해 알아보고 이야기를 나누어 본다.
   - 눈은 어떤 일을 할까요?
   - 팔 다리는 어떤 일을 할까요?
   - 이렇게 각 역할을 하는 우리 몸의 기관은 누가 만드셨나요?

〈제시단계〉

1. 우리 몸의 그림으로 보며 각 기관의 위치를 이야기한다.
   - 손은 어디에 있나요?
   - 발은 어디에 있나요?
   - 만약 발이 어깨 위에 있다면 어땠을까요?
   - 만약 얼굴이 배 있는 곳에 있다면 어떨까요?
2. 하나님께서 우리 몸을 균형 있고 쓸모 있게 만들어 주셨다는 것을 알고 감사드린다.

〈실행단계〉

1. 소그룹으로 나누어 앉는다.
2. 전지에 친구의 몸을 그린다.
3. 몸의 각 부분에 명칭을 적어본다.
   - 하나님께서 생각을 지혜롭게 하라고 머리를 주셨다.
   - 하나님께서 좋은 일을 하라고 두 팔과 두 다리를 주셨다.
4. 몸 그림에서 어떤 부분에 어떤 재료로 콜라주를 할 것인지 토의를 한다.
   - 머리는 무엇으로 붙일까요?
   - 옷은 어떤 재료로 붙일까요?
5. 콜라주 재료를 몸 그림에 붙인다.
6. 완성된 몸 그림을 그룹별로 나와 친구들에게 소개한다.
   - 몸은 어떤 재료를 붙였나요?

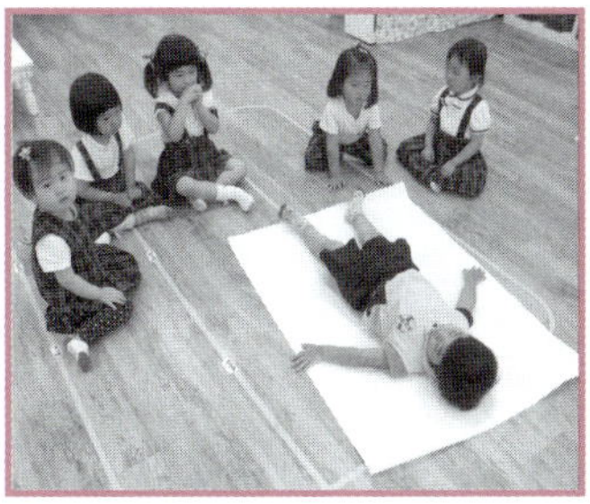

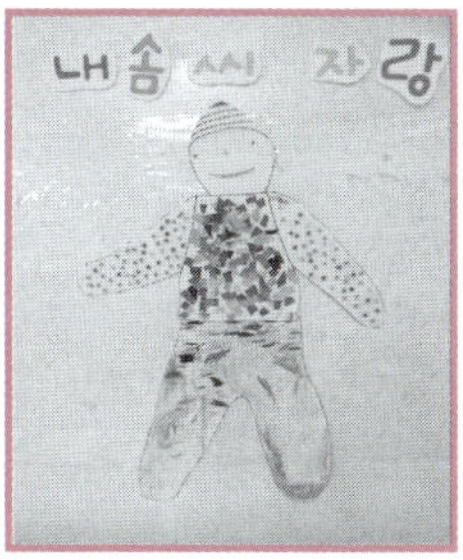

〈반응단계〉

1. 하나님께서 주신 우리 몸을 만들어 본 느낌에 대해 이야기를 나눈다.
   - 여러분이 친구들과 협력하여 우리 몸을 만들어 보니 어떤가요?
   - 하나님께서는 우리들의 몸을 각각 필요한 대로 창조하셨습니다.

〈비고 및 유의점〉

2수준에서는 몸속에 있는 장기들을 그림으로 그릴 수 있다.

소주제 4. 나의 몸 골든 벨 수수께끼(언어)

통합목표
- 하나님이 우리 몸을 창조하셨음을 안다.
- 하나님이 지으신 나의 몸을 적절히 활용하지 못했음을 안다.
- 내 몸의 기관들이 하는 일을 즐겁게 놀이하며 익힐 수 있다.

학습자료
- 보드마카, 작은 화이트보드, 점수 표

활동 방법

〈도입단계〉

1. 우리 몸에 대해 이야기를 나눈다.
   - 우리 몸은 어떻게 되어 있나요?
   - 우리 몸에는 어떤 기관들이 있나요? 손을 짚어 보세요.
2. 각 기관이 하는 일에 대해 이야기를 나눈다.
   - 코는 어떤 일을 할까요?　　- 귀는 어떤 일을 할까요?
   -우리 몸은 누가 지으셨을까요?　　-하나님께서 왜 우리 몸을 창조하셨을까요?

〈제시단계〉

1. 우리 몸과 관련된 문제를 내어 골든 벨을 할 것을 제안한다.

2. 문제를 유아들과 만들어 본다.
   - 우리 몸에 대해 어떤 문제를 만들 수 있을까요?

〈실행단계〉

1. 문제를 낼 사람과 맞힐 사람을 정한다.
2. 문제를 낼 사람은 책을 보며 문제를 내도록 한다.

   문제의 예) - 우리 몸을 창조하신 분은 누구실까요?
   - 우리 몸에서 숨을 쉬는 기관의 이름은 무엇일까요?
   - 우리 몸 제일 위에 있어요. 그리고 아주 많이 있어요. 무엇일까요?
   - 소리를 들을 수 있는 곳은 어디일까요?
   - 엄마 뱃속에 있었을 때 엄마에게서 영양분을 먹었던 곳은요?
   - 우리 몸의 제일 아래 부분에 있어요. 우리 몸을 지탱해 주는 곳이에요. 어디일까요?
3. 문제를 맞힐 유아는 화이트보드에 그림 또는 글로 답을 적는다.
4. 답을 맞힌 유아에게 점수 표를 한 개씩 준다.
5. 점수표를 많이 가지고 있는 유아가 이긴다.

〈반응단계〉

1. 골든 벨 놀이를 해본 느낌에 대해 이야기를 나눈다.
   - 골든 벨 놀이를 하면서 어려운 문제는 없었나요? - 더 넣고 싶은 문제가 있나요?

〈비고 및 유의점〉

대그룹으로 골든 벨 게임을 할 수 있다.

(5) 성경적 탐구 생활영역

❑ 교육목표

- 유아들의 주변에 있는 모든 현상들은 하나님의 창조물로 알고 호기심과 관심을 가지고 탐구하는 태도를 갖게 한다.
- 하나님이 창조하신 나와 가족에 대한 과학적 사고의 기초 능력을 기르게 하며, 적절한 도구나 장치를 사용할 수 있는 기술을 발달시킨다.
- 다양한 조작활동을 통해서 여러 가지 과학적 방법을 접하게 하고 비판적인 사고

를 통해 문제를 해결하는 과학적 태도를 갖도록 한다.

- 일상생활에서 사용되는 여러 가지 수와 시간에 대해 관심을 가지고 다양한 조작 활동을 통해 수학적 기초개념을 가진다.

❑ 교육활동

소주제 1. 지문 관찰하기(조형)

통합목표
- 유아들의 지문도 하나님의 창조물임을 알게 한다.
- 우리 손에 있는 지문을 관찰하지 못하고 귀하게 생각 못함을 안다.
- 돋보기와 잉크를 이용하여 손금과 지문을 관찰하며 살펴본다.

학습자료
- 돋보기

활동 방법

〈도입단계〉

1. 손이 하는 일과 어떤 모양의 지문이 있는지를 이야기해본다.
   - 여러분의 지문은 누가 만드셨을까요?
   - (주민등록증 뒷면을 보여주며) 이것이 무엇인지 아나요?
   - 지문을 왜 주민등록증에 찍었을까요? - 여러분의 지문을 살펴본 경험이 있나요?

〈제시단계〉

1. 손을 펴서 손가락을 살펴본다.
   - 손을 펴서 보세요. - 손바닥에 어떤 모양이 보이나요?
   - 손가락에 여러 선들이 보이나요?
   - 손바닥에 있는 굵은 선을 손금이라고 하고 손가락에 있는 얇은 선들을 지문이라고 해요.
   - 이 지문은 누가 만드셨을까요?

〈실행단계〉

1. 돋보기를 이용하여 손가락 지문과 손금을 살펴본다.
   - 돋보기로 보니깐 선들이 잘 보이나요?
2. 손바닥에 잉크를 묻혀서 종이에 손바닥을 찍어 본다.
   - 손바닥과 종이에 찍힌 손바닥 모양을 살펴보아요.
3. 다른 친구의 손바닥 모양과 비교하여 본다.

- 친구의 손바닥과 내 손바닥 모양이 같은가요? 다른가요?

4. 하나님께서는 손금과 지문이 같은 사람이 한 사람도 없게 각자 다른 손금과 지문을 지으셨음을 알도록 한다.
   - 이 지문이 같은 사람은 세상에 단 한사람도 없대요.

〈반응단계〉

1. 지문 찍기를 이용하여 그림을 그려 본다.

〈비고 및 유의점〉

나의 주민등록증을 만들어 보는 경험도 가져 볼 수 있다.

소주제 2. 나를 비춰 주는 물건들(과학)

통합목표
- 하나님이 창조하신 자연의 현상과 환경에 대해 안다.
- 과학적 사고의 기초 능력을 사용하여 적절한 도구나 장치를 사용하지 못했음을 깨닫는다.
- 사물을 비추는 물체의 종류에 대하여 알고 탐색할 수 있다.

학습자료
- 거울, 유리, 그릇, 선글라스, 은박지, 기타 광택 있는 물건

활동 방법

〈도입단계〉

1. 아빠, 엄마가 사용하는 물건에 대해 이야기를 나눈다.
   - 아빠는 어떤 물건들을 많이 사용하나요? - 엄마는 어떤 물건들을 사용하나요?

〈제시단계〉

1. 거울을 보여주며 거울에 대해 이야기를 나눈다.
   - 이것은 무엇일까요? - 여러분은 어떨 때 이것을 사용하나요?
   - 만약 거울이 없다면 어떻게 될까요?
2. 거울로 나의 모습을 비춰 본다.
   - 무엇이 보이나요? - 여러분의 모습이 어떻게 보이나요?
   - 이렇게 아름다운 여러분을 지으신 분은 누구실까요?

〈실행단계〉

1. 거울을 보며 거울의 성질에 대해 이야기를 나눈다.

- 이것이 무엇일까요? - 여러분 집에도 이것이 있나요? 어디에 있나요?
- 이것은 어떨 때 사용하는 물건일까요?

2. 거울처럼 사물을 비춰 주는 물건에는 무엇이 있는지 이야기해 본다(유리창, 은박 접시, 숟가락, 피아노 등).
3. 거울과 같이 사물을 비출 수 있는 현상이 모두 하나님께서 우리를 위해 만드신 자연현상이라는 것에 대해 이야기를 한다.
   - 만약 이러한 것들이 우리의 얼굴 또는 사물을 비출 수 없다면 어떨 것 같은가요?
   - 이렇게 여러 가지 사물을 비출 수 있는 현상을 만드신 분이 누구일까요?
4. 교사가 준비한 사물을 비춰 주는 물건을 유아들에게 나누어 주고 자신의 모습을 비춰 보도록 한다.
   - 내 코는 어떻게 생겼는지 거울로 내 모습을 비춰 보세요.
   - 거울로 본 내 모습과 은박접시로 본 내 모습이 어떤 점이 다르나요?

〈반응단계〉

1. 나의 모습을 비추며 내 모습을 그림으로 그려 본다.

〈비고 및 유의점〉

거울을 다루면서 깨지지 않도록 주의하도록 한다.

소주제 3. 맛을 알아맞혀 보세요(과학)

통합목표
- 하나님은 우리 몸의 기관 중 혀를 만들어서 맛을 알게 하셨음을 안다.
- 혀의 중요성과 역할을 알지 못했던 모습을 안다.
- 다양한 조작활동을 통해서 여러 가지 과학적 방법과 비판적인 사고를 통해 문제 해결을 하는 과학적 태도를 갖도록 한다.

학습자료
- 하얀 색깔의 여러 가지 가루, 활동지

활동 방법

〈도입단계〉

1. 하얀 색깔의 여러 가지 가루를 준비하도록 하고 번호를 적어 넣는다(분유, 설탕, 소금, 밀가루, 레몬가루…).
2. 혀가 하는 일에 대해 이야기를 나눈다.
3. 하나님께서는 우리 몸을 튼튼하게 하시려고 먹을 것을 주시며 혀를 통해 맛을 알도록 하셨다.

〈제시단계〉

1. 문제 상황을 이야기해준다.
   - 엄마가 음식을 하다가 소금이 필요했어요.
   - 여러분이 이 중에서 소금을 찾아서 드려야 해요.
2. 하얀 색깔의 여러 가지 가루를 보여주며 이야기를 나눈다.
   - 이 가루들 중에 소금이 과연 있을까요?
   - 여기 있는 가루들은 모두 무슨 색깔인가요?
   - 소금을 찾으려면 어떻게 해야 할까요?

〈실행단계〉

1. 냄새를 맡아 보며 하얀 색깔의 가루가 무엇일지 예상해 보도록 한다.
   - 냄새만 맡고 알 수 있을까요?
   - 이 가루들이 무엇일지 우선 생각해 보세요.
2. 하나씩 맛을 보고 이야기해 본다.
   - 맛을 보니 어떤 맛인가요?
3. 맛을 본 후와 맛보기 전 예상했던 것과 비교해 보며 이야기한다.
   - 가루 이름을 맞춘 것이 있나요?
4. 다양하게 맛을 내는 음식을 창조하시고 또한 맛을 볼 수 있는 감각을 주신 분이 하나님이라는 것에 대해 이야기한다.
   - 이렇게 다양한 맛을 내는 음식을 창조하신 분은 누구실까요?
   - 만약 이런 것들이 없다면 어땠을까요?
   - 이런 맛을 볼 수 있는 감각을 주신 분은 누구실까요?
   - 이러한 감각들이 없었다면 어땠을까요?

〈반응단계〉

1. 가루가 무엇인지 모를 때 알 수 있는 방법에 대해 이야기한다.

- 가루가 무엇인지 모를 때는 어떻게 알 수 있을까?

2. 우리에게 미각과 여러 가지 음식을 주신 하나님께 감사하는 마음을 갖도록 한다.

〈비고 및 유의점〉

모두 같은 색깔의 가루를 준비하도록 한다.

소주제 4. 내 키 재기(수학)

통합목표
- 하나님께서는 키까지도 다르게 여러 사람들을 창조하셨음을 안다.
- 키가 작은 친구들을 업신여기는 마음을 반성한다.
- 여러 가지 사물을 이용하여 길이를 재어 보고 다른 친구의 키를 존중한다.

학습자료
- 여러 가지 블록(종이 블록, 레고 블록), 수 막대

활동 방법

〈도입단계〉

1. 자신의 몸에 대해 이야기를 나눈다.
   - 우리 몸을 지으신 분이 누구인가요?
   - 우리 친구들은 본인 몸 중에서 어떤 부분이 가장 좋은가요?
   - 친구들 몸 중에서 내가 가장 자신 있어 하는 부분이 어느 부분인가요?

〈제시단계〉

1. 자신의 키에 대해 이야기를 나눈다.
   - 여러분 키가 몇인지 알고 있나요?
   - 여러분 키가 몇인지 어떻게 알 수 있을까요?
   - 우리의 키를 키워 주시는 분은 누구실까요?
2. 키가 크기 위해서 해야 하는 방법에 대해 이야기를 한다(예: 음식을 골고루 먹는다. 잠을 일찍 잔다. 등).
3. 유아들 몇 명이 나와 다른 친구와 내 키를 재어 본다.
   - 누구의 키가 더 크나요?
   - 하나님께서는 이렇게 키까지도 다르게 여러 사람들을 창조하셨어요.

〈실행단계〉

1. 키를 여러 가지 방법으로 재어 보는 방법에 대해 이야기를 나눈다.
   - 직접 친구와 서서 키를 비교해서 재어 보는 방법이 아닌 다른 방법으로 키를 비교해 볼 수 있을까요?
   - 자를 이용한 방법이 아닌 다른 어떤 방법으로 키를 잴 수 있을까요?
2. 교실 안에 있는 물건을 이용하여 키를 재어 본다.
   - 우리 교실 안에 있는 물건 중에서 키를 잴 수 있는 물건에는 어떤 것들이 있을까요?
   - 교실 안에 있는 물건을 이용해서 키를 재어 보세요.
   - 내 키를 몇 cm인지 쓰고 다른 친구의 키도 쓰고 비교해 본다.

〈반응단계〉

1. 줄자나 키 재기를 이용하여 유아들의 키를 재고 체중계를 이용하여 몸무게를 재어 보며 키와 몸무게를 키워 주신 하나님께 감사하는 마음을 갖는다.

〈비고 및 유의점〉

허리띠 또는 손 뼘 등 다양한 방법으로 키를 잴 수 있도록 교사가 도움을 주도록 한다.

주제 4. 이웃과 우리 동네(활동기간: 30일)

(1) 성경적 건강 생활영역

❑ 교육목표

- 하나님께서 주신 자신의 주변을 깨끗이 유지할 수 있다.
- 하나님께서 주신 소 근육을 이용하여 다양하게 움직일 수 있다.
- 하나님께서 주신 몸을 주변 환경으로부터 안전하게 지킬 수 있다.
- 하나님께서 주신 몸을 대 근육 활동을 통하여 발달시킬 수 있다.

❑ 교육활동

소주제 1. 안전한 곳과 위험한 곳(이야기 나누기)

통합목표 ‣ 하나님께서 주신 몸을 주변 환경으로부터 안전하게 지킬 수 있다.

- 하나님께서 주신 몸을 안전하게 지키지 못한 것을 반성한다.
- 하나님께서 주신 지혜로 안전한 곳과 위험한 곳을 구별할 수 있다.

학습자료
- 안전한 곳(놀이터, 공원, 넓은 잔디밭, 운동장 등) 그림 또는 사진
- 위험한 곳(공사장, 차가 많은 곳(주차장), 사람이 없는 한적한 곳 등) 의 그림 또는 사진

활동 방법

〈도입단계〉

1. 우리 동네를 둘러보며 동네 곳곳을 사진을 찍어온다.

〈제시단계〉

1. 둘러본 우리 동네의 여러 장소에 대해 이야기를 한다.
   - 무엇을 보았나요?
2. 사진 찍어온 장소를 보며 이야기를 나눈다.
   - 이곳은 어디일까요?
   - 이곳에서 무엇을 할 수 있을까요?
   - 이곳에 가 본 경험이 있나요? 그곳에서 무엇을 했나요?
3. 사진을 모두 보여준 후 위험한 곳과 안전한 곳을 분류하여 본다.
   - 이 사진들 중에서 위험한 곳은 어디일까요?
   - 왜 이곳이 위험할까요?
   - 안전한 곳은 어디일까요?
   - 왜 안전한 곳이라고 생각했나요?

〈실행단계〉

1. 사진 찍어온 곳 이외에 위험하다고 생각되는 곳과 안전하다고 생각되는 곳이 어디인지 이야기해 본다.
   - 이곳 이외에 위험한 곳은 어디일까요?
2. 위험한 곳에서의 유의해야 할 점에 대해 이야기한다.
   - 공사장: 되도록 가지 않는다.
   - 차가 많이 있는 곳: 어른들과 함께 지나가거나 차가 오는지, 안 오는지 살펴보며 걷는다.
3. 위험한 곳도 있고 안전한 곳도 있지만 우리가 살 수 있는 아름다운 동네를 주신 분이 하나님이라는 것을 알게 한다.

〈반응단계〉

1. 위험한 세상에서 안전하게 살 수 있도록 하나님께 기도를 드리도록 한다.

〈비고 및 유의점〉

위험에 처했을 때 경찰이나 주변 어른들에게 도움을 요청하는 방법에 대해서도 이야기할 수 있다.

소주제 2. 우리 동네를 깨끗이 하려면(이야기 나누기)

통합목표
- 하나님께서 허락해 주신 우리 동네와 이웃에 대해 감사하는 마음을 갖는다.
- 우리 동네를 깨끗하게 돌보지 못한 것에 대해 반성한다.
- 우리기 살고 있는 동네를 깨끗이 하는 방법을 알고 깨끗하게 할 수 있다.

학습자료
- 동네 그림이나 사진, 더러워진 동네사진 및 깨끗한 동네 사진

활동 방법

〈도입단계〉

1. 유치원 주변을 돌아보며 더러운 곳과 깨끗한 곳의 사진을 찍어온다.
2. 동네를 둘러보며 어느 곳이 더러웠고 깨끗했는지를 유아들과 함께 살펴본다.

〈제시단계〉

1. 둘러본 우리 동네의 깨끗한 곳과 더러운 곳에 대해 이야기 나눈다.
   - 무엇을 보았나요?
   - 우리들이 둘러본 곳은 깨끗한 곳이었나요?
   - 더러웠던 곳은 어디였나요?
2. 사진 찍어온 장소를 보며 이야기를 나눈다.
   - 이곳은 어디일까요?
   - 이곳은 왜 더러워졌을까요?
   - 이곳은 어디일까요?
   - 이곳은 왜 깨끗할까요?

〈실행단계〉

1. 유아들과 함께 더러워진 동네를 깨끗하게 할 수 있는 방법과 우리 동네를 계속 깨끗하게 하려면 어떻게 해야 하는지 이야기 나누어 본다.
   - 더러워진 우리 동네를 깨끗하게 하려면 어떻게 해야 할까요?
   - 쓰레기는 어디에다 버려야 할까요?
2. 깨끗한 동네의 사진을 보며 이야기한다.

- 이 사진을 보니 기분이 어떤가요?
- 이렇게 계속해서 깨끗한 동네를 만들려면 어떻게 해야 할까요?

3. 유아들과 함께 더러웠던 곳을 찾아가 협의한 방법대로 직접 청소해 본다.

〈반응단계〉

1. 유아들과 함께 직접 동네를 깨끗하게 청소해 본 소감에 대해 이야기 나눈다.
   - 직접 청소를 해 보니 기분이 어떤가요? - 힘든 점은 없었나요?
2. 더러웠던 곳의 사진과 유아들이 청소하여 깨끗해진 사진을 함께 게시해 놓고 비교해 볼 수 있도록 한다.

〈비고 및 유의점〉

1. 쓰레기가 바닥에 떨어져 있을 때 주워서 쓰레기통에 버릴 수 있는 마음을 가질 수 있도록 격려한다.
2. 쓰레기나 휴지를 함부로 버리지 않는 습관을 가지도록 훈련한다.

(2) 성경적 사회 생활영역

❑ 교육목표

- 하나님께서 허락하신 우리가 살고 있는 동네의 모습과 특징을 안다.
- 하나님께서 주신 직업은 모두 소중하며 성별의 차이가 없다.
- 우리에게 도움을 주는 여러 기관에 대해 안다.
- 음식을 만들어서 이웃들과 함께 나누며 사랑을 느껴 본다.

❑ 교육활동

소주제 1. 우리 동네 꾸미기(쌓기 놀이)

통합목표
- 하나님이 허락하신 우리가 살고 있는 동네의 모습과 특징을 안다.
- 하나님이 허락하신 우리 동네에 대해 관심을 갖고 있지 못한 것에 대해 반성한다.
- 여러 가지 쌓기 블록을 이용하여 만들고 꾸밀 수 있다.

학습자료
- 여러 가지 쌓기 블록, 우리 동네 사진

활동 방법

〈도입단계〉

1. 교실에 있는 쌓기 블록들을 모아오며 무엇을 만들 수 있을지 의논하여 본다.

예) 나무블록-도로 만들기, 벽돌블록- 아파트 만들기

〈제시단계〉

1. 우리 동네에 있는 기관들이나 큰 건물 또는 아파트에는 무엇이 있는지 이야기해 본다.
2. 우리 동네 돌아본 모습을 회상해 보며 찍어온 사진들을 배치해 본다.

예) - 제과점 옆에 무엇이 있었나요?
- 경찰서는 어디에 있었나요?
- 이곳에는 있는 아파트는 어떤 아파트였나요?
- 각자 무엇을 만들지를 서로 의논하여 결정한다.

〈실행단계〉

1. 여러 가지 블록을 이용하여 우리 동네를 만들어 본다(이때 필요한 간판이나 소품들은 그림을 그리거나 색종이를 접어 만들도록 한다).
2. 완성된 동네를 보며 이야기한다.

- 우리 동네 모습과 비슷한가요?
- 틀린 곳은 없나요? 어느 곳이 잘못된 것 같은가요?
- 더 만들고 싶은 곳은 없나요?

〈반응단계〉

1. 우리가 살기 편하게 아름다운 동네를 주신 분이 하나님이라는 것을 이야기한다.
2. 우리에게 이러한 집이나 기관들이 없다면 어떻게 될지 생각하여 이야기한다.

〈비고 및 유의점〉

1. 같은 동네에 사는 친구들끼리 조를 정하여 조별로 만들고 꾸밀 수 있다.
2. 지도를 그릴 수 있다.
3. 구체적 성경진리: 도덕체계
4. 도덕체계는 하나님이 제정하신 가정, 교회, 국가와 같은 기관들을 통해 유지된다.

소주제 2. 여러 가지 직업들(이야기 나누기)

통합목표
- 하나님이 우리에게 다양한 직업을 주신 것에 감사한다.
- 다양한 직업을 소중하게 여기지 못한 것에 대해 반성한다.
- 하나님이 우리에게 주신 다양한 직업에 대해 알아보고 소중하게 여길 수 있다.

학습자료
- 여러 가지 직업 이름 카드와 일하는 사람들의 모습 사진

활동 방법

〈도입단계〉

1. 내가 알고 있는 직업 이름과 그 직업이 하는 일을 소개해 본다.
   - 친구들이 알고 있는 직업은 무엇일까요?
   - 그 직업에 대해서 친구들에게 소개해 볼 수 있나요? 어떤 점에 대해 이야기해 줄 수 있나요?
   - 그 직업을 갖고 있는 사람을 뭐라고 부를까요?
   - 그 직업에 대해서 궁금한 점은 무엇인가요?

〈제시단계〉

1. 준비된 자료를 이용하여 직업의 종류와 그 특성에 대해 살펴본다.
   - 그림 자료에는 어떤 직업이 표현되어 있나요?
   - 사람들은 왜 직업을 갖게 되나요?
   - 직업을 가져서 좋은 점은 무엇일까요?
   - 이 직업의 멋진 점은 무엇일까요?
   - 이 직업을 가진 사람들을 여러분들은 어디에서 많이 보았나요?
   - 세상에는 이런 직업만 있을까요? - 또 어떤 직업이 있을까요?

〈실행단계〉

1. 특별한 직업과 내가 갖고 싶은 직업에 대해 이야기해본다.
   - 우리가 흔히 보지 못하는 직업은 무엇일까?

   (세계의 희귀한 직업을 소개하면서 직업의 다양성과 독특성에 대해 이야기 해 본다.)
   - 여러분들은 어떤 직업을 갖고 싶은가요? - 왜 그런 직업을 갖고 싶은가요?

- 그 직업을 갖고 꼭 해보고 싶은 일은 무엇인가요?
- 만약 새로운 직업을 만든다면 어떤 직업을 만들고 싶은가요?

〈반응단계〉

1. 우리가 이 세상을 살아가도록 다양한 직업을 주시고 일할 수 있는 건강한 몸과 지혜를 주신 분이 하나님이라는 것을 이야기해 준다.
2. 유아가 커서 갖고 싶은 직업을 그림으로 그려서 벽면에 게시하는 것도 좋은 방법이다. 또는 갖고 싶은 직업을 그래프화하여 비교해 볼 수 있도록 해주는 것도 좋다.

〈비고 및 유의점〉

1. 유아들과 함께 세계적으로 존재하는 여러 직업의 종류를 탐색해 본다.
2. 유아들의 부모 직업 조사해 보기 활동으로 전개해 볼 수 있다.

(3) 성경적 표현 생활영역

❑ 교육목표

- 주변에 있는 것들을 보고 하나님께서 주신 자신의 생각을 나름대로 표현할 수 있다.
- 하나님께서 주신 아름다운 목소리로 노래를 즐겁게 부른다.
- 주변의 여러 가지 상황과 움직임을 상상하여 하나님께서 주신 자신의 신체를 이용하여 창의적으로 표현해 본다.

❑ 교육활동

소주제 1. 여러 사람들 따라 하기(신체표현)

통합목표
- 주변의 여러 가지 상황과 움직임을 상상하여 하나님께서 주신 자신의 신체를 이용하여 창의적으로 표현해 본다.
- 나의 신체를 창의적으로 이용하지 못한 것에 대해 반성한다.
- 하나님이 주신 건강한 몸으로 신체를 이용하여 창의적으로 표현할 수 있다.

학습자료
- 다양한 모습을 하고 있는 여러 사람들의 그림 또는 사진

활동 방법

〈도입단계〉

1. 여러 직업을 가진 사람들을 그림으로 보여주며 누구인지 그 사람에게는 무엇이 필요한지 이야기한다.
   - 이 사람은 누구일까요?

〈제시단계〉

1. 그림에서 각 사람들에게 필요한 것들을 준비한다.
   예) 간호사: 주사기, 의사: 청진기, 화가: 붓, 요리사: 국자, 칼, 도마
2. 그림을 보며 각자의 사람들이 무엇을 하고 있는지 이야기한다.
   - 이 사람은 무엇을 하고 있는 것일까요?
   - 어떤 일을 할까요?
   - 이 사람에게 필요한 도구는 무엇일까요?
   - 이 사람에게 필요한 것은 무엇일까요?

〈실행단계〉

1. 한 사람씩 나와서 그림의 사람이 하고 있는 행동을 따라해 보도록 한다.
   - 이 그림의 사람이 하는 행동과 같이 표현하였나요?
2. 한 명의 유아가 나와서 어떤 직업의 사람을 표현하면 다른 유아들이 알아맞히도록 한다.
   - 누구를 표현한 것일까요?
   - 그 사람인 것을 어떻게 알았나요?
3. 신체표현을 한 것에 대해 평가를 한다.
   -가장 표현하기 힘들었던 직업을 가진 사람이 있었나요?
   -어떤 점이 힘들었나요?
   -누구를 표현하기 가장 쉬웠나요?

〈반응단계〉

1. 모든 직업들을 표현하면서 내가 무엇이 되고 싶은지 이야기를 한다.
   - 여러분이 표현한 직업들 중에서 내가 되고 싶은 사람이 있었나요?
2. 이 모든 직업들은 하나님께서 주신 직업이며 모두 소중하다는 것을 이야기한다.
   - 이 모든 직업들은 누가 허락하여 주신 것인가요?
   - 이 직업들 중 하나라도 없다면 어떻게 될까요?

〈비고 및 유의점〉

준비한 도구들을 이용하여 역할 놀이 영역에서 활동할 수 있도록 한다.

소주제 2. 우리 동네 그리기(조형)

통합목표
- 하나님께서 우리에게 허락하신 이웃과 동네에 감사하는 마음을 갖는다.
- 우리 동네와 이웃에 대해 관심을 갖지 못한 점에 대해 반성한다.
- 하나님이 주신 우리 동네에서 행복하게 살 수 있는 방법에 대해 생각해 보고, 관심 있게 관찰하여 그릴 수 있다.

학습자료
- 도화지, 그릴 수 있는 도구, 제목을 쓸 모양 종이

활동 방법

〈도입단계〉

1. 행복하고 아름다운 동네의 모습은 어떨지 유아들과 함께 상상해 본다.
   - 우리가 살고 있는 동네의 어떤 점이 좋은가요?
   - 우리 동네의 아름다운 곳은 어디라고 생각하나요?
   - 우리 어린이집의 주변은 얼마나 아름다운가요?
   - 우리 동네가 더욱 행복하게 변한다면 무엇이 있으면 좋을까요?
   - 사람들은 만나면 어떤 인사를 할까?
   - 우리 동네 사람들이 모두 행복하게 지내는 방법에는 무엇이 있을까요?

〈제시단계〉

1. 우리 동네의 모습을 생각해 본 후 행복한 우리 동네의 모습을 상상하여 그림으로 그려 본다.
   - 행복한 우리 동네가 되려면 어떤 모습이면 좋을까요?
   - 눈을 감고 잠깐 상상하여 본 후 그림으로 나타내볼 수 있을까요?
2. 그림을 그릴 때 필요한 도구들을 살펴본 후 자신이 그리고 싶은 그림에 필요한 것들을 선택하여 자유롭게 그림을 그린다.

〈실행단계〉

1. 행복한 우리 동네의 모습을 상상하여 그린다.
2. 유아들이 자유롭게 상상하여 그릴 수 있도록 격려한다.

〈반응단계〉

1. 유아들의 그림을 소개할 수 있도록 한다.

2. 상상하여 그림을 그려 본 것에 대한 소감을 유아들과 함께 이야기 나눈다.
   - 상상하여 그림을 그려 본 느낌이 어떤가요? - 어떤 친구들의 그림이 재미있나요?
3. 다른 유아들이 서로 그린 그림에 대해 행복하게 보이는 점을 이야기 나누어 본다.
4. 그림의 제목을 지어 본다.
   - 우리 동네의 이름을 뭐라고 하면 좋을까요?

〈비고 및 유의점〉

1. 유아들이 지은 제목과 함께 그림을 벽면에 게시한다.
2. 우리 동네 지도와 함께 유아들이 상상하여 그린 그림을 벽면에 게시하여 비교해 볼 수 있도록 한다.
3. 하나님께서는 우리에게 함께 살아갈 수 있는 아름다운 동네와 이웃을 주셨음을 알게 하고 우리 동네를 소중히 여기고 가꾸어야 할 책임이 우리에게 있다는 사실을 인식시킨다.

(4) 성경적 언어 생활영역

❑ 교육목표

- 바른 자세로 앉아 하나님께서 주신 귀로 다른 사람의 이야기를 귀담아 들을 수 있다.
- 하나님께서 주신 지혜로 동시를 창의적으로 지을 수 있다.
- 그림이나 친숙한 글자 등과 같은 다양한 형태를 이용하여 자신의 생각을 사람이나 하나님께 표현해 본다.

❑ 교육활동

소주제 1. 도움을 주신 분들께 편지 쓰기(언어)

통합목표

- 우리에게 도움을 주신 분들께 감사하는 마음을 갖는다.
- 우리에게 도움을 주신 분들께 감사하는 마음을 갖지 못한 것에 대해 반성한다.
- 그림이나 친숙한 글자 등과 같은 다양한 형태를 이용하여 자신의 생각을 사람이나 하나님께 표현해 본다.

학습자료 ▸『난 토마토 절대 안 먹어』 동화책

활동 방법

〈도입단계〉

1. 여러 기관에서 일하시는 분들에 대해 이야기를 나눈다.
   - 우체국에서 일하시는 분들은 어떤 일들을 하시나요?
   - 그분들이 없다면 어떤 일들이 생길까요?
   - 경찰 아저씨는 어떤 일들을 하시나요?
   - 경찰 아저씨가 없다면 어떤 일들이 일어날까요?
   - 빵집 아저씨는 어떤 일을 하실까요?
   - 그분이 없다면 어떻게 될까요?
   - 의사선생님은 어떤 일을 하시나요?
   - 그분이 없다면 어떻게 될까요?

〈제시단계〉

1. 주변에 있는 여러 기관에서 일하시는 분들에게 도움을 받은 경험에 대해 이야기를 한다.
   - 이와 같이 우리 동네에서 일하시는 분들에게 도움을 받은 경험이 있었나요?
   - 어떤 도움을 받았나요?
2. 직접 도움을 받지는 않았어도 그분들 덕분에 우리가 편하게 살 수 있다는 것에 대해 이야기한다.
   - 내가 직접 도움은 안 받았어도 그분들은 우리 주변에서 우리에게 항상 도움을 주고 있어요. 예를 들면 경찰 아저씨가 있어서 도둑이 들지 않아요. 이렇듯 우리가 편하게 살 수 있도록 우리 동네에 있는 분들은 우리에게 어떤 도움을 주실까요?

〈실행단계〉

1. 도움을 주는 분들에게 어떤 이야기를 해드리고 싶은지 어떤 마음이 드는지 이야기를 한다.
2. 내가 가장 감사드리고 싶은 분께 편지지를 나누어 주고 감사편지를 쓰도록 한다.

〈반응단계〉

1. 완성된 편지를 읽어 보도록 한다.
2. 편지지를 언어영역에 두어 수시로 편지를 쓰도록 한다.

〈비고 및 유의점〉

우리 동네에 있는 기관을 견학 다녀온 후 견학에 도움을 주신 분들께 감사편지를 써서 보낼 수 있다.

(5) 성경적 탐구 생활영역

❑ 교육목표

- 유아들의 주변에 모든 사물들에 호기심을 가지고 스스로 탐구할 수 있다.
- 도구를 이용하여 여러 가지 물건을 측정할 수 있다.
- 일상생활에 있는 물건들에 사용되는 여러 가지 수에 관심을 가지고 사용할 수 있다.
- 물건을 사고 팔 때의 돈의 측정 단위를 사용함을 안다.

❑ 교육활동

소주제 1. 물건 값은 얼마일까요?(수학)

통합목표
- 물건을 사고 팔 때의 돈의 측정 단위를 사용함을 안다.
- 돈의 소중함을 알지 못하고 계획 없이 사용했던 점을 반성한다.
- 생활 경험 속에서 돈의 단위를 익힌다.

학습자료
- 가격 표시가 되어 있는 과자, 물건, 모형 돈(종이 돈, 동전)

활동 방법

〈도입단계〉

1. 지폐와 동전을 살펴보며 1000원은 100원짜리 동전이 10개가 필요하다는 것을, 500원 동전은 100원짜리 동전이 5개가 필요하다는 것에 대해 알아본다.

〈제시단계〉

1. 슈퍼에서 볼 수 있는 여러 가지 과자나 물건에 쓰여 있는 가격들을 살펴보며 읽어본다.
   - 이 과자는 얼마일까요? - 가격은 어디에 표시되어 있나요?
   - 100원짜리 동전 몇 개를 내야 할까요?
2. 가격이 표시되어 있는 이유에 대해 이야기한다.

- 왜 이런 가격이 표시되어 있을까요?

〈실행단계〉

1. 동전을 두 사람이 똑같이 나누어 갖는다.
2. 준비된 물건들 중 내가 갖고 싶은 물건 하나를 집고 표시된 가격만큼 모형 돈으로 지불한다.
3. 맞게 지불하였는지 본다.

〈반응단계〉

1. 놓여진 물건들 중 가장 비싼 물건과 가장 싼 물건을 찾아본다.
2. 하나님께서는 우리에게 지혜를 주셔서 돈을 셀 수 있고 물건에 값을 매길 수 있다는 것을 알도록 한다.

〈비고 및 유의점〉

1. 돈을 주고 거스름돈을 받아야 하는 상황에 대해 알아본다.
2. 실제로 돈을 갖고 시장보기 활동을 할 수 있다.

소주제 2. 우리 동네 지도 꾸미기(조형)

통합목표

- 하나님께서 서로 어우러져 함께 살아갈 동네와 이웃을 주신 것에 감사한다.
- 우리에게 허락하신 이웃과 동네에 관심을 갖지 못한 것에 반성한다.
- 우리가 사는 동네를 주의 깊게 관찰하여 꾸며 볼 수 있다.

학습자료

- 동네에서 볼 수 있는 여러 건물 사진, 사진을 붙여 세울 수 있는 상자, 전지, 그리고 붙이는 도구 등

활동 방법

〈도입단계〉

1. 유아들과 함께 준비된 재료를 탐색해 본다.
   - 무엇이 준비되어 있나요?
   - 준비된 재료 중에 사진이 들어있는데 무슨 사진일까요?
   - 이 사진 속의 건물은 어디에서 볼 수 있을까요?

- 이 건물 옆에는 무엇이 있나요?
- 이 사진으로 우리는 무엇을 할 수 있을까요?
- 또 다른 재료로는 무엇을 할 수 있을까요?

〈제시단계〉

1. 준비된 재료를 이용하여 동네를 꾸며 본다.
   - 준비된 재료를 이용하여 동네 꾸미기 놀이를 하려고 하는데 우선 무엇을 해야 할까요?
   - (교사가 유치원을 중심으로 길을 구성해 준 후), 유치원을 나가면 바로 이런 길이 있단다. 길가에는 어떤 건물들이 있을까요?
   - 그 옆에는 무엇이 있을까요?
   - 그 건물 사진을 찾아볼 수 있을까요?
   - 건물 사진을 어떤 방향으로 놓으면 좋을까요?
   - 건물 사진을 상자에 붙여 세운 후에, 도로 주변에 자유롭게 붙여서 동네를 꾸며 보도록 해요.

〈실행단계〉

1. 유아들이 여러 가지 다양한 재료를 이용하여 동네를 꾸민다.
2. 교사는 유아들이 자유롭게 적극적으로 꾸미기 활동을 할 수 있도록 격려해 준다.

〈반응단계〉

1. 유아들이 꾸민 동네를 감상해 본다.
   - (유아들이 꾸민 동네를 감상하면서) 동네가 어떻게 구성되어 있는지 함께 살펴볼까요?
   - 동네를 위에서 내려다본 느낌이 어떤가요? 더 높은 곳에서 내려다본다면 어떨까요?
   - 동네 여행을 한다면 어느 길로 지나가고 싶은가요? 그 방향을 따라 손가락으로 길을 따라가 볼 수 있나요?
   - 우리가 꾸민 동네에 무엇을 더 꾸며 주고 싶은가요?

   (유아들이 꾸민 동네를 한 곳에 전시해 두고, 지속적으로 감상하도록 한다.)

〈비고 및 유의점〉

1. 동네 이름 짓기 활동을 해서 동네 어귀에 간판을 세워 준다.
2. 각 건물에 맞는 간판 이름을 꾸며서 건물사진에 붙여 주도록 한다.

주제 5. 음식(활동기간: 30일)

(1) 성경적 건강 생활영역

❑ 교육목표

- 하나님께서 주신 자신의 몸을 다양한 방법으로 움직여 본다.
- 하나님께서 주신 음식을 소중히 여기며 적당한 양의 음식을 골고루 먹는다.
- 하나님께서 주신 기본적인 오감각을 활용하여 사물을 다루어 보고 인식한다.
- 하나님께서 우리 몸을 튼튼하게 성장하도록 5대 영양소를 주심을 알고 5대 영양소에 대해 알아본다.

❑ 교육활동

소주제 1. 요리조리 걷기(신체표현)

통합목표
- 자유롭게 움직일 수 있는 몸을 주신 하나님께 감사한다.
- 하나님이 주신 자유를 누리지 못한 내 모습을 안다.
- 하나님께서 주신 자신의 몸을 다양한 방법으로 움직여 본다.

학습자료
- 긴 줄 3개, 블록 10개, 음악테이프

활동 방법

〈도입단계〉

1. 바닥에 긴 줄을 붙여 놓는다.
2. 긴 줄을 중심으로 유아들이 양 옆으로 나누어 앉는다.

〈제시단계〉

1. 바닥에 놓여진 긴 줄의 모양을 보며 이야기를 한다.
   - 어떤 모양인가요?
   - 우리가 이것으로 무엇을 할 수 있을까요?
   - 우리는 어느 기관을 이용하여 이 길을 갈 수 있을까요?
2. 바닥에 놓인 긴 줄의 모양을 따라 유아들이 나와 걸어 본다.

3. 음악을 들어 본다.
   - 음악의 느낌이 어떤가요?

〈실행단계〉

1. 한 명씩 유아들이 나와 음악에 맞추어 자유롭게 걷는다.
   - 어떻게 하면서 줄 위로 걸을 수 있을까요?
   - 줄 위를 빨리 걸을 수도 있을까요?
   - 음악을 들으며 걸었을 때 어떤 느낌이 들었나요?
2. 바닥에 간격을 띄어 블록을 세워 놓는다.
   - 이런 길은 어떻게 갈 수 있을까요?
3. 블록 사이를 지그재그로 건드리지 않고 걷거나 달린다.

〈반응단계〉

1. 하나님께서 주신 우리 몸을 건강하게 하기 위해 항상 운동하고 음식을 잘 먹어야 함에 대해 이야기한다.
   - 오늘 활동이 재밌었나요? 어려웠던 점은 없었나요?
   - 하나님께서 주신 우리 몸을 건강하게 하기 위해 어떻게 해야 할까요?

〈비고 및 유의점〉

블록을 놓고 걸을 때 처음에는 간격을 넓게 해 주었다가 익숙해지면 좁힌다.

소주제 2. 음식을 골고루 먹어요(이야기 나누기)

통합목표
- 하나님께서 우리에게 다양한 음식을 주셨음을 안다.
- 골고루 먹지 않고 불평했던 모습을 반성한다.
- 하나님께서 주신 음식을 소중히 여기며 적당한 양의 음식을 골고루 먹는다.

학습자료
- 여러 가지 음식 그림

활동 방법

〈도입단계〉

1. 유치원 오기 전 아침에 먹은 음식에 대해 이야기를 나눈다.
   - 친구들은 유치원 오기 전에 어떤 음식을 먹고 왔나요?

- 엄마가 주신 음식을 모두 먹고 왔나요?
- 쌀과 채소와 과일은 몇째 날에 만드셨을까요?

〈제시단계〉

1. 여러 가지 음식 그림을 보여주며 이야기를 나눈다.
   - 이것은 무슨 음식일까요?
   - 곡식과 야채는 누가 만드셨나요?
   - 이것은 우리 몸에 어떤 도움을 줄까요?
   - 이 음식들 중에서 내가 좋아하는 음식이 있나요?
   - 이 음식들 중에서 내가 싫어하는 음식이 있나요?
2. 내가 좋아하는 음식에 대해 이야기를 한다.
   - 어떤 음식을 좋아하나요? - 왜 그 음식이 좋은가요?
   - 그 음식은 우리에게 어떤 도움을 줄 수 있을까요?

〈실행단계〉

1. 음식이 우리 몸에 주는 영향에 대해 이야기를 나눈다.
   - 음식을 우리가 왜 먹어야 할까요? - 음식을 먹지 않는다면 어떻게 될까요?
   - 음식은 우리 몸에서 어떤 일들을 할까요?
2. 하나님께서 우리가 음식을 먹을 수 있도록 해주신 이유에 대해 이야기를 한다.
   - 하나님께서는 여러 가지 재료를 통해서 우리가 맛있는 음식을 먹고 건강하게 살면서 하나님을 예배하고 감사드리는 삶을 살도록 하셨어요.
   - 우리가 음식물을 남기면 하나님의 마음은 어떠실까요?
3. 좋아하는 음식만 먹는다면 어떻게 될까요?
   - 만약 친구들이 좋아하는 음식만 매일 먹고 싫어하는 음식을 먹지 않는다면 어떻게 될까요?
   - 또 내가 먹을 수 있는 것보다 더 많은 음식을 먹는다면 어떻게 될까요?
4. 모든 음식을 적당한 양으로 골고루 먹겠다고 약속을 한다.

〈반응단계〉

1. 이렇게 우리 몸에 이로움을 주는 음식을 우리에게 주신 하나님께 감사하도록 한다.
2. 농사를 지어 주신 농부들에게도 감사한다.

〈비고 및 유의점〉

약속 후 점심시간에 자신들이 직접 반찬을 먹을 수 있을 만큼 골고루 담아서 먹도록 한다.

소주제 3. 여러 가지 맛(과학)

통합목표
- 하나님은 맛을 느낄 수 있는 다양한 감각을 주셨음을 안다.
- 하나님이 주신 다양한 감각기관에 대해서 소중하게 생각지 못했던 것에 대해서 알 수 있다.
- 하나님께서 주신 오감각을 활용하여 사물을 다루어 보고 인식한다.

학습자료
- 네 가지 과일주스, 커다란 물잔, 작은 유리잔 네 개

활동 방법

〈도입단계〉

1. 맛을 보는 기관과 냄새를 맡는 기관에 대해 이야기를 나눈다.
   - 우리가 음식 맛을 보는 곳은 어디일까요?
   - 음식 냄새를 맡을 수 있는 기관은 어디일까요?
   - 입은 누가 만드셨을까요? - 코는 누가 만드셨을까요?
2. 작은 유리잔에 각 주스를 한 잔씩 따라 놓는다.

〈제시단계〉

1. 앞에 준비된 주스에 대해 이야기를 한다.
   - 이것이 무엇인 것 같은가요? - 무슨 색깔인가요?
2. 자신이 좋아하는 주스가 무엇인지 이야기를 해본다.
   - 여러분이 좋아하는 주스는 무슨 색깔인가요? - 어떤 맛인가요?
   - 어떤 과일로 만들어진 것인가요?
3. 주스의 색을 보고 어떤 주스인지 예측해 본다.
4. 눈가리개로 눈을 가린다.

〈실행단계〉

1. 눈을 가린 채로 주스를 한 모금씩 마셔 보며 어떤 맛인지 말하게 한다.
   - 어떤 주스인 것 같나요?
2. 다른 주스를 마시기 전에 물로 입을 헹구고 다른 주스도 먹어 보고 주스의 이름을 알아맞힌다.
3. 입을 헹구고 코를 손으로 쥐고 주스의 맛을 본다(코를 쥐고 있으면 모두 달콤한 맛만 나므로 주스 맛을 구별하기가 어렵다).

- 코를 막고 주스를 먹으니 어떤 주스인지 알 수 있었나요?
- 코를 막지 않고 주스를 먹을 때와 코를 막고 먹을 때 어떤 점이 다른가요?

4. 유아들이 먹어 보기 전 주스이름과 먹어본 후 주스이름이 같은지 확인해 본다.
5. 활동이 끝난 후 감기에 걸렸을 때 입맛이 없는 이유에 대해서 서로 이야기해 본다.
   - 감기에 걸려 본 경험이 있나요? - 왜 감기에 걸렸을 때 밥맛이 없었을까요?

〈반응단계〉

1. 우리가 음식의 맛을 느낄 수 있는 혀, 음식의 색깔을 볼 수 있는 눈, 냄새를 맡을 수 있는 코, 맛있는 음식을 먹을 수 있는 입을 주신 하나님께 감사드린다.
   - 우리에게 이렇게 맛을 보며 입을 즐겁게 해주시고 건강하게 해주시는 분은 누구신가요?

〈비고 및 유의점〉

1. 맛을 느낄 때는 코도 중요한 역할을 한다는 것을 알려 준다.
2. 음식의 모양과 색깔을 눈으로 확인하면 더 맛있어 보인다.

소주제 4. 5대영양소(이야기 나누기)

통합목표

- 하나님께서는 우리 몸이 튼튼하게 성장하도록 다양한 음식을 주셨음을 안다.
- 하나님이 주신 음식을 감사하는 마음으로 먹지 못함을 반성한다.
- 하나님께서 우리 몸을 튼튼하게 성장하도록 5대 영양소를 주심을 알고 5대 영양소에 대해 알아본다.

학습자료

- 5대 영양소 PPT자료

활동 방법

〈도입단계〉

1. 아팠던 경험에 대해 이야기한다.
   - 몸이 아픈 적이 있었나요? 어디가 아팠나요?
   - 몸이 왜 아팠나요? - 어떻게 해서 나았나요?
2. 우리 몸을 튼튼하게 하는 방법에 대해 이야기를 나눈다.
   - 하나님께서 주신 우리 몸이 건강하려면 어떻게 해야 할까요?
   - 우리 몸이 아프지 않으려면 어떻게 해야 할까요?

〈제시단계〉

1. 하나님께서 주신 여러 가지 음식에 대해 이야기를 나눈다.
   - 여러분은 어떤 음식을 좋아하나요?　　　　- 왜 그 음식을 좋아하나요?
   - 그 음식에는 어떤 재료가 들어가나요?
   - 그 음식을 먹으면 어떤 점이 좋을까요? (예: 키가 커진다. 똑똑해진다. 등)
2. 하나님께서 우리에게 여러 가지 음식을 주신 이유에 대해 이야기한다.
   - 하나님께서는 여러분을 사랑하셔서 우리 몸에 필요한 영양소를 음식들을 통해 섭취할 수 있도록 창조하셨어요.

〈실행단계〉

1. 우리 몸에는 5대 영양소가 필요하다는 것에 대해 이야기를 나눈다.
   - 우리 몸에는 꼭 필요한 5대 영양소가 있어요. 그것들은 무엇일까요?
2. 5대 영양소 PPT자료를 보며 5대 영양소가 들어있는 음식물들을 알아본다.
   - 탄수화물: 쌀, 보리, 옥수수, 감자, 고구마
   - 비 타 민: 감, 귤, 양파, 오이, 포도, 시금치
   - 단 백 질: 소고기, 돼지고기, 생선, 우유, 콩, 두부
   - 무 기 질: 깻잎, 배추, 김, 멸치, 다시마
   - 지방: 버터, 참기름, 땅콩, 들깨, 콩기름
4. 각 영양소들이 우리 몸에 어떤 도움을 주는지 이야기를 나눈다.
   - 탄수화물: 힘을 내도록 도와요.
   - 비 타 민: 활기차게 뛰어놀 수 있게 도와요.
   - 단 백 질: 살을 만들고 건강하게 해요.
   - 무 기 질: 뼈를 튼튼하게 해요.　　　　- 지방: 힘을 내고 튼튼하게 해요.
5. 우리 몸이 건강하게 자라려면 이것들을 모두 골고루 섭취해야 한다는 것을 이야기한다.

〈반응단계〉

1. 각 음식들에 우리 몸에 꼭 필요한 영양소를 주시고 우리가 튼튼하게 자랄 수 있게 해주신 하나님께 감사를 드린다.

〈비고 및 유의점〉

점심 간식 시간에 나온 음식들을 보며 각 음식에 들어있는 영양소에 대해 이야기해 본다.

(2) 성경적 사회 생활영역

❑ 교육목표

- 하나님께서 주신 음식을 바른 자세와 태도로 먹는다.
- 하나님께서 주신 직업은 모두 소중하며 성별의 차이가 없다.
- 우리나라 전통문화와 관련된 소중한 문화를 알아보고 친밀감을 가진다.
- 음식을 만들어서 이웃들과 함께 나누며 사랑을 느껴본다.

❑ 교육활동

소주제 1. 바른 자세로 음식을 먹어요(수 조작 게임)

통합목표
- 하나님께서 우리의 건강을 위해 다양한 음식을 주신 것을 안다.
- 하나님께서 주신 음식을 바른 자세로 먹지 못한 것에 대해서 반성한다.
- 하나님께서 주신 음식을 감사하면서 바른 자세와 태도로 먹는다.

학습자료
- 돌림판, 4가지색의 색 카드 10장씩, 그래프판

활동 방법

〈도입단계〉

1. 어린이가 바르게 앉아서 먹는 그림과 흘리면서 먹거나 돌아다니면서 먹는 그림을 보여주며 이야기한다.
   - 지금 무슨 시간인가요? - 이 그림은 지금 무엇을 하고 있는 그림인가요?
   - 여러분은 이 두 그림 중에서 어떤 자세로 밥을 먹나요?
   - 어느 그림이 올바른 자세의 그림일까요?

〈제시단계〉

1. 하나님께서 주신 음식을 바른 자세로 먹어야 되는 것에 대해 이야기를 한다.
   - 하나님께서 주신 음식을 어떻게 먹어야 할까요?
   - 돌아다니면서 음식을 먹으면 어떤 일이 일어날까요?
   - 음식을 입 속에 가득 넣고 이야기하면 어떻게 될까요?
   - 그러면 돌아다니며 음식을 먹는 것과 음식을 입에 넣고 이야기하는 것을 바르게 고쳐 봅시다.

〈실행단계〉

1. 4명의 유아와 함께 게임판을 보며 이야기 나눈다.
   - 돌림판의 그림은 무엇을 하는 그림일까요?
   - 어떤 그림이 바르게 식사하는 모습의 그림일까요?
2. 순서와 색 카드를 정한 후 그래프에 게임자의 이름을 쓴다.
3. 순서대로 원판을 돌려 화살표가 가리키는 곳이 바르게 식사하는 모습일 경우 그래프에 색 카드를 1부터 차례로 올려놓는다.
4. 10까지 색 카드를 다 놓으면 게임이 끝난다.

〈반응단계〉

1. 게임이 끝난 후에는 그래프에 써 놓은 게임자의 이름을 지워서 다음 유아가 사용할 수 있게 한다.

〈비고 및 유의점〉

간식, 점심시간에 바른 자세로 음식을 먹을 수 있도록 지도한다.

소주제 2. 김밥 만들어 대접하기(요리)

통합목표
- 하나님께서는 음식을 가난한 이웃들에게 나누어 주기를 원하신다는 것을 안다.
- 다른 사람과 나누어 주지 못하는 내 마음을 깨닫고 반성한다.
- 음식을 만들어서 이웃들과 함께 나누며 사랑을 느껴 본다.

학습자료
- 김밥 재료

활동 방법

〈도입단계〉

1. '보리떡 다섯 개와 물고기 두 마리' 이야기를 들려준다.
   - 우리가 먹는 음식은 누가 만드신 것인가요?
   - 도시락을 가지고 온 사람은 그 도시락을 혼자 먹었나요?
   - 다른 사람과 나누어 먹을 때 도시락을 가지고 온 사람의 기분은 어땠을까요?
2. 하나님께서는 혼자 먹는 것보다 여러 사람과 나누어 먹고 특히 가난한 이웃들에게 나누어 주기를 원하신다는 것을 이야기한다.

〈제시단계〉

1. 내가 음식을 대접 받아 본 경험에 대해 이야기를 나눈다.
   - 친구들에게 음식을 대접 받아 본 경험이 있나요?
   - 어떤 음식을 받아 보았나요? - 기분은 어땠나요?
2. 유아들이 만들어 다른 사람에게 대접할 음식에 대해 이야기를 나눈다.
   - 친구들에게 어떤 음식을 대접하고 싶은가요? - 왜 그 음식을 대접하고 싶은가요?

〈실행단계〉

1. 대접할 음식의 재료가 무엇인지 알아본다.
2. 유아들이 만들어 대접할 음식인 김밥재료를 보며 이야기를 나눈다.
   - 무엇이 있나요? - 이 재료의 이름은 무엇일까요?
   - 이것들로 무엇을 만들 수 있을까요?
3. 김밥 만드는 순서인 PPT자료를 보며 김밥 만드는 방법을 알려 준다.
   - 김 위에 밥을 펴놓고 그 위에 야채들을 넣고 돌돌 만다.
4. 순서에 따라 김밥을 만든다.
5. 대접하고 싶은 사람들을 생각해 본다.
   - 누구에게 이 김밥을 주고 싶은가요? 왜 주고 싶은가요?
6. 자신이 만든 김밥을 대접하고 싶은 사람에게 대접한다.

〈반응단계〉

1. 자신이 만든 김밥을 대접한 소감에 대해 이야기를 나눈다.
   - 내가 만든 음식을 다른 사람에게 대접하니 기분이 어떤가요?
   - 하나님께서는 자신만 음식을 먹는 것이 아니라 다른 사람들과 나누어 먹도록 말씀하셨어요.

〈비고 및 유의점〉

다른 사람을 대접할 수 있는 음식을 주신 하나님께 감사하는 마음을 갖도록 한다.

(3) 성경적 표현 생활영역

❑ 교육목표

• 하나님께로부터 받은 자신의 생각과 느낌을 여러 가지 재료와 도구를 활용하여 자유롭게 꾸며 본다.

• 하나님께서 주신 아름다운 목소리로 노래를 즐겁게 부른다.
• 하나님께서 주신 신체를 이용하여 주변의 여러 가지 모양과 움직임을 창의적으로 표현해 본다.
• 음식의 여러 가지 종류를 만들어 보고 아름다움에 감사한다.
• 우리가 음식을 먹어야만 기운이 생기게 만드신 것을 감사한다.

❑ 교육활동

소주제 1. 음식 만들기(조형)

통합목표
‣ 하나님이 다양한 색깔의 음식들을 창조하신 것을 안다.
‣ 다양한 음식을 보고 감사가 없었던 나를 돌아본다.
‣ 음식의 여러 가지 종류를 만들어 보고 아름다움에 감사한다.

학습자료
‣ 점토, 물감, 니스

활동 방법

〈도입단계〉

1. 여러 가지 음식의 그림들을 보여주며 다양한 음식의 특징에 대해 이야기를 나눈다.
   - 사과는 어떤 모양일까요? - 무슨 색깔일까요?
   - 피자는 어떻게 생겼을까요? - 피자 위에는 어떤 것들이 있을까요?
2. 맛있게 생기고 맛있는 생각이 들 수 있도록 색깔이 있는 다양한 음식들을 창조하신 하나님께 감사드린다.

〈제시단계〉

1. 점토를 자유롭게 만져 본다(주무르기, 쳐 보기, 굴리기, 두드리기, 누르기, 밀기, 찍기)
   - 점토를 만진 기분이 어떤가요?
   - 점토 위에 손바닥을 찍었을 때 어떤 모양이 나타나나요?
2. 다양한 모양을 점토로 만들어 본다.
   - 동글동글 공 모양을 만들어 보세요. - 길쭉길쭉 면 모양을 만들어 보세요.

〈실행단계〉

1. 내가 만들고 싶은 음식을 생각한다.
   - 어떤 음식을 만들고 싶은가요? - 그 음식은 어떤 모양인가요?
2. 음식물의 특징이 잘 나타나도록 점토로 음식을 만들어 본다.
   - 하나님께서 주신 친구들의 아이디어를 잘 생각하여 음식을 만들어 보세요.
   - 사과는 어떻게 만들면 좋을까요? - 오이는 어떻게 만들까요?
3. 점토에 이름을 쓰고 바람이 잘 통하는 그늘에 말린다.
4. 물감으로 색칠하고 마른 후 니스 칠을 한다.

〈반응단계〉

1. 완성된 작품을 친구들에게 소개한다.
   - 무엇을 만들었나요? - 만들면서 제일 힘들었던 점은 무엇이었나요?
   - 여러분이 힘들게 만들어 본 이 음식들을 하나님께서는 우리에게 아주 많이 만들어 주셨어요.
   - 이렇게 아름다운 음식을 만드신 분은 누구신가요?

〈비고 및 유의점〉

완성된 작품을 역할놀이 영역에 두어 역할놀이를 할 때에 소품으로 활용할 수 있게 한다.

소주제 2. 냠냠(음률)

통합목표
- 하나님께서 아름다운 목소리로 노래를 즐겁게 부를 수 있도록 창조하셨다.
- 즐거운 마음이 없이 음식을 먹은 것에 대해서 미안한 마음을 갖는다.
- 우리가 음식을 먹어야만 기운이 생기게 만드신 것을 감사한다.

학습자료
- 노래 그림 자료, 음식카드

활동 방법

〈도입단계〉

1. 우리가 노래를 부르고 말을 할 수 있도록 목소리를 주신 하나님께 감사하며 아름답게 노래를 부르도록 이야기한다.

〈제시단계〉

1. 준비된 그림 자료를 보며 이야기한다.
   - 왜 이 아이는 표정을 찡그리고 있을까요?
   - 왜 먹기 싫어하는 것일까요?
   - 어떤 음식이 그려져 있나요?
   - 친구들은 음식들을 골고루 먹나요?
   - 왜 골고루 먹어야 할까요?

〈실행단계〉

1. 그림판과 음식카드를 차례대로 보여 주며 노래를 들려준다.
2. 한 음으로 불러 본다.
3. 유아와 교사가 번갈아가며 한 소절씩 불러 본다.
4. 다 같이 불러 본다.
5. 노래에 맞추어 무릎-손뼉 치기를 해본다.

냠냠

작사/작곡 김성균

〈반응단계〉

1. 노래를 부른 느낌에 대해 이야기한다.
   - 이 노래를 불러 본 기분이 어때요?
   - 이제부터 친구들도 모든 음식을 골고루 먹기로 약속해요.

2. 하나님께서는 우리가 음식을 골고루 먹을 때 기뻐하신대요.

〈비고 및 유의점〉

'시금치, 콩나물, 생선…' 가사 대신 유아들이 잘 먹지 않는 가사를 바꾸어 부르도록 한다.

소주제 3. 춤추는 팝콘(신체표현)

통합목표
- 하나님께서 주신 신체를 이용하여 주변의 여러 가지 모양과 움직임을 창의적으로 표현해 본다.
- 우리의 몸을 자유롭게 움직일 수 있음에 감사하지 못했다.
- 팝콘처럼 움직이면서 표현할 수 있음을 감사한다.

학습자료
- 스타카토가 있는 음악

활동 방법

〈도입단계〉

1. 팝콘을 먹어 본 경험을 이야기한다.
   - 어디서 먹었었나요?
   - 팝콘은 어떻게 생겼나요?
   - 무엇으로 만들어진 것일까요?
2. 팝콘을 만드는 모습을 본 경험에 대해 이야기한다.
   - 팝콘을 만드는 모습을 보았나요?
   - 팝콘이 어떻게 튀나요?

〈제시단계〉

1. 팝콘의 요리해 본다.
   - 프라이팬에 기름을 두르고 뜨겁게 달군다. → 옥수수를 놓는다. → 옥수수가 뜨거워서 위로 튄다. → 뚜껑을 닫고 기다린다. → 뚜껑을 열어 본다.
2. 팝콘을 만들며 하나님께서는 옥수수가 팝콘으로 변할 수 있도록 창조하신 위대하신 분이심을 알게 한다.

〈실행단계〉

1. 두 조로 나뉘어 한 조는 둥글게 앉아 프라이팬이 되고 한 조는 팝콘과 버터가 되어 본다.

2. 교사는 냄비에 기름을 두르고 불을 켜는 시늉을 하고 유아들이 나와서 직접 팝콘이 되어 신체로 표현해 본다.
   - 버터가 녹는 모습을 어떻게 표현할 수 있을까요?
   - 처음에 팝콘이 어떤 모습이었나요? - 팝콘이 튀겨질 때 어떻게 튀겨지나요?
3. 교사가 "점점 뜨거워진다."라고 말하면 냄비는 서서히 움직이기 시작하고 옥수수 알들은 점점 흔들리고 기름 때문에 꿈틀거리다가 움직인다. 점점 뜨거워지고 냄비가 아주 뜨겁게 되면 팝콘 알들이 튀겨지기 시작한다.
4. 스타카토가 있는 음악을 들어 본다.
   - 느낌이 어떤가요?
5. 음악을 들으며 팝콘이 튀는 모습을 표현한다.

〈반응단계〉

1. 평가를 한다.
   - 어떤 친구가 가장 팝콘 튀는 모습을 잘 표현했나요?
   - 무엇을 할 때 가장 재미있었나요?
   - 힘든 부분은 없었나요?
2. 하나님이 우리 몸을 마음대로 움직일 수 있도록 만드심을 알고 감사한다.
3. 만든 팝콘을 먹어 본다.
   - 팝콘 맛은 어떤가요?
   - 팝콘의 재료인 옥수수는 누가 만드셨나요?
   - 옥수수와 같은 식물은 몇째 날 만드셨나요?

〈비고 및 유의점〉

팝콘 요리할 때 불 사용을 조심하도록 한다.

(4) 성경적 언어 생활영역

❑ 교육목표

- 유아가 다른 사람의 말을 귀담아 듣고 이해하며 자신의 생각과 느낌을 말로 아름답게 표현한다.
- 일반 동화, 동요, 동시를 즐겨 듣고 들을 수 있는 귀를 주신 하나님께 감사하며

느낌을 표현할 수 있다.

- 그림이나 친숙한 글자 등과 같은 다양한 형태를 이용하여 자신의 생각을 사람이나 하나님께 표현해 본다.
- 성경동화를 듣고 하나님의 말씀을 이해하도록 한다.

❏ 교육활동

소주제 1. 난 토마토 절대 안 먹어(이야기 나누기)

통합목표
- 유아가 다른 사람의 말을 귀담아 듣고 이해하며 자신의 생각과 느낌을 말로 아름답게 표현한다.
- 그림이나 친숙한 글자 등과 같은 다양한 형태를 이용하여 자신의 생각을 사람이나 하나님께 표현해 본다.

학습자료
- 『난 토마토 절대 안 먹어』 동화책

활동 방법

〈도입단계〉

1. 유아들이 싫어하는 음식에 대해 이야기를 나눈다.
   - 여러분은 어떤 음식을 싫어하나요? - 왜 싫은가요?
   - 그것을 먹었나요? - 어떤 방법으로 먹었나요?
2. 싫어하는 음식도 골고루 먹어야 하는 이유에 대해 이야기를 한다.
   - 우리가 싫은 음식도 먹어야 되는 이유는 무엇일까요?
   - 하나님께서는 왜 우리가 싫어하는 음식도 창조하셨을까요?

〈제시단계〉

1. 『난 토마토 절대 안 먹어』 동화책의 표지를 보며 이야기를 나눈다.
   - 이 동화책의 제목이 무엇인가요? - 이 동화책에는 어떤 이야기가 나올까요?

〈실행단계〉

1. 『난 토마토 절대 안 먹어』 동화책을 듣는다.
2. 동화를 듣고 나서 어떤 내용이 기억나는지 이야기해 본다.
   - 동화 속에서 기억나는 내용이 있나요?

- 주인공은 토마토에 어떤 이름을 붙여 주었나요?
- 토마토는 몇째 날 하나님이 만들어 주셨나요?
- 주인공은 어떤 음식들을 싫어했나요?
- 하나님께서 주신 음식물을 안 먹으면 어떻게 될까요?

3. 주인공이 싫어하는 음식을 어떻게 먹을 수 있었는지에 대해 이야기를 한다.
   - 롤라는 싫어하는 음식을 어떻게 해서 먹을 수 있었나요?
4. 유아들도 싫어하는 음식에 재미있는 이름을 붙여 본다.
   - 친구들은 어떤 음식을 싫어하나요?
   - 이 음식에 어떤 이름을 붙일 수 있나요?
   - 하나님은 왜 이런 음식을 만드셨을까요?

〈반응단계〉

1. 언어영역에 활동지를 놓아두고 유아들 각자가 싫어하는 음식에 재미있는 이름을 붙이는 활동을 한다.

〈비고 및 유의점〉

싫어하는 음식도 모두 우리 몸에 필요하며 이러한 것들을 하나님께서 주셨다는 것을 알려 준다.

소주제 2. 맛있는 과일(동시)

통합목표

- 일반동화, 동요, 동시를 즐겨 들을 수 있는 귀를 주신 하나님께 감사하며 느낌을 표현할 수 있다.
- 싫어하는 과일을 안 먹었던 것을 생각해 본다.
- 내 몸에 좋은 과일을 편식하지 않고 먹도록 한다.

학습자료

- 동시판, 여러 가지 과일그림

활동 방법

〈도입단계〉

1. 내가 먹은 과일에 대해 이야기한다.
   - 최근에 여러분은 어떤 과일을 먹었나요? - 맛이 어땠나요?
2. 내가 좋아하는 과일과 싫어하는 과일에 대해 이야기한다.

- 여러분은 어떤 과일을 좋아하나요? 왜 좋아하나요?
- 싫어하는 과일은 있나요? 어떤 점이 싫은가요?

〈제시단계〉

1. 여러 가지 과일그림을 보며 이야기를 한다.
   - 이것은 무슨 과일일까요?
   - 이 과일은 어느 계절에 나오는 과일일까요?
   - 이 과일을 먹어 본 경험이 있나요? - 어떤 맛이었나요?
   - 하나님은 이 과일들을 몇째 날 만드셨을까요?
2. 과일을 주신 하나님께 감사드린다.
   - 이 모든 과일들은 누가 창조하신 것들일까요?
   - 우리가 과일들을 먹으면 우리 몸에 어떤 점이 좋을까요?
   - 모든 과일들은 먹을 수 있지만 태초에 아담과 하와에게 먹지 말라 하셨던 과일은 무엇이었나요?

〈실행단계〉

1. 그림카드를 동시 판에 붙이면서 동시를 들려준다.

맛있는 과일

어느 것 제일 맛있냐구요? ______도 제일 맛있고
______도 제일 맛있고 ______도 제일 맛있고
______도 제일 맛있고 하나만 말하라고요?
모두 제일 맛있는데 어떻게 하나만 말해요

2. 교사와 유아가 한 소절씩 교대로 읽어 본다.
3. 좋아하는 과일에 대해서 이야기한다.
   - 어떤 과일을 좋아하나요?
4. 유아들이 좋아하는 과일이나 싫어하는 과일로 바꾸어서 읽어 본다.
5. 과일뿐 아니라 다른 여러 음식 이름을 넣어 바꾸어서 읽어 본다.

〈반응단계〉

1. 동시를 읽어 본 느낌에 대해 이야기를 나눈다.
   - 동시를 읽어 보니 느낌이 어떤가요?
2. 동시를 들으면서 예쁜 마음이 생기게 된 것에 대해 감사한다.
3. 우리에게 맛있는 과일과 음식을 주신 하나님께 감사하는 마음을 갖도록 한다.

〈비고 및 유의점〉

동시에 자신이 좋아하는 음식뿐 아니라 싫어하는 음식도 넣어 싫어하는 음식에도 애착을 가질 수 있도록 한다.

소주제 3. 음식 책(언어)

통합목표
- 그림이나 친숙한 글자 등과 같은 다양한 형태를 이용하여 자신의 생각을 사람이나 하나님께 표현해 본다.
- 아무 책이든 찢었던 행동을 조심한다.
- 음식을 잘 만들 수 있도록 책이 있어서 감사한다.

학습자료
- 여러 가지 음식 그림, 책 모양 활동지, 여러 가지 쓰기 도구

활동 방법

〈도입단계〉

1. 내가 알고 있는 음식들에 대해 이야기한다.
   - 음식들 중에서 생각나는 음식들 이름을 이야기해 보세요.
2. 내가 좋아하는 음식에 대해 이야기한다.
   - 어떤 음식을 좋아하나요?

〈제시단계〉

1. 오려놓은 음식 그림들을 보여주며 이야기한다.
   - 여기에 있는 음식은 어떤 음식인가요? - 무엇으로 만든 음식인가요?
   - 모르는 음식이 있나요? - 여러분이 좋아하는 음식이 있나요?
2. 이모든 음식들을 골고루 먹어야 하는 이유에 대해 이야기한다.
   - 이런 음식을 하나님께서 주신 이유는 무엇일까요?
   - 여러분은 어떤 마음으로 이 음식들을 먹어야 할까요?

〈실행단계〉

1. 준비된 책 모양 활동지를 보여주며 음식 책을 만들 것을 이야기한다.
2. 책 모양 활동지에 이름을 쓴다.
3. 준비된 여러 가지 음식 모양 그림 중에서 내가 좋아하는 음식을 찾아 책 모양 활동지에 붙인다(또는 내가 좋아하는 음식이나 붙이고 싶은 그림이 없는 경

우 그림으로 그린다).

4. 음식 그림을 여러 가지 쓰기 도구를 이용하여 색칠을 하고 그림 밑에는 음식 이름과 음식에 들어간 재료 등을 써 넣는다.
   - 어떤 음식인가요? - 이 음식에는 어떤 재료가 들어갔나요?

〈반응단계〉

1. 완성된 음식 책을 친구들에게 소개한다.
   - 어떤 음식인가요? - 어떤 재료로 만든 음식인가요?

〈비고 및 유의점〉

1수준 유아들은 글씨카드를 붙이도록 하거나 따라 써 보도록 해본다.

소주제 4. 야곱의 축복(성경동화)

통합목표
- 하나님은 야곱을 축복하셨다.
- 하나님의 축복을 깨닫지 못했다.
- 성경동화를 듣고 하나님의 말씀을 이해하도록 한다.

학습자료
- 야곱에 대한 성경동화

활동 방법

〈도입단계〉

1. 야곱에 대해 이야기를 나눈다.
   - 성경말씀에 나오는 야곱을 알고 있나요? - 어떻게 알고 있나요?
   - 야곱은 어떤 사람인가요?

〈제시단계〉

1. 야곱 성경동화의 표지를 보며 이야기한다.
   - 어떤 내용일까요? - 야곱은 어떤 축복을 받았을까요?

〈실행단계〉

1. 야곱의 성경동화를 들려준다.
   - 하나님께서는 에서와 야곱 중 누구의 제물을 받으셨나요?
   - 왜 야곱의 제사를 받으셨나요?
2. 야곱이 받은 축복에 대해 이야기를 나눈다.

- 야곱은 에서에게 어떤 음식을 만들어 주었나요?
- 에서는 야곱이 만들어 준 음식을 먹고 어떻게 하였나요?
- 야곱은 축복을 받기 위해 아버지에게 어떻게 하였나요?
- 에서 형님과 같이 되기 위해 어떻게 하였나요?
- 야곱은 아버지에게 무엇을 받았나요?

3. 하나님께서 사랑하신 야곱에 대해 이야기를 나눈다.
   - 하나님께서는 왜 야곱을 더 사랑하셨을까요?

〈반응단계〉

1. 하나님의 축복을 받기 위해서 어떻게 해야 하는지 이야기한다.
   - 하나님께 축복을 받으려면 어떻게 해야 할까요?
   - 하나님의 사랑을 받고 싶은 야곱의 마음처럼 우리도 하나님의 사랑을 구하는 어린이가 되어야 해요
2. 야곱과 같은 사람이 될 수 있도록 기도드린다.

〈비고 및 유의점〉

"사기를 쳐서 내가 갖고 싶은 것을 갖는다." 라는 것이 아니라 하나님의 복을 갈구하고 장자권을 중요시 여긴 야곱의 마음을 알려 주도록 한다.

(5) 성경적 탐구 생활영역

❏ 교육목표

- 유아들의 주변에 있는 모든 사물과 나타나 있는 현상들은 하나님의 창조물임을 알며 그것들에 대한 호기심과 관심을 가지고 탐구하는 태도를 갖는다.
- 하나님께서 주신 지혜를 통해 만든 음식을 만드는 도구와 기계에 관심을 가지고 생활에 주는 편리함에 대해 알아본다.
- 일상생활에서 사용되는 여러 가지 과일의 수에 관심을 가지고 다양한 활동을 통해 수학적 기초개념을 가진다.
- 우리가 먹는 과일들을 하나님께서 셋째 날에 만드셨음을 알게 한다.

❏ 교육활동

소주제 1. 과일 관찰하기(과학)

통합목표
- 유아들의 주변에 있는 모든 사물과 나타나 있는 현상들은 하나님의 창조물임을 알며 그것들에 대한 호기심과 관심을 가지고 탐구하는 태도를 갖게 한다.
- 썩은 과일을 대하는 우리의 태도를 바르게 갖자.
- 우리가 먹는 과일들을 하나님께서 셋째 날에 지으셨음을 안다.

학습자료
- 여러 가지 과일(사과, 배, 바나나, 감), 활동지

활동 방법

〈도입단계〉

1. 여러 가지 과일에 대해 이야기한다.
   - 과일의 종류에는 어떤 것들이 있을까요?
   - 하나님께서는 이 과일들을 몇째 날 창조하셨을까요?
   - 여름에 나오는 과일은 어떤 과일일까요?
   - 겨울에 나오는 과일은 어떤 과일일까요?

〈제시단계〉

1. 조별로 모여 앉는다.
2. 앞에 준비된 과일을 살펴보며 과일에 대해 이야기를 나눈다.
   - 우리 앞에 어떤 과일이 있나요?　- 이 과일은 누가 만드셨을까요?
   - 바나나의 맛은 무슨 맛일까요?　- 사과의 맛은 무슨 맛일까요?
   - 사과와 바나나의 다른 점은 무엇일까요?
   - 내가 다시 사과에 이름을 붙인다면 무엇이라고 부르고 싶은가요?
3. 과일을 창조하신 하나님의 놀라운 솜씨에 대해 이야기한다.
   - 하나님께서 창조하신 과일을 숫자는 얼마 만큼인가요?
   - 그 맛은 모두 같은가요?　- 하나님의 능력이 어떤 것 같은가요?

〈실행단계〉

1. 조 앞에 놓여진 여러 가지 과일의 모양과 색을 관찰하여 보고 활동지에 적는다.
   - 사과는 어떤 모양인가요? 그려 보세요.　- 바나나는 무슨 색인가요?
   - 과일 안쪽도 같은 색일까요?

2. 여러 각도로 과일을 잘라 보고 잘라진 과일들을 관찰하여 그림으로 그려 본다.
   - 가로로 잘랐을 때 씨가 어떻게 보이나요?
   - 세로로 잘랐을 때 씨가 어떻게 보이나요?
3. 자른 과일들의 맛을 본다.
   - 어떤 맛인가요? - 달콤한가요? 신가요?
   - 어떤 과일의 맛이 가장 맛이 있나요?

〈반응단계〉

1. 각각 과일의 맛을 보고 기뻐하는 모습을 그림으로 활동지에 표현해 본다.

〈비고 및 유의점〉

과일을 자를 때 주의하도록 한다.

소주제 2. 사과나무(수학)

통합목표
- 맛있는 사과를 셋째 날에 만들어 주심에 감사한다.
- 일상생활에서 사용되는 여러 가지 과일의 수에 관심을 가지고 다양한 활동을 통해 수학적 기초개념을 가진다.

학습자료
- 사과나무 개인 판 2개, 사과, 주사위(1,2,3,-1,-2,0)

활동 방법

〈도입단계〉

1. '파란파란 가지에' 주의집중 노래를 부른다.

〈제시단계〉

1. 나무가 그려진 개인 판을 보여주며 이야기한다.
   - 이것은 어떤 나무일까요? - 이 나무에 어떤 과일이 열리면 좋을까요?
2. 사과그림을 보여주며 이야기한다.
   - 어떤 과일인가요? - 여러분은 사과를 좋아하나요?
   - 하나님께서는 사과를 몇째 날에 창조하셨을까요?

〈실행단계〉

1. 교구를 모두 보여주며 이야기를 한다.
   - 이 교구로 어떤 놀이를 할 수 있을까?

2. 개인 판을 두 명의 유아가 나누어 갖는다.

3. 주사위를 던져 나온 수만큼 사과를 붙이거나 떼어낸다.

4. 사과를 모두 붙이면 자신이 붙인 사과의 수를 센다.

5. 많이 붙인 유아가 이긴다.

〈반응단계〉

1. 정리 바구니를 알려 주어 활동 후에는 정리하도록 한다.

〈비고 및 유의점〉

하나님께서는 나무에 우리가 먹을 수 있는 열매를 열리게 하셔서 우리에게 부족함이 없게 하셨다는 것에 대해 감사하도록 한다.

소주제 3. 과일을 창조하신 하나님(이야기 나누기)

통합목표
- 우리가 먹는 과일들이 하나님께서 셋째 날에 만드셨음을 안다.
- 과일을 안 먹는다고 짜증낸 잘못을 안다.
- 사람을 위해 과일을 창조해 주신 하나님께 감사한다.

학습자료
- 과일 그림

활동 방법

〈도입단계〉

1. '첫째 날은' 찬양을 부른다.

〈제시단계〉

1. 이 세상은 누가 지으셨는지에 대해 이야기를 나눈다.
   - 이 세상은 누가 지으셨을까요?
   - 하나님께서는 이 세상 만물을 무엇으로 창조하셨나요?
2. 하나님께서 세상을 창조하신 날에 대해 이야기를 나눈다.
   - 첫째 날에는 무엇을 창조하셨나요?
   - 둘째 날에는 무엇을 창조하셨나요?

〈실행단계〉

1. 우리가 먹는 음식인 과일과 곡식에 대해 이야기를 나눈다.
   - 우리가 먹을 수 있는 과일과 곡식은 누가 창조하셨나요?

- 왜 창조하셨을까요? - 몇째 날에 창조하셨을까요?

2. 하나님께서 창조하신 과일들 종류에 대해 이야기한다.
3. 하나님께서 창조하신 과일과 채소가 우리 몸에 주는 영향에 대해 이야기한다.

〈반응단계〉

1. 우리를 위해 과일과 곡식을 창조해 주신 하나님께 감사한다.

〈비고 및 유의점〉

창조바구니를 만들어 각 교실에 전시해 둔다.

주제 6. 귀중한 물(활동기간: 30일)

(1) 성경적 건강 생활영역

❑ 교육목표

• 하나님께서 주신 기본적인 오감각을 발달시키고 표현하도록 한다.
• 하나님께서 주신 자신의 몸을 건강하게 유지하도록 운동능력과 신체능력을 기르게 한다.
• 하나님께서 주신 자신의 몸을 안전하게 지킬 수 있는 방법에 대해 알아본다.

❑ 교육활동

소주제 1. 녹말가루 비 내리기(과학)

통합목표 ‣ 하나님께서 주신 기본적인 오감각을 발달시키고 표현하도록 한다.
‣ 물건을 소중하게 관리하지 못한 잘못을 깨닫는다.
‣ 물과 녹말가루가 섞였을 때의 변화 과정을 알 수 있다.

학습자료 ‣ 녹말가루, 물, 물감, 넓은 그릇

활동 방법

〈도입단계〉

1. 녹말가루를 보며 이야기를 나눈다.

- 이것이 무엇일까요? - 무슨 색이지요?
- 냄새를 맡아 보세요.
- 이것을 가지고 무엇을 할 수 있을까요?

〈제시단계〉

1. 녹말가루를 만지며 느낌을 표현해 본다.
   - 조금만 만져 봅시다. 느낌이 어떤가요?
2. 만지고 느낄 수 있는 우리 몸에 대해 이야기한다.
   - 녹말가루를 만지고 느낄 수 있는 기관은 우리 몸의 어디인가요?
   - 우리에게 느낄 수 있는 기관을 창조해 주신 분은 누구실까요?
   - 만약 이것을 만지고도 느낄 수 없다면 어떻게 될까요?

〈실행단계〉

1. 녹말가루에 물을 조금씩 부으며 변화과정을 관찰하고 손에 느껴지는 느낌을 표현해 본다.
   - 물을 조금씩 부어 보니 느낌이 어떤가요?
   - 무엇이 생각나나요?
2. 손바닥에 물을 섞은 녹말가루를 묻힌 뒤 손을 위로 올렸을 때 비처럼 흘러내리는 모습을 관찰한다.
   - 손을 위로 올려 봅시다. 녹말가루가 어떻게 되나요?
   - 느낌이 어떤가요?
3. 다양한 녹말가루 비 모양을 만들어 본다.
4. 물감을 섞어 녹말가루 비의 색깔을 관찰하며 활동해 본다.
   - 어떤 색을 섞고 싶은가요?

〈반응단계〉

1. 하나님께서 만드신 물은 다른 물질과 섞였을 때 물의 양에 따라 농도를 변하게 하는 성질이 있음을 알도록 이야기 나눈다.
2. 가루였을 때 만져 본 느낌과 물이 섞였을 때 만져 본 느낌과 다른 점에 대해 이야기한다.

〈비고 및 유의점〉

굳은 녹말가루에 다시 물을 부어 섞으면 녹말가루 비 내리기 활동을 할 수 있다.

소주제 2. 물에 있는 공을 모아요(게임)

통합목표
- 하나님께서 주신 자신의 몸을 건강하도록 운동능력과 신체능력을 기르게 한다.
- 물을 너무 많이 소비한 것을 뉘우친다.
- 물속에서 운동을 하면서 물이 주는 고마움을 깨닫는다.

학습자료
- 유아들 허벅지 정도 높이까지 오는 수영장(또는 휴대용 수영장), 볼풀장의 공, 큰 바구니, 호루라기

활동 방법

〈도입단계〉

1. 물속에서 할 수 있는 다양한 놀이나 스포츠에 대해 이야기한다.
   - 물속에서 어떤 놀이를 할 수 있을까요?
   - 물속에서 하는 스포츠에는 어떤 것들이 있을까요?
   - 수영을 해 본 경험이 있나요?

〈제시단계〉

1. 물이 주는 고마움에 대해 이야기한다.
   - 우리가 물이 있어서 물에서 즐겁게 놀 수 있기도 하지만 또 물은 우리에게 어떤 것들을 줄까요?
   - 물을 창조하신 분은 누구실까요?
2. 물속에 들어갔을 때 지켜야 할 안전에 대해 이야기를 나눈다.
   - 물에 들어갔을 때 어떤 규칙을 지켜야 할까요?
3. 준비운동을 한다.

〈실행단계〉

1. 팀을 나누어 자신의 팀의 바구니를 정한다.
2. 활동방법을 소개한다.
   - 수영장 물속에 있는 공들을 우리 팀 바구니에 넣는다.
   - 이때 바구니는 상대팀 유아들이 잡고 있고 바구니에 있는 공을 반대로 다시 물에 넣는다.
   - 호루라기 소리가 들리면 활동을 멈추고 바구니의 공을 세어 본다.
   - 바구니에 공이 많이 들어간 팀이 이긴다.

3. 시작 신호를 듣고 활동을 한다.
4. 활동이 끝난 후 평가를 한다.
   - 어느 팀이 가장 공을 많이 넣었나요?
   - 물속에서 활동하니까 어떤 점이 재미있었나요?

〈반응단계〉

1. 땅에서 놀이할 때와 물에서 놀이할 때의 차이에 대해 이야기한다.
2. 물속에서 즐겁게 놀이할 수 있도록 물을 만들어 주신 하나님께 감사하는 마음을 갖도록 한다.

〈비고 및 유의점〉

공을 주우면서 서로 부딪히거나 밀지 않도록 주의한다.

소주제 3. 물놀이 안전(이야기 나누기)

통합목표
- 하나님께서 주신 몸을 안전하게 지키기 위해 안전한 생활에 필요한 기초지식과 기능을 익힌다.
- 물속에서 함부로 장난하여 다치게 한 것을 깨닫는다.
- 하나님께서 주신 자신의 몸을 스스로 지키도록 한다.

학습자료
- 물놀이를 할 때 위험한 그림 자료

활동 방법

〈도입단계〉

1. 물놀이를 해본 경험에 대해 이야기를 나눈다.
   - 친구들 물놀이를 해보았나요? - 어디서 해보았나요?
   - 물놀이를 할 때 기분이 어떤가요?
2. 물에서 할 수 있는 놀이나 스포츠에 대해 이야기한다.

〈제시단계〉

1. 물은 우리에게 도움도 주지만 위험한 것이라는 것에 대해 이야기를 나눈다.
   - 물은 누가 창조하셨나요?
   - 물은 우리에게 어떤 도움을 주나요?
   - 물은 우리에게 도움도 주지만 우리의 생명을 위험하게 할 수 있어요.

- 어떻게 위험하게 할 수 있나요?

2. 물놀이를 하면서 위험했던 경험에 대해 이야기를 나눈다.
   - 친구들 중에 혹시 물놀이를 하다가 위험했던 경험이 있었나요?
   - 만약 물놀이 중에 위험한 일이 생기면 어떻게 될까요?

〈실행단계〉

1. 다양한 물놀이를 하면서 위험한 그림 자료를 보여주며 이야기를 나눈다.
   - 이것은 무슨 그림일까요? - 왜 이런 일이 벌어졌나요?
   - 이럴 때는 어떻게 해야 할까요?
2. 물놀이에서 지켜야 할 규칙에 대해 이야기를 나눈다.
   - 물놀이를 하기 전 준비체조를 한다. - 수영장에서 뛰지 않는다.
   - 물에 들어가기 전 몸에 물을 적신 후 들어가도록 한다.
   - 음식을 먹었을 때에는 30분 후에 물속에 들어가도록 한다.
   - 깊은 물에는 들어가지 않도록 한다.
3. 하나님께서 주신 소중한 우리 몸을 우리가 지켜야 한다는 것을 이야기한다.

〈반응단계〉

1. 물놀이 규칙을 종이에 적어 교실에 붙여두어 유치원에서 물놀이 하기 전 규칙을 숙지하도록 한다.

〈비고 및 유의점〉

여러 가지 물놀이에 필요한 도구를 제시하기도 한다.

(2) 성경적 사회 생활영역

❑ 교육목표

- 하나님께서 창조하신 나에 대해 자신감을 가지고 내가 할 수 있는 일들을 알아본다.
- 하나님께서 우리에게 주신 여러 가지 에너지 자원을 소중히 생각하고 아껴 쓴다.
- 유아들이 살고 있는 환경을 잘 보존하며 하나님의 문화적 명령을 따라 생태계를 파손하지 않도록 돕는다.
- 하나님께 찬양하며 친구들과 사이좋게 지낸다.

❑ 교육활동

소주제 1. 내가 먼저(내가 먼저)

통합목표
- 하나님께서 창조하신 나에 대해 자신감을 가지고 내가 할 수 있는 일들을 알아본다.
- 내 욕심 때문에 친구가 불편하게 한 것을 후회한다.
- 하나님께 찬양하며 친구들과 사이좋게 지낸다.

학습자료
- 물이 오염된 그림, '내가먼저' 노래 자료

활동 방법

〈도입단계〉

1. 물이 오염된 그림을 보며 이야기를 나눈다.
   - 왜 이렇게 물이 오염이 되었을까요?
   - 하나님께서 물은 왜 만드셨을까요?
   - 하나님께서 물은 깨끗하게 만드셨어요.

〈제시단계〉

1. 물의 소중함에 대해 이야기한다.
   - 물은 우리에게 어떤 도움을 줄까요?
   - 만약 우리에게 물이 없다면 어떻게 될까요?
2. 물의 오염을 막을 수 있는 방법에 대해 이야기를 나눈다.
   - 하나님께서 우리를 위해 만드신 물을 우리가 더럽힌 것을 보시면 마음이 어떠실까요?
   - 물의 오염을 줄이려면 어떻게 해야 할까요?
   - 물의 오염을 줄이기 위해 내가 할 수 있는 방법에는 무엇이 있을까요?

〈실행단계〉

1. '내가 먼저' 가사판을 보여주고 먼저 교사가 노래를 부른다.
2. 리듬에 맞추어 노래를 부른다.
3. 한 음으로 노래를 부른다.
4. 교사와 유아가 번갈아가며 한 소절씩 노래를 부른다.
5. 다 같이 노래를 부른다.

내가 먼저

작사/작곡 미상

〈반응단계〉

1. 물의 오염을 줄이고 물을 절약하는 방법을 이야기하고 가사를 바꾸어 노래를 불러 본다(예: 샴푸는 조금만, 강물은 맑게, 손을 씻을 때는 사용할 만큼).

〈비고 및 유의점〉

유치원 안에서 물을 아끼고 오염을 줄이는 방법을 실천하여 보도록 한다.

소주제 2. 물을 아껴서 사용해요(이야기 나누기)

통합목표

- 하나님께서 우리에게 주신 여러 가지 에너지 자원을 소중히 생각하고 아껴 쓴다.
- 물의 소중함을 느끼지 못한 것을 깨닫는다.
- 물을 주신 하나님께 감사하며 아껴 쓸 마음을 갖는다.

학습자료

- '동글이의 이야기' 그림 자료

활동 방법

〈도입단계〉

1. '동글이의 이야기' 동화를 들려준다.

- 건모가 변기의 물을 여러 번 눌러서 깨끗한 물이 된 물방울 동글이는 아무 일도 해보지도 못하고 하수구를 거쳐 수도국을 지나 깨끗한 물이 된다. 그 과정을 꾸민 동화이다.

〈제시단계〉

1. 동화 내용에 대해 서로 이야기를 나눈다.
   - 동글이의 걱정은 무엇인가요?
   - 우리가 동글이를 어떻게 도와줄 수 있을까요?
2. 물이 쓰임새에 대해 이야기를 나눈다.
   - 물은 언제 필요할까요?
   - 우리가 어떻게 해야 우리가 필요할 때 물을 잘 쓸 수 있을까요?

〈실행단계〉

1. 물을 아껴서 사용해야 하는 이유에 대해 알아본다.
   - 물은 누가 창조하셨나요? 누구를 위해 창조하셨나요?
   - 하나님께서는 우리가 물을 어떻게 쓰기를 원하실까요?
   - 물은 왜 아껴서 사용해야 할까요?
   - 물을 아껴서 사용하지 않으면 어떤 일이 일어날까요?
2. 물을 아껴서 사용할 수 있는 방법에 대해 이야기를 나눈다.
   - 어떻게 하면 물을 아껴서 사용할 수 있을까?
3. 물은 창조될 때 양이 한 방울도 늘지도 줄지도 않았지만 못 쓰는 물이 많아짐에 대해 이야기한다.

〈반응단계〉

1. 하나님께서 우리에게 필요한 물을 주심을 감사히 여기고 교실 안에서 물을 아껴 쓰도록 약속을 써서 붙이도록 한다.

〈비고 및 유의점〉

유아들이 물을 사용하는 모습을 동영상으로 찍어 보여주면 더욱 효과적이다.

(3) 성경적 표현 생활영역

❑ 교육목표

- 물에 각종 색깔을 넣어서 그림으로 표현해 보며 하나님께서 세상을 만드신 느낌을 느껴 본다.

• 하나님의 창조하신 자연환경의 움직임과 소리에 관심을 가지고 탐색해 본다.
• 주변의 자연현상을 관찰하고 하나님께서 창조하신 몸을 이용하여 창의적으로 표현한다.
• 여러 가지 재료와 도구를 활용하여 다양하게 표현한다.

❑ 교육활동

소주제 1. 색소로 그림을 그려요(조형)

통합목표
‣ 하나님께서 아름다운 색깔을 만들어 주셨다.
‣ 색깔의 아름다움을 깨닫지 못함을 안다.
‣ 물에 각종 색깔을 넣어서 그림으로 표현해 보며 하나님께서 세상을 만드신 느낌을 느껴 본다.

학습자료 ‣ 여러 가지 색깔의 색소, 물, 붓, 도화지

활동 방법

〈도입단계〉

1. 아름다운 경치 그림을 보여주며 하나님께서 지으신 세계에 대해 이야기한다.
   - 어떤 그림인가요?
   - 어떤 색깔들이 있나요?
   - 이 그림은 누가 그렸을까요?
   - 여기는 어디일까요?
   - 이것을 본 여러분의 느낌이 어떤가요?
   - 이 아름다운 풍경은 누가 만든 것일까요? 누가 창조하신 것일까요?

〈제시단계〉

1. 종이에 색깔을 넣지 않은 물을 붓에 묻혀 그리며 이야기한다.
   - 어떤 그림을 그렸는지 보이나요? - 왜 보이지 않을까요?
2. 세상에 색이 없다면 어떨지 이야기를 나눈다.

〈실행단계〉

1. 여러 가지 색소를 보여준다.
   - 이것들을 물에 타면 어떻게 될까요?

- 색소를 물에 타서 붓으로 그리면 어떻게 될까요?

2. 색소를 물에 탄다.
3. 하나님께서는 창조하신 세상에 대해 이야기를 나눈다.
   - 하나님께서는 세상에 어떻게 색을 넣어 창조하셨을까요?
   - 하나님께서 창조하신 세상을 보면 어떤 느낌이 드나요?
4. 여러 가지 색소를 탄 물을 이용하여 하나님께서 만드신 세상에 대한 느낌 또는 경치를 그림으로 그린다.

〈반응단계〉

1. 완성된 그림을 친구들에게 소개하고 게시한다.
   - 무엇을 그렸나요?
   - 어떤 색깔의 물을 이용하여 그림을 그렸나요?
2. 우리에게 아름다운 경치를 선물해 주신 하나님께 감사기도를 드린다.

〈비고 및 유의점〉

색소를 물에 타는 과정도 보여주며 색소가 물에 번지는 모습을 관찰하도록 한다.

소주제 2. 애기 물방울(음률)

통합목표
- 하나님께서 창조하신 자연의 움직임과 소리에 관심을 가지고 탐색해 본다.
- 세상의 물방울 소리의 아름다움을 발견하지 못했다.
- 물방울 소리의 아름다움과 그것으로 신체표현도 할 수 있음을 안다.

학습자료
- 물방울 소리가 녹음된 CD, 물방울이 움직이는 모습이 담긴 동영상, 노래자료

활동 방법

〈도입단계〉

1. 물방울을 본 경험에 대해 이야기한다.
   - 언제 보았나요? 어디서 보았나요? - 어떤 모습이었나요?

〈제시단계〉

1. 물방울 소리가 녹음된 CD, 물방울이 움직이는 모습이 담긴 동영상을 감상하

며 이야기한다.

- 어떤 소리일까요? 어떻게 소리가 나는 것 같은가요?
- 무엇이 움직이는 모습일까요?

2. 물방울을 창조하신 분에 대해 이야기한다.
   - 작은 물방울을 만드신 분은 누구실까요?
   - 작은 것도 하나님께서는 우리를 위해 아름답게 창조하셨어요.

〈실행단계〉

1. 교사가 노래 자료를 제시하며 노래를 먼저 불러 준다.
2. 노래 자료를 보며 리듬에 맞추어 가사를 읽어 본다.
3. 노래 자료에서 물방울의 움직임과 소리를 표현한 말을 찾아본다.

애기물방울

빨간 빨간 꽃잎 위에	떼구르르 똑똑	둘이 모여 악수하고
이슬 방울 앉았네	쪼르르르 똑똑	셋이 모여 인사하고
하늘에서 내려온	어깨동무 하면서	정다웁게 서로 모여
작은 애기 물방울	미끄럼틀 잘 탄다.	미끄럼틀 탄다네.

- 물방울이 움직이는 말이 무엇일까요? 찾아보세요.
- '떼구르르' 구르는 물방울 모습을 상상해 보자.
- 어떤 기분이 드나요?
- '똑똑'은 어떤 느낌이 드나요?

4. 한음으로 노래를 불러 본다.
5. 한 구절씩 번갈아가며 노래를 불러 본다.
6. 다 같이 노래를 불러 본다.

〈반응단계〉

1. 물방울 소리와 움직임을 표현하는 다양한 언어를 연상해 보고 가사를 바꾸어 불러본다.
   - 물방울 소리를 나타내는 말에는 또 어떤 말들이 있을까?
   - 그 소리는 물방울들이 어떻게 하고 있는 것일까?

〈비고 및 유의점〉

물방울들이 움직이는 모습을 상상하여 신체로 표현하며 노래를 부를 수 있다.

소주제 3. 비오는 날(신체표현)

통합목표 • 주변의 자연현상을 관찰하고 하나님께서 창조하신 몸을 이용하여 창의적으로 표현한다.

학습자료 • 신문지, 녹음기, 녹음테이프, 큰 비닐 2개

활동 방법

〈도입단계〉

1. 비오는 날의 느낌이나 경험을 이야기한다.
   - 비오는 날 너희들 밖에 나가 보거나 밖을 본 경험이 있나요?
   - 비오면 느낌이 어떤가요?
2. 비를 내리신 분이 하나님이시고 비를 통해 땅에 생명들을 살 수 있게 해주신다는 것을 이야기한다.

〈제시단계〉

1. 유아들에게 8절 크기로 자른 신문지를 나누어 준다.
   - 이것이 무엇인가요? - 이것은 어떨 때 사용하는 것일까요?
2. 나누어진 신문지를 이용하여 흔들기, 찢기, 비비기 튕기기 등을 통해 신문지 소리를 낸다.
   - 이런 소리가 어떤 소리같이 들리나요? - 신문을 찢은 느낌이 어떤가요?

〈실행단계〉

1. 신문지를 이용하여 비 오는 날의 느낌을 표현해 본다.
   - 이 신문지를 어떻게 하면 비가 온다는 느낌이 날까요?
2. 음악을 들으며 느낌을 이야기한다.
   - 이 음악을 들은 기분이 어떤가요?
3. 음악의 속도, 크기, 리듬에 맞춰 신문지를 던지거나 찢어가며 비 내리는 모습을 표현해 본다.
4. 활동 후, 두 팀으로 나누어 게임 형식으로 2개의 비닐봉지 안에 신문지를 모으도록 한다.
5. 모은 신문지를 공 모양으로 만들어서 쓰레기통 안에 몇 개를 넣는지 게임한다.

〈반응단계〉

1. 하나님은 비를 통해 우리에게 필요한 물을 얻게 하신 것을 알게 한다. 비가 내리는 모습을 어떻게 표현했었는지에 대해 이야기를 나눈다.

〈비고 및 유의점〉

신문지 위에 구르거나 신문지를 넣은 비닐을 밟아 보는 활동 등 다양하게 활동할 수 있다.

소주제 4. 샴푸그림 그리기(조형)

통합목표
- 우리 삶에 필요한 것을 주신 하나님께 감사한다.
- 샴푸를 너무 많이 써서 물을 오염시킨 것을 안다.
- 여러 가지 재료와 도구를 활용하여 그림으로 다양하게 표현한다.

학습자료
- 다양한 쓰기 도구, 종이, 여러 가지 꾸미기 재료(수수깡, 빨대), 액자모양으로 자른 우드락

활동 방법

〈도입단계〉

1. 샴푸의 쓰임에 대해 이야기한다.
   - 샴푸는 어떨 때 사용하는 것일까요?
   - 샴푸가 없다면 무엇을 대신 사용하면 될까요?
   - 샴푸를 물에 풀면 어떻게 될까요?
2. 샴푸를 많이 사용하면 물이 더러워진다는 것을 이야기한다.

〈제시단계〉

1. 여러 개의 병이나 컵에 여러 색의 물감을 풀어 놓고 이야기한다.
   - 어떤 색깔인가요?
2. 공중에 빨대를 불어 보는 연습을 한다.
3. 샴푸그림을 그릴 때 주의해야 할 점에 대해 이야기한다.

〈실행단계〉

1. 푸른색과 검정색 및 여러 색깔의 물감을 탄 병이나 컵에 거품이 생길 정도로

샴푸를 푼다.

- 깨끗한 물은 어떤 색깔일까요?
- 더러운 물은 어떤 색깔일까요?
- 어떤 색깔의 물을 만들고 싶은가요?

2. 빨대를 이용하여 샴푸를 탄 색깔 있는 물에 비눗방울이 생기도록 분다.
3. 컵 위로 올라온 샴푸방울 위에 도화지를 살짝 올려놓아 물감을 묻힌다.
4. 종이의 물감이 마른 후 다른 색 물감을 겹쳐 찍어 본다.
5. 잘 말린 후 물 속에 사는 물풀이나 물고기를 크레파스로 그려 넣는다.

〈반응단계〉

1. 완성된 그림을 친구들에게 소개한다.
   - 어떤 그림을 그렸나요?
   - 어떤 색깔의 물감인가요?

〈비고 및 유의점〉

1. 빨대를 부는 연습부터 공중에서 하여 본다.
2. 빨대로 거품을 낼 때 샴푸 물을 마시지 않도록 주의한다.
3. 유아의 수 만큼 빨대를 준비하여 다른 사람이 쓰던 것은 안 쓰도록 한다.

(4) 성경적 언어 생활영역

❑ 교육목표

- 귀를 만들어 주신 하나님께 감사드리며 유아가 다른 사람의 말을 주의 깊게 듣고 이해하도록 한다.
- 하나님과의 관계회복을 위한 언어 사용방법을 배우고 기도를 통해 하나님과 만나고 의사소통하도록 한다.
- 주변의 글자에 관심을 가지며 하나님께서 만들어 주신 물건들의 이름을 알고 다양한 글자놀이를 즐긴다.

❑ 교육활동

소주제 1. 물 수수께끼(언어)

통합목표
- 귀를 만들어 주신 하나님께 감사드리다.
- 소리 질러서 친구 귀를 아프게 한 것을 후회한다.
- 유아가 다른 사람의 말을 주의 깊게 듣고 이해하도록 한다.

학습자료
- 수수께끼 책

활동 방법

〈도입단계〉

1. 물 하면 생각나는 것들에 대해 이야기를 한다.
   - 무엇이 생각나나요? - 왜 그것이 생각났나요?
2. 다양한 물의 종류에 대해 이야기한다.
   - 물의 종류에는 어떤 것들이 있을까요? - 이 모든 물을 창조하신 분은 누구실까요?

〈제시단계〉

1. 수수께끼를 해 본 경험에 대해 이야기하고 수수께끼형식에 대해 이야기한다.
2. 물과 관련된 수수께끼의 예를 유아들과 만들어 본다.
   - 우리 몸에 가장 필요하고 산에 갈 때나 아주 더울 때 우리가 먹는 것은 무엇일까요?

〈실행단계〉

1. 수수께끼를 낼 사람과 맞힐 사람을 정한다.
2. 수수께끼를 낼 사람은 수수께끼 책을 보며 수수께끼를 낸다.
   수수께끼의 예) - 물을 우리에게 주신 분은 누구실까요?
   - 물놀이를 할 때 입는 옷의 이름은 무엇일까요?
   - 물고기들이 많고 우리 지구의 2/3를 차지하고 있는 곳은 어딜까요?
3. 수수께끼를 맞힐 유아는 '정답'을 외치며 답을 이야기한다.
4. 답을 맞힌 유아에게 점수 표를 한 개씩 준다.
5. 점수표를 많이 가지고 있는 유아가 이긴다.

〈반응단계〉

1. 수수께끼를 해본 느낌에 대해 이야기를 나눈다.
   - 수수께끼를 하면서 어려운 문제는 없었나요?
   - 더 넣고 싶은 문제가 있나요?

2. 우리에게 필요한 물을 창조해주신 하나님께 감사기도를 드린다.

〈비고 및 유의점〉

물에 관련된 물건이나 자연에 대해 이야기한 후 활동하면 더욱 효과적이다.

소주제 2. 예수님 나의 잘못을 용서해 주세요(이야기 나누기)

통합목표
- 물을 만들어 주신 하나님께 감사하고 소중함을 안다.
- 물을 아껴 쓰지 않았던 모습을 반성한다.
- 하나님의 창조하신 물을 소중히 여기고 아껴 쓰고 더럽히지 않겠다.

학습자료
- 물을 아껴 쓰지 않은 그림 자료

활동 방법

〈도입단계〉

1. 다양한 기도 방법에 대해 이야기를 나누도록 한다.
   - 우리에게 소중한 물을 주신 분은 누구실까요?
   - 우리는 하나님께 어떤 마음을 가져야 할까요?
   - 그 마음을 하나님께 어떻게 알려드릴 수 있을까요?

〈제시단계〉

1. 물의쓰임새에 대해 이야기를 나눈다.
   - 물은 우리에게 어떤 도움을 줄까요?
   - 물이 없다면 어떻게 될까요?
   - 물은 누가 창조하신 것일까요?
2. 물을 깨끗하고 아껴서 사용해야 하는 이유에 대해 이야기를 한다.

〈실행단계〉

1. 물을 잘못 사용하는 그림을 보며 이야기를 나눈다.
   - 지금 무엇을 하고 있는 그림인가요?
   - 무엇을 잘못하고 있는 그림인가요?
   - 친구들도 이런 경험이 있었나요?
   - 이럴 때는 어떻게 해야 할까요?
2. 그동안 물을 사용하면서 잘못했던 일에 대해 이야기를 나눈다.
   - 물을 아껴 쓰지 않았던 적이 있었나요?
   - 물을 더럽힌 경험이 있었나요?
3. 잘못한 일에 대해 반성하고 하나님께 기도를 드린다.
   - 여러분이 잘못한 일을 하나님께 용서를 구하는 기도를 드리도록 해 보세요.

〈반응단계〉

1. 하나님 또는 부모님께 잘못한 일을 했을 경우에는 항상 용서를 구하는 기도를 드리도록 한다는 것을 알려 준다.

〈비고 및 유의점〉

우리에게 소중한 물을 주신 것에 대해 하나님께 감사하는 기도를 드리는 시간도 갖도록 한다.

소주제 3. 글자 빙고게임(언어)

통합목표
- 각각의 물건들을 하나님께서 만드셨음을 안다.
- 글자에 관심 갖지 않았음을 깨닫는다.
- 물건들의 이름과 같은 주변의 글자에 관심을 가지고 다양한 글자 놀이를 즐긴다.

학습자료
- 기본판 2장(물과 관련된 그림이 모두 9개 그려져 있는 것–방주, 우산, 물방울, 물고기, 비, 주스, 수영복, 물방울, 무지개 등), 기본판에 있는 글자카드 18장

활동 방법

〈도입단계〉

1. 물과 관련된 떠오르는 단어에 대해 이야기한다.
   - 물 하면 어떤 단어가 떠오르나요?
   - 왜 그 단어가 떠올랐나요? 그 단어와 물과 어떤 관계인가요?

〈제시단계〉

1. 기본판과 글자카드를 살펴보며 이야기한다.
   - 무엇이 쓰여 있는지 읽어보자.
   - 이것은 어떨 때 사용하는 것일까요?
2. 이것들은 하나님께서 만드셨고 또한 사람에게 지혜를 주셔서 사람들이 만들 수 있도록 허락하신 것이라는 이야기를 한다.

〈실행단계〉

1. 2명의 유아가 기본판을 1장씩 나누어 갖는다.

2. 게임의 순서를 정한다.
3. 글자카드의 뒷면이 보이도록 모아 놓고 1장씩 뒤집어 기본판에 있는 물과 관련된 글자와 같은 카드가 나오면 기본판 위에 올려놓는다.
4. 기본판에 올려놓은 글자카드가 다시 나오면 다시 뒤집어 놓는다.
5. 기본판 위에 글자카드를 모두 올려놓으면 끝난다.

〈반응단계〉

1. 기본판을 바꾸어 다시 활동해 보거나 교구를 정리한다.
2. 활동해 본 느낌을 이야기한다.

〈비고 및 유의점〉

유아 혼자서 기본판에 글자카드를 찾아 올려놓으며 활동할 수 있다.

(5) 성경적 탐구 생활영역

❑ 교육목표

- 주변에 있는 모든 사물과 현상들은 하나님의 창조물임을 알고 그것들에 대한 호기심과 관심을 가지고 탐구하는 태도를 갖게 한다.
- 하나님이 창조하신 자연의 현상과 환경에 대한 과학적 사고의 기초 능력을 기르게 하며, 적절한 도구나 장치를 사용할 수 있는 기술을 발달시킨다.
- 다양한 조작활동을 통해서 여러 가지 과학적 방법을 접하게 하고 비판적인 사고를 통해 문제 해결을 하는 과학적 태도를 갖도록 한다.

❑ 교육활동

소주제 1. 얼음과자(요리)

통합목표
- 주변에 있는 모든 사물과 나타나 있는 현상들은 하나님의 창조물임을 안다.
- 그것들에 대한 호기심과 관심을 가지고 탐구하는 태도를 갖지 못한 것을 깨닫는다.

▸ 물은 기온에 따라 변화하는 성질이 있음을 안다.

학습자료 ▸ 과일, 요구르트, 얼음 통, 과일꽂이, 그릇 , 믹서기, 숟가락

활동 방법

〈도입단계〉

1. 얼음으로 만들어진 음식에 대해 이야기한다.
2. 자신이 좋아하는 얼음과자에 대해 이야기한다.
   - 그 음식은 어떻게 만들은 것일까요?
3. 손을 씻고 앞치마와 머릿수건을 하고 요리할 준비를 한다.

〈제시단계〉

1. 얼음과 물을 보여주며 비교해 본다.
   - 이것은 무엇인가요?
   - 만져 보세요. 느낌이 어떤가요?
   - 이것들은 같은 것일까요? 다른 것일까요?
   - 물이 얼음이 되려면 어떻게 해야 할까요?
   - 얼음이 물이 되려면 어떻게 해야 할까요?
2. 하나님께서 얼음이 물이 될 수 있게, 물이 얼음이 될 수 있도록 창조하셨다는 것을 이야기한다.

〈실행단계〉

1. 준비한 재료들을 보며 이야기한다.
   - 이것들이 무엇일까요? - 이것들로 무엇을 만들 수 있을까요?
2. 얼음과자를 만들기 위해 어떻게 해야 하는지 이야기를 한다.
   - 얼음과자를 만들려면 어떻게 해야 할까요? - 과일을 왜 갈아야 할까요?
3. 과일을 요구르트와 함께 믹서기에 넣어 간다.
4. 얼음 통에 과일과 요구르트를 함께 간 것을 담은 뒤 과일꽂이를 꽂는다.
5. 냉동실에 넣어 얼린다.
   - 어떻게 얼려야 할까요? - 왜 냉장실에 넣으면 안 될까요?
   - 얼마나 오랫동안 얼려야 할까요?
6. 다음날 냉동실에서 꺼내 어떻게 변했는지 관찰하며 이야기를 나눈다.
   - 어떻게 변했나요? - 왜 그렇게 변한 것일까요?
   - 다른 모양의 얼음과자도 만들 수 있을까요?

- 이렇게 물이 얼음이 될 수 있도록 만드신 분은 누구실까요?

〈반응단계〉

1. 얼음과자를 하나씩 먹어 본다.
   - 맛이 어떤가요?
2. 얼음을 창조하신 하나님께 감사드린다.
   - 하나님께서는 우리에게 차가움과 따뜻함을 주셔서 우리가 더위와 추위를 극복할 수 있게 만들어 주셨어요. 또 더운 곳에서도 차가움을 느낄 수 있도록 이렇게 물이 얼음이 될 수 있도록 해주셨어요.
   - 이렇게 우리가 살 수 있는 환경을 만들어 주신 하나님께 우린 어떤 마음을 가져야 할까요?

〈비고 및 유의점〉

한 명이 너무 많은 얼음과자를 먹지 않도록 한다.

소주제 2. 깨끗한 물을 만들어요(과학)

통합목표
- 하나님이 만드신 물은 모두 깨끗한 물이다.
- 사람들이 물을 오염시켰다.
- 오염된 더러운 물을 다시 깨끗하게 하는 방법을 알 수 있다(재창조의 기쁨을 안다).

학습자료
- 오염된 어항 물, 1.5리터 음료수병, 자갈, 모래, 숯가루, 망사 또는 휴지, 수조(유리로 된 것), 비커

활동 방법

〈도입단계〉

1. 물을 정화시킬 수 있도록 물정화기를 만들어 놓고 보여준다(1.5리터 병의 뚜껑에 구멍을 뚫고 밑 부분을 자른 용기의 맨 밑에 휴지를 깔고 자갈 → 모래 → 숯 → 모래 → 자갈의 순으로 채운다).
   - 이것이 무엇일까요?

〈제시단계〉

1. 더러운 물을 보여주며 이야기를 나눈다.
   - 물을 창조하신 분은 누구실까요? - 몇째 날에 창조하셨나요?

- 이 물은 왜 더러워졌을까요?
- 하나님께서 창조하신 물을 사람들이 이렇게 더럽혔을 때 하나님께서 마음이 어떠실까요?
- 이 더러운 물을 그대로 두면 어떻게 될까요?

2. 물을 깨끗하게 하는 방법과 이유에 대해 이야기한다.
   - 어떻게 하면 이 더러운 물을 깨끗하게 만들 수 있을까요?
   - 왜 우리는 물을 깨끗하게 해야 할까요?
3. 우리 주변에서 물을 깨끗하게 해주는 물건에 대해 이야기한다.
4. 우리에게 물을 깨끗하게 할 수 있는 지혜를 주신 하나님께 감사드리며 하나님께서는 우리를 너무 사랑하셔서 지혜를 주셔서 잘못된 부분도 고칠 수 있도록 하셨다는 것을 이야기한다.

〈실행단계〉

1. 물 정화기를 보며 안에 어떤 것들이 들어갔는지 이야기를 한다(자갈, 모래, 숯, 모래, 자갈).
2. 더러운 물을 부었을 때 어떻게 될지 예상해 본다.
   - 이곳에 더러운 물을 부으면 어떻게 될까요?
3. 위에서 천천히 더러운 물을 붓는다.
4. 유리그릇에 떨어지는 물을 원래의 더러운 물과 비교해 어떻게 달라졌는가를 관찰해본다.
   - 더러운 물이 어떻게 되었나요?
   - 왜 물이 깨끗해졌을까요?

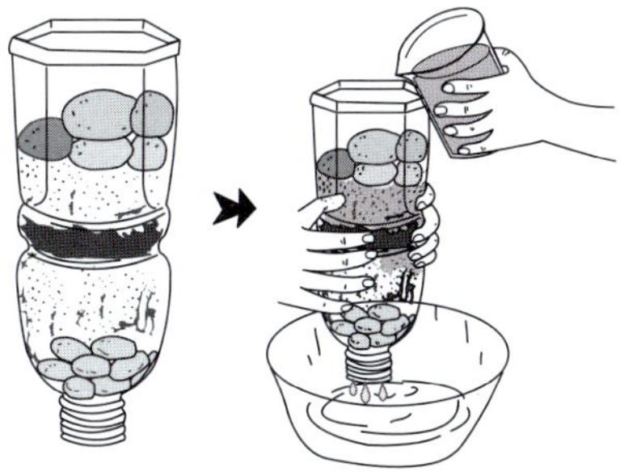

〈반응단계〉

1. 정수기가 이런 원리를 이용하였다는 것에 대해 이야기해준다.
2. 하나님께서 우리에게 많은 지혜를 주심을 안다.
   - 하나님께서는 우리가 더러워진 물에서만 살지 않도록 우리에게 지혜를 주셔서 더러워진 물도 깨끗하게 만들어서 살 수 있도록 하셨어요.
   - 왜 하나님께서는 우리가 더럽힌 곳에서도 깨끗하게 살 수 있도록 해주셨을까요?
   - 우리를 이렇게 많이 사랑하시는 하나님께 항상 감사드리도록 해요.

〈비고 및 유의점〉

활동을 좀 더 큰 규모로 하려고 한다면, 1.5리터 음료수병 대신, 커다란 생수통들을 이용해서 하는 것도 좋다.

주제 7. 여러 가지 책(활동기간: 30일)

(1) 성경적 건강 생활영역

❑ 교육목표

- 하나님께서 만드신 몸을 제시된 조건에 따라 다양한 방법으로 움직여 본다.
- 다양한 게임을 통하여 하나님께서 주신 몸을 자유롭게 움직여 본다.
- 하나님께서 주신 신체의 각 특성을 활용하여 움직여 본다.

❑ 교육활동

소주제 1. 책 전달하여 바르게 꽂기(게임)

통합목표
- 하나님께서 건강한 몸을 주셔서 게임을 할 수 있어 감사한다.
- 하나님이 주신 몸을 소중히 여기지 못한 것에 대해 반성한다.
- 책을 이용한 게임으로 몸을 자유롭게 움직여 본다.

학습자료
- 책 여러 권, 책꽂이(2개)

활동 방법

〈도입단계〉

1. 두 팀으로 나누어 한 줄로 앉는다.
   - 오늘은 책과 책꽂이를 이용하여 게임을 해 보기로 해요.

〈제시단계〉

1. 책 여러 권을 보여주며 이야기를 나눈다.
   - 이것들이 무엇인가요? - 이것들로 무엇을 할 수 있을까요?
2. 책을 다루는 방법에 대해 이야기를 나눈다.

- 책은 어떻게 다루어야 할까요? - 책을 던지면 될까요?
- 책은 어디에 꽂혀 있어야 하나요?

〈실행단계〉

1. 활동방법을 소개한다.
   - 한 줄로 서서 책을 뒷사람에게 전달하여 끝에 있는 책꽂이에 꽂는다.
   - 신호음이 들리면 책 전달을 멈춘다. - 책을 많이 꽂은 팀이 이긴다.
2. 활동규칙을 정한다.
   - 책을 떨어뜨리거나 던지지 않는다. - 책꽂이에 바르게 꽂는다.
   - 신호음이 들리면 활동을 멈추도록 한다.
   - 급하다고 뒤에 있는 친구에게 달려가거나 자리를 이탈하지 않는다.
3. 게임을 한다.

〈반응단계〉

1. 게임 후 평가를 한다.
   - 게임을 해 본 느낌이 어땠나요? - 어떤 점이 재밌었나요?
   - 어떤 점이 힘들었나요?

〈비고 및 유의점〉

1. 책을 조심조심 다루도록 한다.
2. 우리 몸을 자유롭게 움직일 수 있게 해주신 하나님께 감사를 드린다.

소주제 2. 글자 만들기(신체표현)

통합목표
- 하나님께서 주신 글자를 만들며 신체를 바르게 활용할 수 있다.
- 하나님께서 주신 신체의 특성을 바르게 활용하지 못한 점에 대해 반성한다.
- 하나님께서 주신 신체의 각 특성을 활용하여 움직여 본다.

학습자료
- 다양한 글자, 책

활동 방법

〈도입단계〉

1. 자기가 읽고 싶은 책을 가져와 살펴본다.

- 책에는 무엇이 있나요?
- 책에는 그림 말고 또 무엇이 있을까요?(글씨/그림)

〈제시단계〉

1. 책에 있는 글자들을 하나씩 읽어 보며 살펴본다.
   - 글자가 뭐라고 쓰여 있나요? 읽어 보세요.
2. 여러분들이 여기에 쓰여 있는 글자를 몸으로 표현해 볼 수 있을까요?

〈실행단계〉

1. 두 명씩 나와 책에 있는 글자 중 한 글자를 만들어 본다.
   - 이 글자를 만들 수 있나요? - 어떻게 만들면 좋을까요?
   - 잘 만들었나요?
2. 4명이 나와 단어를 만들어 본다.
   - '아기'라는 글자를 만들어 보세요. - 잘 만들었나요?
3. 유아들이 나와 자신들이 만들고 싶은 글자를 정하여 글자를 만들어 본다.
   - 어떤 글자를 만들었는지 읽어 보세요.

〈반응단계〉

- 글자를 만들면서 재미있었던 점은 무엇이었니?
- 힘들었던 점은 없었니?

〈비고 및 유의점〉

1. 책에 나오는 단어를 만들어 보도록 하거나 따로 단어카드를 준비하여 만들어 보아도 된다.
2. 하나님께서는 우리의 신체의 각 부분의 특성을 가지고 자유롭게 움직일 수 있도록 창조해 주셨다는 것을 알려 주고 감사하도록 한다.

(2) 성경적 사회 생활영역

❑ 교육목표

- 공공장소에서 지켜야 할 규칙에 대해 알고 지키도록 한다.
- 내가 속한 공동체 속에서 여러 사람들이 하는 일에 참여하여 함께 협력한다.
- 하나님께서 주신 다양한 자료들 중에서 책을 통해 관심 있는 것에 대한 자료를

찾는 방법을 알아보고 자료를 활용해 본다.

- 책을 이웃끼리 대여하면서 서로 사랑을 느끼도록 한다.

❑ 교육활동

소주제 1. 도서관에서 지켜야 할 규칙(이야기 나누기)

통합목표
- 하나님이 주신 지혜로 공공장소에서의 규칙을 지킬 수 있다.
- 공공장소에서 규칙을 지키지 못한 것에 대해 미안한 마음을 갖는다.
- 공공장소에서 지켜야 할 규칙에 대해 알고 지키도록 한다.

학습자료
- 도서관 그림

활동 방법

〈도입단계〉

1. 도서관을 다녀온 경험에 대해 이야기를 나눈다.
   - 도서관에 가 본적이 있나요? 도서관에서 무엇을 보았나요?
   - 도서관에 다녀온 경험이 있나요?
   - 어디를 다녀왔나요? - 무슨 일로 갔었나요?

〈제시단계〉

1. 도서관이 어떤 곳일지 이야기한다.
   - 도서관은 어떤 곳일까요? - 도서관에는 무엇이 있을까요?
2. 도서관 그림을 보며 이야기를 나눈다.
   - 이곳은 어디일까요? 이곳이 바로 도서관이에요.
   - 사람들이 모두 무엇을 하고 있나요?
   - 시끄러운 시장이나 차가 많이 다니는 곳에서 책을 읽는다면 어떨까요?
   - 책을 보고 있을 때 다른 사람들이 옆에서 뛰어다닌다면 어떨까요?
3. 도서관에서 지켜야 할 규칙에 대해 이야기를 나눈다.
   - 도서관에서는 어떻게 이야기를 해야 할까요?
   - 도서관에서는 어떻게 다녀야 할까요?
   - 왜 조용히 다녀야 할까요?
   - 만약 큰 소리로 이야기를 한다면 어떨까요?

〈실행단계〉

- 지금까지 도서관에서 하는 일, 도서관에서는 어떻게 해야 하는지 알아보았는데 직접 도서관을 견학해 보는 것은 어떨까요?

〈반응단계〉

1. 직접 도서관으로 견학을 가도록 한다.
2. 도서관으로 견학 가기 전에 지켜야 할 규칙 등에 대해서 다시 이야기 나누어 보고 견학을 가도록 한다.

〈비고 및 유의점〉

1. 역할 영역에서 도서관을 만들어 도서관 놀이를 해본다.
2. 하나님께서 책을 많이 읽을 수 있는 도서관을 주심에 감사한다.

소주제 2. 독서 신문(언어)

통합목표
- 하나님께서 만드신 사람들과 서로 협력하여 공동체를 이룰 수 있다.
- 공동체 안에서 서로 협력하지 못한 것에 대해 반성한다.
- 내가 속한 공동체 속에서 여러 사람들이 하는 일에 협력하여 실천한다.

학습자료
- 도화지, 색연필, 사인펜, 풀, 가위 등

활동 방법

〈도입단계〉

1. 다양한 신문들을 보여준다.
   - 이것들은 무엇일까요?
   - 신문을 읽어 본 적이 있나요?
   - 이 신문들을 통해서 우리는 무엇을 알 수 있을까요?

〈제시단계〉

1. 독서 신문을 만들 것을 제안한다.
   - 독서 신문을 통해 다른 사람에게 어떤 것들을 알려 주면 좋을까요?
   - 독서 신문 속에 어떤 내용을 넣고 싶은가요?
2. 신문에 넣고 싶은 내용을 조별로 나누어서 만들어 보는 것은 어떨까요? 각 조별로 주제를 정하고 토의해 보도록 해요.

〈실행단계〉

1. 조별로 나누어 독서 신문의 주제를 토의하여 정한다.
2. 독서 신문에 넣을 내용을 친구들과 토의하여 정한다.
   - 어떤 내용을 넣을 것인가요?　　- 그림으로 그릴 것인가요?
   - 만화로 그릴 것인가요?
3. 역할을 정하여 독서 신문을 만들어 보도록 한다.
4. 완성된 독서 신문을 친구들에게 소개하고 교실에 게시하도록 한다.

〈반응단계〉

1. 독서 신문을 만든 느낌에 대해 이야기를 한다.
   - 친구들과 함께 신문을 만든 기분이 어떤가요?
   - 힘들었던 점은 없었나요?
2. 우리에게 신문을 만들 수 있는 지혜를 주신 분이 하나님이라는 것을 알고 감사한다.

〈비고 및 유의점〉

유아들끼리 각자 역할(취재기자, 그림 그리는 역할, 자료수집 등)을 정하여 활동할 수 있다.

소주제 3. 책에서 다양한 것을 찾을 수 있어요(이야기 나누기)

통합목표
- 하나님께서 주신 지혜로 사람들은 책을 만들어 다양한 정보와 지식을 알게해 주셨음을 안다.
- 책을 잘 이용하지 못한 내 모습을 반성한다.
- 책을 통해 관심 있는 것에 대한 자료를 찾는 방법을 알아보고 자료를 직접 찾아 활용해 본다.

학습자료
- 여러 가지 실제 책

활동 방법

〈도입단계〉

1. 책에 대한 자료를 컴퓨터 또는 책에서 찾아오도록 한다.

〈제시단계〉

1. 유아들이 가지고 온 자료를 보며 이야기를 나눈다.
   - 무엇에 대한 자료를 가지고 오라고 했나요?
   - 여러분은 책에 대해 조사하기 위해 무엇을 보았나요? - 이것은 무엇인가요?
2. 궁금한 것들을 찾아본 경험에 대해 이야기를 나눈다.
   - 궁금한 것들을 여러분은 어떻게 알아보나요?
   - 책을 찾아 궁금한 것을 알아본 경험이 있나요?
   - 어떤 책을 찾아보았나요?

〈실행단계〉

1. 교사가 준비한 여러 가지 책을 보며 어떤 것이 궁금할 때, 어떤 책을 봐야 할지 어떤 내용이 있는지 알아본다.
   - 만약 세종대왕과 같은 위인이 궁금하다면 어떤 책을 찾아봐야 할까요?
   - 꽃에 대해 궁금하다면 어떤 책을 찾아봐야 할까요?
   - 성경말씀에 대해 궁금하다면 어떤 책을 찾아보아야 할까요?
   - 영어단어가 궁금하다면 어떤 책을 찾아보아야 할까요?
   - 요리책에는 어떤 내용이 있나요?

〈반응단계〉

1. 유아들이 알고 싶어 하는 것 중 한 가지를 준비된 책들 중에서 직접 찾아보도록 한다.

〈비고 및 유의점〉

성경책은 다른 책과는 전혀 다른 것이며 많은 사람들이 읽고 소중하게 다루어야 할 책임을 알려 준다.

소주제 4. 책을 대여해요(이야기 나누기)

통합목표
- 네 이웃을 네 몸과 같이 사랑하라고 하신 하나님의 마음을 알 수 있다.
- 내가 소중하게 여기는 책을 이웃과 함께 나누는 기쁨을 알지 못했던 것에 대해서 반성할 수 있다.
- 책을 이웃끼리 대여하면서 서로 사랑을 느끼도록 한다.

학습자료
- 유아들이 가지고 온 책

활동 방법

〈도입단계〉

1. 가정에서 친구들과 함께 읽고 싶은 책을 선정하여 가지고 오도록 한다.

〈제시단계〉

1. 친구들에게 자신이 가지고 온 책을 소개한다.
   - 어떤 책을 가지고 왔나요?
   - 그 책에는 누가 나오나요?
   - 왜 그 책을 친구들과 함께 읽고 싶었나요?
2. 하나님께서는 이러한 책들도 다른 사람과 나누어 보기를 원하신다는 것을 알려 준다.

〈실행단계〉

1. 친구들의 책을 대여해서 볼 때 지켜야 할 규칙에 대해 이야기를 한다.
   - 친구들의 책을 찢지 않는다.
   - 친구들의 책을 제 날짜에 가지고 온다.
   - 친구들의 책에 낙서하지 않는다.
   - 친구들의 책을 소중히 다룬다.
2. 친구들이 가지고 온 책을 서로 빌려 보도록 한다.

〈반응단계〉

1. 친구들의 책을 서로 빌려 볼 때 좋은 점에 대해 이야기한다.
   - 친구들의 책을 빌려 보면 어떤 점이 좋을까요?
   - 친구들에게 책을 빌려 보았을 때의 기분에 대해 이야기를 한다.

〈비고 및 유의점〉

모든 친구들이 골고루 빌려 갈 수 있도록 도서 목록표를 만들어서 빌려 가는 유아들의 이름을 적는다.

(3) 성경적 표현 생활영역

❑ 교육목표

- 성경 이야기를 듣고 여러 가지 재료와 도구를 활용하여 이야기를 그림으로 표현할 수 있다.
- 하나님께로부터 받은 다양한 소재에 대한 생각과 느낌을 음악, 조형, 동작 등으로 통합하여 표현해 본다.

• 하나님께서 주신 신체로 주변의 여러 모양과 움직임을 창의적인 동작으로 만들어 표현해 본다.

❑ 교육활동

소주제 1. 두루마리 성경 만들기(조형)

통합목표
- 하나님의 말씀을 소중하게 보관하고 전달할 수 있는 다양한 방법을 주신 하나님께 감사할 수 있다.
- 하나님의 말씀을 귀중하게 여기는 마음이 부족했음을 반성한다.
- 옛날 성경모습에 대해 알아보고 지금의 성경이 우리 손에 전해지기까지의 유래를 알고 성경은 하나님의 말씀이라는 것을 전한다.

학습자료
- 도화지, 수수깡, 여러 가지 쓰기 도구

활동 방법

〈도입단계〉

1. 성경이야기를 듣고 내용에 대해 이야기를 나눈다.
   - 어떤 내용이었나요?　　　　- 누가 나왔었나요?

〈제시단계〉

1. 성경이야기 중 두루마리에 만들 이야기 다섯 개를 정한다.
2. 정한 성경이야기 내용을 이야기하고 이야기한 내용을 도화지 아래에 적어 놓는다.

〈실행단계〉

1. 성경이야기에 따라 알맞은 내용의 그림을 그려 넣는다.
2. 제일 앞 장에 제목과 성경이야기 한 장면을 그려 넣는다.
4. 완성된 그림을 2개씩 붙인 수수깡을 도화지의 첫 장과 끝 장에 각각 붙인다.
5. 수수깡을 붙인 첫 장부터 돌돌 말아 두루마리 그림이야기를 만든다.

〈반응단계〉

1. 완성된 그림 이야기를 친구들에게 소개한다.

〈비고 및 유의점〉

성경이야기의 내용을 이해하고 그림으로 표현해 봄으로써 하나님 말씀을 가까이하는 마음을 갖도록 한다.

소주제 2. 몸짓으로 성경인물 알아맞히기(신체표현)

통합목표
- 나를 창조하신 하나님께서 내 자유의지로 몸을 움직일 수 있도록 창조하셨음을 안다.
- 움직이기 싫어하는 게으른 모습을 반성한다.
- 성경인물의 특징에 대해 알고 몸짓으로 다양한 성경인물을 표현해 본다.

학습자료
- 성경인물 그림카드

활동 방법

〈도입단계〉

1. 성경인물을 선정하여 성경인물카드를 만든다(다니엘이 사자 굴에서 기도하는 그림, 다윗이 골리앗을 쓰러뜨리는 그림, 물로 세례를 주는 요한의 그림, 선악과를 따먹는 하와의 그림 등).

〈제시단계〉

1. 성경인물 그림 카드를 한 장씩 보여주며 무슨 그림인지 이야기한다.
   - 이 성경인물은 누구일까요?
   - 무엇을 하고 있는 그림일까요?

〈실행단계〉

1. 유아 한 명이 나와 신체를 표현할 카드를 한 장 뽑아 본다.
2. 뽑은 카드를 보고 이야기하지 않고 똑같이 표현해 보도록 한다.
3. 몸짓을 보고 아는 유아는 손을 들고 맞추도록 한다.
4. 위와 같은 방법으로 여러 장의 카드를 가지고 계속 활동한다.
5. 위 그림 장면 외에 유아가 흉내 내어 보고 싶은 성경인물이 있다면 나와서 표현해 보도록 한다.

〈반응단계〉

1. 성경 인물을 몸짓으로 표현하면서 재미있던 점과 힘들었던 점을 이야기한다.
   - 어떤 인물을 표현하는 것이 가장 재미있었나요?

〈비고 및 유의점〉

성경인물을 몸짓으로 표현해 봄으로써 그 인물들과 같이 하나님을 의지하는 생활을 닮아가도록 이끈다.

(4) 성경적 언어 생활영역

❑ 교육목표

- 유아가 다른 사람의 말을 귀담아 듣고 이해하는 능력을 기른다.
- 듣기, 말하기, 읽기, 쓰기 등에 관심을 갖도록 한다.
- 그림이나 친숙한 글자 등과 같은 다양한 형태를 이용하여 자신의 생각을 주변 사람이나 하나님께 표현해 본다.
- 하나님께서 주신 지혜로 여러 가지 책을 만들어 읽어 본다.

❑ 교육활동

소주제 1. 이야기가 비슷해요(이야기 나누기)

통합목표

- 하나님은 우리의 작은 소리에도 귀 기울이시는 분이심을 안다.
- 다른 사람의 이야기에 경청하지 못한 모습을 반성한다.
- 유아가 다른 사람의 말을 귀담아 듣고 이해하는 능력과 비슷한 주제의 이야기를 듣고 비교해보며 같은 점과 다른 점을 알아본다.

학습자료

- 이야기가 비슷한 동화책

활동 방법

〈도입단계〉

1. 교사가 미리 그림책 중에서 비슷한 주제를 갖고 있는 여러 권의 책을 선정한다. (예: 신데렐라 & 콩쥐팥쥐)

〈제시단계〉

1. 비슷한 주제를 포함한 책들을 선정하여 소개한다.
   - 이 책을 읽어 본 경험이 있나요? - 어떤 내용인 것 같은가요?

- 제목을 읽어 보세요.
- 두 책의 제목이 같은가요?

2. 교사가 책 2권을 읽어 준다.

〈실행단계〉

1. 책의 내용에 대해 이야기한다.
   - 어떤 이야기였나요?
   - 어떤 점이 비슷했나요?(상황, 사건)
   - 서로 다른 점은 어떤 것인가요?
2. 벤다이어그램을 그려서 비슷한 부분과 다른 부분을 찾아 이야기한다.

〈반응단계〉

1. 완성된 벤다이어그램을 보며 이야기를 한다.
   - 비슷한 점이 무엇이라고 썼는지 읽어 보세요.
   - 다른 점은 각각 무엇이었나요?

〈비고 및 유의점〉

1. 들려주는 동화를 잘 경청하여 이야기할 수 있도록 한다.
2. 선생님과 부모님과 하나님 말씀을 잘 경청하도록 이야기한다.

소주제 2. 동화 주인공에게 편지 쓰기(언어)

통합목표
- 하나님이 만들어 주신 우리 몸의 기관 중 눈과 귀, 입과 손의 역할과 사용법을 알 수 있다.
- 우리 몸의 기관을 소중히 여기며 사용하지 못한 내 모습을 반성한다.
- 동화 속 주인공에게 자신이 하고 싶은 말을 편지로 적어 본다.

학습자료
- 동시판, 여러 가지 과일그림

활동 방법

〈도입단계〉

1. 동화를 선정하여 동화책을 읽어 준다.

〈제시단계〉

1. 동화를 듣고 난 후의 느낌이나 생각에 대해서 이야기 나눈다.
   - 동화에 나온 주인공은 어떤 마음이었을까요?
   - 글쓴이는 왜 이런 이야기를 썼을까요?

- 글쓴이에게 하고 싶은 말은 무엇이었나요?
- 주인공에게 여러분의 생각을 전하려면 어떻게 해야 할까요?

〈실행단계〉

1. 편지의 양식에 대해 알려 준다.
   - 서두: ○○에게
   - 끝: 년월일
     ○○○가
2. 자신의 생각을 편지로 적는다.
   - 동화 주인공에게 하고 싶은 말이 있나요?

〈반응단계〉

1. 자신이 쓴 편지를 친구들에게 소개한다.

〈비고 및 유의점〉

성경이야기 속 주인공에게 편지를 써 보도록 한다.

소주제 3. 책 만들기(언어)

통합목표

- 하나님이 주신 지혜로 책의 내용을 꾸밀 수 있다.
- 책의 내용을 만들 수 없다고 시도도 해보지 않고 포기해 버린 내 모습을 반성한다.
- 다양한 주제로 자신만의 책을 만들어 보며 친구들에게 소개하고 자신감을 갖는다.

학습자료

- 여러 가지 쓰기 도구, 활동지

활동 방법

〈도입단계〉

1. 여러 가지 모양의 책을 보여주며 이야기를 나눈다.
   - 이 책은 어떻게 만든 것 같은가요?

〈제시단계〉

1. 자신이 만들고 싶은 책의 내용을 정한다.
   - 어떤 내용의 책을 만들고 싶은가요?
   - 어떻게 만들고 싶은가요?

〈실행단계〉

1. 여러 가지 재료를 이용하여 책을 만든다.
   - 어떤 내용을 넣을 것인가요?　　- 무엇을 그릴 것인가요?
   - 제목은 무엇이라 할 것인가요?
2. 여러 모양의 책 모양 종이를 이용하여 책을 만든다.
3. 완성된 책을 친구들에게 소개한다.

〈반응단계〉

1. 다양한 형태의 책을 전시해서 다른 친구들과 함께 나누고 여러 가지의 책과 여러 모양의 책을 만들 수 있는 지혜를 주신 하나님께 감사드린다.

〈비고 및 유의점〉

간단한 내용을 넣어 책을 만들 수 있다.

(5) 성경적 탐구 생활영역

❑ 교육목표

- 하나님께서 주신 유아들의 주변에 있는 여러 가지 물체를 관찰하고 그 특징을 알아본다.
- 하나님께서 주신 생각으로 주변의 사물과 사건에 대해 새로운 생각을 해본다.
- 주변의 친숙한 자료를 정리하여 그림이나 표로 만들어 보고 이야기해본다.
- 책에 대한 프로젝트를 하여 책이 만들어 지는 과정을 알고 실천해 본다.

❑ 교육활동

소주제 1. 여러 가지 재질의 책(과학)

통합목표

- 하나님께서 다양한 재료를 만들어 주시고 사람에게 사용할 수 있도록 주셨음을 안다.
- 하나님이 주신 재료를 다양하게 사용하지 못했음을 반성한다.
- 여러 가지 책을 만져 보고 느껴 보며 다양한 재질을 느껴 보며 창의적으로 만들 수 있다.

학습자료 ‣ 여러 가지 재질로 만든 책(헝겊 책, 나무 책, 종이 책…)

활동 방법

〈도입단계〉

1. 가정에서 다양한 재질로 만든 책을 가져오도록 한다.

〈제시단계〉

1. 다양한 재료를 이용해서 책을 만들 수 있음을 알 수 있다.
2. 가정에서 가져온 여러 가지 재질의 책들을 살펴본다.
   - 이 책은 무엇으로 만든 것일까요?
3. 여러 가지 재질의 책들을 손으로 만져 본다.
   - 느낌이 어떤가요?
4. 돋보기를 통해서 여러 가지 재질의 책을 살펴본다.
   - 어떤 모양으로 보이는가요?

〈실행단계〉

1. 여러 가지 재질의 책이 왜 만들어졌는지에 대해 이야기를 나눈다.
   - 왜 이런 재질로 책이 만들어 졌을까요?
2. 다양한 재질의 재료를 이용해서 책의 겉표지를 만들어 본다.
   - 책의 제일 앞면을 앞표지라고 해요
3. 책의 제일 뒷면을 뒷표지라고 해요.
   - 앞표지에는 어떤 내용이 있나요?
4. 뒷표지에는 어떤 내용이 있나요?
   - 다양한 재료를 이용해서 나만의 책표지를 만들어 본다.

〈반응단계〉

1. 고대 시대 때 만들어진 두루마리 책에 대해 설명해 준다.
2. 하나님께서 사람에게 주신 다양한 재료로 다양한 책이 만들어짐을 이야기해 준다.

〈비고 및 유의점〉

1. 과학영역에 두고 여러 가지 책의 재질을 비교할 수 있다.
   - 다양한 책과 돋보기

소주제 2. 내가 만약 동화 속 주인공이라면(이야기 나누기)

통합목표
- 하나님이 주신 다양한 사람의 모습을 인정하고 사랑할 수 있다.
- 다른 사람과 다른 것을 틀렸다고 생각하고 인정하지 못했던 내 모습을 반성한다.
- 여러 가지 동화를 듣고 내가 동화 속 주인공이 되는 상상을 해보며 즐거움을 느낀다.

학습자료
- 동화책, 여러 가지 쓰기 도구, 활동지

활동 방법

〈도입단계〉

1. 동화책 한 권을 선정한다.
   - 어떤 동화가 가장 재미있고 좋은가요?

〈제시단계〉

1. 선정한 동화를 읽어 준다.
   - 어떤 내용인가요?
   - 주인공이 누구인가요?
   - 주인공의 모습은 어떤가요?
   - 주인공이 무엇을 했나요?

〈실행단계〉

1. 주인공의 좋았던 점에 대해 이야기를 나눈다.
   - 주인공의 어떤 점이 좋았나요?
2. 내가 만약 주인공이라면 어떻게 하고 싶은지에 대해 이야기를 나눈다.
   - 친구들이 만약 주인공이라면 어떻게 하고 싶은가요?
3. 내가 만약 주인공이라면 어떻게 할지에 대해 그림으로 표현한다.

〈반응단계〉

1. 완성된 그림을 친구들에게 소개한다.

〈비고 및 유의점〉

자신이 되고 싶은 동화 속 주인공의 의상을 하루 동안 입고 와서 소개해 보는 시간을 가져도 좋다.

소주제 3. 동화책과 성경책 비교(수학)

통합목표
- 지혜와 훈계를 알게 하는 성경말씀은 하나님이 인간에게 주신 것임을 안다.
- 성경에 있는 말씀대로 살지 못했음을 깨닫고 반성한다.
- 동화책과 성경책을 비교해보며 하나님의 말씀이 담긴 성경책을 소중히 여기는 마음을 갖는다.

학습자료
- 성경책, 동화책

활동 방법

〈도입단계〉

1. 여러 가지 책 중에서 비교할 책 두 권을 선정한다(성경책과 동화책을 비교해 보기로 한다).

〈제시단계〉

1. 동화책과 성경책을 보여주며 이야기한다.
   - 이런 책을 본 경험이 있나요? - 이 책들은 누가 보나요?
   - 언제 사용하는 책인가요?
2. 책을 보여준다.
   - 여기에는 어떤 것들이 있는지 살펴보세요. - 어떤 색깔인가요? 그림이 있나요?
3. 두 책의 공통점과 차이점을 찾아본다.
   - 서로 비슷한 점은 무엇일까? - 서로 다른 점은 무엇일까?

〈실행단계〉

1. 찾아낸 공통점과 차이점을 벤다이어그램에 완성한다.

   예) 공통점: - 글이 있다.
   - 여러 장으로 되어 있다.
   - 네모모양이다.
   - 표지가 있다.

   다른 점: - 글씨 크기가 다르다.
   - 성경은 하나님의 말씀이 담겨져 있는 책이다.
   - 동화책은 하나님께서 주신 지혜로 사람이 쓴 책이다.

- 성경은 실제로 일어난 일들을 적은 책이다.
- 동화책은 사람의 상상으로 지어낸 이야기들이다.
- 성경은 사진이 있고 동화책은 예쁜 그림이 있다

〈반응단계〉

1. 완성된 벤다이어그램을 읽어 본다.
2. 동화책과 성경책 모두 소중히 다루어야 하지만 특히 하나님의 말씀이 쓰여진 성경책은 매우 귀하게 다루어야 하며 생명의 양식이므로 매일 읽어야 한다는 것을 이야기한다.

〈비고 및 유의점〉

1. 하나님께서 주신 성경책은 귀한 책임을 알려 준다.
2. 성경책을 읽으면 많은 지혜를 얻을 수 있음을 알려 준다.
3. 세계적으로 가장 많이 읽히는 책임을 알려 준다.

소주제 4. 동화 주인공에게 편지쓰기(언어)

통합목표
- 하나님이 만들어 주신 우리 몸의 기관 중 눈과 귀, 입과 손의 역할과 사용법을 알 수 있다.
- 듣기, 말하기, 읽기, 쓰기 등에 관심을 갖고 소중히 여기며 사용하지 못한 내 모습을 반성한다.
- 동화 속 주인공에게 자신이 하고 싶은 말을 편지로 적어 본다.

학습자료
- 동시판, 여러 가지 과일그림

활동 방법

〈도입단계〉

1. 동화를 선정하여 동화책을 읽어 준다.

〈제시단계〉

1. 동화를 듣고 난 후의 느낌이나 생각에 대해서 이야기 나눈다.
   - 동화에 나온 주인공은 어떤 마음이었을까요?
   - 글쓴이는 왜 이런 이야기를 썼을까요?

- 글쓴이에게 하고 싶은 말은 무엇이었나요?
- 주인공에게 여러분의 생각을 전하려면 어떻게 해야 할까요?

〈실행단계〉

1. 편지의 양식에 대해 알려 준다.
   - 서두: ○○에게
   - 끝: 년월일
     ○○○가
2. 자신의 생각을 편지로 적는다.
   - 동화 주인공에게 하고 싶은 말이 있나요?

〈반응단계〉

1. 자신이 쓴 편지를 친구들에게 소개한다.

〈비고 및 유의점〉

성경이야기 속 주인공에게 편지를 써 보도록 한다.

주제 8. 추수감사(활동기간: 1주)

(1) 성경적 건강 생활영역

❑ 교육목표

• 하나님께서 주신 다양한 음식을 골고루 먹는다.
• 열심히 일해서 열매를 거두는 기쁨을 얻도록 한다.

❑ 교육활동

소주제 1. 야채샐러드 만들기(요리)

통합목표

- 하나님께서 우리에게 다양한 먹거리를 주신 것에 대해 감사한다.
- 하나님이 주신 다양한 음식을 골고루 먹지 못하고 소중하게 여기지 못한 점을 반성한다.
- 일 년 동안 씨 뿌리고 열심히 농사지어서 열매를 맺게 되어 감사한다.

• 요리하기를 통해 유아들이 잘 먹지 않는 야채를 골고루 먹을 수 있게 한다.

학습자료 • 오이, 양상추, 당근, 옥수수캔, 마요네즈, 앞치마, 넓은 그릇, 숟가락, 접시, 플라스틱 칼

활동 방법

〈도입단계〉

1. 다양한 야채와 채소 등을 보여주며 이야기 나눈다.
2. 야채를 하나님께서 창조하셨다는 것에 대해 이야기를 나눈다.
   - 야채는 누가 창조하셨나요? - 야채는 몇째 날에 창조하셨나요?
   - 하나님께서는 야채를 왜 창조하셨을까요?
3. 손을 씻고 앉는다.

〈제시단계〉

1. 내가 좋아하는 야채에 대해 이야기를 나눈다.
   - 친구들은 어떤 야채를 좋아하나요? - 그 야채가 왜 좋은가요?
2. 야채를 골고루 먹을 수 있는 방법에 대해 이야기를 나눈다.
   - 어떻게 하면 야채를 골고루 먹을 수 있을까요?

〈실행단계〉

1. 야채샐러드를 만드는 순서를 보여주며 만드는 방법에 대해 알려 준다.
   - 오이, 양상추, 당근 등을 먹기 좋게 자른다. - 자른 야채들을 넓은 그릇에 담는다.
   - 마요네즈를 넣고 숟가락으로 잘 섞는다. - 접시에 예쁘게 담는다.
2. 야채샐러드를 만든다.
3. 완성된 야채샐러드를 친구들과 함께 먹는다.
   - 먹어 본 느낌이 어떤가요? - 야채를 샐러드해서 먹어 보니 어떤가요? 맛있나요?

〈반응단계〉

1. 하나님께서 우리에게 주신 음식은 우리 몸을 튼튼하게 하기 위한 것들이며 음식을 골고루 먹어야 한다고 이야기한다.

〈비고 및 유의점〉

음식을 만들고 난 후 모두 함께 뒷정리를 깨끗하게 한다.

(2) 성경적 사회 생활영역

❑ 교육목표

- 나에게 도움을 주는 모든 사람에게 감사하는 마음을 갖고 감사를 표현할 수 있다.
- 세계 여러 나라의 다양한 추수감사 축제를 알아보고 세계의 문화를 존중한다.

❑ 교육활동

소주제 1. 세계의 추수감사 축제(이야기 나누기)

통합목표

- 하나님께서 만드신 세계 여러 나라에는 다양한 추수감사 축제가 있음을 안다.
- 다양한 문화축제에 대해 관심을 갖지 못한 것과 하나님께 감사하는 마음을 갖지 못한 것에 대해 반성한다.
- 세계 여러 나라의 다양한 추수감사 축제를 알아보고 세계의 문화를 존중한다.

학습자료

- 세계 여러 나라의 추수감사 축제

활동 방법

〈도입단계〉

1. 추수감사절의 유래를 동화로 보여준다.
   - 추수감사절이 어떤 날인지 알고 있나요?
   - 청교도인들이 배를 타고 새로운 땅에 온 후 제일 먼저 한 일은 무엇인가요?
   - 청교도인들은 인디언들에게 무엇을 가르쳐 주었나요?

〈제시단계〉

1. 추수감사절에 대해 이야기를 나눈다.
   - 추수감사절은 어떤 날일까요? 무엇을 하는 날일까요?
2. 교회에서 하는 추수감사절에 대해 이야기를 나눈다.
   - 교회에서는 추수감사절을 어떻게 보내나요?
   - 무엇을 했나요?

〈실행단계〉

1. 세계의 추수감사 축제 사진을 보며 이야기를 나눈다.
   - 어떤 나라인가요? - 무엇을 하고 있는 것 같은가요?
   - 이 사람들은 누구에게 감사를 하고 있는 것일까요?
   - 각각 추수감사축제의 방식은 다르지만 모두 무엇을 감사하고 있는 것인가요?
2. 우리에게 풍요로운 먹을 것을 주신 하나님께 감사하도록 한다.
   - 우리에게 먹을 것을 주신 분은 누구인가요?
   - 하나님께 우리는 어떻게 감사해야 할까요?

〈반응단계〉

1. 교실 안에서 작은 추수감사 축제를 계획하도록 한다.
2. 세계의 추수감사절에 대해 알아보았는데 우리도 추수감사 축제를 해 보는 것은 어떨까요?
   - 우리도 추수감사 축제를 하도록 해요
   - 무엇을 준비해야 할까요? - 어떻게 하면 좋을까요?

〈비고 및 유의점〉

세계 여러 나라의 축제에 대해 알아볼 수 있다.

소주제 2. 감사해요(이야기 나누기)

통합목표
- 하나님께서 나에게 베푸신 일들에 대해 감사하는 마음을 갖는다.
- 하나님께 감사하는 마음을 갖지 못했던 것에 대해 반성한다.
- 감사한 마음을 하나님께 표현할 수 있다.

학습자료
- 유아에게 도움을 주는 그림, 감사편지지, 여러 가지 쓰기 도구

활동 방법

〈도입단계〉

1. 다른 사람에게 도움을 받은 경험에 대해 이야기를 한다.
   - 다른 친구들에게 도움을 받은 일이 있었나요?
   - 모르는 사람에게 도움을 받은 경험이 있나요?
   - 어떤 도움을 받았나요? - 도움을 받았을 때 어떻게 했었나요?

〈제시단계〉

1. 여러 사람들(부모님, 선생님, 친구들)이 나에게 도움을 주는 그림(예: 넘어진 유아에게 약을 발라 주는 그림, 부모님께서 열이 나는 유아를 돌보시는 그림, 친구들이 먹을 것을 나누어 주는 그림 등)을 보며 이야기를 나눈다.
   - 어떤 그림인가요?
   - 이러한 도움을 받아 본 경험이 있나요? 누가 나에게 이러한 도움을 주었나요?
   - 이러한 도움을 받았을 때 기분이 어땠나요?
   - 왜 부모님과 선생님은 우리에게 이러한 도움을 줄까요?

〈실행단계〉

1. 이렇게 내 주변에서 도움을 주는 사람을 창조하신 하나님에 대해 이야기를 나눈다.
   - 내 주변에 나를 사랑하는 친구, 선생님, 부모님들을 주신 분은 누구실까요?
   - 하나님은 또 우리를 위해 무엇을 주셨나요?
   - 우리는 하나님께 어떤 마음을 가져야 할까요?
2. 감사한 사람들에게 감사한 마음을 표현하는 방법에 대해 이야기를 나눈다.
   - 우리에게 많은 도움을 준 사람이나 하나님께 어떻게 감사한 마음을 표현할 수 있을까요?
3. 내가 감사하고 싶은 사람 또는 하나님께 감사편지를 쓰도록 한다.

〈반응단계〉

1. 완성된 감사편지를 친구들에게 소개한다.
   - 감사편지를 써 본 느낌이 어땠나요? 친구들과 함께 이야기 나누어 볼까요?
   - 도움을 받았을 때는 "감사합니다."라고 말할 수 있어야 된다.
   - 항상 하나님께 감사기도를 드리도록 한다.

〈비고 및 유의점〉

유아들에게 언제나 감사하는 마음이 습관화되도록 한다.

(3) 성경적 표현 생활영역

❑ 교육목표

• 곡식과 씨앗을 이용하여 창의적으로 만들고 꾸밀 수 있다.

❑ 교육활동

소주제 1. 곡식과 씨앗 그림(조형)

통합목표
- 여러 가지 곡식과 씨앗으로 우리에게 먹을 것을 주시는 하나님께 감사한다.
- 다양한 먹거리를 주신 하나님께 감사하지 못한 것에 대해 죄송한 마음을 갖는다.
- 곡식과 씨앗을 이용하여 창의적으로 만들고 꾸밀 수 있다.

학습자료
- 여러 가지 씨앗, 곡식, 미술용 본드, 도화지, 색연필,

활동 방법

〈도입단계〉

1. 여러 가지 씨를 보여 주며 이야기한다.
   - 이런 씨앗들을 본 경험이 있나요?
   - 어디서 보았나요?
   - 이것은 어느 열매의 씨앗일까요?
2. 이러한 곡식과 씨앗을 창조하신 하나님에 대해 이야기한다.
   - 이러한 곡식과 씨앗을 창조하신 분은 누구실까요?
   - 하나님께서는 곡식과 열매를 몇째 날에 창조하셨나요?

〈제시단계〉

1. 아이들에게 다양한 재료들을 보여주고 표현해 보도록 한다.
   - 친구들이 관찰한 곡식과 씨앗 중에서 먹을 수 있는 것은 무엇일까요? 음식으로 먹을 수 있는 것 말고 여러 가지 다양한 곡식과 씨앗으로 무엇을 할 수 있을까요?
   - 이것을 이용하여 그림으로 나타내 보는 것은 어떨까요?

〈실행단계〉

1. 여러 가지 다양한 곡식과 씨앗을 이용하여 다양한 표현이 나올 수 있도록 유도한다.
   - 친구들이 여러 종류의 곡식을 이용하여 무엇을 만들 수 있을지 생각해 보고 표현해 보도록 해요.

〈반응단계〉

1. 하나님께서 우리에게 주신 음식은 우리 몸을 튼튼하게 하기 위한 것들이며 다양한 곡식과 씨앗을 먹음으로써 건강을 유지할 수 있다는 것을 알려 준다.
   - 곡식과 씨앗을 이용하여 표현해 본 느낌이 어땠나요? 색연필이나 다른 그림도구들을 이용한 그림과 어떤 차이가 있나요?

〈비고 및 유의점〉

곡식을 바닥에 떨어뜨리지 않도록 주의한다.

(4) 성경적 언어 생활영역

❑ 교육목표

동시를 듣고 창의적으로 내용을 바꾸어 동시를 지을 수 있다.

❑ 교육활동

소주제 1. 하나님이 먹여 주세요(동시)

통합목표
- 하나님께서 우리들을 위해 먹이고 입혀 주시는 것에 감사하는 마음을 갖는다.
- 우리들이 편안하게 살아갈 수 있게 해 주시는 하나님께 감사하지 못했던 것에 대해 반성하는 마음을 갖는다.
- 동시를 듣고 창의적으로 내용을 바꾸어 동시를 지을 수 있다.

학습자료
- 동시판

활동 방법

〈도입단계〉

- 오늘 아침에 집에서 무엇을 먹었는지 이야기해 볼 수 있나요?
- 여러분 오늘 밥은 먹었나요? - 무엇을 먹었나요?
- 누가 음식을 해 주었나요

〈제시단계〉

1. 참새나 동물들이 먹는 음식에 대해 이야기한다.

- 참새나 동물들은 어떻게 음식을 먹을까요?
- 누가 음식들을 먹을 수 있게 준비해 주실까요?
- 동시란 무엇일까요? 내 생각이나 느낌을 짧은 글로 나타낸 것이에요. 참새들이 먹는 음식에 관한 동시를 들려줄 텐데 잘 들어 볼 수 있나요?

〈실행단계〉

1. 동시판을 보여주고 동시를 읽어 준다.
   - 동시를 들어 본 느낌이 어떤가요?
   - 무엇을 먹을까 입을까 왜 걱정하지 말라고 하셨나요?
2. 우리에게 먹을 것과 입을 것을 주시는 하나님께 감사하도록 한다.
   - 부모님께서 먹을 것과 입을 것을 주시는 듯하지만 그런 것들을 만들어 주시고 살 수 있도록 해주시는 분은 누구실까요?
3. 한 소절씩 번갈아가며 읽어 본 후 다 같이 동시판을 읽도록 한다.
4. '짹 짹짹 노래하는 참새' 대신 다른 동물을 넣어서 지어 보도록 한다.
   - 다른 동물을 넣어 보세요. 어떤 동물을 넣어 볼까요?
   - 그 동물은 어떻게 울음소리를 낼까요?
   - ○○동물을 넣어 읽어 봅시다.

〈반응단계〉

1. 사람뿐 아니라 동물들까지도 먹을 것을 주신 하나님께 감사하도록 한다.
   - 동시를 읽어 본 느낌이 어떤가요?

〈비고 및 유의점〉

다른 동물을 넣어서 할 수 있도록 동시 판에 '짹 짹짹 노래하는 참새' 부분을 썼다 지울 수 있도록 한다.

(5) 성경적 탐구 생활영역

❑ 교육목표

숫자 만큼 사물을 세어 보는 활동을 통하여 사물의 수량을 더하고 덜어 볼 수 있다.

❑ 교육활동

소주제 1. 숫자 만큼 가져오기(수학)

통합목표
- 하나님이 주신 창의적인 생각으로 수 활동을 할 수 있다.
- 하나님이 주신 지혜로 창의적인 생각을 하지 못했던 것에 대해 반성한다.
- 숫자 만큼 사물을 세어 보는 활동을 통하여 사물의 수량을 더하고 덜어 볼 수 있다.

학습자료
- 과일 모양 그림조각 60개, 개인 바구니 판, 게임판(과일을 붙일 수 있는 나무), 주사위

활동 방법

〈도입단계〉

- 친구들은 어떤 과일을 먹어 보았나요?
- 먹어 본 과일 중에 어떤 과일이 제일 맛이 있었나요?
- 제일 많이 먹은 과일의 개수는 몇 개나 될까요?
- 오늘은 선생님과 게임을 하면서 숫자를 얼마나 셀 수 있는지 알아보도록 해요.

〈제시단계〉

1. 과일 모양 그림조각을 게임판에 모두 붙이고 게임판을 보여주며 이야기한다.
   - 과일 나무에 과일이 달린 모습을 본 경험이 있나요?
   - 이렇게 나무에 과일을 열리게 해주신 분은 누구실까요?

〈실행단계〉

1. 개인 바구니 판을 나누어 갖는다.
2. 순서를 정하여 주사위를 던진다.
3. 나온 수 만큼 게임판에 있는 과일을 가져오도록 한다.
4. 과일을 모두 자신의 개인 바구니 판에 모두 붙이면 게임이 끝난다.
5. 자신이 모은 과일을 모두 세어 보고 많은 과일을 모은 유아가 이긴다.

〈반응단계〉

1. 우리가 먹을 수 있도록 과일나무에 과일을 많이 열리게 해주시고 과일을 섭취하면서 우리 몸에 필요한 비타민을 같이 섭취할 수 있도록 해주신 하나님께 감사드리도록 한다.

- 게임을 해보니 어땠나요? 게임을 하면서 불편한 점은 없었나요?

〈비고 및 유의점〉

과일 그림을 바꾸어 주며 활동할 수 있다.

주제 9. 세계 여러 나라(활동기간: 30일)

(1) 성경적 건강 생활영역

❑ 교육목표

- 하나님께서 주신 자신의 몸을 다양하게 움직여 본다.
- 하나님께서 주신 세계의 다양한 음식들을 알아보고 음식을 골고루 먹는다.
- 하나님께서 주신 몸으로 놀이시설을 능숙하게 이용하며 신체활동을 해본다.
- 하나님께서 만드신 세계 여러 나라를 여행하는 계획을 세워 본다.

❑ 교육활동

소주제 1. 세계의 춤을 추어요(신체표현)

통합목표
- 하나님께서 주신 자신의 몸을 다양하게 움직여 본다.
- 여러 가지를 생각하지 못한 점을 느낀다.
- 세계 여러 나라 사람들은 같은 느낌을 갖고 춤을 추는 것을 안다.

학습자료
- 세계 여러 나라의 춤 사진, 춤을 추는 데 필요한 음악
- 춤을 추는 데 필요한 자료(캉캉치마, 인디언 치마, 부채 등)

활동 방법

〈도입단계〉

1. 세계 여러 나라의 춤을 추는 데 필요한 소품을 준비해 준다.
2. 춤을 추어 본 경험에 대해 이야기를 나눈다.
   - 여러분은 춤을 추어 본 경험이 있나요? - 언제 추어 보았나요?
   - 여러분은 마음이 어떨 때 춤을 추게 되나요?

〈제시단계〉

1. 다양한 세계 여러 나라의 춤이 그려진 그림을 보여주며 이야기를 나눈다.
   - 이것은 무엇을 하는 그림인가요?
   - 어느 나라의 춤인가요?
   - 어떤 옷을 입고 춤을 추나요?
   - 이 춤의 팔 동작은 어떻게 움직이고 있나요?
2. 그림에 나와 있는 춤을 유아들이 나와서 추어 본다.
   - 이 춤을 추려면 무엇이 필요한가요?
   - 이 춤은 어떻게 추는 것인지 나와서 추어 보세요.
3. 우리에게 춤을 출 수 있는 몸과 각 나라의 춤을 출 수 있는 지혜를 주신 분이 하나님이라는 것을 이야기한다.

〈실행단계〉

1. 조별로 나누어 어느 나라의 춤을 출 것인지 정한다.
2. 조별로 정한 춤에 필요한 소품을 가져온다.
3. 조별로 출 춤에 필요한 음악을 정한다.
4. 친구들 앞에 나와 음악에 맞추어 추어 본다.

〈반응단계〉

1. 춤을 감상한 느낌을 이야기한다.
   - 친구들이 춤을 잘 추었나요? - 누가 가장 멋지게 추었나요?
2. 이렇게 우리가 기쁜 마음으로 춤을 출 수 있는 몸을 주신 분인 하나님에 대해 이야기를 한다.
   - 우리가 마음이 기쁠 때 춤을 출 수 있는 몸을 창조하신 분은 누구실까요?
   - 춤을 출 때 우리가 몸을 아름답고 자유롭게 움직일 수 있도록 하나님께서 만들어 주셨어요.
   - 우리는 이러한 몸을 주신 하나님께 드려야 해요.
   - 어떻게 드릴 수 있을까요?(우리 몸으로 하나님께 찬양 드려요.)

〈비고 및 유의점〉

하나님께서 음악에 맞추어 즐겁게 춤을 출 수 있는 몸을 주신 것에 대해 감사한 마음을 갖는다.

소주제 2. 세계 여러 나라의 음식 맛보기(요리)

통합목표
- 하나님께서 주신 지혜로 각 나라 사람들은 음식을 만든다.
- 각 나라사람들의 음식을 골고루 먹지 못하는 경우를 발견한다.
- 하나님께서 주신 세계의 다양한 음식들을 알아보고 음식을 골고루 먹는다.

학습자료
- 세계 여러 나라의 음식의 사진 및 실제 음식

활동 방법

〈도입단계〉

1. 여러 음식에 대해 이야기한다.
   - 음식의 종류에는 어떤 것들이 있나요? - 여러분은 어떤 음식을 좋아하나요?
2. 여러 나라 음식들을 보며 이야기한다.
   - 이 음식의 이름은 무엇일까요? - 무엇으로 만들어진 것일까요?

〈제시단계〉

1. 세계 여러 나라의 유명한 음식에는 무엇이 있는지 이야기 나눈다.
   - 일본: 생선회, 유부초밥
   - 중국: 만두, 탕수육
   - 이탈리아: 스파게티, 마카로니, 파스타
   - 미국: 피자, 햄버거, 함박스테이크
   - 인도: 카레
   - 한국: 불고기, 김치, 전, 떡
2. 세계 여러 나라별로 다른 음식을 만들 수 있는 지혜를 주시고 다양한 재료를 주신 분이 하나님이라는 것을 이야기한다.

〈실행단계〉

1. 가정에서 세계 각국을 대표하는 음식 한 가지씩을 해가지고 오도록 한다.
2. 가정에서 가지고 온 세계 여러 나라 음식들을 살펴보며 이야기를 나눈다.
   - 이것은 어떤 음식인가요? - 어느 나라의 음식인가요?
   - 무엇으로 만든 음식일까요? - 이러한 음식을 주신 분은 누구실까요?
   - 하나님께서는 이렇게 맛있는 음식들을 만들고 먹을 수 있도록 여러 가지 야채와 곡식,

그리고 생선, 고기 등을 주셨어요.

3. 가정에서 가지고 온 세계 여러 나라 음식을 뷔페처럼 차려놓고 음식의 이름을 확인한다.
4. 음식재료를 창조하신 하나님께 감사하며 남기지 않고 먹는 방법에 대해 이야기한다.
   - 하나님께서 창조하신 음식을 여러분이 먹지 않고 남긴다면 하나님께서 마음이 어떠실까요?
   - 그럼 음식을 남기지 않으려면 어떻게 해야 할까요?
5. 음식을 주신 하나님께 감사기도를 드린다.
6. 먹을 만큼 여러 번 음식을 갖다 먹도록 하며 모든 음식을 모두 먹어 보도록 한다. 또한 한 가지 음식을 많이 담거나 음식을 남기지 않는다.

〈반응단계〉

1. 음식을 먹은 느낌을 이야기한다.
   - 제일 맛있었던 음식은 무엇인가요?
   - 제일 먹기 힘들었던 음식은 무엇인가요?
   - 음식을 먹으면서 어떤 마음이 들었나요?
   - 음식을 먹기 전에 항상 하나님께 감사기도를 드리고 먹어요.

〈비고 및 유의점〉

도시락 지도 시 활용하면 좋다.

소주제 3. 림보게임(게임)

통합목표
- 도구를 다양하게 활용하여 하나님께서 주신 몸으로 신체활동을 해본다.
- 내 몸은 무엇이든지 할 수 있는데도 안한 것을 안다.
- 몸을 자유롭게 움직일 수 있도록 하나님께서는 창조해 주셨다.

학습자료
- 림보 막대 2개, 유니바 2개씩 4개, 신호 악기

활동 방법

〈도입단계〉

1. 우리 몸을 다양하게 움직여 본다.

- 목을 돌려 봅시다. 손목을 돌려 봅시다. 뒤로 목을 젖혀 봅시다. 몸을 구부려 봅시다.
- 앞으로 몸을 숙여 봅시다. 숙여지나요?

2. 몸을 다양하게 움직여 본 경험에 대해 이야기한다.

〈제시단계〉

1. 몸을 자유롭게 움직일 수 있도록 창조하신 하나님께 감사한다.
   - 이렇게 자유롭게 움직일 수 있는 몸을 주신 분은 누구실까요?
   - 몸을 자유롭게 움직일 수 없다면 어떨까요?
2. 림보 막대를 출발선 반대쪽에 놓고, 유니바를 2개씩 양 쪽으로 놓아 준비하고 게임 자료를 소개한다.
   - 이것이 무엇일까요?
   - 어떻게 사용할 수 있을까요?

〈실행단계〉

1. 두 팀으로 나누어 앉고 양 팀의 수를 확인한다.
2. 게임 방법에 대해 유아들과 의논한다.
   - 유니바와 림보 막대를 이용해서 어떤 게임을 할 수 있을까요?
   - 림보 막대의 밑을 어떤 방법으로 통과하는 것으로 정할까요?
   - 림보 막대를 떨어뜨렸을 때는 어떻게 해야 할까요?
   - 어느 높이부터 시작하는 것으로 할까요?
   - 돌아올 때는 어떻게 할까요?
   - 모든 친구들과 함께 릴레이 게임을 하려면 어떻게 해야 할까요?
   - 다른 친구들이 게임을 하는 동안 어떻게 할까요?
   - 팀 이름을 어떻게 정하면 좋을까요?(유아들과 팀 이름 정하기)
3. 게임을 할 때 지켜야 할 규칙을 유아들과 함께 정한다.
   - 자기 차례에 맞춰서 미리 나와 준비하기
   - 림보 막대 떨어뜨리지 않고 통과하기
   - 다음 친구와 악수하고 출발하기
4. 게임을 한다.
   - 릴레이 게임이 잘 이루어지도록 미리 나와서 준비하고 있는 유아는 게임을 마치고 돌아온 유아와 악수하고 출발하기
5. 점수를 확인한다.

〈반응단계〉

1. 게임 활동 후 평가한다.
   - 게임 규칙은 잘 지켰나요? - 힘들었던 점은 없었나요?
   - 이렇게 우리가 몸을 구부리고 뒤로 젖힐 수 없다면 어떻게 될까요?
   - 하나님께서는 우리가 생활하는 데 불편함이 없도록 우리 몸을 창조해 주셨어요.

〈비고 및 유의점〉

유아들이 뒤로 넘어져 다치지 않도록 림보막대 아래에 매트를 깐다.

(2) 성경적 사회 생활영역

❑ 교육목표

- 하나님께서 사람을 서로 다른 존재로 하나님의 형상을 따라 만드셨음을 알고 모든 사람들을 존중한다.
- 세계 여러 나라의 다양한 문화를 존중한다.
- 세계에서 일어나는 여러 가지 현상에 대한 자료를 수집한다.
- 공동체에서 지켜야 할 규칙과 질서를 잘 지키고 협력하도록 돕는다.

❑ 교육활동

소주제 1. 세계 여러 나라의 사람들(이야기 나누기)

통합목표
- 하나님께서 각 나라 사람들을 창조하셨다.
- 나와 다른 사람에 대해 친절하지 못했음을 미안하게 생각한다.
- 하나님께서 사람을 서로 다른 존재로 하나님의 형상을 따라 만드셨음을 알고 모든 사람들을 존중한다.

학습자료
- 지구본, 세계 여러 나라 사람의 그림 자료

활동 방법

〈도입단계〉

1. 다른 나라 사람들을 본 경험에 대해 이야기를 나눈다.

- 하나님께서는 사람을 몇째 날에 창조하셨나요?
- 모두 같은 모습으로 창조하셨나요?
- 다른 나라 사람을 본 경험이 있나요?
- 다른 나라 사람들과 이야기를 해본 경험이 있나요?
- 어떤 이야기를 해보았나요?

〈제시단계〉

1. 세계 여러 나라에는 어떤 사람들이 살고 있는지 이야기 나눈다.
   - 세계에는 어떤 사람들이 살고 있을까요?(미국사람, 영국사람, 일본사람, 중국사람)
2. 세계 여러 나라 사람들의 서로 다른 점에는 무엇이 있는지 이야기한다.
   - 세계 여러 나라 사람들은 어떤 점이 서로 다를까요?
3. 나를 포함하여 세계 여러 사람들을 창조하신 분이 하나님이심을 이야기한다.

〈실행단계〉

1. 그림 자료를 보며 세계 여러 나라 사람들의 모습이 다르다는 것에 대해 이야기를 나눈다.
   - 이 사람은 어느 나라 사람일까요?
   - 그 나라 사람이라는 것을 어떻게 알았나요?
   - 이 나라 사람들의 생김새는 어떻게 다른가요?
2. 각 나라의 사람들은 언어와 인사하는 방법이 모두 다르다는 것을 알려 준다.
3. 각 나라의 언어가 녹음된 테이프를 조금씩 들려준 후 느낌이 어떤지 이야기를 나눈다.

〈반응단계〉

1. 하나님께서는 여러 인종을 만드셨고 인종에 따라 피부색, 머리카락, 언어, 풍습 등이 다르다는 것에 대해 이야기하며 서로 존중해야 한다고 이야기한다.
   - 피부색, 머리카락, 언어 등이 다른 사람들 모두 누가 창조하셨나요?
   - 하나님께서 창조하신 모든 사람들을 우리는 모두 존중해야 해요.

〈비고 및 유의점〉

우리나라와 다른 나라 의상을 준비하여 역할놀이를 할 수 있도록 한다.

소주제 2. 세계 여러 나라의 인사와 언어

통합목표
- 세계 여러 나라의 다양한 문화를 존중하라는 문화적 명령을 수행한다.
- 세계 여러 나라의 다양한 문화를 이해하지 못하고 존중하지 못했던 것에 대해 반성한다.
- 세계 여러 나라의 언어와 인사를 알아보고 여러 나라의 문화를 존중하는 마음을 갖는다.

학습자료
- 인사법이 그려진 카드, 카드 상자 2개, 융판

활동 방법

〈도입단계〉

1. 바벨탑에 대한 이야기를 들려준다.
   - 바벨탑에 대한 이야기를 들어 본 적이 있나요?
   - 사람들은 왜 바벨탑을 지었나요?
   - 결국 바벨탑에 있던 사람들은 모두 어떻게 되었나요?
   - 하나님께 불순종하고 하나로 모여서 거대한 탑을 지은 사람들 때문에 사람들의 언어가 달라졌어요.
2. 세계 여러 나라의 인사법에 대해 이야기를 나눈다.
   - 다른 나라에서는 인사를 어떻게 할까요?

〈제시단계〉

1. 인사법이 그려진 그림카드를 보며 유아들이 나와 시범을 보여준다.
   - 선생님이 보여주는 카드에는 여러 나라의 인사하는 모습의 그림이 있는데 다른 나라의 인사법 중 알고 있는 것이 있나요?
   - 어떤 친구가 나와서 친구들에게 보여줄 수 있나요?
   - 오늘은 세계 여러 나라의 인사말을 말과 행동으로 나타내 보는 게임을 양 팀으로 나누어 해 볼 거예요. 잘 할 수 있지요?

〈실행단계〉

1. 양 팀으로 나누어 앉는다.
2. 게임 방법을 설명해 준다.
   - 양 팀에서 두 명씩 나와 카드 상자에서 인사법이 그려진 그림카드를 한 장씩 꺼낸다.

- 신호음이 울리면 표시된 곳까지 달려가 그림카드에 그려진 인사를 서로 한 다음 돌아온다.
- 인사법에 맞게 인사를 하고 빨리 돌아온 팀이 이긴다.

3.게임규칙에 대해 이야기를 나눈다.

- 신호음이 들리면 출발한다.
- 인사법에 맞게 인사하고 오도록 한다.
- 그림카드가 마음에 들지 않는다고 넣고 다시 뽑지 않는다.

4. 게임을 한다.

5. 많은 점수를 얻은 팀이 이긴다.

〈반응단계〉

1. 게임을 한 후 느낌을 이야기하고 평가한다.
   - 다른 나라 인사말을 말과 행동으로 표현해 보니까 어땠나요?
   - 어떤 나라 인사말이 가장 재미있었나요?
2. 하나님께 불순종하여 결국 언어가 달라졌지만 모두 하나님께서 사랑하는 사람들이므로 모든 사람을 존중해야 한다.

〈비고 및 유의점〉

하나님께서 세계의 모든 사람을 창조하시고 모든 문화를 주셨으므로 다른 나라의 사람과 문화를 모두 존중해야 함을 안다.

(3) 성경적 표현 생활영역

❑ 교육목표

- 하나님께로부터 받은 자신의 생각과 느낌을 여러 가지 재료를 사용하여 창의적으로 만들고 꾸며 본다.
- 하나님께서 주신 신체를 이용하여 주변의 여러 가지 모양과 움직임을 창의적으로 표현해 본다.
- 하나님께서 주신 다른 나라의 민속음악을 감상하고 생각과 느낌을 나눈다.

❑ 교육활동

소주제 1. 세계 여러 나라 사람 얼굴 꾸미기(조형)

통합목표

- 하나님께서는 각 나라의 사람들을 다양한 모습으로 창의적으로 창조하셨다.
- 나와 다른 피부 색, 다른 모습의 사람들도 하나님께서 창조하신 하나님의 형상임을 잊고 살았던 것을 반성한다.
- 하나님께로부터 받은 자신의 생각과 느낌을 여러 가지 재료를 사용하여 창의적으로 표현한다.

학습자료

- 철사 옷걸이, 스타킹(흰색, 살구색, 검정색), 뿅뿅, 플라스틱 눈, 털실, 부직포

활동 방법

〈도입단계〉

1. 세계 여러 나라 사람을 살펴본다.
   - 어떻게 생겼나요?
   - 무슨 색깔인가요?
   - 이 사람들 모두 누가 창조하셨나요?
   - 사람은 몇째 날에 창조하셨다고 했나요?

〈제시단계〉

- 지금까지 살펴본 여러 나라의 다양한 사람들 중 여러분들 마음에 드는 사람을 만들어 볼 수 있나요?
- 어떤 재료들이 있는지 살펴볼까요?
- 다양한 재료들로 어떤 사람을 만들지 생각해 보고 창의적으로 만들어 볼 수 있을까요?

〈실행단계〉

1. 철사 옷걸이를 얼굴 모양으로 구부린다.
2. 자신이 꾸미고 싶은 인종에 따라 스타킹 색을 골라(백인종-흰색 스타킹, 황인종-살구색 스타킹, 흑인종-검은색 스타킹) 철사 옷걸이에 씌운다.
3. 여러 가지 재료를 이용하여 얼굴을 꾸민다.
   - 어떤 재료로 눈을 꾸밀까요?
   - 어떤 재료로 머리카락을 꾸밀까요?

〈반응단계〉

1. 완성된 사람을 친구들에게 소개한다.
   - 사람을 꾸며 보니 어땠나요? 내가 만든 사람을 친구들에게 소개해 볼까요?

2. 하나님께서는 세계 여러 나라 사람들의 피부색을 다르게 만드셨으며 피부색에 관계없이 우리는 모두 하나님 앞에서 존귀한 존재임을 이야기 나눈다.

〈비고 및 유의점〉

철사 옷걸이나 구멍 난 스타킹 등을 가정에서 가져오도록 한다.

소주제 2. 세계 여러 나라의 유명한 조각상 되어 보기(신체표현)

통합목표

- 하나님께서 자신의 형상을 따라 사람을 창조하시고 창의적으로 생각할 수 있는 지혜를 주셨다.
- 하나님께서 주신 신체를 이용하여 주변의 여러 가지 모양과 움직임을 창의적으로 표현하지 못한 것을 반성한다.
- 세계 여러 나라에 있는 유명한 조각상을 알아보고 그 특징을 기억하여 몸으로 표현할 수 있다.

학습자료

- 여러 나라의 조각상이 나와 있는 사진자료

활동 방법

〈도입단계〉

- 오늘은 선생님이 어떤 그림을 보여주려고 해요. 보여주는 그림이 어떤 그림인 줄 알아요? 혹시 이 그림에 나와 있는 것들을 본 적이 있나요?

〈제시단계〉

1. 세계 여러 나라의 유명한 조각상의 사진을 보여주며 이야기를 나눈다(예: 로댕 '생각하는 사람', 도나델로 '양치는 소년', 미켈란젤로 '다비드' 등).
   - 이 조각상을 본 경험이 있나요?
   - 이 조각상을 누가 만들었는지 아나요?
   - 이 조각상의 제목은 무엇인가요?
   - 이러한 조각상을 만들 수 있도록 우리에게 예술성과 지혜를 주신 분은 누구실까요?
   - 이러한 조각상을 만들 수 있는 손과 감상할 수 있는 눈을 만들어 주신 분은 누구실까요?
2. 이 조각상들을 보고 그림처럼 몸으로 표현해 볼 수 있나요?

〈실행단계〉

1. 조각상을 표현하기 위해 필요한 소도구들을 준비한다.

- 이 조각상을 표현하기 위해 어떤 도구들이 필요한가요?
- 그 도구는 무엇으로 하면 좋을까요?

2. 한 사람씩 나와서 조각상의 그림을 몸으로 표현해 본다.
3. '즐겁게 춤을 추다가' 노래를 부르다가 멈추고 마음에 드는 조각상을 표현해 본다.
   - 어느 조각상을 표현했나요?

〈반응단계〉

1. 조각상을 표현해 보고 느낌을 이야기한다.
   - 조각상을 표현해 본 기분이 어떤가요?
   - 어떤 조각상이 가장 표현하기 힘들었나요?

〈비고 및 유의점〉

하나님께서 세계 여러 나라 사람들에게 지혜와 예술성을 주셔서 훌륭한 예술 조각품이 생겨나게 되었음을 알게 한다.

소주제 3. 여러 나라의 민속음악 감상(음률)

통합목표
- 세계 여러 나라에는 하나님께서 주신 다양한 민속 음악이 있음을 안다.
- 하나님께서 주신 다양한 민속음악에 대해 관심을 갖지 못하고 감상하지 못한 것에 반성하는 마음을 갖는다.
- 각 나라에는 그 나라가 가지고 있는 민속 음악이 있음을 알고 들어 본다.

학습자료
- 여러 나라의 민속음악 자료

활동 방법

〈도입단계〉

1. 우리나라 민속음악을 들어 본다.
   - 이 음악을 들어 본 경험이 있나요? - 언제 들어 보았나요?

〈제시단계〉

1. 음악을 틀어 준 후 어느 나라의 음악 인지 알아맞혀 본다.

- 이 음악을 들어 본 적 있나요? - 어떤 느낌인가요?
- 어떨 때 이런 음악을 들을까요? - 어떤 악기로 연주 되었을까요?

2. 음악을 들려주고 음악에 대해 이야기를 나눈다.
   - 음악을 들은 느낌을 이야기한다.
   - 음악을 들려줄 건데 어느 나라의 음악인지 예상해 볼 수 있나요?
   - 어떤 악기가 사용되었는지 말해 보세요.
3. 여러 나라의 민속음악 자료를 융판에 붙이며 그 음악에 대해 설명한다.

〈실행단계〉

1. 아름다운 음악을 주신 하나님에 대해 이야기를 나눈다.
   - 이렇게 아름다운 음악을 주신 분은 누구신가요?
   - 하나님께서는 우리에게 왜 음악을 주셨을까요?
   - 옛날 성경인물들은 하나님께 기쁜 마음을 음악과 춤으로 표현했어요. 누가 그렇게 했는지 알고 있나요?(다윗 왕)
   - 여러분도 하나님께 감사하는 마음을 음악과 춤으로 표현해 봅시다.

〈반응단계〉

1. 음악이 우리에게 주는 건 무엇인지 이야기해 본다.
   - 음악은 우리에게 무엇을 주는 것 같은가요?

〈비고 및 유의점〉

하나님께서 각 나라마다 말도 다르지만 음악도 다르게 만들어 주신 것에 관심을 갖도록 한다.

(4) 성경적 언어 생활영역

❑ 교육목표

- 처음에는 한 언어이었으나 인간이 교만한 것을 보시고 하나님께서는 나라마다 다른 언어를 사용하도록 한 것을 안다.
- 경험한 것, 생각한 것, 느낀 것을 자신 있게 이야기하는 지혜를 하나님께서 주셨다.
- 성경 또는 일반 동화, 동시 , 동요를 주의 깊게 듣고 느낌을 표현해 본다.
- 말하기 듣기 읽기 쓰기에 관심을 갖는다.

❑ 교육활동

소주제 1. 바벨탑 이야기(동화)

통합목표
- 하나님께서 처음 세상을 창조하실 때는 한 가지 언어를 사용하도록 창조하셨다.
- 하나님처럼 되고 싶어 했던 옛 사람들을 생각하면서 그동안 교만하게 행동했던 것을 반성한다.
- 처음에는 한 언어이었으나 인간이 교만한 것을 보시고 하나님께서는 나라마다 다른 언어를 사용하도록 한 것을 안다.

학습자료
- 바벨탑 동화

활동 방법

〈도입단계〉

- 지금 우리는 어떤 말과 글을 사용하고 있나요?
- 우리가 쓰고 있는 한글은 누가 만들었을까요?
- 우리가 다른 나라에 갔을 때 우리 말을 사용하면 그 나라 사람들이 알아들을 수 있나요?
- 세계 여러 나라의 사람들은 어떤 언어를 사용하는지 알아볼까요?

〈제시단계〉

1. 여러 나라 사람들이 쓰는 언어에 대해 이야기를 나눈다.
   - 세계의 모든 사람들은 모두 같은 언어를 사용하고 있나요?
   - 처음부터 세계의 모든 사람들이 다른 언어를 사용했을까요?
   - 왜 다른 언어를 사용하게 되었을까요?

〈실행단계〉

1. 성경 본문 창세기 11장 '바벨탑' 사건을 들려준다.
   - 바벨탑은 어떤 탑인가요?
2. 바벨탑의 사람들에 대해 이야기 나눈다.
   - 사람들은 왜 바벨탑을 지었나요?
   - 바벨탑을 짓는 것은 하나님께서 기뻐하시는 일이었나요?
   - 바벨탑에 있던 사람들은 어떻게 지냈나요?
   - 결국 하나님께서는 바벨탑에 있는 사람들을 어떻게 하셨나요?

3. 지금 여러 나라 사람들이 다른 언어를 사용하는 것이 바벨탑을 지은 사람들을 하나님께서 벌을 주셨기 때문이라는 것을 이야기한다.

〈반응단계〉

1. 바벨탑 때문에 사람들이 언어를 다르게 사용하지만 모두 하나님께서 계획하신 일이며 모든 언어들도 하나님께서 만드신 언어라는 것을 이야기한다.
   - 바벨탑 이야기를 듣고 난 느낌이 어땠나요? 친구들과 이야기 나누어 볼까요?

〈비고 및 유의점〉

바벨탑 그림이나 사진을 보여줄 수 있다.

소주제 2. 내가 여행한 나라(이야기 나누기)

통합목표
- 하나님께서 만드신 세상을 자유롭게 여행해 볼 수 있는 건강한 몸을 주신 하나님께 감사하는 마음을 갖는다.
- 아름다운 세상을 소중하게 여기지 못한 점에 대해 반성한다.
- 경험한 것, 생각한 것, 느낀 것을 자신 있게 이야기하는 지혜를 하나님께서 주셨다.

학습자료
- 여행 다녀온 곳의 물건이나 사진자료

활동 방법

〈도입단계〉

- 내가 여행했던 곳의 사진이나 물건들을 가지고 왔나요?
- 그러면 앞에 나와서 친구들에게 내가 다녀온 곳에 대해 자세하게 소개해 줄 수 있을까요?

〈제시단계〉

1. 가정에서 가져온 물건과 활동지를 소개하기로 하고 활동을 할 때의 약속을 정한다.
   - 친구들에게 활동을 소개할 때 우리가 지켜야 할 약속에는 무엇이 있을까요?
   - 친구들의 이야기를 어떻게 들어야 할까요?

〈실행단계〉

1. 유아들이 한 명씩 나와 집에서 가져온 내가 여행했던 사진의 자료를 친구들

에게 보여주며 이야기를 한다.

- 어떤 곳을 다녀왔나요? - 가지고 온 물건이 무엇인가요?
- 여행에 갔을 때 가장 생각이 나는 것은 무엇이었나요?
- 여러분이 사는 곳과 어떤 점이 다른가요?

2. 내가 여행했던 곳을 소개 한 후 활동에 대한 평가를 한다.
   - 친구들이 소개한 곳들 중에서 어떤 나라가 가장 기억에 남나요?
   - 어떤 물건이 가장 재미있었나요?
   - 여러분이 여행을 간다면 어떤 나라로 가고 싶은가요?
3. 모든 나라를 특색 있게 창조하신 분이 하나님이라는 것을 이야기한다.
   - 각 나라마다 문화가 다르게 하나님께서 각 나라사람의 특성과 지혜를 다르게 주셨어요.
   - 이렇게 아름다운 나라를 창조하신 하나님께 감사드려요.

〈반응단계〉

1. 유아들이 가지고 온 여행 물건을 과학영역에 전시하여 관찰할 수 있도록 한다.
   - 내가 여행한 곳에 대해 친구들과 이야기해 본 느낌이 어땠나요?
   - 친구들이 소개한 곳 중에서 가보고 싶은 곳은 어디였나요?
   - 이것을 관찰할 때 어떻게 관찰해야 할까요?

〈비고 및 유의점〉

과학 영역에 전시할 때 여행 물건뿐 아니라 가정에서 가지고 있는 다른 나라의 다양한 물건도 가지고 와서 전시하도록 할 수 있다.

소주제 3. 꼬마 삼보(동극)

통합목표
- 동화를 통해 하나님은 사람을 창조하실 때 다양한 민족으로 창조하셨음을 알게 한다.
- 다양한 민족이 있음을 인정하지 못하고 배척했던 내 모습을 반성한다.
- 성경 또는 일반 동화, 동시, 동요를 주의 깊게 듣고 느낌을 표현해 본다.

학습자료
- 꼬마삼보 동화자료, 동극 대본, 동극에 필요한 소품(빨간 윗옷, 파란 바지, 신발…)

활동 방법

〈도입단계〉

1. 하나님께서는 황인종과 백인종과 흑인종을 만드셨다는 것에 대해 이야기한다.
   - 우리 옆에 앉아 있는 친구들의 얼굴을 관찰해 볼까요? 얼굴색은 어떤 색인가요?(하얀 색일까요?/검정색일까요?/갈색일까요?)
   - 얼굴모습과 얼굴색이 모두 다르지만 모두 누가 창조하셨을까요?

〈제시단계〉

1. 꼬마 삼보 동화를 듣는다.
   - 삼보의 얼굴은 무슨 색인가요?
   - 어느 나라 사람인 것 같아요?
   - 꼬마 삼보와 같은 어린이도 누가 창조하셨나요?
   - 혹시 친구들의 외모를 가지고 놀린 적은 없나요?
   - 하나님께서는 사람의 외모로 그 사람을 판단하지 말라고 하셨어요.

〈실행단계〉

1. 동화의 내용을 회상해 본다.
   - 동극에 나온 주인공은 몇 명이었나요?
   - 처음에 누가 나와서 어떤 말을 했나요?
2. 동극에 필요한 소품에 대해 이야기를 한다.
   - 삼보와 같은 모습이려면 어떻게 하면 좋을까요?
   - 빨간 저고리는 무엇으로 하면 좋을까요?
   - 파란 바지는 무엇으로 하면 좋을까요?
   - 신발은 무엇으로 하면 좋을까요?
3. 동극에 필요한 약속을 정한다.
   - 동극을 하는 동안 바른 자세로 조용히 듣는다.
   - 동극을 하는 친구들은 앞에 나와서 장난을 치지 않는다.
4. 역할을 정하고 주인공들의 위치를 정한다.
   - 꼬마 삼보는 어디로 가면 좋을까요?
5. 해설자의 이야기로 동극을 진행하고 동극이 끝나면 자신의 역할을 소개한다.
   - 저는 ○○ 역할을 맞은 ○○○입니다.

〈반응단계〉

1. 동극을 한 후 평가를 한다.

- 동극을 해 본 느낌이 어땠나요? 친구들과 이야기 나누어 볼까요?
- 재미있었나요? 누가 재미있게 표현했나요?
- 다음에 동극을 할 땐 어떤 것을 바꾸어 보면 좋을까요?

〈비고 및 유의점〉

삼보와 같은 피부색이 검은 사람도 모두 하나님께서 만드신 사람이며 모두 존중해야 한다는 것을 이야기해준다.

소주제 4. 수수께끼 퍼즐 맞추기(언어)

통합목표
- 하나님께서 주신 지혜로 퍼즐을 맞출 수 있다.
- 하나님이 주신 지혜를 계속해서 사용하지 못한 것에 대해 반성사고 말하기 듣기 읽기 쓰기에 관심을 갖는다.
- 지구에는 여러 나라들이 있음을 알고 각 나라들의 특징을 안다.

학습자료
- 대륙 모양퍼즐 조각

활동 방법

〈도입단계〉

1. 지구본을 가지고 아이들과 함께 6대주에 대해 이야기 나눈다.
   - (지구본을 보여주며) 이것이 무엇인지 알아요? 우리가 살고 있는 지구를 모형으로 만들어 놓은 거예요. 우리가 살고 있는 우리나라 대한민국은 어디에 있을까요?(아이들과 함께 찾아본다. 그 밖에 아이들에게 친숙한 나라들을 찾아보게 한다.)

〈제시단계〉

1. 6대륙 모양 퍼즐 조각에 각 대륙에 있는 나라에 관련된 질문을 적어 넣는다(정답은 퍼즐 조각 뒷면에 적는다).
   - 이 지구와 우주는 누가 만드신 것일까요?
   - 하나님께서는 이렇게 6개의 큰 대륙을 만드셨어요.
   - 6대륙의 이름은 무엇일까요?

   예) - 세계에서 인구가 제일 많은 나라는 어디일까요?
   - 단풍잎이 국기인 나라는 어느 나라일까요?
   - 미국의 수도는 어디일까요?
   - 에펠탑이 있는 나라는 어느 나라일까요?

〈실행단계〉

1. 각 퍼즐 조각에 적혀 있는 문제를 읽어 본다.
2. 각 퍼즐 조각에 적혀 있는 질문에 대해 답을 적어 본다. 이때 정답을 모를 때는 책이나 다른 자료를 찾아보도록 한다.
3. 문제의 답을 모두 적어서 맞으면 모아서 퍼즐을 모두 맞춘다.

〈반응단계〉

1. 하나님께서 만드신 세계 여러 나라에 관심을 갖고, 그 특색에 대한 지식을 갖게 되었는지 이야기 나눈다.
   - 퍼즐 맞추기를 해보니 어땠나요? 어떤 점이 제일 힘들었나요?
   - 하나님께서는 각 나라의 모습을 모두 다르게 만드셨어요.
   - 각 나라마다 가지고 있는 특색을 책이나 인터넷을 통해 알아보도록 해요.

〈비고 및 유의점〉

유아들이 답이 익숙해지면 문제 문항을 바꿀 수 있다.

(5) 성경적 탐구 생활영역

❑ 교육목표

- 하나님이 창조하신 자연의 현상과 환경에 대한 과학적 사고의 기초 능력을 기르게 하며, 적절한 도구나 장치를 끌어올려 사용할 수 있는 기술을 발달시킨다.
- 숫자 만큼 사물을 세어 보는 활동을 통하여 사물의 수량을 더하고 덜어 볼 수 있다.
- 일상생활에서 사용되는 여러 가지 수와 시간에 대해 관심을 가지고 다양한 조작활동을 통해 수학적 기초개념을 가진다.

❑ 교육활동

소주제 1. 하나님이 주신 바람을 이용한 기계(과학)

통합목표
- 자연을 만드신 하나님께 감사하는 마음을 갖는다.
- 하나님이 만들어 주신 자연을 관리하지 못한 것에 대해 반성하고 자연을 지혜롭게 이용하지 못한 것에 대해서도 반성해 본다.

- 풍차를 관찰해 보고 하나님께서 주신 지혜로 만든 풍차의 과학적 원리를 알아본다.

학습자료

- 풍차 모형 자료, 풍차의 쓰임에 대한 그림 자료

활동 방법

〈도입단계〉

1. 우리나라에 있는 풍력 발전소의 모습사진과 네덜란드의 다양한 풍차사진을 보여준다.
   - 이 그림에 나와 있는 것을 본 적이 있나요? 어디에서 보았나요? 이것의 이름이 무엇인지 알고 있나요?
   - 이 사진은 어느 나라 사진일까요?

〈제시단계〉

1. 풍차 모형을 보여주고 어떻게 사용하는 것인지 이야기한다.
   - 이것을 본 경험이 있나요?
   - 어디서 보았나요?
   - 이것은 무엇을 하는 것일까요?
   - 이것은 어떻게 돌아가는 것일까요?

〈실행단계〉

1. 풍차의 원리에 대해 설명을 해주고 직접 풍차 모형에 바람을 불어 보도록 한다.

   ☼ 예로부터 터키(페르시아) 등에서 제작되어 낮은 곳에 있는 물을 퍼 올리는 데 사용되었다. 11세기경부터 유럽에 전해져, 국토가 해면(海面)보다 낮아 배수(排水)가 필요한 네덜란드에서 발달하였다.

   - 이 풍차를 사용하여 사람들은 어떤 일들을 했을까요?
   - 풍차를 돌리는 바람은 누가 만드신 것일까요?
2. 유아들과 함께 과학영역에 게시하고 관찰한다.
   - 이 풍차 모형을 과학영역에 두고 다함께 관찰해 보도록 할까요?

〈반응단계〉

1. 풍차 모형을 관찰한 아이들에게 직접 풍차를 만들어 보자고 제안하여 다음 시간에 풍차 만들기를 계획한다.
2. 하나님께서 사람들에게 지혜를 주셔서 사람들이 자연을 이용해서 편하게 살 수 있도록 해주셨다는 것에 대해 이야기하며 하나님께 감사하도록 한다.

- 이렇게 바람을 이용하여 전기도 만들고 물을 퍼 올릴 수 있도록 풍차를 만들 수 있게 지혜를 주신 분은 하나님이세요.
- 하나님께서는 우리에게 왜 이러한 지혜를 허락하셨을까요?
- 우리가 편하게 살 수 있도록 해주시는 하나님께 감사드리도록 해요.

〈비고 및 유의점〉

1. 바람개비를 만드는 활동을 연계해서 할 수 있다.
2. 각 가정에서 풍차에 대해 조사해오도록 할 수 있다.

소주제 2. 나누면 좋아요(수학)

통합목표

- 하나님이 만들어 주신 세상에는 가난하여 굶주리는 사람들이 있음을 안다.
- 하나님이 내게 주신 것들을 다른 사람들과 나누지 못한 점에 대해 깊이 반성한다.
- 숫자 만큼 사물을 세어 보는 활동을 통하여 사물의 수량을 더하고 덜어 볼 수 있다.

학습자료

- 게임판, 주사위, 한복을 입은 말 2개, 밥과 한국식 반찬 그림, 밥상 모양의 점수판, 음식을 담을 상자

활동 방법

〈도입단계〉

1. 음식이 없어 어려움을 겪고 있는 세계의 어린이들의 사진을 보여주거나 굶주림에 시달리고 있는 나라들의 동영상을 아이들에게 보여준다.
   - 그림 혹은 동영상을 본 느낌이 어땠는지 이야기해 볼까요?
2. 유아들과 함께 이야기 나누기를 통해 자신의 느낌을 표현해 볼 수 있도록 한다.

〈제시단계〉

1. 이 어린이를 도울 수 있는 방법에는 무엇이 있는지 이야기 나눈다.
   - 세계에는 밥도 먹지 못하고 불쌍한 어린이들이 많아요.
   - 하나님께서는 우리가 이렇게 불쌍한 어린이를 어떻게 하기를 원하실까요?

- 불쌍한 어린이들을 어떻게 도울 수 있을까요?

〈실행단계〉

1. 준비된 교구를 보여주고 활동 방법에 대해 이야기 나눈다.
   - 어떻게 놀이를 할 수 있을까요?
2. 말을 정한 후 음식을 모을 밥상을 정한다.
3. 자신의 바구니 안에 빵을 20개씩 담는다.
4. 게임판의 시작 부분에 자신의 말을 올리고 주사위를 이용해 나온 숫자만큼 이동한다.
5. 주사위를 던져 말을 움직이고 도착한 곳에 기아를 겪고 있는 유아의 사진이 나오면 그 안에 있는 1~3까지의 숫자를 보고 자신의 바구니에서 사랑의 빵 상자로 이동시킨다.
6. 도착 부분에 와서 자신의 바구니에 빵이 적은 유아가 이긴다.

〈반응단계〉

1. 활동 후 평가를 한다.
   - 내 빵을 나누어 주니 기분이 어떤가요?
   - 하나님께서는 나의 것을 다른 사람에게 나누어 주면 복을 주신다고 말씀하셨어요.

〈비고 및 유의점〉

하나님께서는 불쌍한 사람들을 보살피고 도와주라고 하셨다는 것을 알려 주도록 한다.

소주제 3. 피자 만들기(과학)

통합목표
- 하나님이 주신 지혜로 다양한 조작 활동을 할 수 있다.
- 하나님이 주신 지혜를 잘 사용하지 못한 점에 대해 반성한다.
- 피자를 만들고 나누어 보는 과정을 통하여 수학적 개념과 과학적 개념을 알아본다.

학습자료
- 식빵, 피자소스, 양파, 옥수수캔, 피자가루

활동 방법

〈도입단계〉

1. 피자 토스트를 먹어본 경험에 대해 이야기 나눈다.
   - 피자 토스트를 먹어 보았나요? - 어디서 먹어 보았나요? - 누가 만들어 주셨나요?
2. 피자의 본고장인 나라에 대해 이야기한다.
   - 피자는 어느 나라 음식일까요?

〈제시단계〉

1. 요리에 필요한 재료를 살펴보며 이야기를 나눈다.
   - 피자 토스트를 만들기 위해 필요한 재료에는 무엇이 있을까요?
   - 피자가루를 만져 보세요. 느낌이 어떤가요?
   - 이렇게 피자를 만들 수 있는 재료를 만들어 주신 분은 누구실까요?
2. 요리 활동을 소개 한다.
   - 여러 가지 야채와 햄을 잘게 썬다.
   - 식빵 위에 피자소스를 바른다.
   - 잘게 썬은 야채와 햄을 올린다.
   - 야채 위에 피자치즈를 뿌린다.

〈실행단계〉

1. 재료를 나누어 주고 활동 순서대로 피자를 만든다.
2. 피자를 오븐에 구웠을 때 피자치즈의 모습에 대해 이야기한다.
   - 피자치즈가 어떻게 변했나요?
3. 완성된 피자를 누구에게 대접할지 정하고 피자를 반으로 나누어 대접할 사람에게 전달한다.
   - 여러분이 만든 음식을 누구에게 대접하고 싶은가요?
4. 맛있는 음식을 주신 하나님께 감사기도를 드린다.
5. 요리한 음식을 맛있게 먹는다.

〈반응단계〉

1. 직접 만든 음식을 다른 사람에게 대접하고 난 느낌을 이야기 한다.
   - 다른 사람에게 내가 만든 음식을 대접한 기분이 어떤가요?
   - 하나님께서는 모든 것들을 이웃과 나누기를 원하세요.

〈비고 및 유의점〉

우리에게 음식을 주신 하나님께 감사하고 다른 사람에게 음식을 대접하는 기쁨을 느낄 수 있도록 한다.

주제 10. 겨울- 성탄 감사절(활동기간: 30일)

(1) 성경적 건강 생활영역

❑ 교육목표

- 하나님께서 주신 자신의 몸을 도구를 이용하여 활동적으로 움직여본다.
- 하나님께서 주신 자신의 몸을 스스로 보호할 수 있도록 겨울철에 지켜야 할 안전규칙을 알고 지킨다.
- 음악에 맞춰 신체활동을 할 수 있다.
- 하나님의 사랑이신 예수님을 우리에게 보내 주신 하나님께 감사하는 마음을 갖는다.
- 예수님의 생신을 축하해 드리고 예수님이 기뻐할 수 있는 일을 찾아 해 볼 수 있다.

❑ 교육활동

소주제 1. 스케이트를 타요(신체표현)

통합목표
- 하나님께서 건강한 몸을 주셔서 건강한 몸을 유지할 수 있도록 하심에 감사할 수 있다.
- 내 몸을 스스로 돌보지 못하고 건강을 유지하지 못한 것에 대해 반성한다.
- 하나님께서 주신 건강한 신체로 마음껏 스케이트를 탄다.

학습자료
- 스케이트 타는 그림이나 사진, 실물 스케이트

활동 방법

〈도입단계〉

1. 스케이트 타는 것을 본 적이 있는지, 직접 스케이트를 타 본 적이 있는지 이야기를 나눈다.
   - 스케이트를 타 본 적이 있나요?　　　- 스케이트 타는 것을 본 적이 있나요?

〈제시단계〉

1. 스케이트를 타는 그림이나 사진을 보여주며 이야기 나누어 본다. 혹은 스케

이트 경기하는 영상을 보여주며 이야기 나눈다.

- 무엇을 하는 그림일까요?
- 직접 가서 본 적이 있나요?
- 직접 스케이트를 타 본 경험이 있나요?
- 스케이트는 어떤 신체의 어떤 부위를 이용하여 하는 운동일까요?

2. 음악을 듣고 스케이트를 타는 것처럼 표현해 볼 수 있을까요?
3. 스케이트 타기 신체표현을 할 수 있는 음악을 준비하고 유아들이 음악에 맞추어 자유롭게 표현해 볼 수 있도록 격려해 준다.

〈실행단계〉

1. 음악을 들려주며 유아들이 직접 스케이트를 타는 것처럼 표현해 볼 수 있게 한다.
2. 유아들이 다양한 표현을 할 수 있도록 행동을 격려하고 마음껏 표현하도록 한다.

〈반응단계〉

1. 스케이트 타는 것을 음악에 맞추어 표현해 본 느낌이 어땠는지 이야기해 본다.
   - 스케이트 타는 것을 표현해 본 느낌이 어땠나요?
   - 만약 음악이 없이 표현해 보았다면 어땠을까요?
   - 어떤 친구의 표현이 기억에 남나요?
2. 확장 활동으로 각 조별로 음악에 맞추어 스케이트 타기 신체 표현을 작품으로 만들어 발표해 보게 한다.

〈비고 및 유의점〉

활동 후에 각 조별로 의상도 유아들이 직접 준비하여 표현해 볼 수 있게 해 본다.

소주제 2. 불조심을 해요(이야기 나누기)

통합목표
- 하나님께서 내 몸을 스스로 보호할 수 있도록 지어 주신 하나님께 감사할 수 있다.
- 내 몸을 스스로 돌보지 못한 것에 대해 생각한다.
- 하나님께서 주신 자신의 몸을 스스로 보호할 수 있도록 겨울철에 지켜야 할 안전규칙을 알고 지킨다.

학습자료
- 불이 난 그림 또는 사진 자료, 빨간 보자기

활동 방법

〈도입단계〉

1. 불을 사용하는 곳에 대해 이야기를 나눈다.
   - 불은 어떤 때 필요한가요?
   - 만약 불이 없다면 어떨까요?

〈제시단계〉

1. 불을 창조하신 하나님에 대해 이야기한다.
   - 이 불은 누가 만드셨을까요? - 성경 속에서는 어떤 불이 나오나요?
2. 불이 나는 그림을 보며 불이 나는 이유에 대해 이야기를 한다.
   - 어떤 그림인가요? - 왜 불이 났을까요?
   - 만약 우리 집이나 유치원이 불이 났다면 기분이 어떨까요?
3. 하나님께서 유익하게 사용하도록 불을 주시기도 했지만 잘못했을 경우에는 위험할 수도 있다고 이야기한다.
   - 하나님께서 우리에게 불을 유익하게 사용하도록 주셨지만 우리가 잘못 사용하면 이렇게 불이 나서 위험할 수도 있어요.

〈실행단계〉

1. 불이 났을 때 우리는 어떻게 해야 하는지 이야기를 한다.
   - 119에 신고한다.
   - "불이야!"를 외친다.
   - 비상구를 확인하고 재빨리 밖으로 나간다.

〈반응단계〉

1. 만약 우리 유치원에 불이 난다면 어떻게 할지를 이야기한다.
   - 하던 활동을 멈춘다. - 선생님의 지시를 따른다.
   - 몸을 낮추고 입을 막고 밖으로 나간다.
   - 자기 물건을 챙기거나 신발을 신고 나가지 않는다.
   - 친구를 밀거나 서로 나가려고 하지 않는다.
2. 교실의 한 영역에 빨간색 보자기를 덮어놓고 불이 났다고 가정한 후 유아들과 행동해 본다.

〈비고 및 유의점〉

정기적으로 비상대피훈련을 하여 불이 났을 때 민첩하게 대피하도록 한다.

(2) 성경적 사회 생활영역

❑ 교육목표

• 주변에 불쌍한 이웃이 없는지 돌아보고 이웃을 아끼고 돌볼 수 있다.
• 하나님께서 세상에 보내신 예수님의 탄생과 일생을 알아보고 예수님이 구세주임을 인정한다.
• 친구들과 서로 의견을 나누며 함께 하는 활동에 적극적으로 참여한다.

❑ 교육활동

소주제 1. 불쌍한 이웃을 도와요(이야기 나누기)

통합목표
‣ 우리에게 섬길 수 있는 이웃을 주신 하나님께 감사드린다.
‣ 하나님의 말씀에 순종하지 못하고 이웃을 사랑하지 못한 내 모습을 반성한다.
‣ 네 이웃을 네 몸과 같이 사랑하라는 말씀 안에서 주변에 도움이 필요한 이웃을 알고 돕는다.

학습자료
‣ 불쌍한 사람들의 그림 또는 사진

활동 방법

〈도입단계〉

1. 지금 내 자신이 행복한 것을 느끼고 이야기한다.
   - 여러분은 지금 행복한가요, 불행한가요?

〈제시단계〉

1. 주변에 불행한 사람들이 있는지에 대해 이야기를 나눈다.
   - 나는 이렇게 행복한데 지금 불행한 사람들이 있을까요?
   - 그 사람들은 왜 불행할까요?
2. 구세군 사진을 보며 이야기를 한다.
   - 이 사람들을 본 경험이 있나요?
   - 이 사람들은 지금 무엇을 하고 있을까요?
3. 불쌍한 사람들의 그림 또는 사진을 보며 이야기를 한다.

- 여기 이 사람들은 누구일까요? - 이 사람들의 표정이 어떤가요?
- 왜 이런 표정을 짓고 있는 걸까요?
- 이 사진 속의 사람들이 아닌 우리 주변에 이렇게 도움이 필요한 사람이 또 있을까요? 그 사람들은 누구일까요?
- 어떤 점이 행복한가요?
- 내가 이렇게 행복하게 살 수 있는 것은 누가 나를 돌봐 주시기 때문인가요?

〈실행단계〉

1. 도움이 필요한 사람들을 도울 수 있는 방법에 대해 이야기한다.
   - 이렇게 도움이 필요한 사람들을 우리가 어떻게 도울 수 있을까요?

〈반응단계〉

1. 도움이 필요한 사람들을 위해 축복하는 기도를 한다.

〈비고 및 유의점〉

인근의 노인정을 방문하거나 불우이웃돕기 성금활동을 할 수 있다.

소주제 2. 예수님의 생일을 축하해요(역할놀이)

통합목표

- 우리에게 예수님을 보내 주신 하나님께 감사드린다.
- 예수님을 보내 주신 하나님의 사랑을 깨닫지 못하고 하나님의 말씀에 순종하지 못한 내 모습을 반성한다.
- 하나님이 우리에게 선물로 보내 주신 하나님의 사랑을 깨닫고 성탄절의 참된 의미를 안다.
- 예수님의 탄생을 역할극을 통해 축하해 볼 수 있다.

학습자료

- 예수님 탄생 장면 그림, 예수님의 탄생 비디오, 각 역할에 필요한 의상

활동 방법

〈도입단계〉

1. 예수님의 탄생하신 모습이 담긴 비디오를 보여준 후 이야기 나눈다.
   - 성탄절은 무슨 날일까요?
   - 성탄절은 누가 태어나신 날일까요?
   - 예수님은 어디에서 태어나셨을까요?

- 예수님이 태어나셨을 때 축하해 주러 온 사람들은 누구였나요?
- 축하해 주러 온 사람들은 예수님이 태어나신 것을 어떻게 알고 왔을까요?

〈제시단계〉

1. 예수님의 탄생에 관한 이야기를 유아들에게 자세히 설명한 후 역할놀이를 할 것을 제안한다.
   - 예수님의 탄생을 축하해 주러 왔던 사람들처럼 우리도 예수님의 생일을 축하해 주는 역할놀이를 해볼까요?
   - 예수님의 생일을 축하해 주러 온 사람들은 누구누구였나요?(동방박사들, 목자, 양, 소…)
   - 예수님이 태어나신 곳은 어디였나요?(마구간)
   - 예수님이 태어나셨을 때 옆에 있었던 분은 누구일까요?(마리아, 요셉)
2. 역할극을 하려면 등장인물이 누구인지, 배경은 어떻게 해야 하는지, 의상은 어떻게 해야 하는지 유아들과 이야기 나누어 협의한다.
   - 몇 명의 등장인물이 나오나요?
   - 마구간은 어디에 꾸미면 좋을까요?
   - 동방박사와 목자는 어떤 복장을 하면 좋을까요?
   - 예수님은 무엇으로 대신하면 좋을까요?(인형)

〈실행단계〉

1. 각자 맡을 역할을 정하고 역할에 필요한 의상을 준비하여 역할극을 해본다. 역할을 맡지 못한 유아는 마구간 배경을 꾸미는 것을 도와주도록 한다.
2. 역할극을 어떻게 감상하면 좋을지 유아들과 이야기해 보고 역할극을 감상한다.

〈반응단계〉

1. 예수님의 탄생을 역할극으로 해 본 소감에 대해 이야기 나누고 평가해 본다.
   - 직접 예수님의 생일을 축하해 보니 어땠나요?
   - 다른 친구들의 역할극을 본 소감은 어땠나요?
   - 친구들이 말하는 것이나 행동을 잘 알아 볼 수 있었나요?
   - 다음에 역할극을 할 때 고쳐야 할 점이나 첨가하고 싶은 것이 있나요?

〈비고 및 유의점〉

1. 예수님의 탄생을 축하하는 예배를 각 반에서 유아들과 함께 드린다.
2. 예수님께 드릴 생일카드나 선물을 직접 만들어 본다.

3) 성경적 표현 생활영역

❑ 교육목표

- 하나님께서 주신 자신의 생각과 느낌을 다양한 재료를 이용하여 다양 하게 꾸미고 그림으로 그릴 수 있다.
- 하나님께서 창조하신 자연물을 감상하며 아름다움을 느끼고 감사하도록 한다.
- 하나님께서 주신 아름다운 목소리로 즐겁게 노래를 부를 수 있다.

❑ 교육활동

소주제 1. 괜찮아요(음률)

통합목표
- 하나님께서 아름다운 목소리로 노래를 즐겁게 부를 수 있도록 우리를 창조하셨다.
- 추운 겨울날씨에 건강하게 뛰어놀지 못한 것에 대해 반성한다.
- 건강한 몸을 유지하려면 추운 겨울날씨에도 밖에서 강하게 뛰어놀 수 있어야 한다는 것을 안다.

학습자료
- 노래 그림 자료, 겨울날씨 그림, 겨울용품 그림

활동 방법

〈도입단계〉

1. 우리가 노래를 부르고 말을 할 수 있도록 목소리를 주신 하나님께 감사하며 아름다운 목소리로 노래를 부르도록 이야기한다.

〈제시단계〉

1. 그림 자료를 보며 겨울 날씨에 대해 유아들과 이야기한다.
   - 겨울이 되니 날씨가 어떻게 달라졌나요?(추워요, 바람이 불어요, 눈이 와요.)
   - 겨울에는 주로 어디에서 놀이를 하나요?
   - 날이 추워지고 바람이 불 땐 어떻게 따뜻하게 할 수 있나요?(목도리 하기, 장갑 끼기, 밖에 나가지 않기.)
   - 바람이 불고 추워도 괜찮다고 말한 이유는 무엇일까요?

〈실행단계〉

1. 노래자료판을 차례대로 보여주며 노래를 들려준다.
2. 한 음을 불러 본다.
3. 유아와 교사가 번갈아가며 한 소절씩 불러 본다.
4. 다 같이 불러 본다.
5. 노래에 맞추어 무릎-손뼉 치기를 해본다.
6. 유아들과 함께 노랫말에 맞는 동작을 만들어 본다.

〈반응단계〉

1. 노래를 부른 느낌에 대해 이야기한다.
   - 이 노래를 불러 본 느낌이 어때요?
   - 동작과 함께 해 보니 어떤가요?
2. 하나님께서 추운 날씨이지만 밖에 나가서 뛰어놀 때 더 건강한 몸을 유지할 수 있게 해 주신다는 것을 알게 한다.

〈비고 및 유의점〉

1. 가사를 바꾸어 불러 보는 활동으로 확장해도 좋다.
2. 유아들이 직접 동작을 만들어 볼 수 있도록 유도하고 격려해 준다.

소주제 2. 예수님께 드리고 싶은 선물(조형)

통합목표
- 창의적인 성품을 갖도록 창조해 주신 하나님께 감사하는 마음을 갖는다.
- 하나님께서 허락하신 창의성을 사용하지 못했던 것을 반성한다.
- 하나님께서 주신 자신의 생각과 느낌을 다양한 재료를 이용하여 다양하게 꾸미고 그림으로 그릴 수 있다.

학습자료
- 동방박사 동화, 여러 가지 만들기 재료

활동 방법

〈도입단계〉

1. 동방박사 이야기를 들려준다.

- 동방박사들이 예수님께 어떤 선물을 드렸나요?
- 그들은 왜 아기 예수님께 선물을 드렸나요?

〈제시단계〉

1. 생일날 또는 크리스마스에 받고 싶은 선물에 대해 이야기를 한다.
   - 여러분은 생일에 어떤 선물을 받으면 기분이 좋을 것 같은가요?
   - 그럼 다가올 크리스마스에 선물을 받는다면 어떤 선물을 받고 싶은가요?
2. 아기 예수님께 드리고 싶은 선물에 대해 이야기한다.
   - 여러분이 아기 예수님께 어떤 선물을 드리면 예수님이 기뻐하실까요?

〈실행단계〉

1. 여러 가지 재료를 이용하여 예수님께 드릴 선물을 만들어 본다(예: 요플레 컵을 엎어서 수수깡이나 색종이로 꾸민다).
   - 만약 예수님께 케이크를 선물하고 싶다면 어떻게 만들면 좋을까요?

〈반응단계〉

1. 완성된 선물들을 친구들에게 보여주며 소개한다.
2. 실제로 드릴 수는 없지만 아기예수님을 보내 주신 하나님께 감사기도를 드린다.

〈비고 및 유의점〉

아기 예수님께 편지쓰기를 해도 좋다.

4) 성경적 언어 생활영역

❑ 교육목표

- 유아가 다른 사람의 말을 귀담아 듣고 이해하는 능력을 기르고 자기 생각과 느낌을 말로 아름답게 표현하는 능력을 기르게 한다.
- 다양한 활동을 통해 여러 가지 글자의 모양을 변별할 수 있다.
- 그림이나 글씨와 같은 형태로 자신의 생각과 느낌을 표현할 수 있다.
- 듣기, 말하기, 읽기, 쓰기 등에 관심을 갖도록 한다.

❑ 교육활동

소주제 1. 단어 찾기(게임)

통합목표

- 창의적인 생각을 할 수 있는 성품을 주신 하나님께 감사하는 마음을 갖는다.
- 하나님께서 주신 창의적인 생각으로 글자의 모양을 분별하지 못했던 것에 대해 반성한다.
- 게임을 통해 여러 가지 글자의 모양을 분별할 수 있다.

학습자료

- 겨울과 관련된 글자가 쓰여 있는 목걸이와 주사위, 그림카드

활동 방법

〈도입단계〉

1. 겨울 하면 생각나는 글자들을 이야기해 본다.
2. 그림카드를 보여주며 겨울에 볼 수 있는 것들에 대해 생각해 보게 한다.

〈제시단계〉

1. 겨울과 관련된 글자가 쓰여 있는 목걸이, 주사위, 단어카드 등을 살펴본다(예: 성탄절, 스키, 눈, 동방박사, 코트, 장갑 등).
2. 게임방법에 대해 이야기를 한다.
   - 양 팀에서 1명씩 나와 출발선에 선다.
   - 출발선에서 출발 신호와 함께 뛰어가 글자가 표시된 주사위를 던진다.
   - 주사위에서 나온 글자모양의 목걸이를 골라 목에 건다.
   - 반환점에 놓인 그림카드를 찾아 가지고 온다.
   - 도착해서 카드와 목걸이의 글자를 비교해 본다.

〈실행단계〉

1. 유의사항에 대해 이야기를 한다.
   - 주사위를 너무 멀리 던지거나 친구에게 던지지 않는다.
   - 단어를 맞게 가지고 온다(먼저 도착했어도 맞게 가지고 오지 않으면 이긴 것이 아니다).
   - 출발신호를 잘 듣고 출발한다.
   - 친구를 열심히 응원해 준다.
2. 게임을 한다.

〈반응단계〉

1. 게임에 대해 평가를 한다.

- 어려웠던 글자가 있었나요?

〈비고 및 유의점〉

이기고 지는 게임의 승부에 관심을 두기보다 겨울과 관련된 단어를 찾을 수 있도록 한다.

소주제 2. 아기 예수님께 편지쓰기(언어)

통합목표
- 하나님은 우리에게 생각과 느낌을 주셨다.
- 예수님에 대한 사랑을 표현하지 못했던 모습을 깨닫는다.
- 하나님이 우리에게 주신 예수님에 대한 소중함을 알고 예수님에 대한 사랑을 표현해 볼 수 있다.

학습자료
- 여러 가지 모양의 편지지, 편지봉투, 여러 가지 필기도구

활동 방법

〈도입단계〉

1. 예수님이 어떤 분이신지 소개한다.
2. 예수님을 하나님께서 우리에게 왜 보내셨는지 이야기한다.
   - 예수님을 우리에게 보내 주셔서 우리는 무엇이 좋은가요?
   - 만약 하나님이 우리에게 예수님을 보내 주시지 않았다면 어떨까요?

〈제시단계〉

1. 예수님께 어떤 이야기를 하고 싶은지 이야기한다.
   - 하나님이 우리에게 보내 주신 예수님께 어떤 마음을 가지고 있나요?
   - 예수님께 어떤 이야기를 하고 싶은가요?
   - 우리에게 예수님을 보내 주시고 예수님께 감사하는 마음을 주신 분은 누구실까요?
   - 만약 예수님께 감사하는 마음이 없고 예수님을 사랑하지 않는다면 어떻게 해야 할까요?

〈실행단계〉

1. 여러 가지 모양의 편지지 중 원하는 편지지를 고르거나 유아들이 만든 편지지에 편지를 쓴다. 글을 못 쓰는 유아는 그림을 그리거나 교사가 도움을 주도록 한다.

2. 편지봉투에 편지를 넣은 후 받는 사람엔 예수님을 보내는 사람에 유아의 이름을 쓰도록 한다.

〈반응단계〉

1. 완성된 편지를 친구들에게 소개하고 언어영역에 게시한다.
2. 예수님께는 편지를 부칠 수 없는데 어떻게 하면 좋을지 이야기해 보고 예수님께 직접 읽어 드리도록 한다.

〈비고 및 유의점〉

글씨를 못 쓰는 유아에게는 그림이나 말로 표현하도록 한다.

(5) 성경적 탐구 생활영역

❑ 교육목표

- 유아들에게 주변에 있는 모든 현상들이 하나님의 창조물임을 알게 하고 그들에 대한 호기심과 관심을 가지고 탐구하는 태도를 갖게 한다.
- 하나님이 창조하신 자연의 현상과 환경에 대한 과학적 사고의 기초 능력을 기르게 하며 적절한 도구를 이용하여 관찰할 수 있다.
- 일상생활에서 사용되는 여러 가지 수와 통계에 관심을 가지고 다양한 조작활동을 통해 수학적 기초개념을 가진다.

❑ 교육활동

소주제 1. 겨울철 놀이 중 내가 좋아하는 놀이(수학)

통합목표

- 추운 겨울에도 건강하게 뛰어놀 수 있는 신체를 주신 하나님께 감사하는 마음을 갖는다.
- 건강한 몸을 하나님이 주신 자연에서 마음껏 사용하지 못한 것에 대해 반성한다.
- 추운 날씨에도 건강한 몸으로 밖에서 뛰어놀 수 있다.

학습자료

- 겨울철 놀이 그림 자료, 그래프 용지, 작은 모양 종이, 쓰기 도구, 풀

활동 방법

〈도입단계〉

1. 여러 가지 겨울철 놀이 그림을 보며 이야기를 나눈다.
   - 여기 이 그림들은 어떤 그림인가요?
   - 여기 이 그림들의 놀이를 해본 경험이 있나요?
   - 누구와 해보았나요? 어땠나요? 재밌었나요?
   - 이 놀이를 하기 위해서는 어떤 도구들이 필요한가요?
   - 여기서 어떤 놀이가 가장 재미있었나요?

〈제시단계〉

1. 겨울철 놀이와 유아들의 이름을 쓸 수 있도록 만든 그래프 용지에 가로 행에 여러 가지 겨울철 놀이의 그림을 붙인다.
2. 작은 모양종이를 유아들에게 나누어 주어 자신의 이름을 적도록 한다.

〈실행단계〉

1. 내가 가장 좋아하는 겨울철 놀이에 한 명씩 나와서 자신의 이름을 붙인다.
2. 각 놀이의 수를 세어 본다.
   - 어떤 놀이를 우리 반 친구들이 가장 좋아할까요?
   - 어떤 놀이를 좋아하지 않을까요? - 왜 이 놀이를 가장 많이 좋아할까요?

〈반응단계〉

1. 겨울철에도 즐겁게 놀이할 수 있는 환경을 주신 하나님께 감사드린다.
   - 겨울철이라고 움츠려 있지 않고 이렇게 여러분이 좋아하는 놀이를 하면 더 건강해질 수 있어요. 우리에게 이렇게 재미있는 놀이를 할 수 있게 해주신 하나님께 감사드리도록 해요.

〈비고 및 유의점〉

유치원에서 해볼 수 있는 겨울철 놀이는 직접 할 수 있도록 한다.

소주제 2. 얼음 관찰하기(과학)

통합목표 ‣ 유아들의 주변에 있는 모든 사물과 나타나 있는 현상들은 모두 하나님의 창조물임을 안다.

- 창조물에 대한 호기심과 관심이 부족했던 내 모습을 반성한다.
- 창조물에 대한 호기심과 관심을 가지고 탐구하는 태도를 갖게 한다.

학습자료
- 얼음조각, 그릇, 돋보기

활동 방법

〈도입단계〉

1. 얼음을 직접 가지고 와서 유아들과 함께 보며 이야기 한다.
   - 이것은 무엇일까요? - 만져 본 적이 있나요? - 먹어 본 적이 있나요?

〈제시단계〉

1. 얼음을 유아들이 직접 만져 보며 이야기 나눈다.
   - 얼음을 만져 본 느낌이 어떤가요?
2. 얼음을 직접 먹어 보게 한 후 이야기 나눈다.
   - 얼음을 직접 먹어 보니 어때요?
   - 물을 먹었을 때와 느낌이 어떻게 다른가요?
   - 물을 먹었을 때와 얼음을 먹었을 때의 느낌을 서로 비교해 볼 수 있나요?
   - 물과 얼음의 모양의 차이를 비교할 수 있나요?

〈실행단계〉

1. 물과 얼음을 준비하여 비교할 수 있도록 한 후 이야기 나눈다.
   - 물은 모양이 있나요?
   - 얼음은 어떤 모양인가요?
   - 얼음은 담겨져 있는 그릇의 모양에 따라 그 모양이 달라져요.
   - 얼음을 냉동실이 아닌 밖에 두면 어떻게 될까요?
2. 물과 얼음의 차이점을 비교해본 후 관찰지에 차이점에 대해 글이나 글로 표현해 보도록 한다.

〈반응단계〉

1. 얼음이 녹아서 물이 될 때까지 시간이 얼마나 걸리는지 시간을 재어 보도록 한다.
   - 물과 얼음을 비교해 보니 어떤가요?
2. 관찰일지에 기록하도록 한다.

〈비고 및 유의점〉

1. 과학영역에 물과 얼음을 제시해 놓고 직접 관찰해 볼 수 있도록 한다.

2. 물을 흘리지 않도록 유의한다.

주제 11. 대중매체(활동기간: 30일)

1) 성경적 건강 생활영역

❏ 교육목표

- 하나님께서 주신 기본적인 오감각을 발달시키고 표현하도록 한다.
- 하나님께서 주신 몸을 건강하게 유지하도록 다양하게 움직여 본다.
- 여러 가지 신체 활동에 즐겁게 참여한다.
- 하나님께서 주신 몸을 안전하게 지키기 위해 여러 가지 재해에서 안전할 수 있는 필요한 기초지식과 기능을 익힌다.

❏ 교육활동

소주제 1. 신문 속의 여러 나라의 자연재해(이야기 나누기)

통합목표
- 하나님께서 만드신 아름다운 자연을 감사하는 마음으로 돌볼 수 있다.
- 하나님께서 만드신 자연을 소중하게 지키지 못해 자연재해를 입게 된 것에 대해 반성한다.
- 하나님께서 주신 몸을 안전하게 지키기 위해 여러 가지 재해에서 안전할 수 있는 필요한 기초지식과 기능을 익힌다.

학습자료
- 세계 여러 나라의 재해에 대한 사진

활동 방법

〈도입단계〉

1. 가정에서 신문 또는 인터넷에 나온 세계 여러 나라에서 벌어진 재해에 관련된 기사를 가져오도록 한다.
2. 신문 또는 인터넷 기사 속에 나온 여러 가지 재해를 소개한다.

- 어느 나라 이야기인가요?
- 어떤 일이 일어났나요?
- 어떻게 되었나요?

〈제시단계〉

1. 이러한 재해가 일어날 수 있게 하는 일을 하나님께서 하신다는 것을 안다.
   - 이런 재해가 일어난 이유가 무엇일까요?
   - 이런 재해가 일어나도록 하신 분은 누구실까요?
   - 우리를 안전하게 지키시는 분도 누구실까요?
2. 이러한 일이 우리나라에도 일어난다면 어떨지에 대해 생각해 본다.
   - 만약 이러한 일이 우리 주변에서 내 옆에서 일어난다면 어떤가요?
   - (자연재해일 경우) 재해에 대처하는 방법에 대해 이야기한다.
   - (지진) 몸을 숙여서 바위 뒤나 책상 밑으로 몸을 웅크리고 있는다.
   - (홍수) 기상예보를 잘 보고 고지대로 피한다.
   - 이럴 때는 어떻게 해야 할까요?

〈실행단계〉

1. 재해가 일어나지 않게 하는 방법에 대해 생각해 본다.
   - 이러한 재해가 일어나지 않으려면 어떻게 해야 할까요?

〈반응단계〉

1. 다른 나라의 일도 쉽게 알 수 있는 이유는 대중매체 때문이라는 것을 안다.
   - 이렇게 자리에 앉아서 먼 곳의 나라 사정을 어떻게 알 수 있을까요?
2. 우리나라를 재해로부터 안전하게 지켜달라고 기도를 드린다.

〈비고 및 유의점〉

기사를 매일 가져오도록 하여 신문기사를 소개하고 읽기 활동을 할 수 있다.

소주제 2. 신문 속 사람들 따라 움직여 보기(신체표현)

통합목표

- 하나님께서 만드신 사람들의 다양한 모습에 감사하는 마음을 갖는다.
- 하나님께서 만드신 사람들의 다양함을 인정하지 못한 것을 깨닫는다.
- 내가 속한 공동체 속에서 다양한 사람들과 협력하며 지낼 수 있다.

학습자료 ‣ 신문 또는 인터넷에 나온 다양한 사람들의 모습 사진

활동 방법

〈도입단계〉

1. 가정에서 신문이나 인터넷에 다양한 움직임이 있는 그림이나 사진을 가져온다.
2. 사진을 보고 어떤 모습을 하고 있는지 이야기 나눈다.
   - 사람들이 어떤 모습을 하고 있나요? - 어떤 모습인지 설명해 줄 수 있나요?
   - 사람들의 표정은 어떤가요?

〈제시단계〉

1. 이렇게 다양한 모습의 사람들을 창조해 주신 분이 하나님이시라는 것을 알게 한다.
   - 하나님께서는 왜 다양한 모습의 사람들을 창조하셨을까요?
   - 왜 하나님은 다양한 사람들과 더불어 살게 하시나요?
2. 하나님은 우리에게 하나님의 형상을 따라 다양한 사람들을 창조해 주시고 그 사람들과 더불어 서로 도우며 살아가도록 하셨음을 알게 한다.

〈실행단계〉

1. 유아들이 가져온 신문이나 교사가 준비한 사진을 보여준 후 유아들이 따라해 보고 싶은 사람들의 모습을 선택하여 해볼 수 있게 한다.
2. 유아들이 재미있는 모습을 적극적으로 따라해 볼 수 있도록 유도하고 격려한다.

〈반응단계〉

1. 다른 사람들의 표정이나 행동을 따라해 본 느낌이 어땠는지 이야기한다.
   - 다른 사람들의 행동을 따라해 보니 어땠나요?
   - 따라하는 데 어려움은 없었나요?
2. 하나님께서는 다양한 사람들과 다양한 표정을 가진 다양한 사람들을 창조해 주신 것에 대해 감사하는 마음을 갖도록 다시 한 번 인식시켜 준다.

〈비고 및 유의점〉

1. 기사를 매일 가져오도록 하여 다양한 행동을 따라해 볼 수 있도록 한다.
2. 재미있는 모습을 따라하는 아이들을 칭찬하고 격려하는 것을 잊지 않는다.

(2) 성경적 사회 생활영역

❑ 교육목표

- 하나님께서 주신 나의 친구들과 서로 의견을 나누며 다양한 방법으로 극 놀이를 한다.
- 다양한 직업을 표현해 보며 하나님께서 주신 모든 직업은 소중하다는 것을 안다.
- 함께 하는 활동에 적극적으로 참여하며 자신의 감정을 조절하며 적절하게 표현할 수 있다.
- 다양한 방법으로 필요한 정보를 찾으며 대중매체의 이로움과 해로움을 알 수 있다.

❑ 교육활동

소주제 1. 방송국 놀이(역할)

통합목표
- 하나님께서 각 개인에게 다양한 생각을 주신 것에 대해 감사한다.
- 우리에게 주신 친구들의 생각이 서로 다르다는 것을 인지하지 못한 것에 대해 반성한다.
- 하나님께서 주신 나의 친구들과 서로 의견을 나누며 다양한 방법으로 극 놀이를 한다.

학습자료
- 테이블, 마이크, 카메라, TV, 조명

활동 방법

〈도입단계〉

1. TV를 본 경험에 대해 이야기한다.
   - 여러분은 TV를 보나요? 어떤 프로그램을 즐겨 보나요?
   - TV는 어떻게 해서 나올까요?

〈제시단계〉

1. 방송국 사람들이 하는 일에 대해 이야기한다.
   - 방송국 사람들은 어떤 일을 하나요?
   - 우리가 방송을 TV에서 보기 위해 어떤 사람들이 방송국에 필요할까요? 방송국에서는 어떤 사람들이 일을 할까요?

2. 방송국 놀이에 필요한 물건들에 대해 이야기를 하고 만들 수 있는 방법에 대해 이야기한다.
   - 방송국에는 어떤 물건들이 있을까요?
   - 마이크는 어떤 것으로 하면 좋을까요?
   - 카메라는 어떻게 만들면 좋을까요?

〈실행단계〉

1. 역할을 나누어 필요한 물건들을 만든다.
2. 역할을 정한다.
   - 카메라맨은 누가 하고 싶은가요?
   - 아나운서는 누가 할까요?
3. 역할놀이를 하면서 지켜야 할 약속에 대해 이야기한다.
   - 친구들과 돌아가면서 역할을 정해서 해요.
   - 카메라를 함부로 다루지 않아요.
   - 친구가 못한다고 핀잔을 주거나 놀리지 않는다.
4. 역할을 나누어 역할놀이를 한다.

〈반응단계〉

1. 역할놀이를 해본 느낌이 어땠는지 서로 이야기 나누어 본다.
2. 더 추가되었으면 하는 것들에 대해 이야기한다.
3. 방송국에서 일하는 직업도 하나님께서 주신 직업이며, 소중하다는 것과 우리가 방송을 볼 수 있게 우리에게 지혜를 주신 분이 하나님이라는 것을 알고 감사드린다.

〈비고 및 유의점〉

역할 표를 놓아두어 모든 유아들이 돌아가면서 참여할 수 있도록 한다.

소주제 2. 우리 반 신문 만들기(조형)

통합목표

- 하나님께서 우리에게 주신 친구들과 함께 서로 협력하여 공동체를 이룰 수 있다.
- 공동체 안에서 서로 협력하지 못한 것에 대해 반성한다.

- 하나님께서 주신 나의 친구들과 서로 의견을 나누며 다양한 방법으로 신문을 만들 수 있다.

학습자료

- 전지, 여러 가지 필기도구, 교실 활동사진

활동 방법

〈도입단계〉

1. 신문을 본 경험에 대해 이야기한다.
   - 여러분은 신문을 보나요?
   - 신문은 어떻게 해서 나올까요?

〈제시단계〉

1. 신문사 사람들이 하는 일에 대해 이야기한다.
   - 신문사 사람들은 어떤 일을 하나요?
   - 우리가 신문을 각 가정에서 보기 위해 어떤 사람들이 신문사에 필요할까요? 신문사에서는 어떤 사람들이 일을 할까요?
2. 우리 반의 신문을 만들기 위해 무엇이 필요하고 어떤 방법으로 만들어야 하는지 이야기 나누어 본다.
   - 우리 반 신문을 만들려면 어떤 소식을 신문에 실으면 좋을까요?
   - 이렇게 신문에 실을 소식을 우리는 무엇이라고 말하나요.(기사)
   - 소식을 전하기 위해 기사를 작성하는 사람들을 우리는 무엇이라 부를까요?(기자)
   - 우리 반에서 일어난 일들 중 어떤 것을 신문에 실을지 유아들과 협의한다.
   - 각 조별로 나누어 신문에 실어야 할 소식을 결정하고, 글은 누가 쓸 것인지, 사진이나 그림은 누가 찍고 그릴 것인지 구체적으로 유아들과 함께 정한다.

〈실행단계〉

1. 각 조별로 나누어 신문을 만든다.
2. 신문을 만들면서 지켜야 할 약속은 무엇인지 이야기 나눈다.
3. 각 유아가 맡을 역할을 협의하여 정한다.
4. 글을 잘 쓰지 못하는 유아는 그림이나 사진을 찍을 수 있도록 한다.
5. 친구가 못한다고 핀잔을 주거나 놀리지 않는다.
6. 서로 마음을 맞추어 신문을 만든다.

〈반응단계〉

1. 다 만든 신문의 내용을 조별로 발표한다.

2. 신문을 만들어 본 느낌이 어땠는지 서로 이야기 나누어 본다.
3. 내용 중 더 추가되었으면 하는 것들에 대해 이야기한다.
4. 신문사에서 일하는 사람들의 수고로움이 어떤 것인지 알고 우리가 신문을 볼 수 있게 우리에게 지혜를 주신 분이 하나님이라는 것을 알고 감사드린다.

〈비고 및 유의점〉

1. 조별로 만든 신문을 벽면에 게시해 두고 다른 유아들도 볼 수 있게 한다.
2. 반 신문 외에 각 가정신문도 만들어 볼 수 있게 과제를 준다.

3) 성경적 표현 생활영역

❑ 교육목표

- 다양한 재료를 활용하여 자유롭게 만들고 꾸밀 수 있다.
- 여러 가지 재료를 활용하여 새로운 소리를 만들어 본다.
- 하나님께서 주신 주변의 소리를 탐색하여 들으며 생각과 느낌을 서로 나눈다.

❑ 교육활동

소주제 1. 잡지그림 이용하여 꾸미기(조형)

통합목표
- 다양한 재료를 이용하여 만들 수 있는 지혜를 주신 하나님께 감사한다.
- 다양한 자료를 이용하여 만들기를 하지 못했던 내 모습을 반성한다.
- 다양한 재료를 활용하여 자유롭게 만들고 꾸밀 수 있다.

학습자료
- 잡지의 여러 가지 그림, 풀, 가위, 여러 가지 쓰기 도구

활동 방법

〈도입단계〉

1. 잡지를 보며 이야기한다.
   - 이것은 무엇일까요?
   - 이것을 본 경험이 있나요?
   - 누가 이 잡지를 보나요?
   - 여러분은 여기서 무엇을 보았나요?

- 잡지 속의 그림들은 어떻게 만든 것일까요?

〈제시단계〉

1. 잡지에서 교사가 오린 여러 가지 그림을 탐색하여 본다.
   - 이것은 무엇인가요?
   - 이 사람은 지금 무엇을 하고 있는 것 같은가요?
   - 이것은 어떨 때 사용하는 것일까요?
2. 각자의 스케치북을 나누어 주고 오려 준 잡지 그림을 이용하여 꾸밀 것들을 생각하여 이야기한다.
   - 선생님이 보여준 그림들을 보고 어떤 생각이 들었나요?
   - 무엇을 꾸미고 싶은가요?

〈실행단계〉

1. 잡지의 그림을 붙이며 꾸미고 필요한 부분은 쓰기 도구를 이용하여 그림으로 그린다(이때 잡지를 더 준비하여 필요한 그림을 오릴 수 있도록 한다).

〈반응단계〉

1. 완성된 그림을 친구들에게 소개한다.
2. 재미있게 표현한 친구의 그림에 대해 이야기한다.
   - 누가 재미있게 표현했나요?
   - 어떤 점이 재미있었나요?
3. 우리에게 잡지를 볼 수 있는 눈과 잡지를 만들 수 있는 지혜를 허락하신 하나님께 감사드린다.

〈비고 및 유의점〉

조형영역에 놔두어 활동이 끝나고도 자유롭게 선택활동을 할 수 있도록 한다.

소주제 2. 텔레비전 만들기(조형)

통합목표

- 다양한 재료를 이용하여 만들 수 있는 지혜를 주신 하나님께 감사한다.
- 다양한 재료를 이용하여 만들기를 하지 못했던 내 모습을 반성한다.
- 다양한 재료를 활용하여 자유롭게 만들고 꾸밀 수 있다.

학습자료 ‣ 큰 상자, 풀, 가위, 여러 가지 쓰기 도구

활동 방법

〈도입단계〉

1. 교실에 있는 TV를 보며 이야기한다.
   - 이것은 무엇일까요?
   - 이것을 본 경험이 있나요?
   - 누가 이 TV를 보나요?
   - 여러분은 TV프로그램 중에 어떤 것을 즐겨 보나요?

〈제시단계〉

1. 큰 상자를 유아들에게 보여주며 무엇을 만들 수 있을지 이야기해 본다.
   - 이것으로 무엇을 만들면 좋을까요?
   - 이 상자로 TV를 만들어 보는 것은 어떨까요?
2. 상자로 TV를 만들려면 어떻게 해야 하는지 이야기 나눈 후 각자의 준비물로 TV를 만들어 본다.
   - 어떤 TV를 만들 것인지 생각했나요?
   - 어떤 디자인으로 꾸미고 만들 것인지 생각했나요?

〈실행단계〉

1. 상자를 이용하여 큰 구멍을 뚫고 TV모양을 디자인하여 여러 가지 붙이기 재료를 가지고 꾸미고 만들어 본다(구멍을 뚫을 때 유아가 다치지 않도록 교사가 도움을 주도록 한다).

〈반응단계〉

1. 완성된 TV를 친구들에게 소개한다.
2. 멋지게 만든 친구의 만들기에 대해 이야기한다.
   - 누가 재미있게 만들었나요?
   - 어떤 점이 재미있었나요?
3. 우리에게 TV를 볼 수 있는 눈과 TV를 만들 수 있는 지혜를 허락하신 하나님께 감사드린다.

〈비고 및 유의점〉

조형영역에 놓아두어 활동이 끝나고도 자유롭게 TV를 보며 역할놀이를 할 수 있도록 한다.

(4) 성경적 언어 생활영역

❑ 교육목표

- 다양한 형태의 글자모양에 관심을 가지고 주변에서 친숙한 글자를 찾아본다.
- 친구의 이야기를 바른 자세로 주의 깊게 듣고 그 내용을 이해한다.
- 하나님이 주신 손으로 자신의 생각 느낌을 글로 표현해 볼 수 있다.
- 듣는 사람을 바라보며 하나님께서 주신 입으로 자신의 생각을 정확하게 표현할 수 있다.

❑ 교육활동

소주제 3. 우리 반 신문 만들기(언어)

통합목표
- 하나님이 주신 다양한 감각으로 언어를 익힐 수 있게 하신 하나님께 감사한다.
- 다양한 감각으로 언어를 익히지 못한 내 모습을 반성한다.
- 다양한 형태의 글자모양에 관심을 가지고 주변에서 친숙한 글자를 찾아본다.

학습자료
- 신문, 풀, 가위, 여러 가지 쓰기 도구

활동 방법

〈도입단계〉

1. 신문을 보여주며 이야기 나누기를 한다.
2. 신문의 중요성, 종류에 대해 이야기를 나눈다.
   - 신문은 우리에게 어떤 것들을 알려 주나요? - 신문이 없다면 어떨까요?
3. 신문을 가져와서 신문을 살펴본다.
   - 신문에는 무엇이 있나요? - 신문에 어떤 내용들이 실려 있나요?

〈제시단계〉

1. 신문을 만드는 방법에 대해 이야기를 나눈다.
   - 신문의 내용들을 어떻게 알고 쓴 것일까요?

- 신문의 사진들은 어떻게 찍은 것일까요?

2. 조별로 나누어 앉아 신문에 실을 내용, 각 내용을 맡을 사람, 준비물에 대해 이야기를 한다(신문 이름도 정한다).

〈실행단계〉

1. 신문에 실을 내용들을 맡은 각 유아들은 유치원을 다니며 기자 활동을 하며 인터뷰를 하거나 사진을 찍는다.
2. 인터뷰하고 사진을 찍은 내용들을 신문에 어울리게 붙이고 꾸민다(이때 기자 이름과 날짜 등을 적는다).

〈반응단계〉

1. 완성된 신문을 친구들에게 소개하고 평가를 한다.
   - 어떤 소식이 재미있었나요?
2. 신문은 시간이나 장소의 제약 없이 새 소식을 볼 수 있다는 것을 알려 준다.
3. 하나님의 말씀을 실어서 전도할 수 있도록 다음 시간에는 전도신문 만들기를 해보도록 제안한다.

〈비고 및 유의점〉

1. 언어영역에 신문을 놓아두어 항상 신문을 읽어 볼 수 있는 기회를 제공한다.
2. 하나님께서 사람에게 주신 창의력을 키운다.

소주제 4. 여러 가지 대중매체 수수께끼(언어)

통합목표

- 하나님이 우리에게 다양한 대중매체를 만들고 사용할 수 있는 지혜를 주신 것에 감사한다.
- 다양한 대중매체를 적절히 이용하지 못하고 절제하지 못한 것에 대해 반성한다.
- 다양한 대중매체의 종류에 대해 알고 적당히 절제하며 이용할 수 있다.
- 유아가 다른 사람의 말을 주의 깊게 듣고 이해하도록 한다.

학습자료

- 여러 가지 대중매체 그림 자료

활동 방법

〈도입단계〉

1. 대중매체 하면 생각나는 것이 무엇인지 이야기를 한다.
   - 무엇이 생각나나요? - 왜 그것이 생각났나요?
2. 다양한 대중매체의 종류에 대해 이야기한다.
   - 대중매체의 종류에는 어떤 것이 있을까요?
   - 이 모든 대중매체를 만들 수 있도록 지혜를 주신 분은 누구일까요?

〈제시단계〉

1. 수수께끼를 해본 경험에 대해 이야기하고 수수께끼 형식에 대해 이야기한다.
2. 대중매체의 한 종류인 TV에 관련된 수수께끼의 예를 유아들과 함께 만들어 본다.
   - 우리가 눈과 귀로 보고 들을 수 있는 대중매체는 무엇일까요?

〈실행단계〉

1. 수수께끼를 낼 사람과 맞힐 사람을 정한다.
2. 수수께끼를 낼 사람은 앞에 나와 수수께끼를 내도록 한다.
   수수께끼의 예) - 우리에게 많은 소식을 글로 알려 주는 대중매체는 무엇일까요?
   - 우리에게 소리로만 소식을 알려 주고 음악을 들려주는 대중 매체는 무엇일까요?
3. 수수께끼를 맞힐 유아는 정답을 외치며 답을 이야기한다.
4. 답을 맞힌 유아에게 점수표를 한 개씩 준다.
5. 점수표를 많이 가지고 있는 유아가 이긴다.

〈반응단계〉

1. 수수께끼를 해 본 느낌에 대해 이야기 한다.
   - 수수께끼를 하면서 어려운 문제는 없었나요? - 더 넣고 싶은 문제가 있나요?
2. 우리에게 꼭 필요한 대중매체를 만들어 이용할 수 있는 지혜를 주신 하나님께 감사하는 마음을 갖는다.

〈비고 및 유의점〉

대중매체의 특징과 종류에 대해 정확하게 익힌 후에 활동을 하는 것이 더욱 효과적이다.

(5) 성경적 탐구 생활영역

❑ 교육목표

- 제시된 조건에 따라 주변의 사물을 비교하고 분석할 수 있다.
- 하나님께서 주신 지혜로 인간이 만든 여러 가지 일상생활 물건들이 발전해온 모습을 알 수 있다.
- 하나님이 주신 지혜로 우리에게 유용한 물건들을 만들어 낼 수 있다.
- 우리 주변의 다양한 물건들에 대해 탐구하고 관찰할 수 있다.

❑ 교육활동

소주제 1. 신문과 텔레비전 비교(수학)

통합목표
- 하나님이 주신 지혜를 우리의 생활에 유용하게 사용할 수 있게 해 주신 하나님께 감사한다.
- 우리 생활에 필요한 것을 얻기 위해 지혜롭게 행동하지 못한 내 모습을 반성한다.
- 제시된 조건에 따라 주변의 사물을 비교하고 분석할 수 있다.

학습자료
- 신문과 텔레비전(실물 자료, 그림 자료)

활동 방법

〈도입단계〉

1. 신문과 텔레비전의 모습을 살펴본다.
2. 신문을 유아들이 돌아가며 볼 수 있도록 한다.
3. 실제 TV의 모양을 자세히 관찰하고 전원을 켜고 프로그램 중 하나를 선택하여 볼 수 있도록 한다.

〈제시단계〉

1. 신문과 텔레비전의 그림 자료를 보며 신문과 텔레비전에 대해 알아본다.
   - 신문은 무엇으로 만들어졌나요?
   - 신문에는 무엇이 있나요?

- 신문은 어떻게 만드나요?
- 텔레비전은 무엇으로 만들어졌나요?
- 텔레비전에서는 무엇이 나오나요?
- 텔레비전에서 나오는 프로그램을 만드는 곳은 어디일까요

〈실행단계〉

1. 신문과 텔레비전의 같은 점에 대해 이야기한다.
   - 신문과 텔레비전은 어떤 점이 같은가요?
   - 새 소식을 알려 줘요. 기자들이 취재해요. 광고도 나와요.
2. 신문과 텔레비전의 다른 점에 대해 이야기한다.
   - 신문은 종이고 텔레비전은 기계에요.
   - 신문은 움직이지 않지만 텔레비전은 움직여요.
   - 신문은 여러 가지 소식을 종이를 넘겨서 보지만 텔레비전은 시간마다 다른 채널에서 다른 프로그램을 봐요.
3. 같은 점과 다른 점을 비교한 내용을 유아들에게 소개한다.

〈반응단계〉

1. 수영역에 비교지를 두어 다시 활동해 볼 것을 제안한다.
2. 신문과 텔레비전을 통해 하나님의 말씀을 전도해 볼 수 있는 방법에 대해서도 이야기해 본다.

〈비고 및 유의점〉

1. 신문과 텔레비전의 좋은 점과 나쁜 점도 비교할 수 있다.
2. 하나님께서 우리에게 필요한 모든 것을 주셨다는 것을 알게 한다.

소주제 2. 옛날과 오늘날의 대중매체(과학)

통합목표

- 하나님이 주신 지혜로 과거와 현재의 현상들에 대해 비교할 수 있다.
- 우리 생활에 필요한 것을 얻기 위해 지혜롭게 행동하지 못한 내 모습을 반성한다.
- 옛날과 오늘날에 사용하는 물건들을 제시된 조건에 따라 비교하고 분석할 수 있다.

학습자료 ‣ 옛날의 대중매체의 다양한 종류 그림 자료

활동 방법

〈도입단계〉

1. 옛날의 대중매체는 무엇이 있었는지 그림 자료를 보며 이야기 나눈다.
   - 무슨 그림(사진)일까요?
   - 옛날에는 어떤 방법으로 소식을 전했을까요?
   - 급하게 소식을 알려야 할 때는 어떻게 했을까요?
2. 옛날에 사용하였던 대중매체에 대해 자세히 알아본다.

〈제시단계〉

1. 옛날의 대중매체와 오늘날을 대중매체를 서로 비교하며 어떻게 다른지 알아본다.
   - 옛날에는 편지로 소식을 전했는데 급한 일이었을 경우 어떤 일이 생길까요?
   - 위급한 상황이 발생했을 때는 어떤 방법으로 소식을 전했을까요?
   - TV나 라디오가 없던 시절의 사람들은 무엇을 보며 즐거움을 느꼈을까요?

〈실행단계〉

1. 옛날과 오늘날의 대중매체의 같은 점과 다른 점을 벤다이어그램을 통해 알아본다.
   - 벤다이어그램을 본 적이 있나요?
   - 같은 점은 동그라미가 겹쳐지는 부분에 쓰고 각각의 특징을 나누어 적어 보도록 한다.
   - 옛날과 오늘날의 대중매체는 어떤 점이 같은가요?(소식을 전해 줘요.)
   - 다른 점은 무엇인가요?(옛날에는 기계가 발달하지 않아서 사람이 직접 했어요. 옛날에는 횃불이나 연기를 피워서 소식을 전했어요. 오늘날에는 신문이나 텔레비전 등 기계를 만들어서 소식을 전해요.)
2. 같은 점과 다른 점을 비교한 내용을 벤다이어그램으로 나타내어 유아들에게 소개한다.

〈반응단계〉

1. 수영역에 비교지를 두어 다시 활동해 볼 것을 제안한다.
2. 옛날과 오늘날의 대중매체를 비교한 후 하나님께서 우리 사람들에게 지혜를 주셔서 집에서도 멀리 있는 외국의 소식까지 들을 수 있게 해 주신 것에 대해 감사하는 마음을 갖도록 돕는다.

〈비고 및 유의점〉

수영역에 게시해 두고 비교할 수 있는 다양한 활동을 계속 할 수 있도록 한다.

주제 12. 성장(활동기간: 30일)

1) 성경적 건강 생활영역

❑ 교육목표

- 하나님께서 주신 몸을 건강하게 자랄 수 있도록 음식, 운동 등에 관심을 보이며 열심히 참여한다.
- 하나님께서 주신 나의 몸을 일상생활에서 볼 수 있는 사물을 보며 따라 움직일 수 있다.
- 1년 동안 변한 나의 몸과 마음에 관심을 갖고 알아본다.

❑ 교육활동

소주제 1. 내 몸이 성장하는 데 필요한 것(이야기 나누기)

통합목표
- 하나님께 건강한 몸을 우리에게 주신 것에 감사하는 마음을 갖는다.
- 하나님이 주신 건강한 몸을 소중히 여기지 못하고 보살피지 못한 것에 대해 반성한다.
- 하나님께서 주신 몸이 건강하게 자랄 수 있도록 음식, 운동 등에 관심을 보이며 열심히 참여한다.

학습자료
- 몸무게 저울, 키 재기,

활동 방법

〈도입단계〉

1. 학기 초에 잰 몸무게, 키와 학기 말에 잰 몸무게, 키를 비교해 보며 이야기한다.
   - 얼마만큼 컸나요? - 몸무게는 늘었나요?

〈제시단계〉

1. 몸과 마음이 자라는 데 필요한 것들에 대해 이야기한다.
   - 이렇게 키가 크려면 어떻게 해야 할까요?
   - 이렇게 건강하게 몸무게가 늘어나려면 어떻게 해야 할까요?
   - 또 생각이 커지려면 어떻게 해야 할까요?

〈실행단계〉

1. 몸과 마음이 자라서 내가 할 수 있게 된 일에 대해 이야기한다.
   - 이렇게 키가 크고 몸무게가 늘고 또 생각주머니가 커졌는데 무엇을 할 수 있을까요?
2. 학기 초에는 할 수 없었는데 지금 내가 혼자 스스로 할 수 있게 된 일에 대해 이야기해 보세요.
3. 몸과 마음이 건강하게 자라게 해주신 분이 하나님이라는 것을 알고 감사드린다.
   - 우리가 이렇게 건강하게 몸이 자라고 생각이 자랄 수 있도록 지켜주신 분은 누구실까요?
   - 우리는 그분께 어떤 마음을 가져야 할까요?

〈반응단계〉

1. 학기 초에 재었던 키, 몸무게와 지금의 키, 몸무게를 비교해 본 느낌이 어땠는지 이야기 나누어 본다.
2. 앞으로도 몸과 마음이 건강하게 자라기 위해서는 운동과 규칙적인 식사를 골고루 해야 한다는 것을 이야기한다.

〈비고 및 유의점〉

1. 학기 초와 학기 말에 키와 몸무게를 재도록 한다.
2. 측정한 키와 몸무게를 그래프로 나타내어 게시한다.

소주제 2. 성장과정(이야기 나누기)

통합목표

- 우리가 건강한 몸으로 태어나 자라게 해 주신 하나님께 감사하는 마음을 갖는다.
- 하나님이 주신 건강한 몸을 소중히 여기지 못하고 보살피지 못한 것에 대해 반성한다.
- 하나님께서 주신 몸이 건강하게 자랄 수 있도록 음식, 운동 등에 관

심을 보이며 열심히 참여한다.

학습자료 ‣ 아기 때 사진, 어릴 적 사진, 사람의 성장과정 그림 자료

활동 방법

〈도입단계〉

1. 사람의 성장과정을 그림 자료로 보여주며 이야기 나눈다.
   - 사람이 태어나면 어떤 모습인가요?
   - 아기 때는 혼자서 할 수 있는 일이 있나요?
   - 아기 때는 누구의 도움이 제일 많이 필요한가요?
   - 아기가 점점 자라면 어떤 모습으로 성장하나요?
   - 이렇게 성장할 수 있도록 해 주시는 분은 누구일까요?

〈제시단계〉

1. 몸과 마음이 자라는 데 필요한 것들에 대해 이야기한다.
   - 이렇게 아기에서 아이로 자라려면 어떻게 해야 할까요?
   - 이렇게 건강하게 몸무게가 늘어나려면 어떻게 해야 할까요?
   - 또 키가 크고 몸무게도 늘어나는 만큼 생각도 커지려면 어떻게 해야 할까요?
2. 몸과 마음이 점점 자라나 아이에서 어른이 되어가는 과정을 유아와 함께 계속 이야기 나누어 본다.

〈실행단계〉

1. 내가 점점 자라 어른이 되면 무슨 일을 해 보고 싶은지 이야기 나누어 본다(이렇게 건강하게 태어나고 자라나게 해주시는 분이 하나님이심을 알게 한다. 그런 하나님께 어떤 마음을 가져야 하는지도 함께 이야기해 본다).
   - 내가 커서 어른이 되면 무슨 일을 해보고 싶은가요?
   - 어른이 될 때까지 건강하게 자라려면 어떻게 해야 하나요?
2. 유아의 아기 때 사진을 가지고 나와 소개해 보는 시간을 갖는다.
   - 아기 때 모습과 지금의 모습 중 가장 많이 달라진 것은 무엇이니?
   - 아기 때는 할 수 없었는데 지금은 할 수 있는 일에는 어떤 일이 있을까?
3. 어른이 되면 무슨 일을 하는 사람이 되어 있을지 생각해 보는 시간을 갖는 것도 좋다.

〈반응단계〉

1. 아기 때 모습과 지금의 모습을 비교해 본 소감이 어떤지 이야기해 본다.

2. 앞으로도 몸과 마음이 건강하게 자라기 위해서는 운동과 규칙적인 식사를 골고루 해야 한다는 것을 이야기한다.

〈비고 및 유의점〉

1. 친구의 아기 때 사진을 보고 누구인지 알아맞히는 활동으로 연결할 수도 있다.
2. 인간(나)은 하나님의 선택과 설계에 의해, 하나님의 목적에 참여하기 위해 하나님의 형상대로 특별히 창조되었다는 것을 인지할 수 있도록 돕는다.

2) 성경적 사회 생활영역

❑ 교육목표

- 하나님께서 나를 언제나 어디서나 항상 지켜 주심을 알고 감사하게 생각한다.
- 나에게 주어진 일을 내 스스로 할 수 있다.
- 친구들과 함께 활동하며 자신의 감정을 조절하고 타협할 수 있다.
- 일상생활에서 지낸 일들을 극으로 표현한다.

❑ 교육활동

소주제 1. 나를 지켜 주시는 하나님(이야기 나누기)

통합목표
- 1년 동안 나를 건강하게 지켜 주신 하나님께 감사한다.
- 1년 동안 나를 지켜 주시고 돌보아 주신 하나님께 감사하지 못한 내 모습을 반성한다.
- 1년 동안 나를 날마다 지켜 주신 하나님께 감사드린다.

학습자료
- A4용지 여러 장, 여러 가지 쓰기 도구

활동 방법

〈도입단계〉

1. 나를 지켜 주시는 분은 누구라고 생각하는지 유아들과 함께 이야기 나눈다.
   - 내가 건강하게 잘 자랄 수 있도록 지켜 주시는 분은 누구실까요?
   - 부모님 말고 우리를 날마다 지켜보시고 사랑해 주시는 분은 누구라고 생각하나요?

2. 우리에게 부모님을 주시고 우리를 날마다 지켜 주시는 분은 하나님이심을 기억하게 한다.

〈제시단계〉

1. 왜 하나님은 우리를 날마다 지켜보시고 사랑해 주시고 인도해 주시는 것인지 유아들과 함께 이야기 나눈다.
   - 우리를 창조하신 분은 누구라고 생각하나요?
   - 하나님은 왜 우리를 사랑해 주실까요?
   - 어떨 때 하나님이 우리를 사랑하고 지켜 주신다는 생각이 드나요?
   - 하나님은 우리를 하나님의 형상대로 창조해 주셨기 때문에 우리들을 사랑하세요. 그리고 하나님께서 우리를 직접 만드셨기 때문에 우리를 언제나 지키시고 인도해 주시는 거에요.
2. 하나님께서 언제 날 지켜 주시고 사랑해 주셨는지 경험을 글이나 그림으로 표현해 보는 것은 어떨지 유아들과 이야기 나누어 보고 글로 나타내 보도록 한다.

〈실행단계〉

1. 유아들에게 종이를 나누어 주고 나를 지켜 주셨을 때의 기억을 떠올리며 하나님께 감사한 일들을 적어 보는 시간을 갖는다.
   - 하나님이 나를 사랑해 주신다는 생각이 들었을 때가 언제였는지 기억하나요?
   - 그 때의 느낌이 어땠는지 글로 표현해 볼 수 있나요?

〈반응단계〉

1. 하나님께 감사했던 일들을 적은 것을 유아들 앞에 발표해 본다.
   - 하나님께 감사의 글을 써 본 느낌이 어땠나요?
   - 다른 친구들은 어떨 때 하나님께 감사하나요?
2. 즐거운 일이 있을 때나 힘든 일이 있을 때나 언제든지 하나님은 우리를 지키고 계신다는 것을 유아들이 알 수 있도록 한다.

〈비고 및 유의점〉

유아들의 감사편지를 교실에 게시해 놓고 다른 친구들의 것도 읽어 볼 수 있도록 한다.

소주제 2. 학교 선생님 놀이(역할놀이)

통합목표 ▸ 1년 동안 친구들과 함께 건강하고 즐겁게 유치원 생활을 할 수 있게 해 주신 하나님께 감사하는 마음을 갖는다.
- 친구들과 좀 더 즐겁게 원 생활을 하지 못한 것에 대해 반성해 본다.
- 친구들과 함께 여러 가지 재료로 만들고 꾸밀 수 있다.

학습자료 • 추억이 담긴 사진, A4용지 여러 장, 여러 가지 쓰기 도구

활동 방법

〈도입단계〉

1. 초등학교 견학을 다녀온다.
2. 초등학교 견학을 다녀온 경험을 이야기한다.
   - 초등학교가 어떻게 생겼나요?
   - 초등학교에는 어떤 분이 계실까요?

〈제시단계〉

1. 초등학교 교실과 우리 교실의 다른 점을 이야기한다.
   - 칠판이 있어요.
   - 책상과 의자가 앞을 보고 있어요.
   - 교구가 없어요.
2. 학교 역할놀이를 하는 데 필요한 것들에 대해 이야기하고 준비한다.
   - 칠판은 무엇으로 할까요?
   - 책상과 의자를 초등학교처럼 놓아 보아요.

〈실행단계〉

1. 학교 이름을 정하고 교사와 학생 역할을 나누어 활동한다(이때 교사가 먼저 시범을 보이고 유아들이 교사를 맡아서 할 수 있도록 한다.)

〈반응단계〉

1. 활동에 대해 평가한다.
   - 재미있었나요?
   - 더 필요한 것은 없나요?
2. 초등학교에 갈 수 있도록 자라게 해주신 하나님께 감사기도를 드리며 초등학교에서도 잘 생활할 수 있도록 도와달라고 기도를 드린다.

〈비고 및 유의점〉

일과 중, 학교와 같이 세팅하여 초등학교 생활에 적응할 수 있도록 돕는다.

3) 성경적 표현 생활영역

❑ 교육목표

- 여러 가지 쓰기 도구를 이용하여 자신의 생각과 느낌을 나름대로 그릴 수 있다.
- 지나간 일들을 시간적 개념으로 인지할 수 있다.
- 친구들과 함께 여러 가지 재료로 만들고 꾸밀 수 있다.
- 하나님께서 주신 아름다운 음악을 들으며 생각과 느낌을 서로 나눈다.

❑ 교육활동

소주제 1. 우리 반 추억앨범(조형)

통합목표
- 우리에게 소중한 친구를 주신 하나님께 감사하는 마음을 갖는다.
- 친구의 소중함을 깨닫지 못한 것에 대해 반성한다.
- 친구들과 함께 여러 가지 재료로 만들고 꾸밀 수 있다.
- 1년 동안 친구들과 함께 즐겁게 생활한 것들을 회상하며 하나님께 감사드린다.

학습자료
- 추억이 담긴 사진, A4용지 여러 장, 여러 가지 쓰기 도구

활동 방법

〈도입단계〉

1. 1년 동안 유치원에서 있었던 일이 담긴 사진을 준비한다.
2. 사진들을 한 장씩 보면서 이야기를 나눈다.
   - 어떤 사진인가요?
   - 어디서 찍은 사진인가요?
   - 이때 무엇을 했었나요?
   - 무엇이 가장 재미있었나요?

〈제시단계〉

1. 조별로 나누어 앉아서 마음에 드는 사진들을 골라간다(이때 기억에 남지만 사진이 없는 것에 대해서는 그림으로 그릴 수 있다).

〈실행단계〉

1. A4용지에 사진을 붙이고 재미있었던 일들을 글로 적는다.

2. 유아들이 완성한 추억 앨범들을 책으로 만든다.

3. 완성된 앨범을 보며 아래에 유아들이 적은 글들을 읽어 준다.

〈반응단계〉

1. 추억앨범을 본 소감을 이야기한다.
   - 어떤 내용이 재미있었나요?
   - 1년 동안 우리가 지낸 일들을 돌아보니 기분이 어떤가요?

2. 1년 동안 무사히 함께 친구들과 즐겁게 지낼 수 있도록 해 주신 하나님께 감사기도를 드린다.

〈비고 및 유의점〉

1. 완성된 앨범을 언어영역에 두고 볼 수 있다.

2. 우리는 하나님에 의해 창조되었으며 다양한 경험을 통해 지속적으로 유지된다는 것을 인식한다.

소주제 2. 1년 동안 가장 기억에 남는 일 그리기(조형)

통합목표

- 우리에게 소중한 선생님과 친구를 주신 하나님께 감사하는 마음을 갖는다.
- 1년 동안 건강하게 원 생활을 할 수 있도록 하신 것에 감사한다.
- 선생님과 친구의 소중함을 깨닫지 못한 것에 대해 반성한다.
- 1년 동안 친구들과 함께 즐겁게 생활한 것들을 회상하며 하나님께 감사드린다.

학습자료

- 추억이 담긴 사진, 도화지, 크레파스, 색연필

활동 방법

〈도입단계〉

1. 1 년 동안 유치원에서 있었던 일이 담긴 사진을 준비한다.

2. 사진들을 한 장씩 보면서 이야기를 나눈다.
   - 어떤 사진인가요?
   - 어디서 찍은 사진인가요?
   - 이때 무엇을 했었나요?
   - 무엇이 가장 재미있었나요?

〈제시단계〉

1. 가장 재미있었던 일을 떠올리며 도화지에 그림으로 표현해 본다.

〈실행단계〉

1. 도화지에 유치원에 1년 동안 다니면서 가장 즐거웠던 일을 떠올리며 그림을 그린다.
2. 교사는 유아들의 그림에 무엇이 재미있었는지 글도 써 볼 수 있도록 격려한다.

〈반응단계〉

1. 유아들이 나와서 그림을 발표해 보도록 한다. 지난 1년을 회상해 본 느낌이 어땠는지 이야기 나눈다.
   - 1년 동안 우리가 지낸 일들을 돌아보니 기분이 어떤가요?
2. 1년 동안 무사히 친구들과 함께 즐겁게 지낼 수 있도록 해주신 하나님께 감사 기도를 드린다.
3. 유아의 그림을 게시해 두고 모두 감상할 수 있도록 한다.

〈비고 및 유의점〉

완성된 그림을 모두 모아 앨범에 포함시켜서 함께 볼 수 있게 해도 좋다.

(4) 성경적 언어 생활영역

❏ 교육목표

- 자신의 생각과 느낌을 그림이나 글과 같은 형태로 표현할 수 있다.
- 하나님께서 주신 자신의 생각을 자신 있게 이야기할 수 있다.
- 유아의 의사소통 기술을 개발시켜 자기의 생각과 감정을 바르게 표현할 수 있다.
- 듣기, 말하기, 읽기, 쓰기 등에 관심을 갖도록 한다.

❏ 교육활동

소주제 1. 즐거웠던 우리 반(이야기 나누기)

통합목표
- 1년 동안 즐겁게 원 생활을 할 수 있도록 해 주신 하나님께 감사한다.
- 그동안 원 생활을 즐겁게 할 수 있도록 해 주신 하나님께 감사하지

못했던 것에 반성한다.

- 기억할 수 있는 일들을 다양한 방법으로 나의 생각이나 느낌을 표현해 볼 수 있다.

학습자료 ‣ 여러 가지 원 생활 사진들

활동 방법

〈도입단계〉

1. 1년 동안 원에서 지냈던 일들을 회상하며 이야기한다.
   - 1년 동안 우리 원이나 우리 반에서 어떤 일이 있었는지 기억하나요?
2. 가장 기억에 남는 일은 무엇이었는지 이야기 나눈다.
   - 여러 가지 활동 중에서 가장 기억에 남는 활동은 무엇이었나요?
   - 견학 갔었던 일이 생각나나요?
   - 우리가 간 수많은 견학 중에서 가장 재미있거나 즐거웠던 견학 장소는 어디였나요?

〈제시단계〉

1. 소풍을 갔을 때의 추억을 떠올리며 이야기 나눈다.
   - 소풍을 갔을 때 친구들과 무엇을 했는지 기억나나요?
   - 소풍에 가서 했던 게임 중에서 가장 기억에 남는 게임은 무엇인가요?
   - 1년 동안 했던 여러 가지 행사 중에서 가장 기억에 남는 것은 무엇인가요?
   - 왜 그것이 가장 기억에 남을까요?
   - 1년 동안 배운 노래 중에서 가장 좋아하는 노래는 무엇인가요?

〈실행단계〉

1. 가장 기억에 남는 일이 서로 다른 이유에 대해 생각해 보는 시간을 갖는다.
   - 가장 좋아하거나 기억에 남는 활동이나 사람이 모두 똑같은가요?
   - 서로 다른 이유는 무엇일까요?
2. 하나님께서 우리를 서로 다르게 창조하셨기 때문에 서로 생각이 다름을 인정하고 배려하고 이해하며 더불어 살아가도록 유아들을 격려한다.

〈반응단계〉

1. 가장 재미있었던 활동들을 그래프로 그려서 한눈에 알아볼 수 있도록 수영역에 붙여 놓는다.
   - 1년 동안 지낸 일들을 회상해 본 느낌이 어땠나요?

- 1년 동안 친구들과 지낸 일들을 좋은 추억으로 간직하고 잊지 않도록 해요.

〈비고 및 유의점〉

1년 동안의 유아들 활동사진 견학, 소풍 때의 사진 행사사진 등을 붙여 놓고 유아들이 즐겨 볼 수 있도록 한다.

소주제 2. 동생들에게 편지 쓰기(언어)

통합목표
- 나의 생각을 글로 표현할 수 있게 하신 하나님께 감사한다.
- 그동안 나의 생각이나 느낌을 표현하지 못했던 내 모습을 반성한다.
- 다양한 형태의 글자모양에 관심을 가지고 주변에서 친숙한 글자를 찾아본다.
- 다양한 방법으로 나의 생각이나 느낌을 표현해볼 수 있다.

학습자료
- 여러 가지 쓰기 도구, 쓰기 용지

활동 방법

〈도입단계〉

1. 내년에 동생들과 자신들이 올라갈 반에 대해 이야기한다.
   - 여러분은 내년에 어디로 갈까요?　　　- 이 교실은 누가 사용할까요?

〈제시단계〉

1. 동생들에게 우리가 사용한 반을 어떻게 물려줄지에 대해 이야기한다.
   - 이 교실은 누가 내년에 사용할까요?
   - 이 교실을 동생들이 사용하려면 우리가 이 교실을 어떻게 해야 할까요?
2. 우리가 사용한 교실에 들어올 동생들에게 해주고 싶은 말에 대해 이야기한다.
   - 우리 교실에 올 동생들에게 어떤 이야기를 해주고 싶은가요?
   - 우리 교실을 사용하면서 꼭 지켜야 할 약속이 있을까요?
3. 신앙적으로 동생들에게 해주고 싶은 이야기에 대해서도 이야기한다.
   - 동생들에게 하나님에 대해 어떤 이야기를 들려주고 싶은가요?
   - 하나님을 어떻게 믿으라고 이야기하고 싶은가요?

〈실행단계〉

1. 동생들에게 하고 싶은 이야기를 글이나 그림으로 적어 표현하도록 한다.

〈반응단계〉

1. 완성된 편지를 친구들에게 소개하고 교실에 게시한다.

〈비고 및 유의점〉

언어영역에 편지지를 놓아두어 언제든지 쓰고 싶은 친구, 동생에게 쓸 수 있도록 한다.

(5) 성경적 탐구 생활영역

❑ 교육목표

- 하나님께서 만드신 자연의 섭리를 알아보고 탐구하도록 한다.
- 하나님께서 키워 주신 나의 몸을 측정해 보고 내 몸이 자란 것을 알 수 있다.
- 하루 일과의 순서를 알고 이야기할 수 있다.

❑ 교육활동

소주제 1. 쑥쑥 자란 내 몸(수학)

통합목표
- 나를 건강하게 자라게 하신 하나님께 감사하는 마음을 갖는다.
- 건강한 몸으로 자라게 하신 하나님께 감사하지 못한 내 모습을 반성한다.
- 하나님께서 키워 주신 나의 몸을 측정해 보고 내 몸이 자란 것을 알 수 있다.

학습자료
- 체중계, 키 재기 도구

활동 방법

〈도입단계〉

1. 학기 초에 측정했던 유아들의 몸무게와 키를 알려 준다.
2. 자신의 키와 몸무게가 얼마나 자랐을지 예측해본다.

〈제시단계〉

1. 친구들끼리 서로 둘씩 서서 서로의 키를 재어 보고 서로를 들어 보며 이야기한다.

- 누가 더 큰가요?　　　- 친구의 몸무게는 몇 kg인 것 같은가요?

2. 실제로 체중계와 키 재기를 가져와서 몸을 측정해 본다.
   - 학기 초보다 얼마나 늘었나요?

〈실행단계〉

1. 교실 안에 있는 물건들을 이용하여 체중계에 자신의 몸무게만큼 올려놓는다(예: 나무 블록 몇 개를 올렸나요?).

〈반응단계〉

1. 내 몸의 몸무게와 키를 키워 주신 하나님에 대해 이야기한다.
   - 우리의 키와 몸을 자라게 해 주시는 분은 누구실까요?
2. 우리 몸이 더욱 건강하게 자라려면 음식을 골고루 먹고 운동을 해야 한다는 것에 대해 이야기한다.

〈비고 및 유의점〉

학기 초에 잰 기록과 말에 잰 기록을 그래프로 표시하여 보여줄 수 있다.

소주제 2. 초등학교 하루 일과(이야기 나누기)

통합목표
- 하나님이 우리에게 시간을 주시고 계획할 수 있는 지혜를 주신 것을 안다.
- 하나님이 주신 시간을 계획하여 사용하지 못하고 계획대로 행동하지 못한 것에 대해 반성한다.
- 하나님께서 주신 지혜로 초등학교의 하루 일과를 안다.

학습자료
- 초등학교 하루 일과 계획표 및 시간표

활동 방법

〈도입단계〉

1. 우리 원에서의 하루 일과에 대해 유아들과 이야기 나눈다.
   - 아침에 등원해서 집에 갈 때까지 우리는 원에서 어떻게 보내고 있나요?
   - 자유선택 시간이 끝나면 무엇을 할까요?
   - 점심시간이나 간식시간은 언제인가요?　　　- 바깥놀이는 언제 하나요?
   - 초등학교의 하루 일과도 우리 원에서의 하루 일과와 같을까요?

〈제시단계〉

1. 초등학교 하루 시간표를 보며 초등학교 1학년의 하루 일과에 대해 이야기 나누어 본다.
   - 이 시간표를 보세요. 무엇이라고 적혀 있나요?
   - 초등학교에서는 어떻게 하루를 보낼까요? 왜 초등학교에는 자유 선택 활동 시간이 없을까요?
   - 초등학교에서의 특별활동이나 재량활동시간이란 무엇일까요?(특별활동은 계발활동이나 봉사활동, 행사활동을 말하며, 재량활동은 정보통신 기술교육 프로그램이나 창의적 재 활동으로 운영된다.)
   - 쉬는 시간이란 무엇을 하는 시간일까요? 수업 시간은 몇 분 동안 이루어질까요?
   - 초등학교에는 몇 시에 등교하고, 몇 시에 귀가할까요?

〈실행단계〉

1. 초등학교와 우리 원의 하루 일과를 비교해 본다.
   - 초등학교의 하루 일과와 우리 원에서의 하루 일과는 어떻게 다른가요?
   - 초등학교의 하루 일과 중에서 가장 흥미로운 부분은 무엇인가요?
   - 초등학교에서도 하고 싶은 우리 원의 하루 일과는 무엇입니까?

〈반응단계〉

1. 초등학교의 하루 일과 시간표와 우리 원의 일과를 비교해 본 느낌에 대해 이야기한다.
   - 초등학교 시간표와 원의 하루 시간표와 비교해 보니 어땠나요?
   - 초등학교 시간표를 알아보니 어떤 점이 가장 좋은가요? 시간표 중에서 가장 기대되는 것은 무엇인가요?
2. 초등학교에 가서도 하나님께서 지혜를 주시고 건강하게 해 주셔서 즐겁게 생활 수 있다는 기대감을 심어 주도록 한다.

〈비고 및 유의점〉

1. 초등학교 일과 계획표를 나누어 주고 유아가 직접하루 일과 계획표를 작성해 보는 활동으로 확장할 수 있다.
2. 원의 하루 일과 계획표와 초등학교 시간표를 함께 붙여 두어 유아가 스스로 비교해 볼 수 있도록 한다.

부 록

기독교세계관에 기초한
프로젝트 교수학습방법-적용의 예시

주 제 : 거 미

거 미

〈성경적 언어활동〉

-거미의 생김새
-거미의 생태
-거미의 종류
-거미의 특징
-동시(거미)
-동화(금실 짜는 거미)
-거미줄에 대해
-거미에게 편지쓰기
-거미가 우리에게 주는 이로운 점

〈성경적 탐구활동〉

-거미는 자기가 만든 거미줄에 발이 붙지 않고 어떻게 다닐 수 있을까?
-거미의 겉모습 관찰하기
-거미의 한살이
-내가 좋아하는 거미

〈성경적 건강생활〉

-신체로 거미 표현
-거미 술래잡기

〈성경적 음률활동〉

-거미가 줄을 타고 올라 갑니다.
-거미와 코끼리
-노래 개사하기

〈성경적 표현활동〉

-내가 생각하는 거미 그리기 (1차 표상)
-거미 그리기(2차 표상)
-내가 생각하는 거미줄 그리기 (1차 표상)
-나만의 창의적인 거미줄 만들기 (2차 표상)
-협동작품(대형거미줄 만들기)
-거미 가면 만들기
-색 구슬 그림(거미줄)
-거미와 거미줄 모빌
-면봉 그림

I. 주제선정의 이유

성품을 배우며 '창의성'이란 주제의 수업을 진행하는 데 창의성의 동물을 거미로 선정했다. 하나님이 창조하신 거미의 특징, 생김새, 종류, 거미의 창의성에 대해 더욱 자세히 알고 그 속에서 '창의성'을 배우기 위해 거미를 선택하게 되었다.

II. 기독교세계관으로 통합된 목표

1 하나님이 만들어 주신 귀한 생명임을 알고 거미에게 창의성을 주심을 안다.

2 창의성의 동물인 거미의 생명을 귀하게 여기지 않고 죽였던 경험을 반성한다.

3 거미의 생태 및 특성에 대해 알고 거미의 특징 속에서 창의성을 배운다.

4 거미의 창의적인 모습을 긍정적으로 인정하고 배운다.

III. 주제 조직망

〈교육 활동 계획안〉

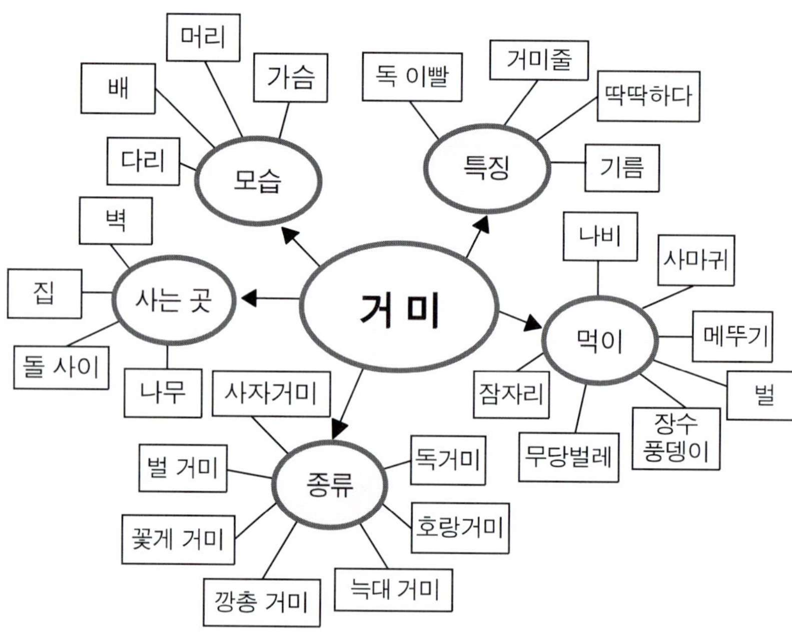

IV. 프로젝트 실행과정

1단계 프로젝트의 시작

1. 주제 제안

- '거미'란 주제를 가지고 수업을 할 것임을 이야기한다.

2. 주제 선정 투표

- '거미의 이름을 투표를 통하여 다른 어휘로 바꾸어 본다(창의성 동물, 창의적 인 거미, 멋진 거미…).

3. 브레인스토밍

- '거미'하면 떠오르는 것을 아이들과 함께 모두 이야기하며 교사가 칠판에 적는다.

4. 주제망

- 브레인스토밍한 것을 비슷한 활동이나 내용으로 묶어 주제망으로 만든다.

5. 질문 목록

- '거미'에 대해 궁금한 것을 시작으로 주제를 전개해 나가기 위하여 유아들의 궁금해 하는 것에 대한 질문목록을 작성한다.

2단계 프로젝트 전개 - 실제활동

소주제. 거미의 생김새

통합목표 ‣ 하나님이 만들어 주신 창의성 동물인 거미의 생김새를 안다.

학습자료 ‣

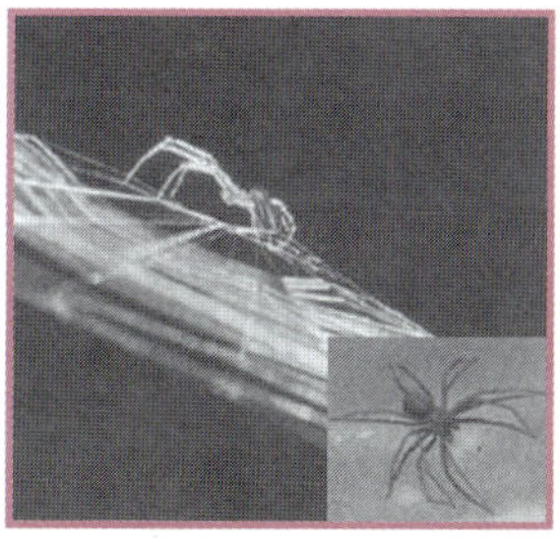

활동 방법

〈도입단계〉

- 우리 친구들 거미 본 적 있나요? 어디에서 봤나요?
- 그럼 어떻게 생겼는지 알고 있나요?
- 그래요. 다리가 많고 거미줄에서 있지요? 우리 친구들이 잘 알고 있구나! 하지만 잘 알지 못하는 친구들도 있으니 다시 한 번 자세히 살펴보아요.

〈제시단계〉

1. 거미의 사진을 보며 생김새를 살펴본다.

- 절지동물의 거미는 몸길이는 보통 5~15mm이며 머리와 가슴은 한 몸이나, 길고 둥근 배와 잘록하게 경계를 이루고 있어요. 가슴에는 양쪽 옆으로 각각 4개의 다리가 붙어 있고, 모양은 동그랗거나 타원형이며 촉감은 유리판처럼 약간 단단하고 겉은 약간 건조하고 매끄러워요.
- 거미의 다리는 자기 몸체의 길이보다 긴 것도 있고 짧은 것도 있지만 보통 자기 몸체 길이만 해요.

〈실행단계〉

1. 거미사진, 책, 혹은 바깥놀이 시 거미를 곤충상자에 담아와 자세히 보고 관찰한 것을 친구들과 함께 이야기 나누어 본다.
2. 거미에 관련된 동영상을 보며 거미의 생김새에 대해 더 자세히 관찰해본다.

〈반응단계〉

- 우리 친구들 하나님께서 창조하신 창의성의 동물인 거미에 대해 잘 알았나요? 이렇게 거미는 하나님이 주신 장점을 살려 창의적인 모습으로 살아가고 있어요. 우리 친구들도 하나님이 주신 장점으로 창의성 있고 멋진 친구들이 되어요.

언어활동 1-1. 거미의 생태 및 특성

통합목표 ▸ 거미의 생태와 특성에 대해 알고 거미의 특징에서 창의성을 배운다.

학습자료 ▸

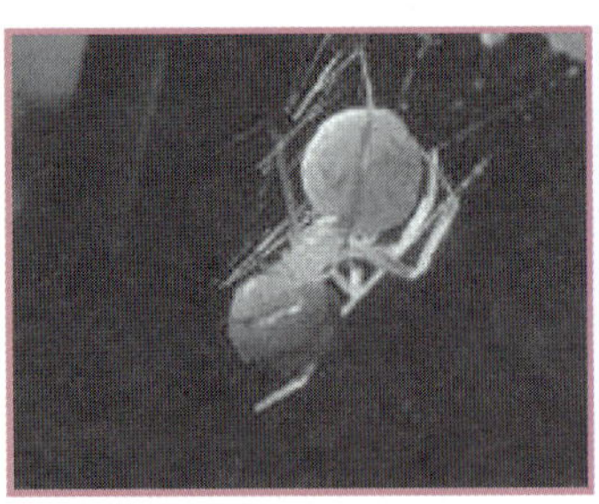

알을 보호 하고 있는 거미

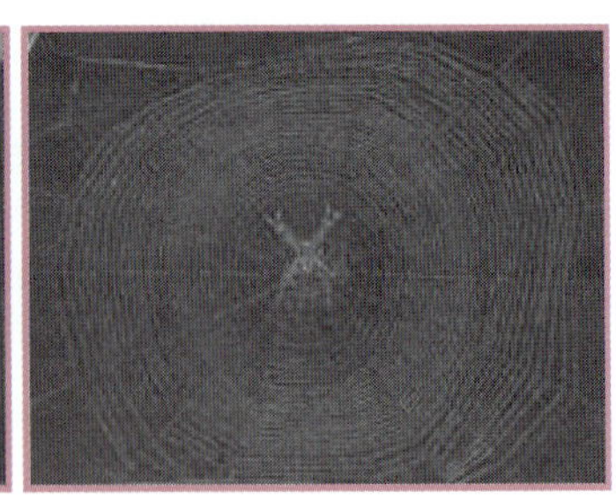

거미는 거미줄을 내어 그물망 같은 집을 짓고 먹이를 잡아먹으면서 산다.

활동 방법

〈도입단계〉

1. 질문을 통하여 전 시간의 내용을 복습한다.

- 우리 친구들 지난번에 거미가 어떻게 생겼는지 알아봤죠?

- 오늘은 하나님께서 만들어 주신 거미가 어디에서 사는지 어떠한 특징과 장점을 가지고 있는지에 대해 알아볼 거예요. 잘 들어 주세요.

〈제시단계〉

1. 거미는 거미줄을 내어 그물망 같은 집을 지으며 줄에 걸린 곤충은 독액으로 죽여서 먹는다.
2. 집모양은 보통 방사성이 많고, 새끼거미는 바람에 날리어 흩어진다.
3. 거미의 수명은 보통 1~2년이지만 20년 이상 사는 종류도 있다.

〈실행단계〉

1.아이들과 함께 바깥놀이 활동을 통해 거미집을 자세히 관찰해 본다.
   - 거미는 거미줄을 어떻게 만들어 낼까요?
   - 거미줄은 거미의 몸 어디에서 나올까요?
   - 그런데 거미는 왜 거미집을 지으면서 거미줄에 걸리지 않을까요?
2. 거미집은 어떤 형태로 만들어지는지 관찰한 것을 이야기 나누어 본다.
3. 자신이 관찰한 거미집을 그림으로 그려 보거나 실을 이용하여 직접 만들어 보는 활동을 한다.

〈반응단계〉

- 우리 친구들 거미에 대해 잘 알았나요?
- 그럼 이번에는 우리친구들이 생각하는 거미를 그려 보는 활동을 해 볼 거예요(거미 그리기 1차 표상).

언어활동 1-2. 거미의 종류

통합목표 ‣ 거미의 종류에 대해 알고 다양한 거미의 특성과 생김새를 안다.

학습자료 ‣

거미집

거미 몸의 구조

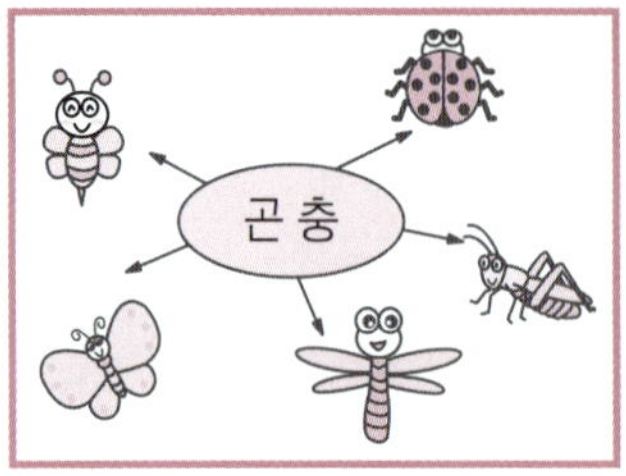

좋아하는 먹이

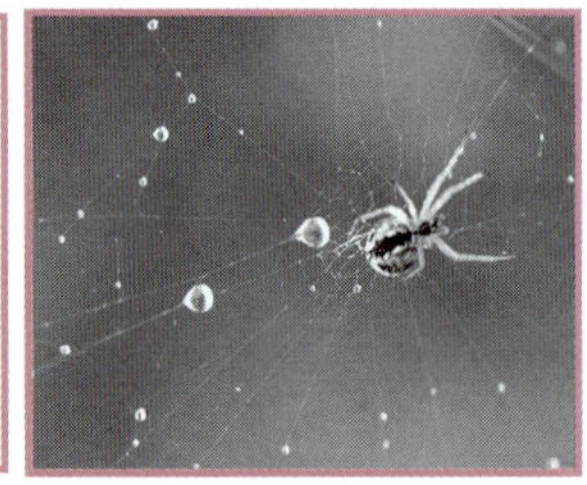

호랑거미

아기늪서성거미

여덟혹먼지거미

활동 방법

〈도입단계〉

- 오늘은 여러 가지 거미의 종류에 대해 알아볼 거예요.
- 혹시 우리 친구들이 좋아하는 거미가 있나요?
- 거미는 모습이 다 같아 보여도 자세히 보면 다양한 모습으로 생활하고 있어요. 그럼 지금부터 어떤 모습인지 알아보아요.

〈제시단계〉

1. PPT자료를 보며 거미의 종류를 알아본다.

〈실행단계〉

1. 내가 알고 있는 거미의 종류(이름)에 대해 이야기 나누어 본다.
2. 내가 좋아하는 거미를 그려보고 거미에게 이름을 지어 주는 활동을 한다.

〈반응단계〉

- 다양한 거미들을 잘 보았나요?
- 가장 기억나는 거미나 내가 좋아하는 거미는 무엇인가요?
- 이렇게 다양한 모습과 다양한 특징을 가지고 있는 거미를 잘 알고 소중히 하도록 해요.

언어활동 1-3. 거미줄

통합목표 ‣ 거미줄의 모양과 특징을 안다.

학습자료 ‣

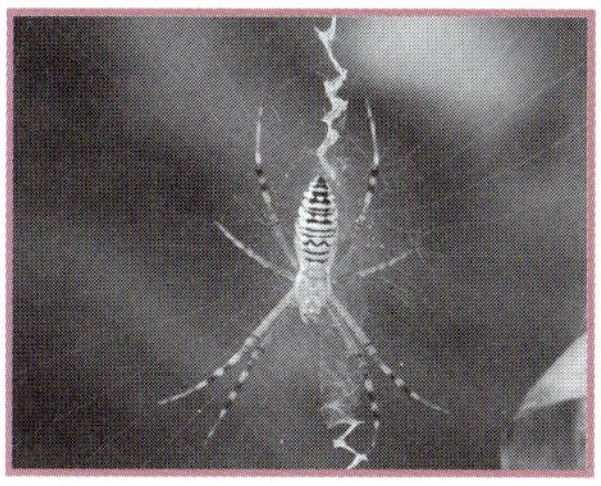

활동 방법

〈도입단계〉

1. 질문을 통하여 복습을 한다.
   - 우리친구들 지난 시간에 거미에 대해 알아보았죠?
   - 혹시 생각나는 거미 있나요?
   - 그런데 거미는 어디에서 살며 어떻게 먹이를 잡아먹지요?
   - 그래, 맞아요. 거미줄이죠? 우리 친구들 잘 알고 있네요!
   - 그래서 오늘은 거미줄에 대해 알아볼 거예요.

〈제시단계〉

① 거미줄은 거미가 뽑아낸 줄로, 먹이를 포획하기 위하여 여러 곳에 함정의 그물망을 쳐 두는 것이다.

② 거미는 매일 새 그물을 친다. 먼저 나무나 풀 위에 올라가 번지점프를 하면서 자전거 바퀴살 모양의 골격을 만들고 그 위를 뱅글뱅글 돌면서 동심원 모양의 포획사를 친다. 그리고 하루가 지나면 거미줄을 싹 먹어 치워 알뜰살뜰 재활용까지 한다.

〈실행단계〉

1. 모둠을 나누어 거미집을 만들어 본다. 각 모둠마다 다양한 재료를 주어 모둠마다 특별한 거미집이 완성될 수 있도록 한다(실, 낚싯줄, 나무젓가락, 빵 끈, 고무줄…).
2. 각 모둠이 만든 다양한 거미줄을 친구들에게 소개하고 어떤 재료로 만들었을 때 가장 효과적으로 표현되었는지 아이들과 이야기 나누어 본다.

〈반응단계〉

- 모두 거미줄에 대해 잘 알았나요? 이렇게 거미는 먹이를 위하여 그리고 거미가 지내기 위해 거미줄을 만든답니다. 우리 친구들도 이렇게 거미처럼 부지런하고 창의적인 친구들이 되요.

언어활동 1-4. 동시-거미

통합목표 ‣ 거미라는 주제로 동시를 지어 보며 많은 상상력과 창의력을 기른다.

학습자료 ‣ 동시 쓸 재료

활동 방법

〈도입단계〉

- 지난 시간에는 친구들과 생각을 모아서 거미집을 만들어 보았지요?
- 만드는 데 가장 힘들었었던 것은 무엇이었나요? 거미는 이렇게 힘든 일을 매일매일 하고 있네요! 그리고 창의적인 생각으로 거미줄을 만들고 있었네요. 그럼 우리 거미를 생각하면서 동시를 지어 보면 어떨까요?
- 동시란 무엇일까요? 동시는 동화보다는 짧은 내용으로 생각한 것을 아주 간단하게 글로 표현해 놓은 거예요. 거미에 대한 내 생각을 간단하게 나타내 볼 수 있을까요?

〈제시단계〉

1. 거미에 대해 이야기 나눈다(지난 시간에 배운 내용을 회상해 본다).
2. 주제 제시
3. 거미 하면 떠오르는 것들을 이야기하면 교사가 칠판에 적는다.

〈실행단계〉

1. 단어와 문장을 연결하여 동시를 완성한다.
2. 아이들과 함께 읽어 보고 외워 본다.
3. 교사가 큰 도화지에 적어서 교실에 전시해 준다.

〈반응단계〉

- 거미에 대한 동시를 지어 보았는데 어땠나요? 창의적인 곤충인 거미처럼 우리도 창의적으로 생각하며 생활하도록 해요. 집에서도 계속해서 동시를 지어 보면 어떨까요? 창의적으로 동시를 지어 볼 수 있도록 하나님께 지혜를 달라고 기도하면 어떨까요?(거미 말고도 다른 주제로 동시를 지어 보는 활동을 계속하도록 유도한다.)

언어활동 1-5. 내가 좋아하는 거미 알아보기(가정 연계)

통합목표 ‣ 내가 좋아하는 거미에 대해 알아보며 거미에 대해 더욱 자세한 지식을 얻는다.

학습자료 ‣

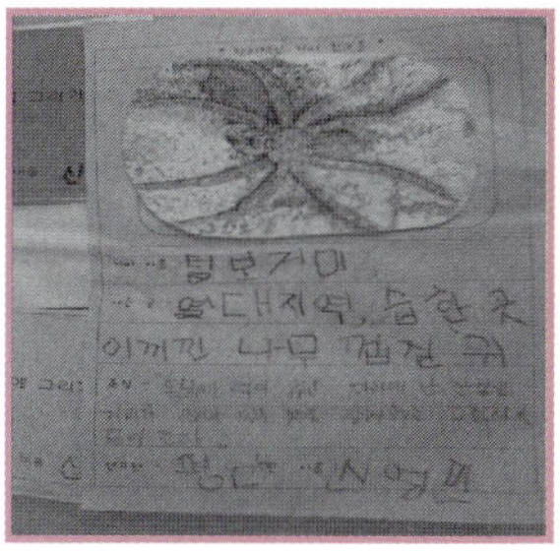

활동 방법

〈도입단계〉

1. 가정으로 미리 쪽지와 활동지를 보낸다.

〈제시단계〉

- 우리 친구들 여러 가지 거미에 대해 알아보았죠?
- 그 중 내가 제일 좋아하는 거미를 엄마, 아빠와 함께 알아보고 친구들에게 소개를 할 거예요.

〈실행단계〉

1. 내가 좋아하는 거미를 친구들과 함께 소개한다.
2. 교실에 전시한다.

〈반응단계〉

1. 집에서 부모님과 함께 활동해 본 소감에 대해 이야기 나누어 보고 지속적으로 가정과 연계된 활동을 할 수 있도록 계획한다.
   - 내가 좋아하는 거미에 대해 잘 알았나요?
   - 친구들이 좋아하는 거미에 대해 알아보니 기분이 어땠나요?

언어활동 1-6. 거미에게 편지 쓰기

통합목표 ‣ 거미에게 편지를 쓰며 상상력, 창의력을 기르고 문장의 연결과 쓰기에 도움을 준다.

학습자료 ‣ 거미에게 아이들이 편지 쓸 종이, 연필

활동 방법

〈도입단계〉

1. 교사가 거미에게 하고 싶은 말을 적어와 아이들에게 들려준다.
   - 오늘은 선생님이 우리가 배우고 있는 거미에게 편지를 썼어요. 친구들에게 읽어 주려고 하는데 잘 들어볼까요?

〈제시단계〉

1. 아이들에게 거미에게 편지를 쓸 수 있도록 흥미를 유발하고 편지를 쓰도록 한다.
   - 여러분들도 거미에게 편지를 써 보면 어떨까요? 거미에게 하고 싶은 이야기가 있는 친구는 편지를 잘 써보도록 해요.

〈실행단계〉

1. 편지지와 연필을 나누어 주어 자유롭게 활동을 하게 한다.
2. 자기가 쓴 편지를 친구들과 함께 읽어 본다.
3. 편지를 교실에 게시해 둔다.

〈반응단계〉

1. 하나님께서 자연과 더불어 살아갈 수 있도록 자연을 창조해 주신 것에 감사하고 거미뿐만이 아니라 자기가 좋아하는 친구, 가족, 동화 주인공 등에 편지를 써보는 활동을 해본다.
   - 거미에게 편지를 써 보니까 어땠나요? 편지를 받아 본 거미의 마음은 어떨 것 같아요?

언어활동 1-7. 고마운 거미

통합목표 ‣ 거미가 우리에게 주는 고마운 점을 알고 미래에 거미줄을 어떻게 사용할 수 있을지 이야기 나눈다.

학습자료 ‣ 거미 비디오, 거미 사진, 거미줄 사진, 종이 전지, 필기도구

활동 방법

〈도입단계〉

- 우리에게 도움을 주는 곤충들에는 어떤 것이 있을까요?
- 그러면 거미는 우리에게 도움을 주는 곤충일까요? 아니면 해로움을 줄까요?
- 거미가 우리에게 어떤 도움을 주는지 알아보도록 해요.

〈제시단계〉

1. 거미가 우리 생활에 도움을 주는 고마운 점에 대하여 이야기한다.
   - 집 안의 해충을 잡아먹어요.
   - 논이나 밭의 해충을 잡아먹어 농사에 도움을 줘요.
   - 거미가 집안에 나타나면 어떻게 해야 할까요?(해충을 잡아먹는 고마운 거미니 죽이지 말고 밖으로 내보내 줘요.)
   - 사람에게 위험한 독거미는 어떤 것이 있나요?(과부거미, 실거미, 집가게거미)
2. 미래에 거미줄은 우리생활에 어떤 도움을 줄지 이야기해 본다.

〈실행단계〉

1. 이야기 나누기한 것을 모둠별로 모여 적어 보는 활동을 한다.
2. 조별로 적은 것을 발표해 보고 교실에 게시해 준다.

〈반응단계〉

- 거미가 우리에게 주는 이로운 점에 대해 이야기 나누어 보았는데 이야기 나누기를 하면서 어떤 느낌이 들었나요?
- 우리도 하나님이 주신 아름다운 성품을 가지고 다른 사람들에게 도움을 줄 수 있는 친구들이 되도록 해요.

표현활동 1-1. 내가 생각하는 거미 그리기(1차 표상)

통합목표 ‣ 거미를 상상하며 그려 본다.

학습자료 ‣ 활동지, 그림 도구

활동 방법

〈도입단계〉

1. 거미에 대해 이야기 나눈다.

〈제시단계〉

1. 내가 생각하고 알고 있는 거미에 대해 이야기 나누어 본다.

〈실행단계〉

1. 다양한 그리기도구를 소개하고 원하는 것으로 그려볼 수 있게 한다(연필, 색연필, 볼펜, 사인펜…).

2. 활동지를 나누어 주고 내가 생각하는 거미를 그려 본다.

3. 활동 후 자신의 그림에 대한 생각을 나눈다.

〈반응단계〉

1. 자신이 그린 그림과 사진 등을 비교하여 보고 이야기 나누어 본다.
   - 거미를 사진이나, 그림을 보지 않고 상상하여 그리는 것이 어렵지 않았나요? 다음번에 그림을 그리면 더 자세히 잘 그릴 수 있을까요?

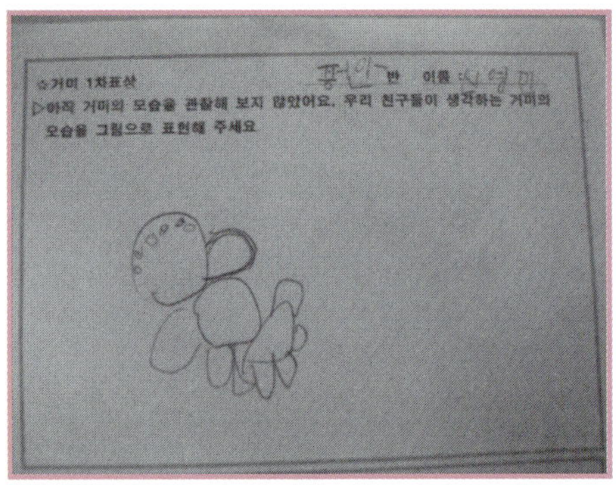

표현활동 1-2. 거미 그리기(2차 표상)

통합목표 ‣ 표현을 통하여 하나님이 만들어 주신 거미의 구체적 생김새를 알 수 있다.

학습자료 ‣ 활동지, 그림 도구

활동 방법

〈도입단계〉

1. 다양한 거미에 대한 사진과 동영상, 혹은 바깥놀이를 통해 곤충상자에 거미를 가져와 아이들이 자유롭게 관찰해 볼 수 있도록 한다.

〈제시단계〉

1. 거미에 대해 구체적인 이야기를 나눈다.

〈실행단계〉

1. 자세히 관찰한 거미를 그림으로 표현해 본다.
2. 자신이 그린 그림을 친구들에게 소개한다.
3. 교실에 전시한다.

〈반응단계〉

1. 상상하여 그린 거미그림과 자세히 관찰한 후 그린 거미그림과 비교해 본다.
   - 지난번에 상상하여 그려 보았던 거미와 자세히 관찰한 후 그린 거미 그림과 비교해 보니 어떤 것 같아요? 우리 주변에 있는 다양한 모양의 거미 및 거미집을 유의하여 관찰해 볼 수 있도록 한다.

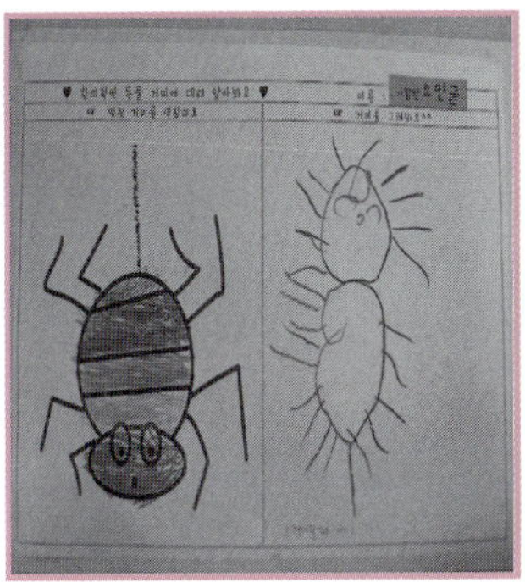

5세

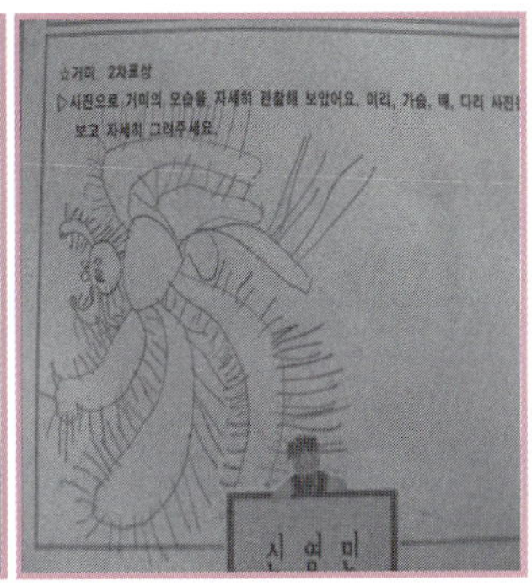

6세

표현활동 1-3. 내가 생각하는 거미줄 그리기(1차 표상)

통합목표 ‣ 거미줄을 상상하여 그려 본다.

학습자료 ‣ 활동지, 그림 도구

활동 방법

〈도입단계〉

1. 바깥 놀이터 등에 거미줄이 있는 곳에서 아이들과 함께 거미줄을 관찰한다.

〈제시단계〉

1. 거미줄 사진을 아이들에게 보여주며 이야기 나눈다.
   - 거미줄은 어떤 모양으로 되어 있었나요?
   - 거미줄을 생각하며 그림으로 그려 볼 수 있을까요?

〈실행단계〉

1. 활동지를 나누어 주고 내가 생각하는 거미줄을 그려 본다.
2. 활동 후 자신의 그림에 대한 생각을 나눈다.

〈반응단계〉

1. 내가 그린 거미줄을 진짜 거미줄과 비교하여 보고 이야기 나누기를 해본다.

- 내가 그린 거미집 그림과 진짜 거미줄 그림을 비교해 보니 어떤가요?
- 비슷한가요? 많이 다른가요?
- 다음에 거미집을 그릴 땐 지금보다 더 자세하게 잘 그릴 수 있을까요?

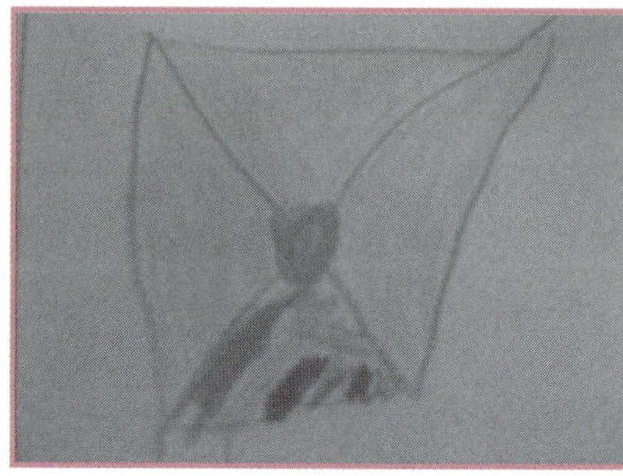

표현활동 1-4. 거미줄 그리기(2차 표상)

통합목표 ‣ 표현을 통하여 거미줄의 구체적인 모양을 알 수 있다.

학습자료 ‣ 활동지, 그림 도구

활동 방법

〈도입단계〉

- 지난번에는 내가 생각하고 있는 거미줄을 그려 보았는데 어땠었나요?
- 오늘은 더 자세히 관찰해 보고 그려 보도록 해요.

〈제시단계〉

1. 거미줄에 대한 사진을 보고 관찰한다.
2. 거미줄에 대해 구체적인 이야기를 나눈다.

〈실행단계〉

1. 거미줄을 그림으로 표현해 본다.
2. 교실에 전시한다.

〈반응단계〉

1. 거미줄을 신체활동을 하면서 즐겁게 자신들이 그린 것과 감상을 한다.

표현활동 1-5. 대형 거미줄 만들기(협동 작품)

통합목표 ‣ 대형 거미줄을 만들며 거미줄의 모양과 특징을 알고 흥미를 느낄 수 있다.

학습자료 ‣ 신문, 테이프

활동 방법

〈도입단계〉

- 지난번에는 여러분들이 거미줄을 자세히 관찰하고 그려 보는 활동을 했는데 오늘은 아주 커다란 거미줄을 만들어 볼 거예요. 다 같이 생각을 모아서 만들어 볼 텐데 어떻게 하면 잘 할 수 있을까요?

〈제시단계〉

1. 다 함께 활동하는 그림이나 힘을 모아 만들기를 하고 있는 사진을 제시한다.
   - 여러분들도 이 그림에 나와 있는 사람들처럼 다함께 커다란 거미줄을 만들 수 있을까요?

〈실행단계〉

1. 신문을 길게 잘라 테이프로 신문을 연결하여 교실 천정과 벽면에 연결하여 대형 거미줄을 만든다.
2. 함께 만든다.
3. 함께 만든 거미줄을 관찰하고 거미놀이를 하며 신문을 정리한다.

〈반응단계〉

1. 혼자 거미줄을 그렸을 때와 다함께 생각을 모아서 거미줄을 만들었을 때의 느낌을 이야기해 보고 공동작품을 만들 때의 유익한 점에 대해 이야기해 본다.

탐구활동 1-1. 거미는 자기가 만든 거미줄에 발이 붙지 않고 어떻게 다닐 수 있을까?

통합목표 ‣ 거미줄에 대해 알아보고 거미는 거미줄에 발이 붙지 않는지에 대해 안다.

학습자료 ‣ 거미줄 사진, 거미 사진

활동 방법

〈도입단계〉

1. 거미줄 사진을 보며 이야기 나누거나 직접 보면서 이야기 나눈다.
   - 거미는 자신이 만드는 거미줄에 발이 붙지 않고 다니는 창의적인 동물이에요. 우리도

거미처럼 창의적인 생각을 하며 지내도록 해요.

〈제시단계〉

1. 거미줄에 대해 이야기를 나눈다.
 - 우리 친구들 거미를 본 적이 있죠? 어떤 모양이었나요?
 - 그럼 거미줄에 거미들이 다니는데 끈끈한 거미줄에 거미들은 어떻게 잘 다닐 수 있을까요?
2. 거미줄을 관찰하며 거미가 거미줄에서 다닐 때에 발이 붙지 않고 다닐 수 있는 이유에 대해 설명한다.
 - 거미줄을 보면 방사선으로 뻗어 나온 지탱하는 줄과, 동글동글하게 된 줄이 있어요.
 - 동글동글하게 된 줄은 끈끈하고 지탱하는 줄은 끈끈하지 않아요.
 - 거미가 줄을 치는 모습을 보면 방사선으로 나오는 줄을 먼저 치고 끈끈한 줄을 나중에 쳐요.
 - 지탱하는 줄이 끈끈하다면 거미는 거미줄 치다가 거미줄에 걸리겠죠.
 - 먼저 끈끈하지 않은 줄로 뼈대를 만든 다음에 그 뼈대를 밟고 끈끈한 줄을 치는 것이에요.
 - 끈끈하지 않은 거미줄만 밟고 다니고, 발에서 기름이 나와서 걸려도 금방 빠져나온답니다(거미는 물에 띄우면 소금쟁이같이 떠다닙니다).

〈실행단계〉

1. 이야기 나누기 한 것을 모둠별로 모여 정리한다.

〈반응단계〉

 - 모둠별로 나누어 의견을 나누어 보니 어땠나요? 혼자 하는 것과 여러 친구들이 함께하는 것 중 어떤 방법이 더 좋았나요?
 - 여러 사람이 생각을 모으면 더 좋은 생각을 할 수 있어요. 우리도 하나님이 주신 지혜로 거미처럼 창의적으로 행동하고 생각을 나누어 보도록 해요
 - 그 외에 거미처럼 행동하는 곤충에는 어떤 것이 있는지 알아올까요.

탐구활동 1-2. 거미 겉모습 관찰하기

통합목표 ‣ 사진이나 그림을 통해 하나님이 만드신 거미의 겉모습을 안다.

학습자료 ▸

활동 방법

〈도입단계〉

1. 거미의 사진을 보여준다.
   - 태초에 하나님이 천지를 창조하셨어요.
   - 여섯째 날 동물과 사람을 만드셨어요. 동물 중에는 거미도 있었어요.
2. 하늘과 땅이 보이는 지구의 환경을 보여준다.

〈제시단계〉

- 무엇이 보이나요? 이 거미의 이름은 긴호랑거미예요.
- 거미 주변에는 무엇이 있나요?
- 사람에게는 머리와 목, 가슴, 배, 엉덩이와 다리가 있어요.
- 거미의 모습을 자세히 살펴봐요.

〈실행단계〉

- 머리가 어디 있나요? 어떻게 생겼나요? 눈이 보이나요?
- 거미의 머리 아래를 '배'라고 해요. 배에 무늬가 보이나요? 어떤 색이 보이나요? 무늬는 어떤 모양인가요?
- 거미의 다리는 몇 개일까요? 다 같이 세어 봐요. 다리에도 무늬가 있어요? 어떤 모양인가요? 다리의 끝부분은 어떻게 생겼나요?
- 만지면 어떤 느낌이 들 것 같나요?
- 거미의 전체 모습이 무엇을 닮은 것 같나요?

〈반응단계〉

- 거미를 자세히 보니 새롭게 알게 된 것이 있어요.
- 내가 생각했던 거미와 다른 점은 무엇인가요?
- 거미는 지구상에서 곤충에 이어 가장 종류가 많은 생물로 4만종이나 된다고 해요. 거미를 자세히 보니 새롭게 알게 된 것이 있어요. 무엇을 알게 되었나요?

탐구활동 1-3. 우리 반 친구들이 좋아하는 거미

통합목표 ‣ 거미의 종류를 알고 우리 반 친구들이 어떤 거미를 제일 좋아하는지 거미 인기투표를 한다.

학습자료 ‣ 여러 종류의 거미 사진, 스티커, 여러 종류의 그래프 사진

활동 방법

〈도입단계〉

1. 여러 종류의 그래프 사진을 보여준다.
   - 친구들 이런 종류의 표를 본 적이 있나요? 이것은 무엇을 나타내려고 한 걸까요? 이 표는 사람들이 좋아하는 것 가고 싶은 곳 등을 한눈에 알아보기 쉽게 만들어 놓은 거예요. 우리도 우리 반 친구들이 제일 좋아하는 거미는 무엇인지 표로 만들어 볼 수 있을까요?

〈제시단계〉

1. 거미의 종류 사진을 붙인다.

〈실행단계〉

1. 내가 좋아하는 거미 사진에 스티커를 붙인다.
2. 우리 반 친구들이 가장 좋아하는 거미가 어떤 거미인지 안다.

〈반응단계〉

1. 유치원 놀이터나 집 앞 놀이터 등에서 볼 수 있는 거미와 거미집을 앞으로는 더 자세히 관찰해 보는 관찰력을 기를 수 있도록 한다.
   - 오늘 활동 중에 가장 기억에 남는 것은 어떤 것이었나요?
   - 거미 말고 우리 반이 좋아하는 것들을 그래프로 만들어 보는 것은 어떨까요?(아이들과 협의 후 다른 활동으로 연결하도록 한다.)

신체활동 1-1. 신체로 거미 표현하기

통합목표 ‣ 우리 몸으로 자유롭게 거미를 표현한다.

학습자료 ‣ 거미 동영상 비디오, 리본 끈

활동 방법

〈도입단계〉

1. 하나님께서 만드신 거미에 대해 이야기를 나눈다(거미가 움직이는 모습).

2. 모두 거미가 되어서 기어 본다.

〈제시단계〉

1. 긴 리본 끈을 보여주며 거미줄을 만들고 거미처럼 기어 보게 한다.

〈실행단계〉

1. 긴 리본 끈을 사용해서 실제 거미가 거미줄을 치는 것처럼 리본 끈을 사용해서 커다란 거미줄을 표현하고 하나님이 주신 지혜로 창의적인 생각을 잘하는 거미가 되어 움직여 본다.

〈반응단계〉

1. 거미처럼 기어 보고 거미줄을 직접 끈으로 표현해 본 소감을 이야기해 보고 거미처럼 창의적인 행동을 하도록 한다.

신체활동 1-2. 거미 술래잡기

통합목표 ‣ 거미의 특징을 알고 거미의 생활방식을 안다.

학습자료 ‣ 거미 책, 거미줄 그림 자료

활동 방법

〈도입단계〉

- 술래잡기를 해 본 적이 있나요? 어떻게 하는 걸까요?
- 오늘은 친구들이 커다란 거미줄을 만들어 술래잡기 놀이를 해볼 거예요

〈제시단계〉

1. 커다란 거미줄을 만든다.
2. 거미줄 사이사이에 친구들이 들어가고 한 명의 술래가 거미가 되어 친구를 잡는다.
3. 잡힌 친구가 또 다시 거미가 되어 다른 친구들을 잡는다.

〈실행단계〉

1. 거미 술래잡기 놀이를 한다.
2. 술래를 바꾸어 해본다.

〈반응단계〉

1. 직접 거미가 되어 본 느낌을 이야기해 보고 각 가정에서 가족들 또는 친구들과 해볼 수 있도록 한다.

- 직접 거미가 되어 본 느낌이 어땠나요? 어려운 점은 없었나요?

음률활동 1-1. 노래 개사하기

통합목표 ‣ 거미와 관련된 단어를 이야기하고 노래를 개사하여 부른다.

학습자료 ‣ 악보, 포스트잇, 도화지, 필기도구

활동 방법

〈도입단계〉

1. 거미와 관련된 단어를 이야기 나눈다.

〈제시단계〉

1. 반 친구들이 좋아하는 노래를 투표를 통해 선택하고 거미와 관련 된 가사를 만든다.

〈실행단계〉

1. 개사한 가사를 익숙해질 때까지 읽어 본다.
2. 원 노래에 개사한 가사를 넣어 부른다.

〈반응단계〉

1. 아이들이 원하는 다른 노래에도 개사한 것을 넣어서 불러 본다.
   - 너희들이 만든 가사로 노래를 불러 보니 기분이 어땠나요?

음률활동 1-2. 손 유희-거미와 코끼리

통합목표 ‣ 평상시에 걸어 보지 않는 방향으로 다양하게 걷기 활동을 한다.

학습자료 ‣ 거미줄에 걸려 있는 곤충 사진, 코끼리 사진

활동 방법

〈도입단계〉

- 친구들 거미줄에 곤충들이 걸려 있는 것을 본 적이 있나요? 보니까 어땠나요? 거미줄에 걸려 있는 곤충이 어떻게 하고 있었나요?

〈제시단계〉

1. 거미와 코끼리 이야기 내용을 아이들에게 들려준다.
2. 오늘은 거미줄에 코끼리가 걸려 있는 이야기를 노래로 배워 보고 손 유희로

해 보려고 해요.

〈실행단계〉

1. 노래를 들려준다.
2. 한 소절씩 노래를 들려주고 함께 손 유희를 한다.

〈반응단계〉

1. 아이들이 창의적으로 손 유희를 만들어 볼 수 있게 한다.
   - 손 유희를 해본 느낌이 어땠나요?
   - 손 유희를 다른 방법으로 만들어서 해 볼 수 있을까요?

코끼리와 거미줄

강소천 작사 / 한용희 작곡

한 마리 코끼리가 : 손가락으로 한 마리 표시

거미줄에 걸렸네 : 양손가락으로 모두 벌리고 얼굴 앞에서

신나게 그네를 탔다네 : 손깍지 끼고 가슴 앞에서 흔들기 

너무너무 재미가 좋아 깔깔깔 : 얼굴 옆에서 2.3 박수치기 2회 

다른 친구 코끼리를 불렀네 : 양손 모아 부르는 흉내 내고 박수치기 3회 

그만 그만 '툭' 하고 끊어졌대요 : 손깍지 끼고 그네 타는 흉내 내다 손을 끊어트리기  

2단계 프로젝트 마무리

〈거미 프로젝트 전시회〉

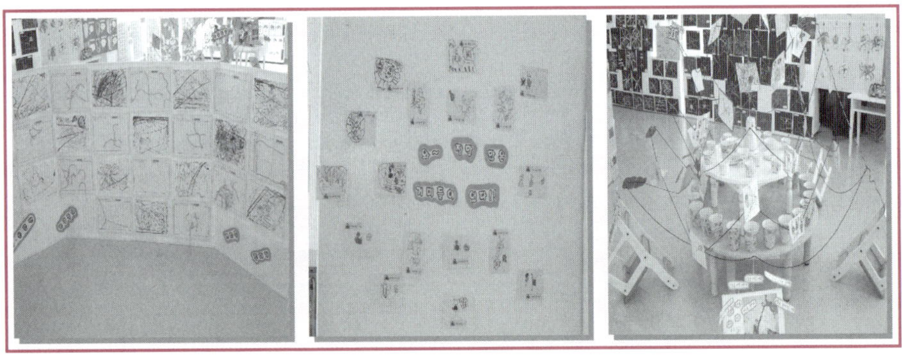

참고 문헌

[단행본]

교육부(2007). 유치원 교육과정 해설. 교육부 고시 제 2007-153호.

교육사전편찬위원회(1977). 교육학 대사전. 서울: 과학교육사.

기독교 학문연구회(1991). 알타비스타 교육과정 교사용 지침서.

김경자(2000). 학교 교육과정론. 서울: 교육과학사.

김지영(2009). 우리나라 유치원교육과정의 이해. 서울: 도서출판 지북스

김진영·백혜리·최윤정(2004). 유아를 위한 교수-학습방법론. 파주: 양서원.

김희자(2003). 정보화시대의 기독교 어린이 교육. 서울: 대한예수교장로회총회.

문미옥(1999). 기독교 유아교육과정. 서울: 다음세대.

박상진(2006). 기독교 학교 교육론. 서울: 예영 커뮤니케이션.

송영란·오영희(2004). 기독교 유아교육. 서울: 동문사.

신연식(1988). 유아교육개론. 서울: 형성출판사.

양승훈(2006). 세계와 삶에 대한 성경적 조망: 기독교적 세계관. 서울: CUP.

이기숙(2004). 유아교육과정. 서울: 교문사.

이경우·이혜상(1988). 유아를 위한 기독교 교육의 이론과 실제. 서울: 창지사.

이승구(2004). 기독교세계관이란 무엇인가? 서울: SFC.

이성호(1989). 교육과정과 평가. 서울: 양서원.

이연섭·김영주·라정숙·전경화·엄정례·한은숙·홍은경(2005). 유아교육과정. 서울: 창지사.

이영석·임명희·이정화(2003). 현대 유아교육과정. 형설출판사.

이영숙(2003). 어린이를 위한 역사교육. 서울: 창지사.

이영자·이기숙·이정욱(1999). 유아교수학습방법. 서울: 창지사.

이해명(편역)(2000). 교육과정이론. 서울: 교육과학사.

이해명·피재성·손춘자·이은주·김현주·정경숙(2006). 현대 교육과정 및 평가. 서울: 교육아카데미.

이희경(2002). 유아 교수학습방법. 서울: 동문사.

임재택·박재환(2001). 유아교육과정. 서울: 양서원.

정갑순(2001). 유아교육. 서울: 대한예수교장로회총회.

정희영(2000). 주제중심의 기독교유아교육과정. 서울: 다음세대. (2004). 기독교 유아교육론(개정판). 서울: 교육교육사.

진영은(2006). 교육과정 이론과 실제. 서울: 학지사.

총신대 부속 유치원 편(1999). 기독교 유치원 교육과정. 서울: 창지사.

총신대학교 부속유치원 편(2004). 기독교 유아교육의 통합교육과정. 서울: 학지사.

한국교육과정학회 편(2002). 교육과정: 이론과 실제. 서울: 과학교육사

한국기독교 유아교육연구회(1999). 기독교 유아교육과정. 서울: 다음세대.

Byrne, H. (1988). 기독교 교육학 총론. (신현광 역) 서울: 대영사. (원전 *Introduction to Christian education*은 1979년에 출판).

Edlin, R. J. (2004). 기독교교육의 기초. (기독교학문연구회 교육학분과). (원전 *The cause of Christian education*은 1999년에 출판).

Fennema, J. (1990). 기독교 아동교육. (정희영 역). 서울: 엠마오. (원전 *Nurturing children in the Lord*는 1977년에 출판).

Gaebelein, F. (1991). 신본주의 교육. (이창익 역). 서울: CLC. (원전 *Pattern of God's truth*는 1963년에 출판).

Greene, A. E. (2001). 기독교세계관으로 가르치기. (현은자·정희영·황보영란 역). 서울 : CUP. (원전 *Reclaiming the future of Christian education*은 1998년에 출판).

Habermas, R. & Issler, K. (1996). 화목을 위한 가르침. 서울: 도서출판 디모데. (원전 *Teacing for reconciliation*은 1992년에 출판).

Holmes, A. (1989). 기독교세계관. (이승구 역). 서울: 엠마오. (원전 *Contours of a world view*는 1983에 출판).

Kuyper, A. (2006). 칼빈주의 강연. (김기찬 역). 고양: 크리스챤다이제스트. (원전 *Lectures on Calvinism*은 1943년에 출판).

Newbigin, L. (1999). 다원주의 사회에서의 복음. (허성식 역). 서울: IVP. (원전 *The gospel in a pluralist society*는 1989에 출판).

Overman, C. & Johnson, D. (2007). 진리와 하나된 교육. (김성훈 역). 서울: 예영커뮤니케이션. (원전 *Making the connections*는 2003년에 출판).

Peterson, M. L. (1998). 기독교교육을 위한 철학. (김도일 역). 서울: 한국장로교출판사. (원전 *Philosophy of education issues and options*는 1986년에 출판).

Sire, J. (1995). 기독교세계관과 현대사상. (김헌수 역). 서울: IVP. (원전 *The universe next door*는 1976년에 출판).

Sylvia C. C. (1997). 프로젝트 접근법-교사를 위한 실행 지침서. (지옥정 역). 서울: 창지사. (원전 *Engaging children's mind project approaches*는 1992년에 출판).

Tyler, R. W. (1949). *Basic principles of curriculum and Instruction*. Chicago and London: The University of Chicago Press.

Van Brummelen, H. (2006). 기독교적 교육과정 디딤돌. (이부영 역). 서울: IVP. (원전 *Stepping stone to curriculum*은 2002년에 출판).

Walsh, B. & Middleton, R. (1987). 그리스도인의 비전. (황영철 역). 서울: IVP. (원전 *The transforming vision*은 1984년에 출판)

Wolters, A. M. & Goheen, R. (2007). 창조, 타락, 구속. (양성만 역). 서울: IVP. (원전 *Creation regained: Biblical basics for a reformational world view*는 1985년에 출판).

[학술지]

강희천(1996). 기독교 교육과정 개선에 관한 연구 유형. 신학논단, 24, 159-200.

김대현(1994). 초등학교 저학년 수준의 교육과정 재구성을 위한 방법. 초등교육연구, 4, 57-72.

김성수(1996). 기독교 유아교육의 원리. 고신대학교 논문집, 23, 55-70.

김숙령, 김선희, 육길나, 조숙진(2006). 영아와 교사의 집단 상호 작용에 있어서 영아 교사의 민감성에 관한 연구. 유아교육학논집, 10(4), 125-150.

김평국(2004). 초등학교교사들의 교과내용 재구성의 실태와 그 활성화 방안. 교육과정연구, 22(2), 123-144.

문미옥·김영옥·나정·양옥승·이기숙·임재택(2007). 교육부고시 제7차 유치원 교육과정 총론 시안 개발 연구. 유아교육연구, 27(1), 37-72.

박덕승(1997). 기독교 유아교육의 중요성과 실천 방안. 교수논문집, 1, 147-186.

신국원(2004). 개혁주의 기독교세계관의 역사적 전망. 총신대 논총, 24, 131-150.

신은수(2000). 놀이에 대한 교사 효능감이 교사와 유아의 상호작용과 유아놀이 발달에 미치는 영향. 유아교육연구, 20(1), 27-42.

심은희, 최수경(2002). 조형활동을 통한 유아 기독교 교육. 기독교영유아교육, 1, 69-83.

안경숙(2004). 5세 유아의 구성놀이 학습주기에 따른 유아의 지식구성 과정과 교사의 역할에 대한 질적 분석 연구. 열린유아교육, 8(4), 275-292.

양미경(1997). 교과통합지도의 의의 및 방법적 원리 탐색. 교육학연구, 35(4), 111-132.

양옥승(2007). 이론적 탐구 분야로서의 유아교육과정 이해(III): 1970년대 미국의 교육과정 이론을 중심으로. 유아교육연구, 27(6), 383-396.

양옥승(2008). 이론적 탐구 분야로서의 유아교육과정 이해(II): 1928-1969년 미국의 교육과정 이론을 중심으로. 열린유아교육연구, 2(3), 425-440.

유명복(2007). 한미기독교대학의 비교. 기독교교육정보, 18, 9-33.

이수련(2009). 협동학습에서 유아의 인식수준이 창의성에 미치는 영향. 유아교육연구, 29(1), 157-182.

이순례(1987). 유아교육기관에서 실시되는 기독교 교육에 관한 연구. 강남대학교 논문집 제19호.

전광식(1992). 세계관과 기독교세계관. 기독교사상연구, 1(1), 7-43.

[학위논문]

김윤권(2009). 개혁주의 기독교 수업 모형 분석. 고신대학교 박사학위논문.

길경란(1987). 영아부 신앙교육과 교과과정연구. 총신대학교 대학원 석사학위논문.

유정희(2006). 기독교 유치원의 성경적 통합교육과정 설계. 총신대 교육대학원 석사학위 논문.

이성훈(2006). 기독교 사립학교의 정체성 확립을 위한 새로운 기독교 교육방안 연구. 총신대학교 석사학위 논문.

이정미(2007). 기독교세계관을 지향하는 기독초등학교 교사의 교육과정 재구성 사례연구. 이화여대 대학원 박사학위논문.

이혜상(1994). 기독교 유아 교육과정 모형 개발 연구. 서울여자대학교 대학원 박사학위논문.

이효정(2005). 공립유치원에서 적용 가능한 기독교적인 봉사의 커리큘럼 개발에 관한 연구. 총신대학교 교육대학원 석사학위논문.

이희순(2006). 기독교 초등 대안학교 교육과정 비교연구. 장로회신학대학교 석사학위논문.

황혜란(2004). 기독교 유아교육에 관한 연구. 관동대학교 교육대학원. 석사학위청구논문.

저자 소개

문 순 애

서울시립대학교(B. A.)

한국방송통신대학교 유아교육전공(학사)

중앙대학교 대학원 유아교육전공(M. A.)

총신대학교 대학원 기독교 상담학전공(M. A.)

백석대학교 기독교전문대학원 교육학박사(ph. D.)

전, 경원전문대 유아교육과 겸임교수

현, 칼빈대학교 아동보육학과 겸임교수

원일유치원, 원일어린이집원장

동백사랑의 교회 교육전도사

STEP프로그램 부모교육 강사

한국기독교유아교육학회 이사

국제 몬테소리 자격증소지

저서 및 논문 유아 창작공예(동문사)

기독교세계관에 기초한 유아교육과정(박사논문)

일반 동화를 기독교세계관으로 접근(한국 기독교 유아교육학회)

유아의 TV 바로보기를 위한 기독교사의 역할(한국 기독교 유아교육학회)

장애유아 통합교육에 대한 기독교적 접근(한국 기독교 유아교육학회)

기독교세계관에 기초한

유아교육과정

초판 1쇄 인쇄 2010년 8월 25일
초판 1쇄 발행 2010년 8월 31일

지 은 이 | 문순애
펴 낸 이 | 김기섭
책임편집 | 박소정
펴 낸 곳 | 창지사 www.changjisa.com
121-809 서울시 마포구 대흥동 161
전화 (02) 719-2211~3
팩스 (02) 701-9386
등 록 | 1977년 4월 28일 · 제1-421호

ISBN 978-89-426-0590-3 (93370)
값 20,000원 ※KOMCA 승인필